Mis Diarios de Campaña
-Máximo Gómez-

Las narraciones y comentarios,
escritos día a día por Máximo Gómez
desde su ingreso en las filas
independentistas Cubanas
en Octubre de 1868 hasta sus últimas
observaciones tras la caída de
Santiago de Cuba y el cese de la
era colonial Española en 1899.

DEL MISMO AUTOR:

HISTORIA DE LA QUÍMICA INDUSTRIAL
TOTAL QUALITY AND PRODUCTIVITY MANAGEMENT
PERFORMANCE MANAGEMENT
STRATEGIC PLANNING
MANAGEMENT DEVELOPMENT
PROCESS IMPROVEMENT TEAMS
QUALITY STRATEGIES
GESTIÓN DE FUTURO

CONTRAMAESTRE
BARAGUÁ
POEMAS Y MEMORIAS DE CUBA
JIMAGUAYÚ
GUÁIMARO
FREEDOM EMBATTLED
COLONIAL CUBA
REPUBLICAN CUBA
EXILED CUBA
THREE DAYS IN MARCH
RAÍCES CUBANAS
ÁLBUM DE CUBA
RESCATANDO A MARTÍ
UN FESTÍN DE PALABRAS
DAMN THE REVOLUTION
MADAME SECRETARY
LA GRAN ESTAFA
LA MEMORIAS DEL ALMIRANTE CERVERA
MATANZAS EN LA INDEPENDENCIA DE CUBA
MIS DIARIOS DE CAMPAÑA - MÁXIMO GÓMEZ

COLECCION CUBA Y SUS JUECES

Dedicatoria

A Juan Manuel Salvat, a su
esposa Marta y a todos sus hijos.
Juntos y con una persistencia
inquebrantable, partiendo de
la nada, construyeron
una de las más grandes
y prestigiosas editoriales
del mundo hispano

EDICIONES UNIVERSAL, Miami, Florida 2018

Mis Diarios de Campaña
-Máximo Gómez-

Las narraciones y comentarios,
escritos día a día por Máximo Gómez
desde su ingreso en las filas
independentistas Cubanas
en Octubre de 1868 hasta sus últimas
observaciones tras la caída de
Santiago de Cuba y el cese de la
era colonial Española en 1899.

COMENTADO Y EDITADO POR
RAUL EDUARDO CHAO

Copyright © 2018 por **Raúl Eduardo Chao**.

———

Primera Edición de:

EDICIONES UNIVERSAL
P.O. Box 450353 (Shenandoah Station)
Miami, FL. 33245-0353. USA
Tel: (305) 642-3234   Fax: (305) 642-7978
email: ediciones@ediciones.com
http://www.ediciones.com
Desde 1965

Library of Congress Catalog Card No.: 2018935476
ISBN-10: 1-59388-297-1
ISBN-13: 978-1-59388-297-6

Diseño de la cubierta: Luis García Fresquet

EN LA CUBIERTA:

El General Máximo Gómez en Campaña en 1895

EN LA CONTRATAPA:

El Monumento al General Máximo Gómez
frente al Palacio Presidencial en el Malecón de La Habana,
inaugurado oficialmente el 18 de junio de 1935.
Obra del artista italiano Aldo Gamba.

Todos los derechos
son reservados. Ninguna parte de
este libro puede ser reproducida o transmitida
en ninguna forma o por ningún medio electrónico o mecánico,
incluyendo fotocopiadoras, grabadoras o sistemas computarizados,
sin el permiso por escrito del autor, excepto en el caso
de breves citas incorporadas en artículos críticos o en
revistas. Para obtener información diríjase a
Ediciones Universal

Tabla de Contenido

Prólogo — 8

Sobre el Diario de Campaña escrito por el General Máximo Gómez — 12

Cronología de las Guerras de Independencia de Cuba desde Yara hasta el final de Cuba como Colonia Española, Octubre 10, 1868 - Inicios de 1899 — 14

Breve Introducción e Imágenes de las Guerras de Independencia Cubana

    La Guerra del 68 — 43
    La Tregua Fecunda — 60
    La Guerra del 95 — 79

El Diario de Campaña de Máximo Gómez, desde Yara hasta el final de Cuba como Colonia Española — 111

Prólogo

Máximo Gómez y Báez (1836 -1905) sirvió como General Mayor en la *Guerra Cubana de Independencia de los Diez Años* (1868-1878) contra España, y como comandante militar de Cuba en la Guerra de 1895 (1895-1898). Máximo Gómez nació en la ciudad de Baní, en la República Dominicana. Fue entrenado como oficial del ejército español en la *Academia Militar de Zaragoza*, España. Llegó originalmente a Cuba como oficial de caballería - un Capitán - en el ejército Español y luchó junto a las fuerzas Españolas en la *Guerra de Anexión Dominicana* (1861-1865). Después la derrota de las fuerzas Españolas y su huida de la República Dominicana en 1865 por orden de la reina Isabel II, muchos partidarios de la causa anexionista se fueron con ellos, y Máximo Gómez se mudó con su familia a Cuba. Se retiró del Ejército Español y muy pronto se hizo cargo de la causa rebelde en 1868, ayudando a transformar las tácticas y la estrategia militar del ejército cubano de los enfoques convencionales a su táctica más temida: el "La Carga al Machete".

Tras la muerte en combate del Mayor General Ignacio Agramonte y Loynáz en Mayo de 1873, Gómez asumió el mando del distrito militar de la provincia de Camagüey y su famoso *Cuerpo de Caballería*. Al primero inspeccionar el Cuerpo, concluyó que eran los mejor entrenados y disciplinados del naciente Ejército Nacional Cubano y contribuirían significativamente a la guerra por la independencia.

Gómez ascendió al rango de Generalísimo del Ejército Cubano, un rango similar al del Capitán General o, en términos modernos, al del General del Ejército, debido a su liderazgo militar superior.

Se adaptó y Transformó las tácticas militares improvisadas que habían sido utilizadas por primera vez por los guerrilleros Españoles en 1805 contra los ejércitos de Napoleón Bonaparte, en un sistema coherente e integral tanto a nivel táctico como estratégico. El concepto de insurrección e insurgencia, y la naturaleza asimétrica del mismo, se puede observar intelectualmente a él.

Al final de la *Guerra de la Independencia* de Cuba en 1898, Gómez se retiró a una villa en las afueras de La Habana. Rechazó la nominación Presidencial que se le ofreció en 1901, y que se esperaba que ganara sin oposición, principalmente porque siempre le desagradó la política y después de 40 años de vivir en Cuba todavía sentía que siendo Dominicano no debería ser Presidente de una Cuba independiente.

Murió en su villa en 1905 y fue enterrado en el Cementerio de Colón, La Habana.

La primera edición del Diario de Campaña de Máximo Gómez fue editada en 1940; la segunda en 1968, ambas en Cuba. Más tarde han habido dos ediciones Dominicanas, una en 1975 por la *Editora Alfa y Omega* y otra en 1984, por la *Biblioteca Pedro Henríquez Ureña*.

Peña evocó cómo el importante intelectual, político y ex presidente Dominicano Juan Bosch enseñó a sus compatriotas sobre Máximo Gómez, a quien llamó '*El Napoleón de las guerrillas*' y sobre el que escribió el libro '*De Montecristi a la gloria*'.

El Máximo Gómez que conocemos hoy en día nos da la dimensión de un hombre extraordinario no solamente en el campo militar, donde fue un genio, sino también como escritor, como padre amoroso, como hombre de un pensamiento político profundamente social, por su gran humanidad. Los historiadores contemporáneos señalan que los Diarios de Campaña con fundamentales para conocer el pensamiento, la trayectoria, la personalidad y las más acrisoladas virtudes que pueden adornar el alma de Máximo Gómez como ser humano.

La República Dominicana y Cuba fueron siempre las grandes pasiones de la vida de Gómez, el último de los grandes libertadores de América del siglo XIX. Gómez, en vida, dijo que sus Diarios de Campaña no fueron escritos para ser publicados, ni tampoco lo había redactado pensando en la gloria, sino para dejar plasmadas en el papel sus horas de angustia, de dolor, de duda, de incertidumbre.

Como jefe militar de la gesta independentista de Cuba, Máximo Gómez sintetizó un novedoso método de guerra en las Américas, la guerra de guerrillas. Al conocer del alzamiento del 10 de Octubre de 1868, Gómez se presentó en los campamentos Cubanos en calidad de soldado, sin hacer mención de sus conocimientos militares; en pocas semanas le otorgaron el grado de Sargento. A los pocos días de su incorporación, tras la histórica carga al machete del 26 de octubre, en *Pinos de Baire*, Máximo fue identificado como uno de los más capaces jefes del Ejército Libertador Cubano y los propios Españoles lo reconocieron como *'el guerrillero más grande de América'*.

En la difícil y frustrante Guerra de los 10 años (1868-1878), Gómez fue maestro de toda una generación de futuros Jefes y ejecutor de las principales campañas del Ejército Libertador. Diez y siete años después, al llamado de José Martí, se incorporó a la gesta de 1895 y con la firma de ambos quedó establecido *El Manifiesto de Montecristi*, el programa de una conquista independentista que sería solidaria, antillana y humanista.

> «*En esa nueva contienda volvió, ya viejo, a reverdecer laureles y junto al mejor de sus discípulos, el general Antonio Maceo, protagonizó la invasión a Occidente, desplegando una campaña de constantes lances y maniobras tácticas que quebró la voluntad de combate de muchos Jefes Españoles,*»

según sus propias palabras.

El pueblo Cubano le ha rendido por casi dos siglos un culto especial como el estratega del arte militar durante las Guerras de Independencia y el ejemplo de hombre generoso y desinteresado en la victoria.

Este Diario de Campaña presentado aquí nos dejar ver su valor militar, como ciudadano, como político y como ser humano. Gómez ha sido, en las luchas del pueblo Cubano por su libertad, el hombre de más alto concepto de la ética, la moral, la lealtad y el honor. Las páginas de su diario muestran su valor espiritual, y la grandeza de su patriotismo y respeto por la dignidad del ser humano.

Raúl Eduardo Chao
Lakeland, Florida, 2018

Máximo Gómez a la edad de 42 años, cuando se unió a las fuerzas independentistas en la *Guerra del 68* y a la edad de 69 años, cuando dirigió las fuerzas Cubanas en la *Guerra de Independencia de 1895*.

Sobre el Diario de Campaña escrito por el Gral. Máximo Gómez

Máximo Gómez fue siempre un hombre ordenado y disciplinado. Su uniforme, cuando las circunstancias lo permitían, siempre estaba limpio. Al cuello, un pañuelo que disimulaba una herida que le molestaba pero que siempre llevó hasta el día de su muerte. Todos los días, en lo posible, no conciliaba el sueño hasta hacer anotaciones en sus diarios. Dados los entornos en que vivía, sus diarios fueron escritos en numerosas libretas de bolsillo, muchas de ellas de forma y dimensiones que dictaban las condiciones del territorio. En las diez primeras de esas libretas, las anotaciones fueron estrictamente cronológicas y son muy fáciles de seguir. En las últimas seis, las entradas de texto son totalmente accidentadas, más que nada son notas tomadas al vuelo, en la página donde se abría la libreta en medio de una corrida a caballo; eso sí, cada nota, en el mejor de los casos, con una fecha -y muchas veces una hora- correspondiente. Juntas dan la apariencia de recordatorios desordenados que el General rendía al papel con planes de redactar en detalle en un momento de tranquilidad. En ocasiones las notas fueron vertidas al papel por sus amigos o subalternos, como el Coronel Manuel Sanguily.

Pese a 30 años de una vida dedicada a hacer la guerra por caminos y senderos agrestes y poco hospitalarios, Gómez se aseguró de mantener todas sus libretas juntas, tal y como fueron encontradas por sus familiares en cuatro cajones de cuero ya en épocas de paz en su casona del Vedado, en La Habana.

Máximo Gómez escribió de puño y letra las diez y seis libretas. La legitimidad de ellas es incuestionable, así como lo son cientos de modificaciones,[1] correcciones en la puntuación y ortografía y los giros del idioma populares en la segunda mitad del siglo XIX.[2] Las libretas tienen diferentes títulos, aunque el orden es fácil de discernir por las fechas que acompañan las observaciones. Los títulos varían desde "*Libro de Apuntes*" hasta "*Diario de Apuntes*," "*Diario Particular*," y "*Diario de tal a tal fecha*."

La letra impecable de Máximo Gómez

---

[1] Las múltiples modificaciones que Gómez hizo de sus escritos en las libretas sugieren que estaba consciente de que algún día se publicarían para conocimiento de los estudiosos. De acuerdo a su carácter de hombre preciso, ordenado y disciplinado el Gral. no dejó, a su manera de ver, párrafo alguno que no pudiera interpretarse correctamente.

[2] Por ejemplo, Gómez invariablemente escribe la palabra Jefes con G y no con J, esto es, *Gefes*, y no como es ahora la regla ortográfica. Es de notar también que ciertos saltos de días sin anotaciones se debieron posiblemente a la falta de papel de escribir en la manigua o a necesidades imperiosas de cabalgar sin tregua ni descanso.

1

CRONOLOGÍA DE LAS GUERRAS DE INDEPENDENCIA DE CUBA DESDE YARA HASTA EL FINAL DE CUBA COMO COLONIA ESPAÑOLA, OCTUBRE 10, 1868 - INICIOS DE 1899.

Entre los eventos de singular importancia que ocurrieron en Cuba y España durante la época que cubre el **Diario de Campaña de Máximo Gómez** cabe señalar los siguientes:

1868

3 DE AGOSTO

Primera reunión clandestina de los delegados insurreccionales en una Hacienda, San Miguel de Rompe, cerca de Las Tunas. Esta reunión fue también conocida como la **Convención de Tirsán**. Fue convocada y organizada por el Comité Revolucionario de Bayamo (Centro de la Conspiración), dirigida por Francisco Vicente Aguilera, Francisco Maceo Osorio y Perucho Figueredo. Esta reunión ha sido calificada de Junta Memorable, ya que allí se dieron cita los jefes o delegados de los grupos organizados en las diferentes regiones de Oriente y Camagüey.

30 DE SEPTIEMBRE

En Cádiz ocurre un pronunciamiento del General Prim y el Almirante Topete, que dio lugar a la consolidación en España "**La Gloriosa**," la revolución que destronó a Isabel II. La Reina marchó al exilio en Francia.

23 DE SEPTIEMBRE

En Puerto Rico ocurre el **Grito de Lares** en pro de la independencia de esa isla. Alrededor de 400 a 600 rebeldes se reunieron ese día en la hacienda "El Triunfo" de Manuel Rojas, en las afueras de Lares. Mal entrenados y armados, los rebeldes del Ejército de Liberación al mando de Rojas llegaron a la ciudad a caballo y a pie alrededor de la medianoche, saquearon tiendas y locales de oficinas propiedad de "peninsulares" y tomaron control del ayuntamiento.

6 DE OCTUBRE

Debido a las órdenes del Capitán General Lersundi de detener a los jefes de la insurrección, se adelantó la fecha del alzamiento al *10 de Octubre*.

10 DE OCTUBRE

Se da el *Grito de Yara*. Céspedes libera s su esclavos el día siguiente.

18 DE OCTUBRE

Las tropas de Céspedes **toman la ciudad de Bayamo**. Francisco Vicente Aguilera se había alzado en Holguín el día anterior.

4 DE NOVIEMBRE

Los Camagüeyanos se levantan en armas. *Toma de Guáimaro*. El día 11 se alza *Ignacio Agramonte* en Camagüey.

27 DE DICIEMBRE

El gobierno de Cuba en Armas decreta la *Abolición de la Esclavitud*.

1869

4 DE ENERO

Llega a la Habana el Capitán General *Domingo Dulce*.

12 DE ENERO

Bayamo es incendiado antes de ser entregado al General Español Valmaseda.

6 DE FEBRERO

Se alzan los *Cubanos en Las Villas*

4 DE MARZO

José Manuel Mestre y José Morales Lemus se unen a la *Junta Central Republicana de Cuba* en la ciudad de New York.

4 DE ABRIL

Las expediciones con armas y personal a favor de los Cubanos son *capturadas o bloqueadas*.

10 DE ABRIL

Asamblea de Guáimaro con la presencia de representantes de Las Villas, Camagüey y Oriente.

12 DE ABRIL

Carlos Manuel de Céspedes electo Presidente de Cuba en Armas.

17 DE ABRIL

Los bienes de los insurrectos son ***confiscados***.

6 DE JUNIO

En España se aprueba la ***Constitución Liberal*** (La Pepa)

28 DE JUNIO

Antonio Caballero de Rodas ***nuevo Capitán General*** de Cuba.

6 DE DICIEMBRE

El Presidente Grant de los EEUU se niega a reconocer a los insurrectos como una ***fuerza beligerante*** en Cuba. México, Chile y Perú lo hacen antes de fin de año.

18 DE DICIEMBRE

Se hacen evidentes las ***pugnas civil-militar*** entre los alzados. Manuel de Quesada destituido como Jefe máximo, Pedro Figueredo renuncia como Subsecretario de Guerra. Unos días después renuncia Francisco Vicente Aguilera como Secretario.

1870

7 DE FEBRERO

Domingo Goicuría fue ejecutado en Camagüey.

24 DE FEBRERO

Francisco Vicente Aguilera nombrado ***VP de Cuba en Armas***.

1 DE MARZO

Agramonte descontento. Renuncia al mando en Camagüey.

25 DE JUNIO

Alfonso XII Rey de España al abdicar Isabel II.

28 DE JUNIO

Muere en New York ***José Morales Lemus***.

15 DE OCTUBRE

Otto von Bismarck-Schönhausen, príncipe de Bismarck y duque de Luxemburgo, Canciller Alemán desde 1862, ofrece ***comprar la isla de Cuba***.

13 DE DICIEMBRE

En *Conde de Valmaseda* nuevo Capitán General de Cuba.

30 DE DICIEMBRE

Primer Ministro Español *Prim es asesinado en Madrid*.

31 DE DICIEMBRE

Numerosos *fusilados Cubanos* en el Oeste de Cuba.

1871

30 DE ENERO

Ignacio Agramonte se reintegró a la lucha.

25 DE AGOSTO.

El poeta *Juan Clemente Zenea*, capturado mientras llevaba mensajes de Céspedes a New York, es ejecutado en La Habana.

18 DE SEPTIEMBRE

Tropas Cubanas al mando de *Calixto García toman Jiguaní*.

8 DE OCTUBRE

Julio Sanguily es capturado por los Españoles y rescatado por una acción fulminante de las tropas de Agramonte en el camino a Puerto Príncipe.

29 DE OCTUBRE

Tropas al mando de Céspedes incendian el *campamento de Valmaseda en Yara.*

27 DE NOVIEMBRE

Asesinato de los *ocho estudiantes de Medicina* en La Habana. Ese día *Máximo Gómez toma Guantánamo*.

21 DE DICIEMBRE

Práxedes Mateo Sagasta es el nuevo Primer Ministro Español.

1872

14 DE MAYO

Valmaseda ofrece indulto a las tropas Cubanas pero no a los Jefes.

11 DE JULIO

Valmaseda reemplazado como Capitán General por Francisco Ceballos.

Desde Marzo el *General Serrano* gobierna a España.

4 DE OCTUBRE

Las tropas de *Calixto García toman Holguín*.

1873

11 DE FEBRERO

Abdicó Amadeo I. Se establece la República Española.

18 DE ABRIL

Carlos Pieltain Capitán General de Cuba.

11 DE MAYO

Muere Ignacio Agramonte en combate. Lo reemplaza Máximo Gómez.

24 OCTUBRE

Céspedes se queja de las limitaciones que tiene el Poder Ejecutivo de Cuba en Armas.

28 DE OCTUBRE

Céspedes es destituido. Salvador Cisneros Betancourt ocupa su puesto.

1 DE NOVIEMBRE

Captura y tragedia del *vapor Virginius*.

4 DE NOVIEMBRE

Joaquín Jovellar Capitán General de Cuba.

7 DE NOVIEMBRE

Victoria de *Máximo Gómez en La Sacra*.

10 NOVIEMBRE

Calixto García asalta la *ciudad de Manzanillo*.

28 DE NOVIEMBRE

Salvador Cisneros reporta la *falta de seguridad* en que se encuentra el ex-Presidente Céspedes.

2 DE DICIEMBRE

Victoria de *Máximo Gómez en Palo Seco*.

13 DE DICIEMBRE

La *Cámara no actúa* ante los reportes de Cisneros

1874

3 de Enero
Fin de la República Española.

10 de Febrero
Máximo Gómez, al mando de 700 hombres, derrota una tropa Española de 2,000 hombres en *El Naranjo*.

27 de Febrero
Muere Carlos Manuel de Céspedes en un asalto a su refugio.

15 de Marzo
Máximo Gómez derrota a las tropas Españolas en *Las Guásimas* y propina 1,537 bajas.

22 de Junio
Carta de Víctor Hugo a las mujeres Cubanas.

27 de Agosto
Calixto García es capturado e intenta un suicidio.

31 de Diciembre
Cánovas del Castillo Regente de España.

1875

6 de Enero
Máximo Gómez cruza la *trocha de Júcaro a Morón*.

30 de Abril
El Gral. Cubano *Vicente García se subleva* en Lagunas de Varona contra el Presidente Cubano Salvador Cisneros Betancourt.

1 de Junio
Máximo Gómez mueve sus tropas a Camagüey y rechaza la sedición de Vicente García.

11 de Junio
Antonio Maceo *rechaza la sedición* de Lagunas de Varona.

29 de Junio
Juan Spottorno sustituye a Cisneros Betancourt en la Presidencia de Cuba en Armas.

15 DE JULIO

Blas Villate, *Duque de Valmaseda*, nuevo Capitán General de Cuba.

1876

12 DE MARZO

Las tropas Cubanas en Las Villas no aceptan como Jefe a *Julio Sanguily* y *Carlos Roloff* es nombrado su substituto.

29 DE MARZO

Tomás Estrada Palma nuevo Presidente de Cuba en Armas.

22 DE SEPTIEMBRE

El Gral. *Vicente García toma Las Tunas*.

3 DE NOVIEMBRE

El General español *Arsenio Martínez Campos* llega a la Habana con el encargo de pacificar la región Oriental. Las tropas Españolas ascienden a 100,000 hombres.

14 DE NOVIEMBRE

Máximo Gómez se reintegra a Camagüey cruzando la trocha de Júcaro a Morón.

1877

14 DE ENERO

Máximo Gómez *rechaza el puesto* de General en Jefe del Ejército Cubano.

1 DE MARZO

Estrada Palma nombra a *Vicente García Jefe militar* de Las Villas.

30 DE MARZO

Las *tropas de Las Tunas* se niegan a ser comandadas por nadie excepto el General Vicente García.

10 DE MAYO

Vicente García reincide en *otra sedición*, esta vez en el poblado de Santa Rita.

3 de Junio

Vicente García trata de reclutar a Antonio Maceo a su causa pero **Maceo se niega a unírsele**.

6 de Agosto

Antonio **Maceo gravemente herido** en el Combate de Los Mangos de Mejía. La tropa no acepta al General Calvar como nuevo Jefe en lo que se repone Maceo.

28 de Septiembre

Gran indisciplina de las tropas Cubanas.

4 de Octubre

Máximo Gómez **arresta, hace juicio y fusila** a varios Cubanos que estaban haciendo contactos con Martínez Campos para rendirse.

16 de Octubre

Tomás Estrada Palma **hecho prisionero** en Las Tasajeras, Holguín y deportado a España.

12 de Diciembre

Vicente García **electo Presidente** de Cuba en Armas.

19 de Diciembre

En Santa Cruz del Sur un grupo de insurrectos **entablan negociaciones con el Ejército Español** para terminar la guerra.

23 de Diciembre

Suspendidas las hostilidades en Las Villas.

1878

6 de Febrero

Vicente García se reúne en **San Agustín de Brazo**, Camagüey, con la Cámara de Representantes Cubana.

7 de Febrero

Vicente García se reúne en **El Chorrillo** con Martínez Campos.

10 de Febrero

Se acuerda celebrar el **Pacto del Zanjón** y firmarlo en el Campamento de San Agustín en Camagüey.

18 DE FEBRERO

Antonio **Maceo se reúne con Máximo Gómez** en Piloto Abajo, San Luis, Oriente, donde Gómez le informa a Maceo sobre el Pacto del Zanjón.

28 DE FEBRERO

Los **insurrectos de Las Villas se rinden**, excepto Ramón Locadio Bonachea. Maceo logra una gran victoria en Oriente.

15 DE MARZO

Maceo se entrevista con Martínez Campos en los **Mangos de Baraguá** y se niega a deponer las armas.

19 DE MARZO

El General Martínez Campos le escribe al Primer Ministro Español Antonio Cánovas del Castillo para comunicarle el **fracaso de su encuentro con el General Antonio Maceo** y la formación de un nuevo Gobierno en Armas en Cuba presidido por el Mayor General Manuel Calvar.

22 DE MARZO

El General Martínez Campos invita a los miembros del gobierno de Calvar a una reunión en el Campamento Miranda, la cual rechaza el **General Manuel Calvar**.

8 DE MAYO

Antonio Maceo, a petición de sus hombres que no quieren verlo inmolarse inútilmente, accede a **marcharse de Cuba** y parte desde Santiago de Cuba hacia Jamaica en el buque de Guerra Español Fernando el Católico. Unos días antes había conseguido el **apoyo de Miguel Aldama** desde Nueva York para continuar la Guerra del 68.

20 DE MAYO

Capitulación de las fuerzas Cubanas de Las Villas y Camagüey.

25 DE MAYO

Capitulación de las tropas de Limbano Sánchez y Vicente García.

28 DE MAYO

Capitulación de las tropas Cubanas en Oriente.

7 DE JUNIO

El alocución a los soldados Españoles el **General Manuel Jovellar** comunica que de los 200,000 soldados de España enviados a Cuba más de 80,000 han muerto en la Guerra del 68 y el costo ha sido 700 millones de Pesos Españoles (en efecto, *$700 millones de dólares*).

16 DE AGOSTO

Surgen en Cuba los partidos **Liberal** (Autonomista) y **Unión Constitucional** (Españolista) bajo el gobierno liberal y descentralizado de Martínez Campos. La isla ha sido dividida en 6 provincias.

12 DE SEPTIEMBRE

José Martí regresa de México con su esposa Carmen Zayas Bazán.

4 DE OCTUBRE

Desde New York **Calixto García** lanza un manifiesto para continuar la lucha y critica a los firmantes del Pacto del Zanjón.

15 DE OCTUBRE

Desde New York Calixto García *lanza un manifiesto rechazando la Paz del Zanjón.*

1879

5 DE FEBRERO

Martínez Campos parte de Cuba a España para presidir el Consejo de Ministros. En Cuba nombra como su sucesor a **Ramón Blanco Erenas** como Capitán General.

19 DE ABRIL

El último reducto de Mambises al mando de **Ramón Leocadio Bonachea**, sin rendirse ni capitular, entierra sus armas, disuelve su tropa y marcha al exilio.

28 de Agosto

Belisario Grave de Peralta, José Maceo, Quintín Banderas y Guillermón Moncada lanzan la *Guerra Chiquita* en Holguín.

17 de Septiembre

José Martí, que desde Abril ha estado abogando por una *nueva lucha independentista*, es detenido en La Habana.

25 de Septiembre

José *Martí es deportado* de nuevo a España.

26 de Septiembre

Muere *José Antonio Saco* en Barcelona.

9 de Noviembre

Grupos Cubanos se alzan en Las Villas.

1880

3 de Enero

José Martí, tras ser entrevistado en Madrid por Martínez Campos, rechaza las ofertas de darle una cátedra en Madrid y *se escapa a New York* donde se establece.

28 de Marzo

Calixto García parte a Cuba a unirse a la sublevación vía Jamaica.

8 de Mayo

Después de unirse a la Guerra Chiquita, aislado y sin apoyo, Calixto García se presenta a los Españoles. Los últimos combatientes, bajo el mando del General Emilio Núñez se presentan el 17 de Septiembre, dando *final a la Guerra Chiquita*.

1881

8 de Enero

Martí parte desde New York a Venezuela en el primero de muchos de sus viajes parta fomentar un nuevo alzamiento en Cuba.

28 DE JULIO

Martí es expulsado de Venezuela por el dictador Antonio Guzmán Blanco y deja de publicar La Opinión Nacional.

1882

20 DE JULIO

José Martí le escribe a los Generales Antonio Maceo y Máximo Gómez instándolos a **renovar la Guerra en Cuba**.

1883

A todo lo largo del año hay una seria **crisis económica** en Cuba.

3 DE DICIEMBRE

Ramón Leocadio Bonachea es apresado al desembarcar en aguas de Manzanillo para luchar por la independencia de Cuba. Es condenado a muerte y ejecutado el 7 de Marzo de 1884.

1884

18 DE ENERO

Fracasa una expedición organizada por los Generales Antonio Maceo y Máximo Gómez.

4 DE ABRIL

El Brigadier **Carlos Agüero desembarca en Varadero** pero no logra mantener su sublevación más que hasta el 5 de Marzo de 1885.

2 DE OCTUBRE

Entrevista de Martí con Maceo y Máximo Gómez en el Hotel de Mme. Griffou en New York. Maceo desdeña a Martí; Gómez no le hace gran caso. Se despiden fríamente los tres.

20 DE OCTUBRE

José Martí le escribe a Máximo Gómez la famosa carta donde le dice «**Un pueblo no se funda, General, como se manda un campamento...**»

1885

11 DE FEBRERO

Los hombres que pelearon con Ramón Leocadio Bonache son **fusilados en Santiago de Cuba** como escarmiento.

18 DE MAYO

Desembarca en Baracoa el **General Limbano Sánchez**. Se enfrenta por primera vez a tropas Españolas al día siguiente.

27 DE SEPTIEMBRE

Muere en combate el General Limbano Sánchez. Había perdido parte del armamento de reserva y era perseguido por los militares españoles, contra había combatido varias veces.

25 DE NOVIEMBRE

Muere el Rey Alfonso XII de España. Su esposa, María Cristina es nombrada Regente sin aun haber nacido Alfonso XIII, que lo hace el 17 de Mayo de 1886.

1886

10 DE ABRIL

El Camagüeyano **Enrique José Varona** renuncia al cargo de diputado en Madrid por el Partido Liberal de Cuba y se separa del Autonomismo. En 1895, a solicitud de José Martí va a asumir en Nueva York la dirección del periódico Patria, órgano oficial del independentista Partido Revolucionario Cubano (PRC).

7 DE OCTUBRE

España publica un Real Decreto por el cual se da por **terminada la esclavitud.**

1887

16 DE ABRIL

José Martí nombrado **Cónsul General del Uruguay** en New York. Su padre había muerto el 2 de Febrero.

10 DE OCTUBRE

José Martí pronuncia un **discurso en el Templo Masónico** de New York con motivo del aniversario del Grito de Yara.

1888

22 DE OCTUBRE

José Martí nombrado *Cónsul de Argentina* en New York.

1889

2 DE OCTUBRE

José Martí asiste a la *Conferencia Internacional Americana en Washington*. Escribe once crónicas detalladas, diez de ellas para el diario argentino *La Nación*, uno de los más importantes de América Latina.

1890

30 DE ENERO

El General *Antonio Maceo llega a Santiago de Cuba* y se entrevista con Flor Crombet.

5 DE FEBRERO

Maceo llega a La Habana y establece contactos con Cubanos independentistas de la *Acera del Louvre*.

Julio 2

José Martí lanza en New York su Revista *La Edad de Oro*.

24 DE JULIO

José Martí reiterado *Cónsul de Argentina* y nombrado *Cónsul de Paraguay*.

20 DE AGOSTO

Maceo fracasa en su intento de organizar un alzamiento en Cuba. El y Flor Crombet son expulsados de Cuba por el Capitán General Polavieja.

SEPTIEMBRE 15

Juan Gualberto Gómez es detenido por escribir un artículo sobre el Separatismo. Una condena de tres años es anulada a última hora.

27 DE SEPTIEMBRE

Los EEUU establecen la **Tarifa Arancelaria McKinley** que entorpece el comercio con Cuba.

1891

6 DE OCTUBRE

José Martí frecuenta la Opera en New York con Walt Whitman y publica los **Versos Sencillos**.

1892

5 DE ENERO

Se firman las bases del **Partido Revolucionario Cubano** en Cayo Hueso.

14 DE MARZO

Aparece el primer número de **Patria** publicado en New York por José Martí.

7 DE SEPTIEMBRE

José Martí viaja a la República Dominicana y se entrevista con Máximo Gómez, que acepta ser **General en Jefe** de la nueva Gesta Patriótica promovida por Martí.

1893

24 DE MAYO

Martí conoce en New York a **Rubén Darío**.

1 DE JULIO

José Martí se **entrevista en San José de Costa Rica** con Antonio Maceo. Ambos visitan al Presidente de Costa Rica, José Joaquín Rodríguez Zeledón.

4 DE NOVIEMBRE

Se produce en Cuba un **levantamiento prematuro** que fracasa; Federico Zayas e Higinio Esquerra en la parte central (Lajas y Cruces) y el alzamiento de los hermanos Sartorius en Purnio y Velasco, entre Las Tunas y Holguín, en Oriente.

1894

25 de Enero

Levantamiento fallido en Ranchuelo, Las Villas.

19 de Julio

José Martí se entrevista en México con **Manuel Mercado** que le presenta a Porfirio Díaz.

27 de Octubre

Grandes aportaciones de fondos para la Guerra por parte de *Eduardo Hidalgo-Gato*, tabacalero de Tampa.

13 de Noviembre

Maceo herido en un atentado contra su vida en San José de Costa Rica.

8 de Diciembre

José Martí, Mayía Rodriguez y Enrique Collazo envían el *Plan de Lanzamiento de la Guerra* con Juan Gualberto Gómez a La Habana.

14 de Diciembre

Comienzan a decidirse los detalles finales del *Plan de Fernandina* para enviar tres expediciones simultáneas a Cuba, organizadas por José Martí.

1895

10 de Enero

Delación del Plan de Fernandina. Barcos y materiales requisados por agentes policíacos de los EEUU.

30 de Enero

José Martí, Mayía Rodríguez y Enrique Collazo llegan a Montecristi y se entrevistan con Máximo Gómez. Organizan todo para partir hacia Cuba.

13 de Febrero

Las Cortes Españolas aprueban un menguado *proyecto de autonomía para Cuba*. El diputado Cubano Rafael Montoro lo aplaude con simpatía. No es muy distinto al sometido en 1811 por José Agustín Caballero o al sometido por Antonio Maura,

Ministro Español de Ultramar el 5 de Junio de 1893. En Cuba se piensa que llegaba demasiado tarde.

1895

24 DE FEBRERO

En ***Baire*** y en ***Bayate***, Oriente, se alzan Saturnino Lora, Jesús Rabi y Bartolomé Masó. En el resto de la isla fracasan los levantamientos. La llamada Reforma Abárzuza se suspende.

8 DE MARZO

El ***Primer Ministro Español Sagasta*** declara: *«España, para defender sus derechos y territorios, está dispuesta a gastar su última peseta y dar la última gota de sangre de sus hijos.»*

14 DE MARZO

Juan Gualberto Gómez es hecho prisionero en La Habana.

21 DE MARZO

Llegan a Cuba ***9,000 soldados Españoles*** para reforzar las defensas.

25 DE MARZO

José Martí y Máximo Gómez firman el ***Manifiesto de Montecristi***. El mismo día Antonio Maceo parte desde Puerto Limón, Costa Rica hacia Cuba.

1 DE ABRIL

Antonio Maceo y Flor Crombet desembarcan en ***Duaba***, al Norte de Oriente.

4 DE ABRIL

Los Autonomistas Cubanos lanzan un ***Manifiesto al País*** en el que se oponen a la insurrección.

5 DE ABRIL

Muere de tuberculosis en Oriente el ***General Guillermón Moncada***.

10 DE ABRIL

Muere en combate el ***General Francisco Adolfo Flor Crombet***.

11 DE ABRIL

José Martí y Máximo Gómez desembarcan en **Playitas de Jobabo** en el sur de Maisí, Oriente.

15 DE ABRIL

José Martí es nombrado **Mayor General** del Ejército Libertador.

17 DE ABRIL

Llega a La Habana el **General Arsenio Martínez Campos** con nuevas tropas Españolas.

25 DE ABRIL

Martí y Máximo Gómez hacen contacto en Oriente con las tropas de **José Maceo**.

2 DE MAYO

Martí hace **declaraciones importantes** al periodista George G. Bryson del *New York Herald*.

5 DE MAYO

Martí, Gómez y Maceo se entrevistan en las ruinas del ingenio **La Mejorana** en lo que resulta ser un encuentro conflictivo.

18 DE MAYO

Carta de Martí a Manuel Mercado, considerada a posteriori como su **Testamento Político**.

19 DE MAYO

Martí cae abatido al avanzar sobre las líneas Españolas en una operación de Máximo Gómez para hostilizar una columna de Ximénez de Sandoval.

27 DE MAYO

Los **restos de Martí** son enterrados en Santiago de Cuba.

12 DE JUNIO

Salvador Cisneros Betancourt se une a las tropas de Máximo Gómez en Camagüey.

13 DE JULIO

Victoria de Antonio Maceo en **Peralejo**.

25 DE JULIO

Martínez Campos se niega a cometer atrocidades y le sugiere a Cánovas que lo sustituya con Weyler.

13 DE SEPTIEMBRE

Salvador Cisneros preside la Asamblea que aprueba la **Constitución de Jimaguayú**. Cisneros es elegido Presidente de Cuba en Armas, Bartolomé Masó Vicepresidente, Máximo Gómez General en Jefe y Antonio Maceo Lugarteniente General.

10 DE OCTUBRE

Manuel Santander, Obispo de La Habana, emite una Pastoral contra el Independentismo.

22 DE OCTUBRE

Gómez y Maceo inician en los Mangos de Baraguá la **Invasión al Occidente de Cuba**.

30 DE OCTUBRE

Máximo Gómez cruza la **Trocha de Júcaro a Morón** por primera vez y entra en Las Villas procedente de Camagüey.

20 DE NOVIEMBRE

Manuel Sanguily apoda a Maceo por primera vez el **Titán de Bronce**.

29 DE NOVIEMBRE

Antonio Maceo y su tropa cruzan la **Trocha de Júcaro a Morón**.

13 DE DICIEMBRE

Comienza la **política insurreccional de destrucción** de centrales y cañaverales, vías de Ferrocarril y fusilamiento a colaboradores de España en Cienfuegos.

15 DE DICIEMBRE

Maceo y Gómez son victoriosos en **la Batalla de Mal Tiempo**.

20 de Diciembre

Maceo entra en la provincia de **Matanzas**. En 48 horas toman el pueblo de Coliseo.

31 de Diciembre

Las tropas de **Cuba en Armas** entran en la provincia de La Habana.

1986

5 de Enero

Maceo entra en **Alquízar** y rodea a **Hoyo Colorado** y **Caimito del Guayabal** en la provincia de La Habana.

8 de Enero

Maceo entra en la provincia de **Pinar del Rio** y toma la ciudad de Cabañas.

14 de Enero

La *tropa de Maceo derrotada* y perseguida en Bejucal.

15 de Enero

Combate de **Las Taironas** cerca de la ciudad de Pinar del Rio.

20 de Enero

Maceo entra en **Guane**. Tres días después entra en **Mantua** y proclama el éxito y *fin de la Invasión*.

10 de Febrero

Valeriano Weyler entra en funciones como Gobernador de Cuba ante el fracaso de la política conciliadora de Martínez Campos.

12 de Febrero

Maceo entra en **Artemisa** y recibe 300 refuerzos procedentes de **Santiago de las Vegas**.

24 de Febrero

Maceo toma **Santa Cruz del Norte** y se sitúa frente a las ciudades de **Cárdenas** y **Matanzas**.

13 DE MARZO

Maceo ataca **Batabanó**, al sur de La Habana. Dos días después cruza la **Trocha Mariel a Majana** y entra en la provincia de Pinar del Rio de nuevo.

25 DE MARZO

Calixto García se incorpora a la lucha en Oriente.

8 DE ABRIL

Las tropas Cubanas incendian la ciudad de **Bauta**.

14 DE ABRIL

Maceo rechaza una fuerte brigada Española al mando personal de Valeriano Weyler en **Peladero de Tapia**, en las montañas de Pinar del Rio.

19 DE MAYO

El **Papa León XIII** bendice las tropas Españolas que parten hacia Cuba en una carta a la Reina Regente Española.

21 DE MAYO

Los Generales **José Miguel Gómez y Domingo Méndez Capote** se incorporan a la lucha en Las Villas.

23 DE MAYO

Conflicto entre **Calixto García** y **José Maceo** sobre la jefatura de las tropas Cubanas en Oriente. José Maceo amenaza retirarse de la lucha.

4 DE JULIO

José Maceo muere combatiendo en la Batalla de Loma del Gato. Sus hermanos en armas lo habían bautizado El León de Oriente.

21 DE OCTUBRE

Valeriano Weyler lanza su **Bando de Reconcentración**. Solamente en La Habana cuesta 52,000 víctimas muertas. En el resto de la isla más de 100,000 campesinos mueren de hambre.

22 DE OCTUBRE

Antonio Maceo sitia **Artemisa**, base de las tropas que sirven a la **Trocha Mariel-Majana**.

9 DE NOVIEMBRE

En su mayor esfuerzo militar del año, Valeriano Weyler y **40 batallones de sus tropas** salen en búsqueda de Antonio Maceo y su tropa.

18 DE NOVIEMBRE.

En **Las Damas**, en los alrededores de Sancti Spíritus, cae en combate el **Mayor General Serafín Sánchez**.

4 DE DICIEMBRE

Antonio Maceo cruza de noche, por mar, desde el Oeste hasta el Este de la **Trocha Mariel-Majana.**

7 DE DICIEMBRE

Antonio Maceo se enfrenta en **San Pedro**, cerca de Punta Brava, provincia de La Habana, a las enormes columnas de Valeriano Weyler y **muere en combate**. Con él cae **Panchito Gómez Toro**, hijo de Máximo Gómez, en lo que constituye un serio revés a las causa Cubana.

26 DE DICIEMBRE

Máximo Gómez vuelve a cruzar la **Trocha Júcaro-Morón**.

1897

14 DE ENERO

Los Generales **Mayía Rodríguez** y **Loynaz del Castillo** asumen el mando de las tropas Cubanas en todo el Occidente.

17 DE ENERO

Calixto García Vélez, hijo de Calixto, vuela **la cañonera Española Relámpago**, construida en EEUU, que sirvió en Cuba entre 1895 y 1897, en aguas del rio Cauto en Oriente.

6 DE FEBRERO

El brigadier **Mario García Menocal**, Jefe del Estado Mayor de Calixto García, se entrevista con Máximo Gómez para coordinar fuerzas en Oriente.

20 DE FEBRERO

Valeriano Weyler reúne **20,000 soldados Españolas** para su campaña de desafío a las tropas Cubanas en Las Villas.

4 DE MARZO

Tropas Cubanas toman la ciudad de **Güines** en provincia de La Habana.

14 DE MARZO

Carlos Roloff y **Joaquín Castillo Duany** entran en territorio Cubano a bordo del vapor Laureada.

21 DE MAYO

Llegan a Cuba, por **Bacuranao**, en la provincia de La Habana y por la costa norte de Camagüey, dos expediciones del vapor *Dauntless*.

16 DE JUNIO

Las tropas de Weyler comienza una **estrategia de Suelo Raso** en Oriente para no permitir a los Cubanos abastecerse de comida y vituallas.

8 DE JULIO

El General **Quintín Banderas** es sometido a juicio por desobedecer las órdenes de Antonio Maceo.

8 DE AGOSTO

Asesinato del Presidente Español **Cánovas del Castillo** en Santa Águeda, Guipúzcoa.

26 DE AGOSTO

Cosme de la Torriente se incorpora a las fuerzas Cubanas, que derrotan al ejército Español en Las Tunas.

29 DE OCTUBRE

De acuerdo a la **Constitución de Jimaguayú** se celebra en Cuba otra Constituyente y se adopta la **Constitución de Yaya**.

31 DE OCTUBRE

Acosado por los excesos brutales y sangrientos de Valeriano Weyler, el gobierno Español lo retorna a la península y nombra a **Ramón Blanco Erenas** como nuevo Capitán General de Cuba.

6 DE NOVIEMBRE

Madrid, influenciado por los Autonomistas Cubanos, decreta una **amnistía** para los sublevados que depongan sus armas. Máximo Gómez decreta la **pena de muerte** para cualquier oficial que se acoja a la amnistía y se declara contra la Autonomía.

25 DE NOVIEMBRE

El gobierno de Práxedes Mateo Sagasta concede la Autonomía a la Isla de Cuba (formalmente emite la *Carta Autonómica de Cuba*), creando un **Gobierno Autonómico Cubano** integrado por: Jefe de Gobierno **José María Gálvez Alonso**, líder de los autonomistas cubanos; el abogado **Antonio Govín** encargado de Gracia y Justicia; el Marqués de Montoro, **Rafael Montoro**, Jefe de Hacienda; el doctor **Patricio Zayas**, Jefe de Instrucción Pública; el doctor **Eduardo Dolz**, a cargo de Obras Públicas y Comunicaciones; y el comerciante **Laureano Rodríguez**, como Jefe de Agricultura.

28 DE NOVIEMBRE

Fuerzas Cubanas al mando de Calixto García toman y destruyen el poblado de **Guisa** en Oriente.

10 DE DICIEMBRE

Estrada Palma y Bartolomé Masó discuten la posibilidad de **comprar la independencia de Cuba** con $150 Millones de dólares que han recaudado vendiendo Bonos de la Independencia los exiliados Cubanos en los EEUU y Europa.

24 DE DICIEMBRE

El ***Diario de la Marina*** comienza a abogar por la Autonomía para Cuba. Los Españolistas radicales asedian el edificio con gritos de ¡*Viva Weyler!* y ¡*Vivan los Voluntarios!*.

1898

Entra en funciones el **Gobierno Autonómico de Cuba** con José María Gálvez al frente.

3 DE ENERO

En *Oropesa*, provincia de La Habana, tropas Cubanas al mando del *Coronel Enrique Collazo* se enfrentan a las tropas Españolas, deshaciendo la ilusión de autonomía en Cuba.

12 DE ENERO

Nuevas manifestaciones Españolistas ante los diarios *El Reconcentrado* y *La Discusión*. El Cónsul de los EEUU solicita la presencia de un acorazado Americano para proteger a sus súbditos residentes en Cuba.

12 DE FEBRERO

Máximo Gómez se comunica con los Autonomistas invitándolos a participar en la lucha independentista. El autonomista *Eliseo Giberga* accede y crea una crisis entre los que apoyan el autonomismo.

15 DE FEBRERO

El Acorazado *Maine* vuela en el puerto de Las Habana.

20 DE FEBRERO

Desembarcan en *Matanzas* y *Camagüey* dos expediciones.

4 DE MARZO

Madrid comienza a formar una Escuadra Naval Española en Cádiz con destino a Cuba, dirigida por el Almirante *Pascual Cervera y Topete*. Mientras se arma, una Escuadra de menor cuantía al mando del *Capitán de Navío Fernando Villaamil* parte hacia Cuba.

14 DE MARZO

Los primeros altos oficiales Cubanos que intentan deponer las armas son *fusilados* por las tropas de Máximo Gómez.

20 DE MARZO

El Capitán General Español Ramón Blanco se comunica con Máximo Gómez instándolo a *combatir las tropas de los EEUU* que están a punto de desembarcar. Gómez lo rechaza airado.

10 de Abril

El Capitán General Ramón Blanco declara el **fin de las hostilidades contra los insurrectos Cubanos**, los cuales no aceptan esta decisión y deciden continuar la guerra.

12 de Abril

El **Gobierno Autonomista Cubano** trata de comunicarse con Máximo Gómez en Santa Cruz del Sur, Camagüey, para hablar del armisticio del 10 de Abril. Los insurrectos Cubanos no acuden a la cita.

18 de Abril

Calixto García insta a Máximo Gómez a **apoyar las tropas de los EEUU** que quieren pelear contra España en territorio Cubano. Máximo Gómez **accede** a regañadientes.

25 de Abril

Calixto García se instala en **Bayamo**. Los Españoles se hacen fuertes en **Santiago de Cuba**. McKinley declara la guerra a España. Dos días después la flota de EEUU cañonea las baterías del **Morrillo en Matanzas** y bloquea varios puertos Cubanos, incluyendo **Cienfuegos**.

Fines de Abril

La armada de los EEUU es rechazada en **Cabañas** y **Cárdenas** y, a sugerencia de Máximo Gómez y Calixto García, decide **desembarcar en el sur de Oriente**, donde las tropas Cubanas controlan todo el territorio menos las ciudades.

10 de Mayo

El Gobierno de Cuba en Armas formalmente **accede y autoriza** la colaboración con las tropas y la Armada de los EEUU.

17 de Mayo

Una comisión Plenipotenciaria presidida por **Domingo Méndez Capote** parte a los EEUU para ultimar detalles bélicos.

Fines de Mayo

Las tropas Cubanas deciden **descontinuar la Invasión** iniciada por Maceo y Gómez; este último manifiesta su desacuerdo. Cervera llega con su flota a Santiago de Cuba y decide permanecer allí. **Santiago es bloqueada y cañoneada** por 19 buques de los EEUU.

Mes de Junio

Los EEUU se apoderan de la bahía de **Guantánamo**. Shafter, Sampson y Calixto García se entrevistan en **El Aserradero**. 6,000 soldados de los EEUU desembarcan en Daiquirí. 3,000 desembarcan en Siboney. Ambos desembarcos son protegidos por 3,000 tropas bajo el mando de **Calixto García**. La defensa Española cuenta con 8,000 hombres. Entre Cubanos y Americanos los opositores cuentan con 22,000 hombres en el sur de Oriente.

30 de Junio

Las tropas de los EEUU vencen a las de España en **El Caney** y la **Loma de San Juan**. Theodore Roosevelt ataca con sus *Rough Riders* y en defensa de los fuertes muere en combate el General Español **Vara del Rey**.

Principios de Julio

Tropas de EEUU y tropas Cubanas toman el fuerte **El Viso** y combaten victoriosas en **Aguadores** y **Palma Soriano**. El Almirante Cervera trata de romper el boqueo de Santiago de Cuba según las órdenes del Capitán General Español Ramón Blanco. Su **flota es destrozada** y Cervera hecho prisionero.

16 de Julio

España capitula. El General Toral entrega Santiago de Cuba. El mando Americano prohíbe la entrada de las tropas Cubanas en Santiago. **Calixto García** escribe una carta de protesta al General Norteamericano William Shafter.

Finales de Julio

Tropas Americanas ocupan la bahía de **Nipe** y bombardean **Manzanillo** y **Santa Cruz del Sur**. Tropas Cubanas al mando del General José Miguel Gómez toman **Arrollo Blanco** en Las Villas.

Mes de Agosto

Gibara es ocupada por Calixto García. Salvador Cisneros Betancourt ocupa **Santa Cruz** en Camagüey. Calisto García es *destituido de su cargo* por el Gobierno de Cuba en Armas. **Bartolomé Masó**, Presidente del Gobierno de Cuba en Armas, en un acto totalmente simbólico, convoca a unas elecciones que no tienen sentido alguno. El último encuentro de tropas Españolas y Cubanas tiene lugar en **Aguas Claras**, cerca de Holguín. Comienza la **repatriación** de tropas Españolas hacia la península. El *Almirante Cervera* obtiene una libertad incondicional y parte a España en un buque de lujo fletado por los EEUU.

MES DE SEPTIEMBRE

Rafael Montoro, en representación del Gobierno Autonomista Cubano, ya casi desbandado, ayuda a la evacuación de 200,000 tropas Españolas. En Madrid se crea un **Consejo de Guerra** para juzgar por traición al Almirante Cervera, que arriba a Santander el 19 de Septiembre. El General Wood, nuevo Jefe de las tropas de los EEUU en Santiago de Cuba, organiza un homenaje de desagravio a Calixto García para compensar el **desaire "majadero y estúpido"** del General Shafter el 17 de Julio. Las tropas de **Calixto García** reciben una bienvenida popular de júbilo. El 24 de Septiembre **Máximo Gómez** expresa su desacuerdo con la situación con los EEUU renunciando a sus cargos en el ejército Cubano.

MES DE OCTUBRE

El General **Calixto García** recorre Cuba felicitando y licenciando las tropas Cubanas. **Domingo Méndez Capote** convoca una **Asamblea de Representantes del Gobierno de Cuba en Armas** (ya inexistente pero en consistencia con la Constitución de la Yara de 1897) a celebrarse en Santa Cruz del Sur, Camagüey. **Bartolomé Masó** (Presidente de la Asamblea pero nunca reconocido como Presidente de Cuba en Armas por los EEUU) entrega sus poderes a la Asamblea y acepta el armisticio. **Manuel Santander**, Obispo de La Habana, se retracta de su posición en contra de la Independencia.

MES DE NOVIEMBRE

El gobierno de los EEUU deja saber a la Asamblea de Representantes del Gobierno de Cuba en Armas que **no reconoce** otro agente de negociación sobre el futuro de Cuba que la Corona Española. El **Capitán General Ramón Blanco**, habiendo fracasado en sus funciones pacificadoras, renuncia a su cargo.

Mes de Diciembre

El 7 de Diciembre se celebra en la Catedral de Santiago de Cuba una **Misa Solemne por la muerte de Antonio Maceo**. En Yaguajay, al norte de Las Villas, el General **Máximo Gómez celebra un acto luctuoso** en conmemoración de las muertes de Antonio Maceo y su hijo Panchito Gómez Toro, *«... cuyo acto logré revestir de toda la seria solemnidad que me fue posible...»*

En Paris se firma la paz entre el Reino Español y los EEUU, **sin la presencia de Cubanos**. En Washington fallece repentinamente el General **Calixto García** en medio de su misión para negociar un préstamo para licenciar al Ejercito Cubano. En La Habana, el gobierno Español logra llevarse los **restos de Cristóbal Colón** que estaban en la Catedral. El Gobierno Autonómico Cubano tiene una reunión final bajo los gritos de una muchedumbre que estalla a la voz de *¡ **Los Autonomistas a las Guásimas** ¡* El **Partido Revolucionario Cubano** es disuelto por Tomás Estrada Palma, su delegado.

1899

Mes de Enero

El General de los EEUU John R. Brooke toma el mando de la isla de Cuba con el cargo de Gobernador, de manos del General Adolfo Jiménez Castellanos, último Capitán General Español, en el **Salón del Trono del Palacio de los Capitanes Generales.**

Mes de Febrero

Desavenencias entre el Gobierno de Brooke y la (ya sin funciones ni razón de ser) Asamblea de Representantes del Gobierno de Cuba en Armas. En el cortejo del sepelio de **Calixto García**, el General Brooke asume el encabezamiento de la procesión sin contar con los jefes del (ya inexistente) Ejército Cubano en Armas, los cuales se retiran y no participan en el entierro.

Máximo Gómez hace su entrada a La Habana y es recibido por una representación de la Asamblea, que va a reunirse de ahora en adelante en el Cerro. Los habaneros le rinden una *jubilosa acogida*, como jamás se había visto en La Habana.

2

Breve Introducción e Imágenes de las Guerras de Independencia Cubana

La Guerra del 68
Desde el Grito de Yara, el 10 de Octubre de 1868, hasta poco después de
La Protesta de Baraguá, el 15 de Marzo de 1878.

A finales de la década de 1860, los Cubanos posiblemente no estaban contentos, pero por lo menos eran tan tolerantes con España como lo habían sido durante casi todo el período Colonial, especialmente cuando los otros países Hispanoamericanos rompieron sus vínculos con la Madre Patria en la década de los 1820s y los Cubanos no siguieron ese ejemplo. La explicación puede ser bien sencilla. En los 1860s Cuba estaba en plena evolución económica, política y social. Veinte años atrás, Cuba era una colonia de crecimiento lento y acompasado; en dos generaciones, gracias a criollos como Miguel Aldama y Francisco Vicente Aguilera, se convirtió en la principal productora de azúcar del mundo.[3] Este desarrollo requería la importación de un número cada vez mayor de esclavos Africanos y, como resultado, ya hacia 1840 había en la isla aproximadamente 450,000 esclavos, esto es, el 60% de la población era negra o mulata. Temiendo una repetición de la revolución que acabó con los hacendados y terratenientes blancos de Haití en 1791, los criollos Cubanos (hombres y mujeres nacidos en Cuba de descendencia Europea) se abstuvieron de imitar a sus homólogos del resto del continente Americano y arriesgar bienes y vidas en una confrontación sangrienta y ruinosa con el poderío militar de la metrópolis. Era preferible la autoridad Española que someterse a una guerra racial como la que estaba destruyendo a Haití, posiblemente por el resto del siglo y mucho más allá.

A medida que el imperio Hispanoamericano se desintegraba, el gobierno colonial de Cuba, en lugar de asegurar la fidelidad de la isla con buenos gobiernos, se volvió gradualmente más autoritario y despótico. Los miembros de la clase de propietarios y los intelectuales que inicialmente se habían mostrado fríos y opuestos a la independencia comenzaron a mostrar su descontento. Algunos, favoreciendo una **reforma** en vez de una revolución, optaron por pedir un autogobierno en el marco del Imperio Español. Otros buscaron la **anexión** a los Estados Unidos como un medio para obtener la libertad política y económica mientras se preservaba la esclavitud. Ninguno de los movimientos logró conquistar la opinión pública masivamente. El anexionismo se volvió poco menos que imposible

---

[3] La **industria azucarera Cubana** comenzó a crecer en 1595, el año en que Felipe II otorgó por medio de una Real Célula, una licencia al Portugués Pedro Gómez Reynell para introducir en las Indias esclavos negros; en la Cédula también se prohibía incautar por deudas las tierras de los ingenios, los esclavos, animales y máquinas industriales. Esa concesión, unida a la riqueza extraordinaria de bosques tropicales en la isla (80 a 90% del territorio llano) aseguraba la disponibilidad de leña para alimentar las operaciones de concentrado de los jugos de la caña de azúcar. Dos siglos después, hacia 1815, el gran ímpetu del cultivo y explotación de la caña de azúcar creció más aun debido a la liberalización en el uso de las tierras, que permitió que los bosques controlados por el Gobierno pudieran ser explotados por particulares.

después de la Guerra Civil de los Estados Unidos. Y la perspectiva de las concesiones de España se desvaneció después del fracaso en Abril de 1867 de la **Junta de Información** convocada por el Gobierno de Madrid para discutir y tal vez tomar medidas para hacer realidad las reformas añoradas por los Cubanos. Sintiendo el impacto del aumento de los impuestos y una crisis económica internacional, un grupo de hacendados, ganaderos y otros acaudalados Cubanos levantaron la bandera de la independencia un 10 de Octubre en 1868. Así comenzó la **Guerra de los Diez Años**.

Los diez años de Guerra comprendidos entre 1868 y 1878, también conocidos entonces como **La Gran Guerra**, comenzaron el 10 de Octubre de 1868 bajo la dirección de un notable pero poco conocido líder, Carlos Manuel de Céspedes; de inmediato su llamado a la libertad e independencia de la isla fue apoyado por un grupo de patriotas vinculados al **Ingenio La Demajagua**, en el sector de Bayamo. Durante los primeros días, la insurrección casi falló. Céspedes atacó el pueblo de **Yara** el 11 de Octubre. De ahí tomó su nombre esa revolución, aunque el ataque a *Yara* no fue victorioso. La fecha del 10 de Octubre, durante la época Republicana, sería conmemorada en Cuba como fiesta nacional bajo el nombre de "**el Grito de Yara**".

La Revolución de Yara se extendió por toda el área del Oriente de Cuba y los grupos de patriotas se reunieron en varias partes de la isla para apoyar a Céspedes. Durante el curso de esa **Guerra de los Diez Años**, el gobierno Español se hizo famoso por sus muchas crueldades. El sueño de los Cubanos independentistas se convirtió para muchos de ellos en una ilusión obsesiva.

Las razones por las que en Cuba estalló una guerra en 1868 fueron muchas y complejas. A lo largo del siglo XIX, España experimentó una creciente inestabilidad política, con gobiernos liberales y reaccionarios alternando en el poder. Los cambios de política Españoles se reflejaron particularmente en las Colonias bajo gobiernos de tan arbitrarios y despiadados Capitanes Generales como Miguel Tacón (1834-1838) y Francisco Lersundi (1867-1869), que compartían el poder con funcionarios más moderados y comprensivos, como Domingo Dulce y el general Francisco Serrano.

El choque entre las medidas económicas españolas y los deseos de la *"esclavocracia"* criolla del azúcar también contribuyeron a la creciente tensión. A lo largo del siglo XIX, los hacendados se habían convertido en un grupo poderoso y activo que podía intervenir o al menos influir decisivamente en la política interna de la isla. Los hacendados en 1868 se vieron avasallados por un poder imperial cuyas políticas proteccionistas estaban amenazando reducir o eliminar sus privilegios al intentar someter sus prerrogativas y reducir su creciente importancia. Naturalmente, no estaban dispuestos a renunciar a su posición sin una pelea.

A lo largo del siglo, los Cubanos fueron lentamente desarrollado progresivamente una identidad separada y distinta a la de los Españoles. Aunque muchos pensaban en Cuba como otra provincia de España y exigían igualdad de derechos y representación, otros anhelaban constituirse en una nación independiente. Escritores, pintores y poetas, mirando hacia adentro para retratar los temas de su tierra natal, ayudaron a desarrollar las raíces de una nueva nacionalidad. A través de sus obras, fomentaron no solo el orgullo de ser Cubano y el amor por las cosas Cubanas, sino también una especie de vergüenza por el hecho de que la isla siguiera siendo una mera colonia Española. Mientras Hispanoamérica, con la excepción del terruño, había derrocado con éxito el poder Español, Cuba todavía se aferraba a sus lazos coloniales.

El 10 de Abril de 1869, esos futuros patriotas celebraron una **Asamblea Constituyente** en el pueblo de Guáimaro en la provincia de Camagüey. La Asamblea eligió como Presidente a Carlos Manuel de Céspedes y a los generales Ignacio Agramonte y Loynaz y Antonio Zambrana, principales autores de la Propuesta Constitucional, como Secretarios. Inicialmente las victorias militares no se hicieron esperar. En pocos años, sin embargo, debido a conflictos políticos y personales, la Asamblea terminó sustituyendo a Céspedes como Presidente y reemplazándolo con Salvador Cisneros Betancourt, un hombre de extraordinario valor como persona, como intelectual y como patriota, pero sin el carisma necesario para controlar los militares que dirigían la guerra; la suerte de los Cubanos no fue favorecida por esos acontecimientos. Céspedes murió en un asalto y emboscada de las tropas Españolas el 27 de Febrero de 1874. Las actividades en la Guerra de los Diez Años llegaron a su alto desarrollo en 1872 y 1873 pero, después de la muerte de Agramonte y la deposición de Céspedes, las operaciones militares se limitaron a las regiones de Camagüey y el Oriente de Cuba, debido a la falta de suministros y al regionalismo de los participantes. No todos los Cubanos se sintieron más Cubanos que Camagüeyanos, o Santiagueros, o Villareños. El país no estaba listo para integrarse en una unidad política coherente. En definitiva, no existía aun tal cosa como "*la patria Cubana.*"

Como resultado de varios sucesivos desastres, el 8 de Febrero de 1878 se disolvieron los organismos constitucionales del **Gobierno de Cuba en Armas** y se iniciaron las negociaciones para la **Paz del Zanjón**, en un poblado cerca de Puerto Príncipe. El 10 de Febrero de 1878, los términos de la paz fueron aceptados por el gobierno de Cuba en Armas y por España, y la **Guerra de los Diez Años** llegó a su fin, a excepción de algunas protestas importantes de un pequeño grupo de seguidores del General Antonio Maceo, que hizo una protesta patriótica en un paraje Oriental conocido como **Los Mangos de Baraguá**. Su determinación de continuar la Guerra del 68, apoyada por Cubanos del exilio bajo el liderazgo de Miguel de Aldama en New York, se enfrentó pronto a las realidades sobre el terreno y Maceo concluyó sus esfuerzos de seguir la Guerra del 68 el 28 de Mayo de ese año.

A pesar de lo racional de sus exigencias y esperanzas, los Cubanos no pudieron derrocar al poderío Español en la isla; la antigua Cuba Española, basada como estaba en la esclavitud y la aristocracia, falleció después de que la lucha terminara con una paz "*sin vencedores*" en 1878, la **Paz del Zanjón**. No hubo mejor historiador de esas luchas como las que transcribió día a día el General Máximo Gómez en su Diario de Campaña.

Tropas Mambisas el 10 de Octubre de 1868

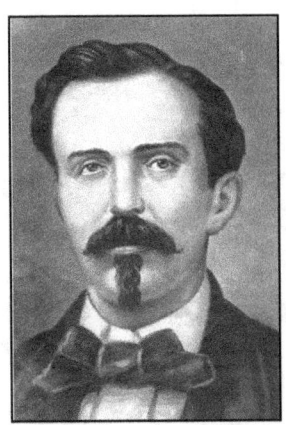

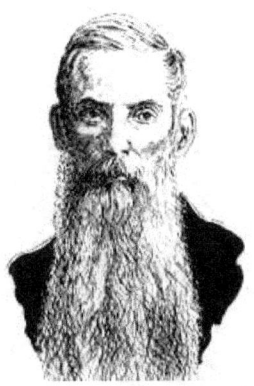

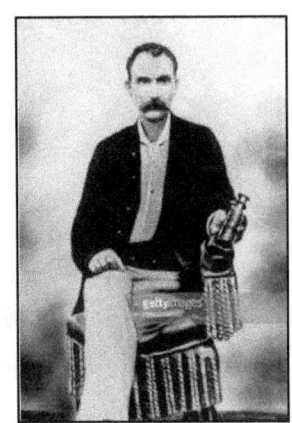

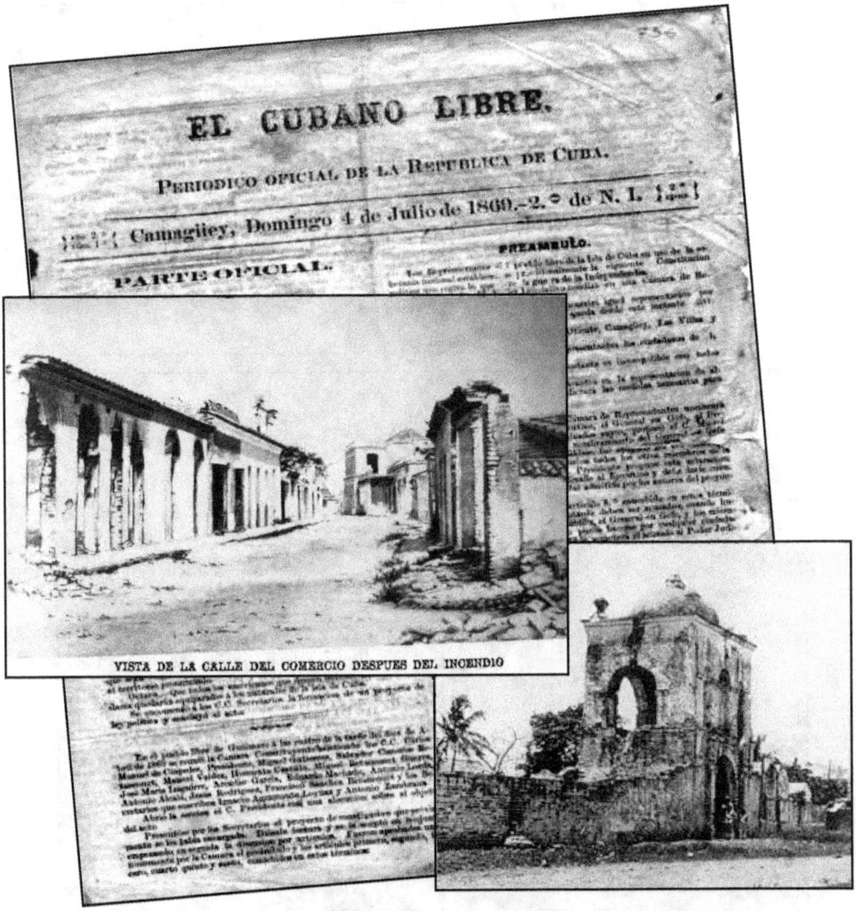

EL CUBANO LIBRE.

PERIODICO OFICIAL DE LA REPUBLICA DE CUBA.

Camagüey, Domingo 4 de Julio de 1869.–2.º de N. L.

PARTE OFICIAL.

PREAMBULO.

VISTA DE LA CALLE DEL COMERCIO DESPUES DEL INCENDIO

Arriba; ***Carlos Manuel de Céspedes***, ***Francisco Vicente Aguilera*** y ***Máximo Gómez*** en 1868; *al centro*, ***El Cubano Libre***, primer periódico clandestino de la Guerra del 1868; *debajo*, dos fotos de ***Bayamo después de incendiada*** por los Mambises antes de abandonar la ciudad.

Arriba, la casa de **Francisco Vicente Aguilera** después del incendio de Bayamo; *al centro*, la casa de **Carlos Manuel de Céspedes** antes de ser restaurada en 1946; *debajo*, una de las pocas fotos de Mambises en 1868, restaurada en 1951.

José Manuel Mestre, discípulo de Luz y Caballero, graduado de *Columbia University*, Anexionista, encabezó la representación diplomática de la República de Cuba en Armas en los EEUU; ***José Morales Lemus***, viejo y achacoso, desde su arribo en New York, se puso a explorar el sentir del gobierno americano, esperanzado de que pudiera favorecer a los cubanos en su lucha por la independencia; ***Miguel de Aldama***, identificado como jefe del Anexionismo. Uno de los dos hombres más ricos de Cuba en 1868. En 1869 el Gobierno español ordenó el embargo de sus bienes. Murió en extrema pobreza en Nueva York.

La nueva **Constitución Española de 1868,** que muchos criollos pensaron iba a instituir un gobierno liberal en Cuba, y no fue así

Manuel de Quesada y Loynaz, el General Cubano que llegó a alcanzar el grado de **General de División en México**; sirvió en las fuerzas de escolta de **Benito Juárez**; en Cuba Céspedes lo nombró Jefe de las fuerzas militares de Cuba en Armas.

Pedro (Perucho) Figueredo, Cuando el pueblo de Bayamo decidió incendiar la ciudad para evitar que cayera en manos de los Españoles huyó a refugiarse en el monte, contrajo tifus y úlceras en los pies; casi indefenso fue capturado por tropas Españolas y fusilado el 17 de Agosto de 1870. Fue el compositor del Himno Nacional Cubano, **La Bayamesa.**

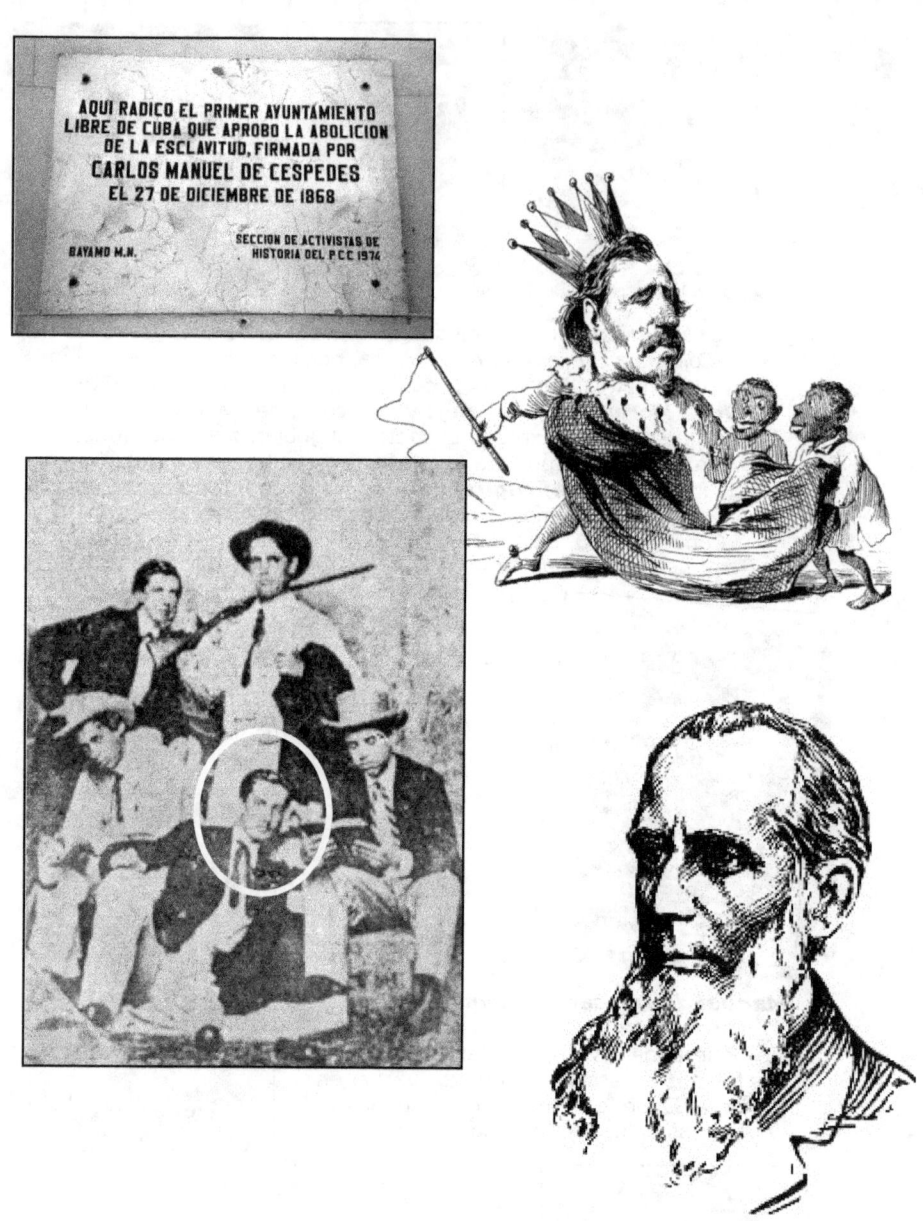

Arriba, una placa en Bayamo en el lugar donde **Céspedes liberó a sus esclavos** y una caricatura del hecho en un periódico de Madrid; *al centro, izquierda,* **Ignacio Agramonte** en sus días de estudiante antes de incorporarse a la lucha independentista en Camagüey; *arriba, derecha,* **Domingo Goicuría.** Pertenecía a una familia adinerada dueña de plantaciones de azúcar. Colaboró estrechamente con Narciso López y cuando éste fue ejecutado en Septiembre de 1851, Goicuría fue apresado y deportado a Sevilla. De vuelta a Cuba, fue capturado, juzgado y condenado a muerte al garrote en la fortaleza de *El Príncipe*.

Arriba, izquierda, **Otto von Bismarck**, Canciller Alemán desde 1862, ofreció comprar la isla de Cuba en 1870. *Arriba, derecha,* El sanguinario Blas Villate, **Conde de Valmaseda**. *Arriba, centro,* el poeta **Juan Clemente Zenea**, ejecutado en la Cabaña en 1871; *Debajo, izquierda,* **Julio Sanguily;** *debajo, derecha,* el Estado Mayor de **Calixto García** en la Guerra del 1868.

El bochornoso incidente del ataque Español al **Vapor Virginius** en 1873, reportado por la prensa Norteamericana; dos fotos de **San Lorenzo** y **Cambute**, lugar donde las tropas Españolas dieron muerte a Carlos Manuel de Céspedes; la sensible **carta de Víctor Hugo a las mujeres Cubanas**.

La flecha en el grabado de arriba indica la localización de las **Lagunas de Varona**, donde ocurrió la sedición capitaneada por el General Vicente García en 1875. El círculo señala el pueblo de **Naranjo**, donde el General Máximo Gómez derrotó con 700 hombres una tropa Española de más de 2,000 soldados el 10 de Febrero de 1874.

A la izquierda, **Juan Spottorno,** que sustituyó a Cisneros Betancourt en la Presidencia de Cuba en Armas el 14 de Noviembre de 1876. *Debajo*, la trocha de Júcaro a Morón, atravesada por **Máximo Gómez** cuando se reintegró a Camagüey el 14 de Noviembre de 1876.

El 3 de Noviembre de 1876, el General Español **Arsenio Martínez Campos** llegó a la Habana con el encargo de pacificar la región Oriental. En ese momento, las tropas Españolas ascendían a 100,000 hombres

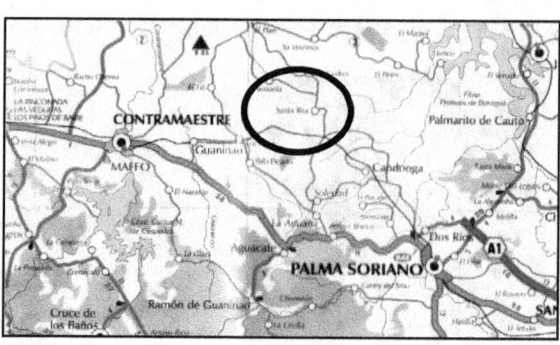

Una nueva **sedición** encabezada también por el **General Vicente García** tuvo lugar el 10 de Mayo de 1877 en el poblado de Santa Rita en Oriente

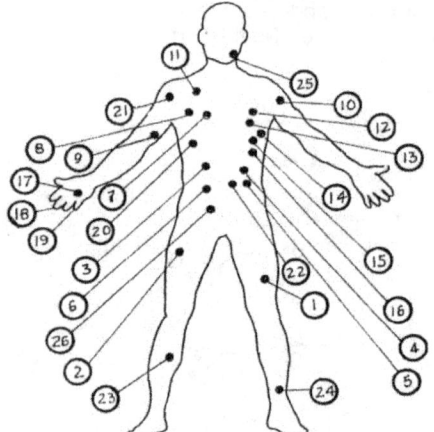

Gráfica que muestra el total de las heridas del **General Antonio Maceo** en sus 28 años de campañas en pro de la independencia de Cuba. Las señaladas del 12 al 17 fueron sufridas en el **Combate de Mangos de Mejía** el 7 de Agosto de 1877. Fueron particularmente serias las heridas 12, 13, 14, 15 y 16, que lo hicieron retirarse de la lucha durante casi dos meses.

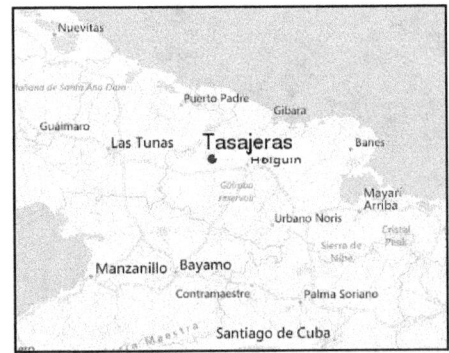

El 16 de Octubre de 1877, **Tomás Estrada Palma**, un año después de haber sido nombrado Presidente de la República en armas, fue hecho prisionero en **Las Tasajeras**, Holguín y deportado a España.

En Diciembre de 1877, creció el optimismo en España sobre la terminación de la Guerra del 68 en Cuba cuando en **Santa Cruz del Sur** comenzaron las conversaciones entre los insurrectos y el Ejército Español y en toda Las Villas fueron **suspendidas las hostilidades**.

San Agustín del Brazo, en Camagüey, donde comenzaron a reunirse los insurrectos Cubanos que estaba decididos a terminar la guerra.

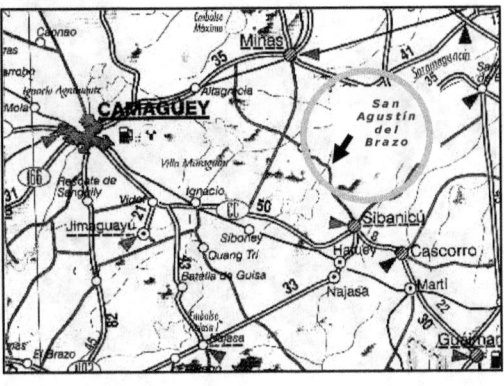

La Cámara de Representantes, nacida en Guáimaro el 11 de Abril 1869, celebró sesión extraordinaria en **San Agustín del Brazo**, en Camagüey, el 8 de Febrero de 1878. Asistieron su presidente, **Juan Bautista Spottorno, y los diputados Salvador Cisneros, José Aurelio Pérez, Federico Betancourt, Miguel Betancourt, Antonio Aguilar, Francisco Sánchez Betancourt y Luis Victoriano Betancourt**, que era su secretario. Se leyó una manifestación popular favorable a la negociación de la paz con el gobierno de España

El 10 de Febrero de 1878 se acordó celebrar el **Pacto del Zanjón** y firmarlo en el Campamento de San Agustín en Camagüey. El Pacto ha sido considerado tradicionalmente en Cuba como una humillación nacional, hasta el punto que la propia quinta del Zanjón se ha hecho desaparecer de los mapas. Se encuentra al sur de la Carretera Central, entre Sibanicú y San Agustín del Brazo.

Los Generales **Antonio Maceo** y **Ramón Leocadio Bonachea,** los más activos protestando el Pacto del Zanjón. Maceo se llenó de gloria con la **Protesta de Baraguá**; Bonachea fue el general que más tiempo estuvo en el campo de batalla, 13 meses más, hasta la **Protesta de Hornos de Cal**, el 15 de abril de 1879.

El monumento erigido en 1951 para recordar la **Protesta de Jarao** u **Hornos de Cal** donde el Coronel Mambí **Ramón Leocadio Bonachea**, junto a un grupo de hombres establecieron su teatro de operaciones a ambos lados de la *Trocha de Júcaro a Morón*. Esa zona comprendía Trinidad, Santi Spíritus, Remedios, Ciego de Ávila y Morón. Durante catorce meses se prolongó la lucha aún después de la capitulación del Ejército Libertador y la Protesta de Baraguá.

Al centro, los Generales **Arsenio Martínez Campos**, por España y **Antonio Maceo Grajales**, por los Mambises, protagonistas de un acto patriótico de desobediencia del general cubano Antonio Maceo con respecto al **Pacto del Zanjón**, el 15 de marzo de 1878. Para Maceo fue la primera de las acciones políticas encaminadas a reavivar la lucha armada libertadora. En el campamento de los Mangos de Baraguá Maceo
le expresó a Martínez Campos:

«*No estamos de acuerdo con lo pactado en el Zanjón; no creemos que las condiciones allí estipuladas justifiquen la rendición después del rudo batallar por una idea durante diez años y deseo evitarle la molestia de que continúe sus explicaciones porque aquí no se aceptan.*»

La Tregua Fecunda
Desde la Protesta de Baraguá, el 15 de Marzo de 1878, hasta poco después de
el Grito de Baire o de Bayate, el 24 de Febrero 24 de 1895.

Al terminar la Guerra de 1868, toda la región este de la isla de Cuba estaba desolada y en ruinas, sin fuentes de trabajo en la agricultura y un total abandono de la poca industria que había en 1868 en la región. Dos fenómenos ocurren simultáneamente: un desplazamiento de la mano de obra hacia el Oeste de la isla y un aumento considerable de las inversiones Norteamericanas en el Este de Cuba. La consecuencia de este segundo fenómeno fue el desarrollo de una economía que comenzaba a depender de la Estadounidense. Esto se unió a una política de excesivo control por parte de la metrópoli Española que logró que nunca se restableciera completamente la economía de la isla. La **Tregua Fecunda** fue ese periodo histórico cubano comprendido entre 1878 y 1895 en el que se produjo la unificación de los cubanos para la guerra de 1895 y el crecimiento decidido del interés de los EEUU en consolidar su posición comercial y política en Cuba.[4]

En el occidente y centro de Cuba, el único sector de la economía que avanzó fue el de la producción azucarera, caracterizado por la transición industrial de los ingenios a centrales y una centralización de la producción en grandes empresas azu-

---

[4] En 1884, los EEUU absorbían el **85% de la producción agrícola total de Cuba** y la población Cubana adquiría la mayoría de sus importaciones en los EEUU.

careras.[5] En lo político, gracias a las libertades concedidas por el *Pacto del Zanjón* se formaron varios partidos locales y generales, como el **Partido Liberal** (Autonomista), compuesto principalmente de Cubanos ricos, y el **Partido Unión Constitucional** (Españolista), compuesto principalmente de propietarios Españoles; ambos con un carácter básicamente reformista. Por otra parte la comunidad Cubana residente en los EEUU comenzó a organizarse y unirse gracias a la labor del **Partido Revolucionario Cubano**, fundado por José Martí, que alentó a los Cubanos a prepararse para una nueva lucha por la independencia.

De la lucha entre el 1868 y el 1878 poco quedó. Tras la firma del *Pacto del Zanjón*, el Mayor General Antonio Maceo junto a un grupo de oficiales, José Maceo, Guillermón Moncada, Quintín Bandera y Limbano Sánchez, trataron de salvar la causa independentista mediante la gloriosa **Protesta de Baraguá**, el 15 de Marzo de 1878. El Teniente Coronel villaclareño Ramón Leocadio Bonachea, que también rechazó el Zanjón y escogió seguir combatiendo con un pequeño destacamento en la parte central de la Isla, lo hizo hasta el 15 de abril de 1879, cuando, sin rendirse ni dialogar con los Españoles, simplemente depuso y enterró sus armas en la llamada **Protesta de Hornos de Cal**, en Jarao, Sancti Spíritus. Fuera de eso, la lucha por la independencia definitiva de Cuba se limitó a un desafiante pe-

---

[5] El número de **fábricas de azúcar** se redujo de 1190 en el año 1878 a 500 en el año 1895, pero la producción de azúcar creció de 597.000 toneladas en 1878 a más de un millón en 1895; los pequeños y viejos ingenios se transformaron en grandes centrales azucareros con maquinarias y técnicas modernas, los nuevos centrales contribuyeron al desarrollo del transporte y las comunicaciones, lo que redujo el asilamiento localista. Los nuevos centrales necesitaban más caña por lo que se incrementaron los latifundios cañeros. Los hacendados de Las Villas, Camagüey y Oriente no podían competir con los hacendados de Occidente que no habían sufrido pérdidas en la guerra por lo que se arruinaron y vendieron sus fábricas y tierras y se convierten en colonos (arrendatarios). Entre 1878 y 1895 los EEUU hicieron importantes inversiones en Cuba, principalmente en el azúcar, la minería y el tabaco. En 1895 sus inversiones ascendieron a $50 millones de dólares. En esa etapa, los EEUU También intensificaron su control comercial sobre Cuba.

ro pequeño esfuerzo en la llamada *Guerra Chiquita*, de 1879 al 1880, bajo la dirección y liderazgo del General Calixto García Íñiguez, quien presidía el Comité Revolucionario Cubano en Nueva York.[6]

A pesar de los fracasos de esos tres intentos, los Cubanos no desistieron de la vía armada para independizarse de España. Los emigrados independentistas residentes en Nueva York, Cayo Hueso, Jamaica, República Dominicana, Centroamérica y otros sitios comenzaron a reagruparse en Juntas Patrióticas, Comités y Clubes de Guerra, por medio de las cuales continuaron persiguiendo el objetivo de proseguir la lucha encabezados por los veteranos más radicales y prestigiosos y por la apasionante figura de José Martí.

En Nueva York, por ejemplo, se constituyó un *Comité Patriótico Organizador de la inmigración Cubana*, bajo la dirección de Salvador Cisneros Betancourt, Juan Arnao y Manuel de la Cruz Beraza. El 7 de julio de 1883 ese órgano quedó disuelto dando paso al *Comité Revolucionario Cubano*, bajo la dirección de Juan Arnao, Cirilo Pouble, Leandro Rodríguez y Juan Bellido de Luna, entre otros. A mediados de 1884 llegaron a New York los generales Máximo Gómez y Antonio Maceo procedentes de Honduras, respondiendo a las reiteradas solicitudes que les hiciera el Comité para que se pusieran al frente del movimiento independentista y promovieran la insurrección en Cuba. Surgió entonces el *Plan Insurreccional Gómez-Maceo*, cuyos esfuerzos duraron hasta Septiembre de 1886, cuando Máximo Gómez anunció en la prensa su total fracaso unificador, a pesar de los esfuerzos realizados.

Durante los 1880s los únicos otros esfuerzos notables de unir los Cubanos del exilio fueron los del *Club de Independen-*

---

[6] La *Guerra Chiquita* fracasó por su deficiente preparación, por la falta de ayuda exterior, por la llegada tardía de Calixto García y por la ausencia de Gómez y Maceo. No obstante se evidenció la vigencia del ideal independentista, con la participación de Quintín Banderas, José Maceo y otros y una docena de alzamientos de importancia en Oriente y Las Villas. El inevitable fracaso sirvió de lección a los cubanos.

cia No.1 y el *Comité Revolucionario Cubano*, este último creado en Julio de 1883. Estas organizaciones, con el objetivo de reiniciar la lucha armada en Cuba, e independientemente del plan insurreccional Gómez-Maceo, acordaron y pusieron en marcha varios planes de llevar a Cuba expediciones combinadas simultáneamente por tres puntos del país, al frente de las cuales vendrían los generales Carlos Agüero Fundora (por la parte occidental), Ramón Leocadio Bonachea Hernández (por Las Villas) y Limbano Sánchez Rodríguez (por Oriente).

El 1ro. de Abril de 1884, Carlos Agüero, al frente de una expedición independentista, salió de Cayo Hueso rumbo a Cuba, acompañado de más de 20 hombres. Desembarcaron por Punta de Hicacos, en Cárdenas, Matanzas, el 3 de Abril y estuvieron combatiendo heroicamente varios meses hasta que el 5 de Marzo de 1885 Agüero cayó en una emboscada.

En la madrugada del 30 de Noviembre de 1884, Ramón Leocadio Bonachea, luego de una labor incesante y muchos esfuerzos durante casi cinco años de preparación, logró salir hacia Cuba desde Jamaica a bordo del vapor *Roncador*, con 18 expedicionarios. Los vientos llevaron la embarcación hacia *Las Coloradas* y el día 2 de Diciembre, debido a una delación de vecinos del lugar, fueron apresados por barcos Españoles y conducidos primero a Manzanillo y luego a Santiago de Cuba, donde fueron juzgados. Bonachea y cuatro de sus compañeros fueron fusilados en la mañana del 7 de marzo de 1885 en la explanada del Morro de Santiago de Cuba y el resto de los expedicionarios condenados a presidio.

La tercera de las expediciones estaba bajo el mando del Mayor General Limbano Sánchez Rodríguez, al cual sus compañeros insurrectos lo apodaran el León Holguinero pero siempre lo consideraron en no buena estima debido a ser un antiguo y polémico participante de los incidentes de insubordinación e indisciplina con Vicente García en 1875 y 1877 en Lagunas de Varona y Santa Rita. Limbano Sánchez acompañó a Maceo en la gesta de Baraguá y con José Maceo, Guillermón Moncada y

Quintín Bandera fue apresados en altamar y enviados por la fuerza como prisioneros políticos desterrados a España. Cumpliendo su compromiso con el plan del *Club de Independencia No.1* y el *Comité Revolucionario Cubano,* partió desde República Dominicana con 12 hombres rumbo a Cuba el 7 de Mayo de 1885 y tras algunos tropiezos durante el desembarco llegaron a las costas de Cuba por Baracoa al amanecer del 18 de mayo de 1885. Desde los primeros momentos sostuvieron cruentos combates con tropas Españolas superiores en hombres y armamentos y fueron perseguidos constantemente. [7] Cuando ya no tenían qué comer ni beber, Limbano y el brigadier Ramón González decidieron alejarse de la zona de operaciones y cayeron en una emboscada el 27 de Septiembre del 1885 y perecieron combatiendo heroicamente.

Dos hechos de mucho impacto durante la Tregua Fecunda fueron:

El *decreto Español aboliendo la esclavitud* en 1886, no como reconocimiento de los derechos humanos de los negros sino como consecuencia de los desastres ocasionados por la guerra en la infraestructura productiva y las transformaciones económicas que exigían mano de obra calificada.[8]

La celebración en Cuba el *I Congreso Regional Obrero* en 1892, donde se plantearon demandas económicas pero también el derecho de los obreros a luchar por la independencia. En Cuba y en la emi-

---

[7] El Gobernador General de Cuba decretó un *Estado de Sitio* en toda la provincia de Oriente para evitar la incorporación y ayuda de la población al grupo de Limbano Sánchez y sus combatientes expedicionarios, aunque de todas maneras se les unieron algunos hombres de la zona. Poco a poco, a pesar de la heroica resistencia del destacamento de Limbano, unos fueron cayendo en combate y otros apresados al caer heridos.

[8] Tras la paz del Zanjón en 1878, en Cuba se quedó planteado el *problema de la esclavitud*; porque casi todos los esclavos que lucharon en la contienda obtuvieron su libertad pero los que no lucharon, que eran la gran mayoría, siguió siendo esclava, principalmente en la parte occidental del país. Para evitar una nueva revuelta independentista, España decidió abolir la esclavitud en el año 1886, cuando fueron liberados 100,000 esclavos que representaban el 32,4% de la población. En total entre 1868 - 1886 alcanzaron su libertad 200,000 esclavos. Con eso, sin embargo, se inició una etapa de discriminación racial casi total para con los esclavos liberados.

gración, los obreros cubanos estaban llamados a ser el sostén principal de la próxima etapa de la lucha por la independencia.[9]

La década del 80 inicia, además, el nacimiento de grandes revistas culturales. Desde el punto de vista técnico, se había producido en las imprentas el paso de la *manufactura* a la *industria*, con la aparición de nuevos equipos e innovaciones producidos en los EEUU y en Europa, lo cual permitió aumentar el número, la calidad y la variedad de las revistas: mejoró la nitidez de las ilustraciones y comenzaron las experimentaciones con páginas a color.

Una de las revistas que se produjeron fue la **Revista de Cuba**, fundada en 1876 por Antonio Cortina, Ricardo del Monte y Julián Gassié. Algunos de los materiales más significativos publicados en ella fueron la *Historia de la Esclavitud de los Indios* de José Antonio Saco, las *Conferencias Filosóficas* de Enrique José Varona, y la *Impugnación al examen de Cousin sobre el Ensayo del entendimiento humano de Locke* por José de la Luz y Caballero. Además, se divulgaron traducciones de trabajos de autores extranjeros como Herbert Spencer, Charles Darwin, Paul Bourget y Eça de Queiroz, entre otros. Fue también un vehículo para grandes autores exponentes de la ciencia, el arte y la crítica. Y, por supuesto, la poesía ocupó un papel importante en sus páginas.

Otra de las revistas fue **El Fígaro**, dirigido por Rafael Bárzaga, cuyo primer número vio la luz pública en Julio de 1885. Inicialmente se dedicó al deporte pero más tarde aparecieron artículos de carácter cultural. A partir de 1889 contó con la colaboración del caricaturista español Ricardo de la Torriente, creador del simbólico personaje de *Liborio*, y a mediados de 1888 se convirtió en órgano difusor del movimiento modernista.

---

[9] En esos años surgió **una nueva clase social** en Cuba. El proceso de concentración de la producción que se producía en el capitalismo mundial se manifestó en Cuba con el surgimiento de grandes y modernos centrales azucareros, producto de la desaparición de los ingenios poco eficientes que no tenían capital para renovarse tecnológicamente. Una buena parte de los productores de azúcar ineficientes y empobrecidos se dedicaron a sembrar caña para los centrales eficientes ajenos, lo que dio lugar al surgimiento de los **colonos azucareros**, como un nuevo sector social, y a la división entre la parte agrícola e industrial en el mundo del azúcar. La escasez de fuerza de trabajo llevó a la importación de extranjeros como mano de obra, particularmente Orientales, Haitianos y Jamaiquinos.

En Marzo de 1893 apareció **Hojas Literarias**, la más polémica de las revistas de la época, creada y publicada por Manuel Sanguily,

donde abordó de forma muy crítica temas políticos, históricos, literarios y filosóficos. La revista entró en conflicto con las autoridades Españolas en más de una ocasión e incluso va números fueron secuestrados y llevado Sanguily a los tribunales.[10]

A todo lo largo de la **Tregua Fecunda**, muchos cubanos separatistas salieron de Cuba y permanecieron en el exilio por razones políticas o económicas.[11] En Europa, a lo largo del continente sudamericano o en distintas ciudades norteamericanas, los Cubanos exiliados abrieron órganos de prensa, como **El Cubano Libre**, creado por Antonio Maceo como órgano de los revolucionarios de Oriente, bajo la dirección de Mariano Corona, y el periódico **Patria**, portavoz del *Partido Revolucionario Cubano*, fundado por Martí en Marzo de

---

[10] Fueron tantas las revistas producidas en Cuba por Cubanos durante la **Tregua Fecunda** que no es fácil hacer un listado abarcador: en Manzanillo, por ejemplo, en un período de apenas 30 años antes de la Guerra del 95, se publicaron **La Doctrina, El Anunciador, El Nuevo Régimen, El Artesano, El Eco de Manzanillo, Ramillete, El Hijo del Pueblo, El Guerrillero, Concordia Masónica, La Voz del Pueblo, El Comercio, La Unión, El Triunfo, El Tiempo, El Liberal** y **El Progreso**.

[11] En Cuba, por el contrario, surgió una importante inmigración tras la visita el 26 de Octubre de 1879 de una delegación China que abrió por primera vez un Consulado en La Habana y un Viceconsulado en Matanzas. Desde 1860 **inmigrantes Chinos** habían comenzado a asentarse en la zona aledaña a la Zanja Real, cruzando la calle de Galiano y muy cerca de los grandes talleres de despalillado de tabaco donde laboraban de sol a sol. Fue surgiendo un conglomerado semiurbano que con el paso de los años se convirtió en el Barrio Chino más próspero y populoso de América Latina. Los chinos Cubanos se dedicaron al cultivo de viandas y hortalizas y dieron sus primeros pasos en el comercio y los restaurantes, sin olvidar, los más humildes, su sangre guerrera y los años de bregar en la manigua insurrecta. Los chinos no solo participaron en la Guerra del 95 como combatientes, se sabe que algunos comerciantes hicieron grandes aportes monetarios a la causa, y muchos entregaron víveres y géneros para alimentar y vestir a los soldados de la libertad. Al concluir la Guerra, los chinos se incorporan a la vida civil en la naciente república. El artículo 65 de la Carta Fundamental de 1901 franqueaba el derecho a dos chinos a ser elegidos presidentes: el capitán **José Tolón** y el Teniente Coronel **José Bu Tack**, por haber servido más de diez años en las filas insurrectas y haber peleado en las tres guerras.

1892 en Nueva York.[12]

No solo La Habana o Matanzas se convirtieron en grandes centros de cultura Cubana. Dos de las sociedades que dejaron una profunda huella en la cultura de Cuba fueron el *Liceo de Guanabacoa* y el *Liceo Artístico y Literario de Regla*, ambos contando con el apoyo y la colaboración de José Martí y músicos de altura como Brindis de Salas e Ignacio Cervantes.

De particular importancia en el mundo de las ideas durante la Tregua Fecunda fue el periodista Español José Miró Argenter. Había llegado a Cuba en 1874 y se radicó en La Habana hasta el 1876; Español de ideas liberales se unió al movimiento conspirativo cubano, y al mudarse a Manzanillo se alzó junto al general Bartolomé Masó, partiendo hacia la manigua en el 1895. En pleno campo de batalla Maceo lo nombró coronel y en Septiembre de ese año recibió el grado de General de Brigada; fue jefe del Estado Mayor del Ejército de Maceo y durante la campaña de Occidente fue herido en el combate de Punta Brava, donde cayó el Titán de Bronce. Miró Argenter salvó los documentos del Cuartel General y dejó el cadáver de Maceo en lugar seguro y oculto en el Cacahual.

Los artículos de Miró se publicaban en *El Triunfo*, de Santiago de Cuba, en *La Doctrina*, de Holguín y en *El Liberal*, de Manzanillo, del que fue director hasta el día que partió para la manigua en el 95. Fue también redactor *de El Cubano Libre*, de Mariano Corona, en San Luis, a la vez que era Jefe de Archivos del Ejército Libertador.

En resumen, tanto la primera de las dos grandes guerras por la independencia nacional, la *Guerra del 68*, como la

---

[12] La gran mayoría de los intelectuales y artistas Cubanos, dentro y fuera de Cuba, abrazaron, con mayor o menor grado, la **causa por la independencia**; dadas las condiciones de censura en Cuba, una buena parte de la vida intelectual Cubana se trasladó a la emigración. Todo lo que no coincidía con el ideario Independentista languideció o dejó prácticamente de existir: el teatro, por ejemplo, se paralizó casi totalmente, y también se interrumpieron las veladas, los conciertos y las publicaciones periódicas.

Tregua Fecunda, repercutieron con fuerza, aunque en desigual medida, sobre la vida cultural del país. La Guerra del 68, por circunscribirse al Centro y Oriente de la Isla, permitió que Occidente mantuviera el ritmo económico y una aparente normalidad, donde fueron muy limitadas las expresiones independentistas. Durante la Tregua Fecunda la gran mayoría de los intelectuales y artistas abrazaron, con mayor o menor grado, la causa por la independencia, por lo que parte de la vida intelectual Cubana se trasladó a la emigración. Por otra parte, cuando los Cubanos se lanzaron a la Manigua en 1895 se desarrolló una verdadera cultura nacional, cuyas manifestaciones descollantes fueron la oratoria, el periodismo y la poesía, entre otros géneros literarios. Esa última guerra en pro de la Independencia Cubana, si bien muy breve, se extendió a todo lo largo del territorio nacional, por lo que se afectó la vida cultural en mucha mayor extensión.

José Martí con un grupo de emigrados Cubanos en el antiguo fuerte **Martello Tower** en Cayo Hueso en 1892.

José Ramón Leocadio Bonachea Hernández (1845-1885), fue un luchador y general del **Ejército Libertador Cubano**, último rebelde de la **Guerra del 68**. Depuso las armas, sin rendirse, en el lugar conocido como *Hornos de Cal*, cerca del poblado de Jarao, a escasos kilómetros de **Sancti Spíritus**. Fue el único General de División en la Guerra del 68.

Alegoría de la **Guerra Chiquita** publicada en 1904. En Santiago de Cuba los generales **Guillermo Moncada, Belisario Grave de Peralta José Maceo, Quintín Banderas** y otros se lanzaron al campo organizando la llamada Guerra Chiquita. Con este motivo la autoridad española encarceló y envió a los presidios de la península y de *Ceuta* a varios cubanos distinguidos, entre los cuales estuvo **Emilio Bacardí**.

Martí fue entrevistado por **Martínez Campos** en Madrid en Enero de 1880. Un grabado apareció en la Revista *La Ilustración Española y Americana*. El entonces Presidente del Consejo de Ministros Español le ofreció a Martí seguridad económica si se mantenía al margen de la política independentista de Cuba. Martí se escapó a París a los pocos días, en camino a New York.

A la derecha, el **General de División Emilio Núñez**; fracasada la *Guerra Chiquita* se resistió a deponer las armas y se mantuvo en la manigua, con unos cien hombres, hasta el 3 de diciembre de 1880 en que por instancias de José Martí marchó a los EEUU.

El Hotel de Madame **Griffou** en New York, a la izquierda en la época de Martí y a la derecha hoy en día. Madame Griffou nació en Francia y vivió en Cuba antes de mudarse a Manhattan en 1851. Abrió su casa de huéspedes en 1870. El 2 de Octubre se reunieron allí Martí, Maceo y Máximo Gómez. Hoy en día allí, en el 21 W. 9th St., New York, se encuentra el Restaurante Arte.

Limbano Sánchez, caudillo militar independentista Cubano; un personaje polémico que llegó a alcanzar los grados de *Mayor General del Ejército Mambí*. Peleó en la Guerra del 68, se insubordinó con Vicente García en *Santa Rita*, Estuvo con Maceo en la *Protesta de Baraguá*, se alzó en armas en la *Guerra Chiquita*, sufrió prisión militar Española en *Las Chafarinas* y murió en acción en Mayo de 1885 o fue envenenado por un agente traidor.

Enrique José Varona, en la foto de la izquierda cuando cumplió los 30 años en 1879. Fue un célebre escritor, **filósofo**, pensador y **pedagogo** Cubano que participó en la **Guerra de los Diez Años**. Murió en La Habana en 1933 luchando por derrocar la dictadura de Gerardo Machado.

Documento de la Junta Provincial y Patronato de Matanzas, Cuba, por el cual se ordena dar la libertad a todos los Esclavos que han estado hasta el momento en Patrocinio (Periodo transitorio hasta la Libertad), siguiendo la **Ley de Abolición de la Esclavitud de 1886**.

Masonic Temple en New York, 23rd and 6th Avenue, Chelsea, lugar donde Martí dijo su primer discurso patriótico en New York el **10 de Octubre de 1887,** en celebración del **Grito de Yara.**

Un ejemplar del diario Argentino **La Nación**, donde José Martí escribió numerosos artículos durante su estancia en New York

Flor Crombet a la izquierda y **Antonio Maceo** a la derecha en una foto tomada en 1892 en Costa Rica

La **Acera del Louvre** en La Habana, en la época en que la visitó **Antonio Maceo**

Portada de la Revista **La Edad de Oro** que José Martí publicó en New York, comenzando su primer número en Julio de 1890.

Camilo García de Polavieja y del Castillo-Negrete, Marqués de Polavieja fue por primera vez a Cuba durante la Guerra del 68; durante 1877 combatió a fuertemente a Antonio Maceo, siendo recompensado su proceder con la concesión de la *Gran Cruz Esapañola del Mérito Militar*. En 1880 puso fin a la *Guerra Chiquita*, en la que hizo especial énfasis en insistir en el carácter negro de las revueltas. Durante su mandato como Gobernador de Cuba (20 de Agosto de 1890 a 20 de Junio de 1892), **Polavieja** siguió una política de mano dura y represiva. En 1890 expulsó de Cuba a Antonio Maceo y a Flor Crombet.

En 1891 José Martí comienza a publicar sus **Versos Sencillos**; en 1892 comienza la publicación del periódico **Patria** y la formulación de las bases del **Partido Revolucionario Cubano**, las cuales se adoptan en Cayo Hueso el 5 de Enero de 1892, después de largos viajes en que son consultados los grupos de exiliados Cubanos en toda la América.

El 1 de Julio de 1893 **José Martí** y **Antonio Maceo** se entrevistaron en Costa Rica para planear el comienzo de una nueva Guerra de Independencia. Costa Rica fue la nación latinoamericanas que aportó más expedicionarios para desembarcar en las costas cubanas y sumarse a la Guerra en 1895. La segunda visita de Martí al país fue junto a Panchito Gómez Toro el 5 de Junio de 1894, en el cual precisó acuerdos acerca del plan de incorporación de los cubanos del exterior a la lucha armada que se desataría en la Isla. Martí logró restablecer el contacto entre Máximo Gómez y Antonio Maceo que no habían tenido oportunidad de conversar al pasar ambos al exilio.

José Martí y su "*nobilísimo y leal*" amigo **Manuel Mercado,** al que había conocido en México en 1875. Mercado tenía 37 años, Martí 22. Juntos visitaron en 1894 a Porfirio Díaz, Presidente de México para solicitar su ayuda a la independencia Cubana, la cual no fue concedida.

Eduardo Hidalgo Gato fue un gran patriota que contribuyó con cerca de medio millón de dólares a la Guerra de Independencia de 1895. Alcanzada la libertad de Cuba, Hidalgo Gato, exiliado de la Guerra del 68, después de permanecer por más de treinta años en los Estados Unidos, donde ganó una gruesa fortuna con la famosa e histórica tabaquería de Cayo Hueso, regresó a su pueblo natal de Santiago de las Vegas, donde falleció en 1926.

Antonio Maceo en una foto tomada en Costa Rica en 1894, cuando fue herido en un atentado contra su vida en San José un 13 de Noviembre.

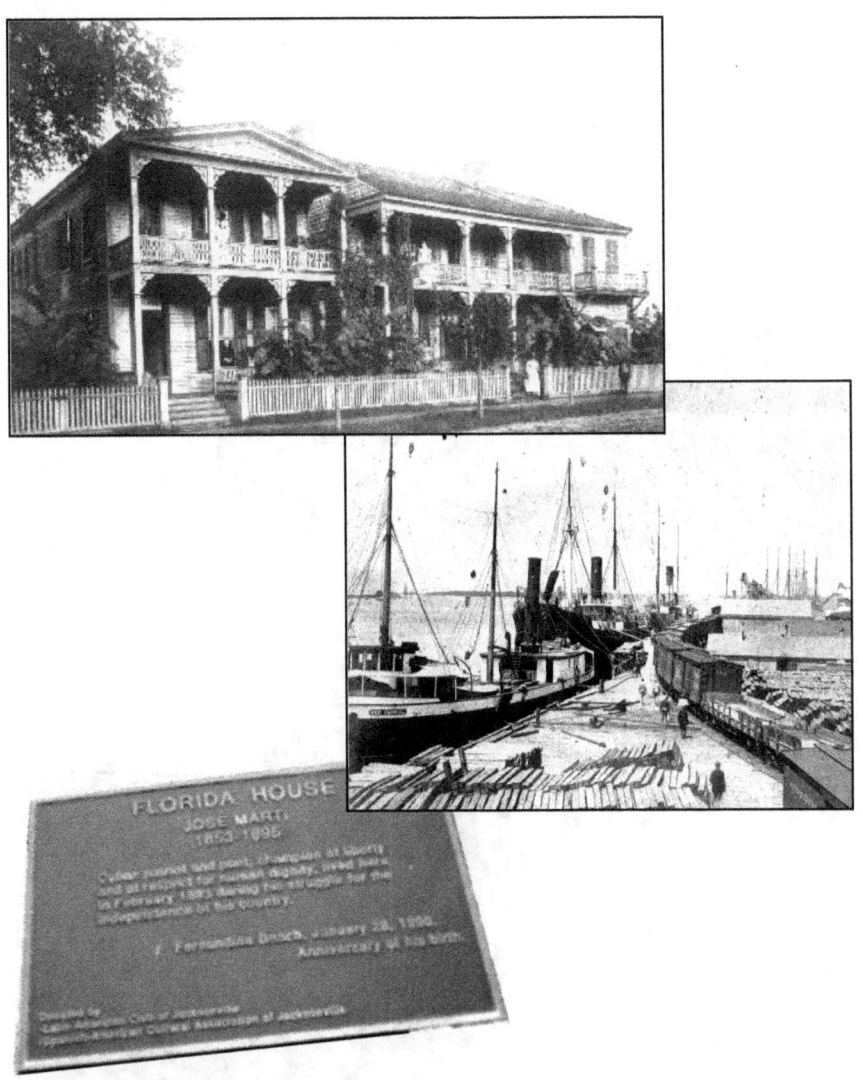

Fotos: *Arriba*, **Florida House** en Fernandina Beach, donde se quedó Martí ultimando los detalles del fracasado **Plan de Fernandina**; *al centro*, el muelle de la playa de Fernandina; *debajo*, la placa que destaca la casa donde pernoctó Martí la noche del 10 de Enero de 1895.

El fracaso del **Plan de Fernandina** se debió a denuncias de agentes del gobierno colonial Español de la Isla que trataron inútilmente de inmovilizar los esfuerzos del *Partido Revolucionario Cubano*, fundado por José Martí para comenzar la guerra del 1895 con una triple fuerza expedicionaria a la isla.

El navío **Baracoa** partiría para Santo Domingo a recoger al General en Jefe Máximo Gómez y conducirlo hasta Santa Cruz del Sur en Camagüey. El **Lagonda**, se dirigiría hacia Costa Rica, donde lo esperaban los generales Antonio y José Maceo y Flor Crombet, para ir a la región oriental de Cuba. El tercer buque, el **Amadís**, saldría de Fernandina con los generales Serafín Sánchez y Carlos Golfo, para llevarlos hasta Las Villas, donde estaba, ya sublevado, el general Francisco Carrillo.

Fotos: *arriba*, la casa de Máximo Gómez en **Montecristi**, donde se firmó el famoso Manifiesto; *al centro*, la **placa conmemorativa**, hoy en día al frente, sobre una de las puertas; *debajo*, la **carta de José Martí a su hijo Ismaelillo**, dándole a conocer su viaje a Cuba para luchar por la independencia el 1 de Abril de 1895.

Una imagen cáustica de la revista catalanista *La Campaña de Gracia*, comentando sarcásticamente la tardía **Autonomía** concedida a Cuba. En la caricatura aparecen, al centro, **Práxedes Mateo Sagasta** (Primer Ministro Español, con su pelo en forma de cresta), el **Tío Sam Americano** (frente a Sagasta, con un serrucho bajo el brazo) y **Ramón Blanco Erenas** (Capitán General de Cuba, a la izquierda, cubriendo la cara de España con un paño), que en la caricatura pone *cloroformo* a una figura femenina que representa a **España**, a la que le van a amputar el pie izquierdo que representa la **Isla de Cuba**. En la esquina superior izquierda, un negrito Cubano, asomado a una ventana, observa con horror lo que está ocurriendo en la sala de operaciones.

En los EEUU se comenzaron a publicar tiras gráficas en las que representaban a España con la figura de un tópico torero o un enano como bandolero de Sierra Morena ante el Tío Sam, iconografía que pronto se generalizó.

Los **medios españoles** no se quedaron a la zaga y reaccionaron con un nacionalismo ciego e histérico apoyado en manifestaciones callejeras de las clases medias al grito de **¡A Nueva York!**; se invocaban una y otra vez el honor, la patria, la hidalguía, el heroísmo... y se clamaba por declarar la guerra a los Yanquis, a quienes los dibujantes satíricos representaron en lo sucesivo en **forma de cerdo** (la "*cerdolización*", que bautizó el periódico madrileño *El Imparcial*) haciendo aparición los inevitables versos satíricos, tan de moda en la época. Poco a poco, en los EEUU sobrevino un apoyo popular, aunque no oficial, a la independencia de Cuba.

Rafael de Montoro y Valdés, Marqués de Montoro, fue un político, abogado, historiador, ensayista, crítico literario y escritor Cubano, ex-alumno del Colegio El Salvador. Con doce años se trasladó a Europa y en 1868 estableció su residencia en Madrid. Al volver a Cuba en 1878 fundó el Partido Liberal Autonomista. En 1885 fue **electo diputado a las Cortes Españolas**, donde representaba a Cuba en el momento de ser aprobada la **Carta de Autonomía**.

La Guerra del 95
Desde el Grito de Baire o de Bayate, el 24 de Febrero 24 de 1895, hasta poco después de la Proclamación de la República el 20 de Mayo de 1902

El 13 de Febrero de 1895 las Cortes Españolas votaron una serie de reformas políticas para Cuba que fueron vistas como el principio de mayores libertades políticas y económicas para todos los Cubanos de la isla. Como consecuencia de ello, no había mucho interés entre los residentes de Cuba por una revuelta contra el gobierno de Madrid. Sin lugar a dudas, poco después de la atención prestada en Madrid a los asuntos de Cuba en 1893 por Antonio Maura, Ministro de Ultramar, y de la política imparcial en Cuba implementada durante el gobierno del general Calleja, la opinión pública en Cuba se mostraba más inclinada a la *evolución política que a la gesta independentista.*

Con la excepción de la región Oriental, la rebelión decretada por José Martí a principios de 1895 desde los EEUU no encontró seguidores. En el verano de 1894 Enrique José Varona había ido a Nueva York a decirle a Martí que los ánimos en Cuba no estaban a favor de otra Guerra de Independencia; en ese mismo mes Manuel Sanguily le había pedido a Juan Gualberto Gómez (portador de la orden de alzamiento de Martí) que no inmiscuyera a su hermano Julio en una aventura que no tenía futuro.

En Febrero de 1894, el New York Times, había reportado que la mayoría de los cubanos quería la libertad, pero por medios políticos no violentos. En los primeros días de 1895, las páginas del periódico reportaron que

> «*la incapacidad del General Arsenio Martínez Campos de detener la invasión del occidente de Cuba por los insurrectos bajo el mando de los generales Máximo Gómez y Antonio Maceo había entusiasmó a muchos cubanos con la insurrección...*»

Un año después, en Febrero de 1896, la situación era diferente:

> «*... la represión que siguió a la llegada del General Weyler como Capitán General en la falta de implementación de las reformas concedidas a Cuba por las Cortes el año anterior los había desilusionado a todos...*»[13]

Al comienzo de la Guerra del 95 algunos cubanos se fueron a Europa (como Eliseo Giberga) y otros se unieron a la gesta independentista en los Estados Unidos (como Martín Morúa Delgado). Pero el sentido común indica que una mayoría de la población en Cuba no podía estar a favor de la independencia cuando ni una sola ciudad importante había caído en poder de los insurrectos permanentemente entre Febrero de 1895 y Abril de 1898, cuando las fuerzas Españolas abandonaron Bayamo al convertirse la Guerra en un conflicto Hispano-Cubano-Americano.

Cuando la Reina Regente de España le concedió la autonomía a Cuba en nombre de su hijo el rey niño Alfonso XIII,

---

[13] Es innegable que los excesos cometidos por las fuerzas Españoles durante el gobierno del General Weyler (de Febrero de 1896 a Octubre de 1897) y la reconcentración de los campesinos en los poblados decretada por éste, crearon resentimientos entre todos los que sufrieron a causa de ellos. Por otra parte, la política de sangre y fuego y la ley condenando a la ejecución inmediata a todos aquellos nacidos en Cuba que militaban en las fuerzas del gobierno Español, implementadas por los insurrectos desde antes de la llegada de Weyler a Cuba, había creado oposición a la causa de la independencia de Cuba, sobre todo entre aquellos cuyas fincas y poblados estaban siendo destruidos por los Mambises y los que tenían parientes sirviendo en las fuerzas Españolas. Excesos como la destrucción de las fincas en la región de Holguín-Gibara y el incendio de Velasco en 1896 por las fuerzas de Calixto García, por ejemplo, motivaron actos de resistencia civil en varios lugares, entre ellos, la defensa de los residentes de Guisa contra el Ejército Libertador a principios de 1898.

los insurrectos en Cuba no la aceptaron, pero hay indicios que la mayoría de la población civil en Cuba si la aceptó. El propio Presidente del Gobierno Autonómico Cubano,[14] don José María de Gálvez, en Abril de 1898, en un telegrama a William McKinley, Presidente de los Estados Unidos de América, le decía...

> *«... si, hay Cubanos levantados en armas, pero la mayoría de los habitantes de Cuba aceptan la autonomía y están resueltos a trabajar bajo esa forma de gobierno para restablecer la paz y la prosperidad del país...»*

Con más credibilidad por ser partidario de la independencia total de Cuba, el oficial independentista Cubano Enrique Collazo, amigo dilecto de José Martí y Máximo Gómez y presente en la firma del Manifiesto de Montecristi, escribió en 1905 en su libro *Los Americanos en Cuba*,

> *«... el gobierno autonómico fue beneficioso para Cuba y los cubanos... para realizar la obra que emprendió le faltó tiempo y apoyo...»*

El Gobierno Autonómico Cubano no tuvo apoyo del gobierno de los EEUU, a pesar de que en el otoño de 1897 el Presidente McKinley había prometido que no intervendría en Cuba si España le concedía la autonomía a la isla; en Marzo de 1898 el embajador Americano en Madrid le ofreció al gobierno Español $300 Millones de dólares por la isla de Cuba. En realidad William McKinley nunca apoyó la autonomía Cubana a pesar de haberla pedido, y al unirse a la guerra contra Espa-

---

[14] El **Partido Liberal Autonomista Cubano**, formado en 1878 como un grupo de élites por reformistas y recientes separatistas, se había convertido para 1894 en un partido de masas. Los dirigentes del Partido Autonomista eran hombres de ideales, en su mayoría académicos y profesionales, aunque también formaron parte de la directiva del partido financieros y hacendados. No era el partido de la **sacarocracia**, como decían sus enemigos los miembros del Partido Unión Constitucional, que ganaba casi todas las elecciones debido a las leyes electorales que le daban el voto a los comerciantes y a los empleados públicos que nutrían sus filas y a la manipulación de las elecciones por gobernadores que lo consideraban el *Partido Español* y por lo tanto la única garantía para la continuación de la soberanía de la Corona española en Cuba. El **Partido Liberal Autonomista Cubano** era el partido de todos los cubanos, como dijeron los publicistas afrocubanos Juan Gualberto Gómez y Martín Morúa Delgado.

ña no le dio tiempo al Gobierno Autonómico Cubano para consolidarse.

El autonomismo Cubano no fracasó, pero la derrota de España lo hizo inconsecuente.[15] La política del gobierno Español en Cuba entre 1878 y 1898 no es digna de alabanza. El gobierno Español no cumplió cabalmente los términos del Pacto del Zanjón de 1878 entre el general Martínez Campos y los independentistas Cubanos; según el Pacto, Cuba debía ser tratada como una provincia y a los Cubanos como Españoles. En vez de esto se implementaron leyes electorales que favoreciendo a los Españoles peninsulares viciaron la vida política Cubana. A pesar de Cuba ser formalmente una provincia de España (como Cataluña y Galicia), no se abrieron los mercados de la península a los productos Cubanos. Quizá el gobierno de la Restauración no podía darse el lujo de concederle a Cuba la autonomía, porque esto hubiera sido un precedente explotado por gallegos, vascos y catalanes e inaceptable al ejército centralista, pero fue un crimen político del gobierno del Conservador don Antonio Cánovas del Castillo no implementar en Cuba las reformas descentralizantes de Febrero de 1895 (llamadas *Ley Abarzuza* por haberse votado en su favor en el parlamento siendo Ministro de Ultramar el cubano Buenaventura Abarzuza, con el pretexto de que había estallado una rebelión en la isla y que se implementarían cuando ésta terminase.

---

[15] Los **cubanos autonomistas** eran nacionalistas dentro de la monarquía española –como los gallegos, los vascos y los catalanes– y por eso querían una Cuba autónoma del Estado español sin una guerra sangrienta que provocase la intervención de los EEUU en la isla y la subsecuente absorción de la nacionalidad Cubana por los Norteamericanos –como había pasado con los Mexicanos en Texas, Nuevo México y California. Se oponían a la Guerra Independentista como estrategia inicial porque eran civilistas que temían la militarización de la sociedad Cubana y el caudillismo militar y porque creían que la paz era necesaria para el desarrollo de un Estado de derecho moderno. Muchos de ellos deseaban la independencia de Cuba después de su maduración como provincia autónoma de España, que incluía desarrollar una burocracia administrativa Cubana competente y una Marina Mercante propia (según la experiencia del Canadá, Australia y Nueva Zelanda). La historiografía cubana escrita en Cuba desde 1959 adolece de una falta de discernimiento para comprender a los cubanos autonomistas, a quienes los Marxistas Cubanos se refieren como los *"cubanos que estaban con España"*.

El contenido de las reformas propuestas por **Abarzura** no fue desdeñado como una versión menos radical de las reformas propuestas por Antonio Maura en 1893, pero en realidad el proyecto **Abarzuza** era el reconocimiento y la aceptación por la Metrópoli del comienzo de su liquidación en sus últimos reductos de América, dado que con la descentralización se abandonaba el lucro que se hacía al amparo del régimen colonial. Al votar en favor del proyecto de **Abarzuza** las Cortes le concedieron a Cuba un consejo insular, el Consejo de Administración, que aunque la mitad de sus miembros era nombrada por el rey, representaba a la isla y tenía facultad para preparar el presupuesto insular y levar los impuestos locales necesarios para dotar los servicios de la administración local (obras públicas, comunicaciones telegráficas y postales, terrestres y marítimas, agricultura, industria y comercio, inmigración y colonización, instrucción pública, beneficencia y sanidad). El Consejo de Administración tenía el poder para determinar las reglas para el nombramiento de funcionarios públicos en Cuba y como entre los ramos de la administración local estaba la instrucción pública tenía el poder de establecer en Cuba carreras que sólo en la Península o en el extranjero podían estudiar los cubanos, como ingeniería y arquitectura. El sentido y el valor de la *Ley Abarzuza* estaba en que sus bases sentaban la renuncia por parte de la metrópoli a la intervención en la administración local de Cuba y en dejarla a cargo de ésta: a su cargo y a su riesgo y bajo su responsabilidad.

Leyendo el Diario de Campaña de Máximo Gómez, uno no puede evitar la impresión que la causa separatista estaba, si no derrotada seriamente disipada a fines de 1897 en el occidente de Cuba. Las campañas en el Oriente de Cuba no apuntaban a una posible toma de posesión inmediata de esa región por las tropas Cubanas, ni una fidelidad general de la población de esa región a la causa de la independencia. Un gran número de insurrectos estaban desertando y se presentaron a las autoridades Españolas después del decreto de amnistía que siguió a la concesión de la autonomía en 1897. Eso hace pensar que la autonomía no llegó demasiado tarde para triunfar por su propio peso. Por eso el Generalísimo Máximo Gómez emitió un decreto condenando a muerte a todo aquel soldado del Ejército Libertador que se entregase a las autoridades y a todo aquel que fuera a un campamento Español en nombre del Gobierno Autonómico Cubano o de las tropas independentistas. En una carta del 1º de Mayo de 1898, el General Calixto García le dijo al vicepresidente de la República de Cuba en Armas:

«...tenemos enfrente nuestro un gobierno de Cubanos que están con España con sus cámaras constituidas y que quitándole... estar con España y... tener un senado poco liberal... resultaría mucho mejor que lo nuestro pues casi no tenemos nada...»

Los historiadores especulan sobre el hecho de que el gobierno del dirigente liberal Español Práxedes Mateo Sagasta no le hubiera dado la autonomía a Cuba en 1897 sin la presión de los Estados Unidos; ciertamente los cubanos autonomistas no le tenían deuda política a los EEUU, porque nunca les pidieron cosa alguna. Al menos hipotéticamente, los Cubanos autonomistas le debían su autonomía a España y a su propios esfuerzos. Uno de los primeros pasos tomados por el Gobierno Autonómico Cubano fue negociar un préstamo con bancos Europeos, particularmente bancos Franceses, un acto de independencia económica no solo hacia España sino también hacia los Estados Unidos. Muchos historiadores aficionados Cubanos, en Cuba y fuera de Cuba, niegan la autenticidad y hasta la existencia del Gobierno Autonómico Cubano.

Lo cierto es que hubo un régimen autonomista en vigor en Cuba desde el 25 de Noviembre de 1897 hasta el 1º de Enero de 1899, casi trece meses, hasta el día que se izó sobre el Palacio del Gobernador General la bandera de los EEUU. Un hecho histórico que nadie puede disputar. Hay historiadores que señalan que fue un gran error táctico no haber pactado con el gobierno de España cuando la metrópoli nunca hubiera accedido a la independencia *de jure*, pero ya había dado con la autonomía la independencia *de facto* a Cuba.

Por añadidura, hay posiblemente un consenso implícito entre historiadores serios de Cuba que los EEUU no hubieran declarado la guerra a España si los independentistas luchando en Cuba se hubieran opuesto a su entrada en la Guerra del 95. Las tropas Cubanas estaban perdiendo la guerra en 1898 y, como dice Gómez en su diario de campaña...

«... vieron en la intervención Norteamericana una ayuda inesperada...»

Si los Mambises Cubanos hubieran estado ganando la Guerra del 95 en 1898, hubiera sido una payasada inexcusable haber ayudado a Theodore Roosevelt, Leonard Wood, William Shafter y William Sampson a desembarcar en suelo Cubano, tomar posesión de la segunda mayor ciudad de Cuba y desbaratar la flota Española en 1898.[16]

Parte de la bienvenida que las tropas Cubanas ofrecieron a las tropas de los EEUU en 1898, se debió, sorprendentemente, al deseo de José Martí de merecer, solicitar y obtener la simpatía de los EEUU con la Guerra de Independencia de Cuba.[17]

---

[16] Es de notar que los EEUU, cuando el General Español José Toral rindió la ciudad de Santiago de Cuba en 1898, se negaron a aceptar una **soberanía de jure** en Cuba para evitar responsabilizarse por la deuda de Cuba ($400 Millones de dólares de 1898, según la contabilidad Española, equivalente a $10,680 Billones en dólares del 2017). Aparte de Máximo Gómez, el único líder Cubano que hubiera tenido reparos en aceptar y apoyar la intervención Americana en 1898, si hubiera estado vivo, hubiera sido el General Antonio Maceo, que en una ocasión escribió:
« **mejor es subir o caer sin ayuda que contraer deudas de gratitud con un vecino tan poderoso...»**

[17] En 1895 los Autonomistas Cubanos trataron de denunciar el alzamiento iniciado desde los EEUU por Martí como **«... una aventura descabellada proferida desde el extranjero por conspiradores que han vivido muchos años lejos de Cuba...»** Para respaldar sus argumentos, acusaron a Martí de Antiamericano por haberle escrito a Manuel Mercado es su última carta del 18 de Mayo de 1898... **«... Estoy todos los días en peligro de dar mi vida por mi país y por mi deber de impedir a tiempo con la independencia de Cuba que se extiendan por las Antillas los Estados Unidos de América...»** Ese párrafo, junto a **«... Viví en el monstruo y conozco sus entrañas.,»** ha sido explotado por las izquierdas y los Marxistas por casi un siglo. Nunca reconocen que Martí, habiendo podido vivir bien en cualquier capital de las Américas, prefirió vivir en los EEUU y que en múltiples ocasiones escribió pensamientos como **«... Cuba quiere ser libre, para que el hombre realice en ella su fin pleno, para que trabaje en ella el mundo y para vender su riqueza escondida en los**

Esa cordialidad está manifiesta en su carta al *New York Herald* del 2 de mayo de 1895, donde dice:

> «... *Cuba quiere ser libre, para que el hombre realice en ella su fin pleno, para que trabaje en ella el mundo y para vender su riqueza escondida en los mercados naturales de América, donde el interés de su amo español le prohíbe comprar... Los Estados Unidos... preferirían contribuir a la solidez de la libertad de Cuba con la amistad sincera a un pueblo independiente que los ama y les abrirá sus licencias todas, a ser cómplice de una oligarquía pretensiosa y nula...*»

Estas luchas desiguales de Cuba contra España y España contra los EEUU son fascinantemente narradas por el Generalísimo Máximo Gómez en su Diario de Campaña, desde el desembarco en Playitas de Cajobabo con José Martí hasta los días en Enero de 1899, que escribió en Caibarién unas últimas notas en su Diario de Campaña:

> «... *nadie se explica la ocupación. Así como todo espíritu levantado, generoso y humano se explicaba y aún deseaba la intervención...*»

---

mercados naturales de América, donde el interés de su amo español le prohíbe comprar... Los Estados Unidos... preferirían contribuir a la solidez de la libertad de Cuba con la amistad sincera a un pueblo independiente que los ama y les abrirá sus licencias todas, a ser cómplice de una oligarquía pretensiosa y nula...» (carta de José Martí al *New York Herald* fechada el 2 de Mayo de 1895, tres semanas antes de su muerte).

El 24 de Febrero, valerosos y entusiastas, **Saturnino Lora, Jesús Rabi** y **Bartolomé Masó** (*de izquierda a derecha*) abandonan sus hogares, y proclaman en Bayate la Independencia de Cuba. Fueron ellos quienes iniciaron la contienda que preparó Martí; los que en pugna con gran parte del país y frente de toda España, se mantuvieron irreducibles.

Práxedes Mateo Sagasta, diputado, Ministro y varias veces Presidente del Gobierno de España. En su escritorio en 1896.

Juan Gualberto Gómez, íntimo amigo de José Martí, político, periodista y líder de los afroamericanos cubanos; se destacó en la lucha por la Independencia de Cuba y durante la etapa Republicana desde 1901 a 1933

La Casa de Máximo Gómez donde fue firmado el **Manifiesto de Montecristi** y el peso Cubano emitido en 1955 en homenaje.

El 1 de Abril de 1895, los mayores generales **Antonio Maceo, José Maceo** y **Flor Crombet**, junto a otros 20 expedicionarios, desembarcaron por playa de **Duaba**, en el Norte de Oriente, para incorporarse a la **Guerra del 1895**, organizada por José Martí desde el exilio.

Guillermón Moncada y **Flor Crombet**, dos héroes de las luchas independentistas Cubanas que murieron al comienzo de la Guerra del 95; Guillermón de tuberculosis, Crombet en combate.

Playitas de Cajobabo, al sur de Oriente, cerca de Maisí, donde desembarcaron el 15 de Abril de 1895 José Martí y Máximo Gómez para incorporarse como jefes de la Guerra del 95.

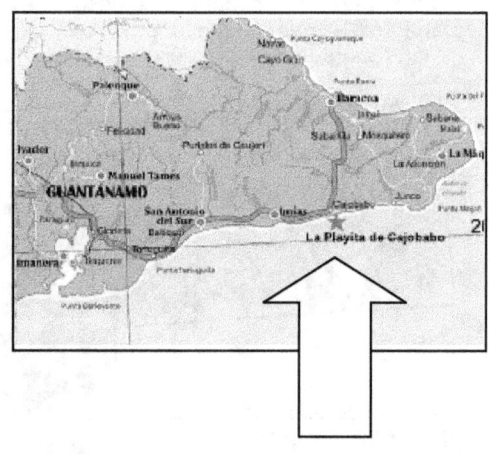

Arriba, un dibujo de la época que muestra el desembarco de José Martí en *Playitas de Cajobabo* el 11 de Abril de 1895; **al centro, derecha**, una vista de la zona del desembarco y el acantilado que tuvieron que subir los miembros del grupo, que incluía a Martí, Gómez y los patriotas Francisco Borrero, Ángel Guerra, César Salas y Marcos del Rosario, que los acompañaban. **Debajo**, a **la izquierda**, el monumento recordatorio que se encuentra en el lugar exacto del desembarco.

El **Arsenio Martínez Campos** que España envió a Cuba con la esperanza de repetir su labor pacifista de 1878 no era ni la sombra del oficial enérgico y convincente que se entrevistó con Antonio Maceo en Mangos de Baraguá. Muy pronto renunció a su misión y recomendó a la Corona Española que enviase a Cuba a **Valeriano Weyler** como pacificador. *Foto de 1895*.

José Maceo fue el primer jefe militar que estableció contacto con Martí y Gómez cuando ellos desembarcaron. José Maceo no vivió lo suficiente como para disfrutar de una Cuba Independiente. De él dijo Máximo Gómez en un discurso en Cuba Republicana:

«Por los parajes orientales, bregando con su tropa, se encontraba José Maceo aquel 5 de Julio de 1896 cuando se entabló férreo combate con fuerzas Españolas. Poco tiempo después de iniciada la lucha, los soldados, estupefactos, vieron como el valiente General José Maceo se desplomaba de su caballo soltando el revólver que tenía en la diestra.»

La conflictiva reunión de Martí, Maceo y Gómez en las ruinas del **Ingenio La Mejorana** en Oriente. Obra del talentoso y laureado artista Santiaguero **Juan Emilio Hernández Giró** (1882-1953), ilustrador de un extraordinario libro de *Historia de Cuba* con más de 100 plumillas de su creación.

Dos semanas después de la reunión en *La Mejorana*, **José Martí** cayó abatido a balazos al avanzar sobre las líneas Españolas en un paraje donde se unen al rio Contramaestre y el Cauto, cerca de Palma Soriano. Su cadáver no pudo ser rescatado por los mambises siendo recogido y trasladado por los Españoles. Tras varias ceremonias fúnebres, fue finalmente sepultado el día 27, en el nicho número 134 de la galería sur del *Cementerio de Santa Ifigenia*, en Santiago de Cuba.

Entre las victoriosas acciones militares dirigidas por el **Mayor General Antonio Maceo** durante la Guerra del 95, ocupa lugar destacado la **Batalla de Peralejo**, librada el 13 de Julio de 1895 en Oriente. Informado que una columna que escoltaba al Capitán General de la Isla, Arsenio Martínez Campos, se dirigía de Manzanillo a Bayamo, Maceo emboscó sus tropas. Cayeron en la refriega por el ejército Español alrededor de 1,150 muertos, entre ellos, el general brigadier español Santocildes, y aproximadamente 98 heridos, y por el ejército libertador 120 entre muertos y heridos.
La estrella en el mapa de Oriente muestra el lugar de la batalla.

Nicho donde fueron enterrados originalmente los restos de **José Martí** el 27 de Mayo de 1895 en el Cementerio de Santa Ifigenia en Santiago de Cuba.

Manuel Santander, elegido Obispo de La Habana por el Papa León XIII; emitió una *Pastoral* oponiéndose a la Independencia de Cuba. Murió en Madrid en la mayor pobreza en 1909.

Principales Trochas y Líneas Militares

Mariel-Majana

Júcaro-Morón

El Plan Español de construir **Trochas** a lo largo de la isla de Cuba fue en esencia fabricar unas *líneas de vigilancia*, que, apoyadas en algunos fuertes, permitieran la impermeabilización de ciertas zonas, como las del Occidente que eran las más ricas y estaban libres de la insurrección; desde esos pequeños fuertes se podían lanzar acciones reducidas, de no muy largo recorrido. Esos fortines estaban convenientemente distribuidos y actuaban como bases de partida de tropas Españolas, a la vez que *bloqueaban* e *interceptaban* el paso de recursos y elementos enemigos armados.

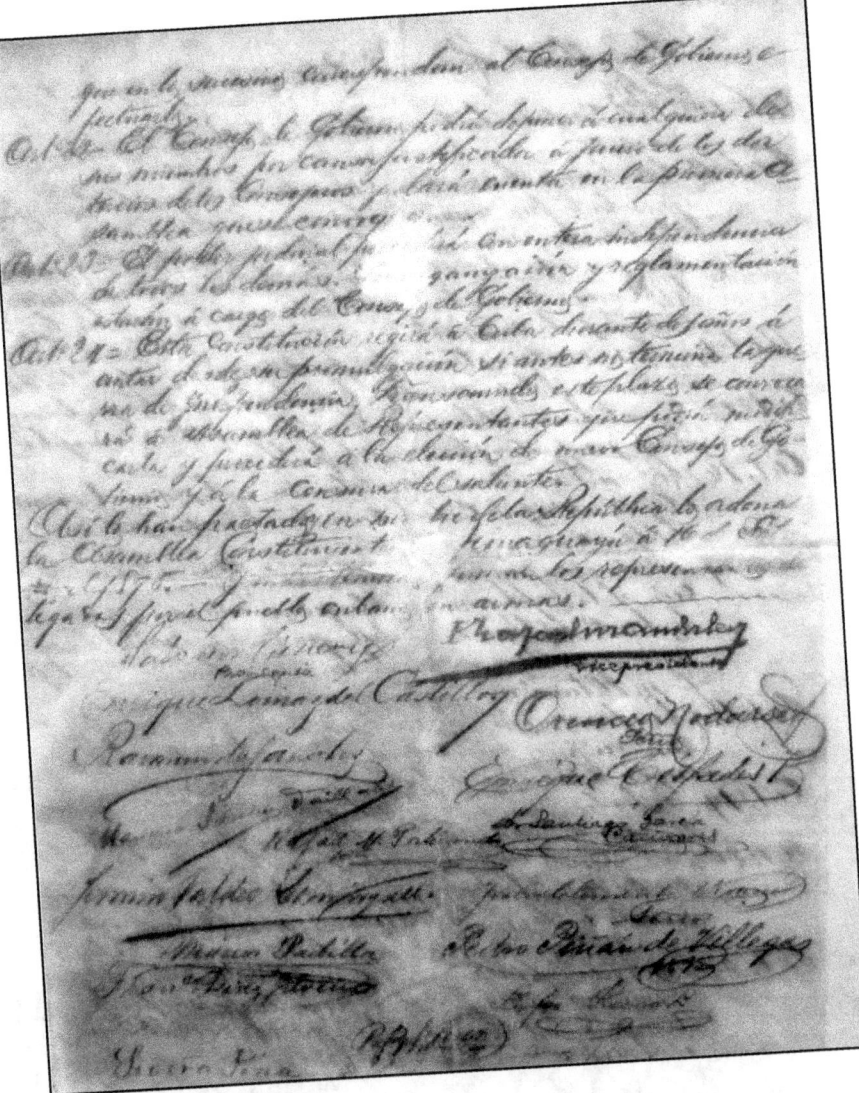

La página de las firmas del documento que recoge la **Constitución de Jimauayú de 1895**, aprobada el 16 de Septiembre de 1895. Fue hecha meses después de comenzar la **Guerra del 95**; una solución intermedia entre las Constituciones de **Guáimaro** (que dividía el poder entre tres instituciones políticas) y la de **Baraguá** (que daba todo el poder a un sólo Gobierno Provisional). Los firmantes fueron:

Salvador Cisneros Betancourt, *Presidente*, Rafael Manduley, *Vicepresidente*, Raimundo Sánchez, Lope Recio L. I. López Leiva, Francisco Díaz Silveira, Rafael M. Portuondo, Fermín Valdés Domínguez, Dr. Santiago García Cañizares, Pedro Piñán de Villegas, Enrique Loinaz del Castillo, J. S. Castillo, José Clemente Vivanco, *Secretario*, Mariano Sánchez Vaillant, Severo Piña, Pedro Aguilera, Orencio Nodarse, *Secretario*, Enrique Céspedes, Rafael Pérez Morales, Mario Padilla.

Ruta de la *Invasión de Occidente* planeada y ejecutada por el General Antonio Maceo y secundada y apoyada por el General Máximo Gómez en 1895.
De Baraguá a Mantua

Antonio Maceo, el *Titán de Bronce*, en palabras de Manuel Sanguily, veterano de dos Guerras de Independencia, el 29 de Noviembre de 1985 cruzó por primera vez la Trocha de Júcaro a Morón en su viaje de *Invasión al Occidente* de Cuba en la Guerra del 95.

Dos vistas de **Coliseo**, **Matanzas**, tomada por las tropas de Maceo en Diciembre de 1895.

Toma de **Alquizar**, primera entrada en la provincia de La Habana por las tropas de Maceo en Diciembre de 1895.

La Invasión llega a Pinar del Río. Recorrido de las tropas de Antonio Maceo.

Llegada del **General Weyler** a La Habana en sustitución de Martínez Campos, 10 de Febrero de 1895.

Los horrores de los **Campos de Concentración ordenados por Weyler.** Sin comida ni vivienda, expuestos a disentería y fiebre amarilla, una tercera parte de la población campesina Cubana pereció, 170,000 según el censo Español de 1898.

El *Papa León XIII* bendiciendo las tropas Españolas destinadas a la Guerra en Cuba el 19 de Mayo de 1896.

José Maceo y *Calixto García* en la época que estuvieron en conflicto por la jefatura de las tropas Cubanas en Oriente en Mayo de 1895. José murió en combate el 4 de Julio de ese año.

Sancti Spíritus en 1895. La tierra del Mayor *General Serafín Sánchez Valdivia*, combatiente de las tres Guerras de Independencia, bajo las órdenes de Máximo Gómez y Antonio Maceo. Murió en combate el 18 de Noviembre de 1896, en un sitio cercano conocido como el *Paso de las Damas*, hoy Monumento Nacional.

Antonio Maceo se enfrentó en San Pedro, cerca de Punta Brava, provincia de La Habana, a dos enormes columnas de Valeriano Weyler y *murió en combate*. Con él cayó *Panchito Gómez Toro*, hijo de Máximo Gómez.

Fragmento de un Cuadro de Armando Menocal

Entre vítores y aplausos, alrededor de las nueve de la mañana del 7 de diciembre de 1896, el **Mayor General Antonio Maceo** llegó con su estado mayor a un campamento Mambí, ubicado en la finca Purísima Concepción o Montiel, en el barrio rural de San Pedro, a unos siete kilómetros al sudoeste de Punta Brava. No era un lugar ideal, pero estaba cercano de la localidad de Marianao, que era el objetivo de su próximo ataque nocturno. De modo inesperado, el campamento fue sorprendido por una guerrilla, vanguardia de una columna española al mando del comandante Cirujeda, quien por sorpresa neutralizó la avanzada Cubana en ese momento. El General Antonio ensilló él mismo su caballo, tarea que nunca confió a nadie, y ordenó que buscasen a un corneta que llamara a las fuerzas cubanas a concentrarse para el contraataque. Pero el corneta no apareció. Montado en su caballo, Maceo al frente de una pequeña tropa, avanzó hasta la cerca de piedras que enmarcaba el aledaño potrero Bobadilla. Dentro de esa finca, una alambrada le impedía cargar contra las posiciones españolas. *«Piquen la cerca»*, exclamó. Varios jinetes se desmontaron y con sus machetes comenzaron a cortarla. *«Esto va bien»*, le oyeron decir. De repente, una bala le penetró por el maxilar derecho, se lo fracturó en tres pedazos, y le seccionó la carótida. Quienes intentaron ayudarlo resultaron heridos. El cuerpo de Antonio Maceo quedó solo en aquellos matorrales batidos por la fusilería española. En un gesto supremo de devoción y lealtad su ayudante, Panchito Gómez Toro, hijo de Máximo Gómez, fue a morir junto al General para que no estuviera solo, y murió al ser blanco fácil de las balas enemigas

Foto arriba, el Monumento a Antonio Maceo y Panchito Gómez Toro en Cacahual. cerca de Bejucal y Santiago de las Vegas.

Una lancha cañonera Española similar a la **Cañonera Relámpago**, volada el 17 de Enero de 1897 por Calixto García hijo en el rio Cauto. Las Cañoneras eran lanchas de vapor que solo calaban tres y cuatro pies y andaban de 11 a 12 millas por hora a lo largo de la costa y en algunos ríos navegables.

El brigadier cubano **José Joaquín Castillo Duany** adquirió en su juventud experiencia marinera en Estados Unidos, conocimiento que le permitió conducir a Cuba, como Jefe de Mar, varias expediciones Mambisas de 1896 a 1898. Se graduó de médico cirujano, en 1880, en la Universidad de Pennsylvania, EEUU y sirvió en la Armada de los EEUU por varios años antes de dedicarse a la Independencia de Cuba. En la foto, el **Vapor Laureada** con el cual llevó a Cuba numerosos expedicionarios, entre ellos Carlos Roloff.

De acuerdo a la Constitución de Jimaguayú, si al cumplirse los dos años de su aprobación prevalecía la guerra, se debía proceder a la convocatoria de una Asamblea para escribir una nueva Constitución.

Esa Asamblea comenzó a reunirse en Aguará, Camagüey, y más tarde se trasladó a La Yaya, donde se terminó de trabajar en la nueva **Constitución de la Yaya**, sin lugar a dudas la más completa de las de Cuba en Armas..

En 1897 en un último intento de España por conservar Cuba, creyendo utilizar sus dotes pacificadores, Madrid nombró capitán general de Cuba, por segunda vez, a **Ramón Blanco Erenas**, sustituyendo al muy criticado Valeriano Weyler. Tuvo Hubo de enfrentarse a una guerra que estaba cada vez más cerca del fin, con la consiguiente derrota y la pérdida de las últimas posesiones españolas en América.

El gobierno de Sagasta el 25 de Noviembre de 1897 concedió a Cuba la Autonomía creando un **Gobierno Autónomo Cubano** con las figuras de José María Gálvez, Antonio Govín, Rafael Montoro, Patricio Zayas, Eduardo Dolz y Laureano Rodríguez, según debidamente reportado en la página frontal de **La Ilustración Artística**, una revista popular Catalana.

En Diciembre de 1897, Bartolomé Masó y Tomás Estrada Palma ofrecieron a España comprar la Independencia de Cuba con $150 Millones que habían recaudado vendiendo **Bonos de Cuba Republicana** en Europa y los EEUU.

El *Diario de La Marina*, fuerte promotor de la Autonomía para Cuba, fue objeto de críticas de los Españolistas y los Independentistas durante casi toda la Guerra del 95 en Cuba. Foto debajo, el edificio del Diario de la Marina en La Habana en 1897.

La prensa Nacional e Internacional interesada en Cuba en 1897: *a la izquierda* **Le Monde Illustré** de Paris y **La Discusión** de La Habana.

El *Acorazado Maine* entrando en la bahía de La Habana en 1898 y el 15 de Febrero, una semana después, el Acorazado en ruinas al fondo de la bahía.

La Escuadra de Cervera partiendo de España en 1898.

El Morrillo, Matanzas, donde ocurrió uno de los primeros ataques de las fuerzas de los EEUU en la Guerra del 95.

Desembarco de las tropas de los EEUU en el sur de Oriente en 1898.

Enrique Collazo, en la foto con Máximo Gómez (sentad0) y otros patriotas de 1868. Collazo fue un hombre de acción y de pensamiento, gran amigo de Máximo Gómez y Martí. Al terminar la Guerra del 68 se marchó a Jamaica con Máximo y en 1895 firmó con Martí y Mayía Rodríguez la **Orden de Alzamiento** en Cuba. Estuvo presente en la firma del **Manifiesto de Montecristi** y desembarcó en Varadero con 50 hombres en Marzo de 1897. Calixto García lo comisionó para ir a los EEUU a coordinar el desembarco de tropas de EEUU en Oriente.

A la derecha, el Lugarteniente General Cubano **Calixto García** entrevistándose con el Brigadier General Americano William Ludlow para coordinar el desembarco de tropas Americanas en Oriente.
Al comenzar la intervención de los EEUU en la contienda, en 1898, Calixto García, aunque expresando su desacuerdo con entregar el mando supremo de las operaciones a los Norteamericanos, acató la decisión del Gobierno Cubano en Armas y se sometió a la dirección de los Generales Shafter y Lawton.

La **flota de los EEUU** en la bahía de Santiago de Cuba según fue presentada por la revista Parisina **L'Illustration** en 1898.

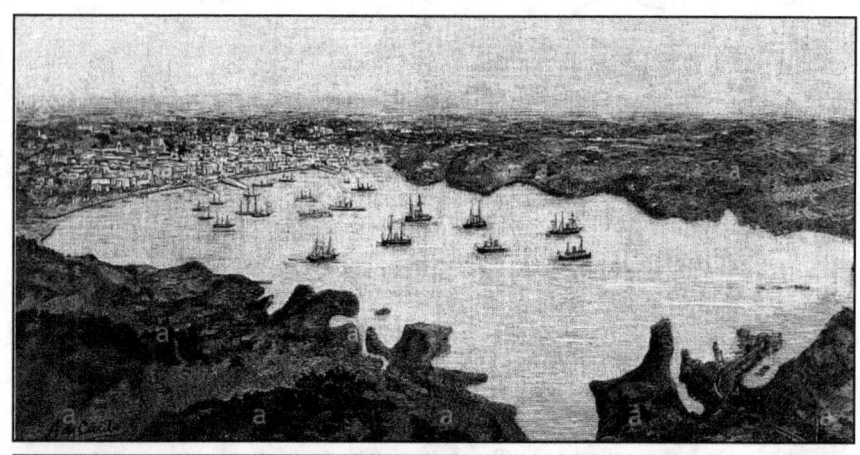

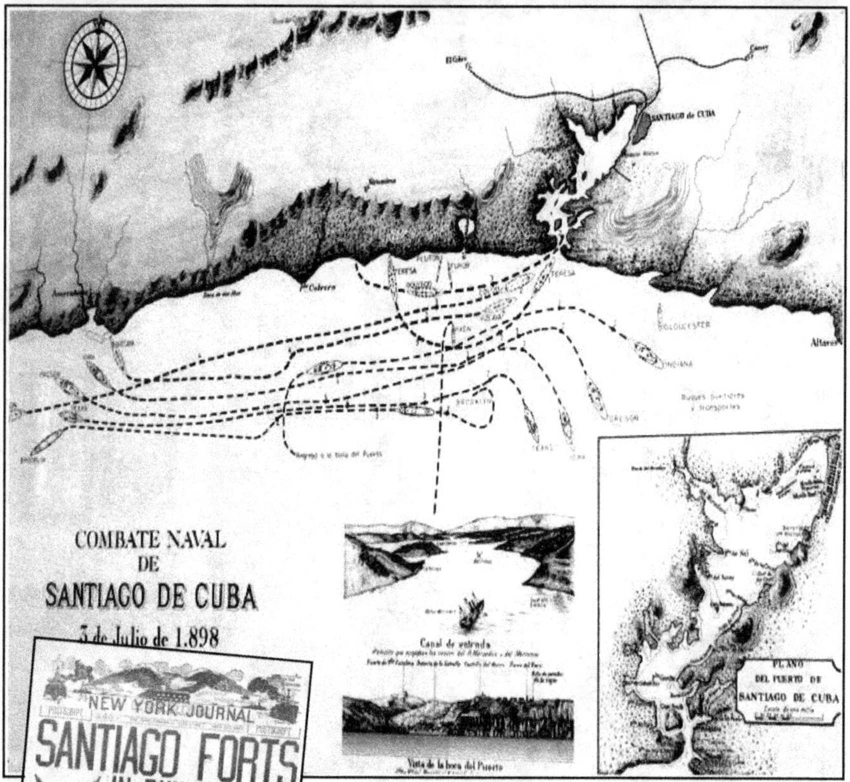

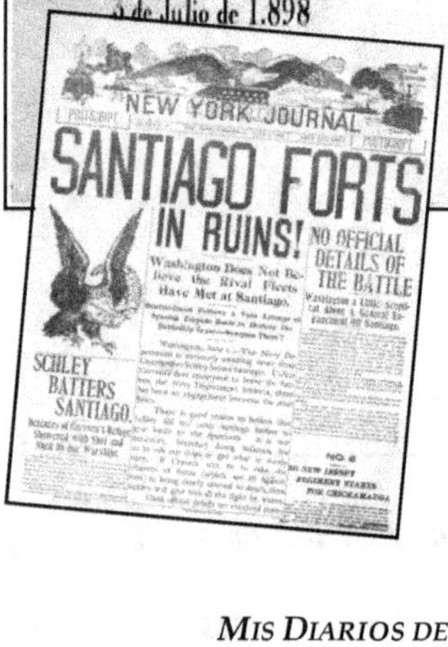
NEW YORK JOURNAL

SANTIAGO FORTS IN RUINS!

NO OFFICIAL DETAILS OF THE BATTLE

Washington Does Not Believe the Rival Fleets Have Met at Santiago.

SCHLEY BATTERS SANTIAGO.

Dos grabados publicados en el ***New York Journal*** en 1898, presentando la ***Flota Española en Santiago*** y el desenlace de su destrucción a la salida de la bahía de Santiago.

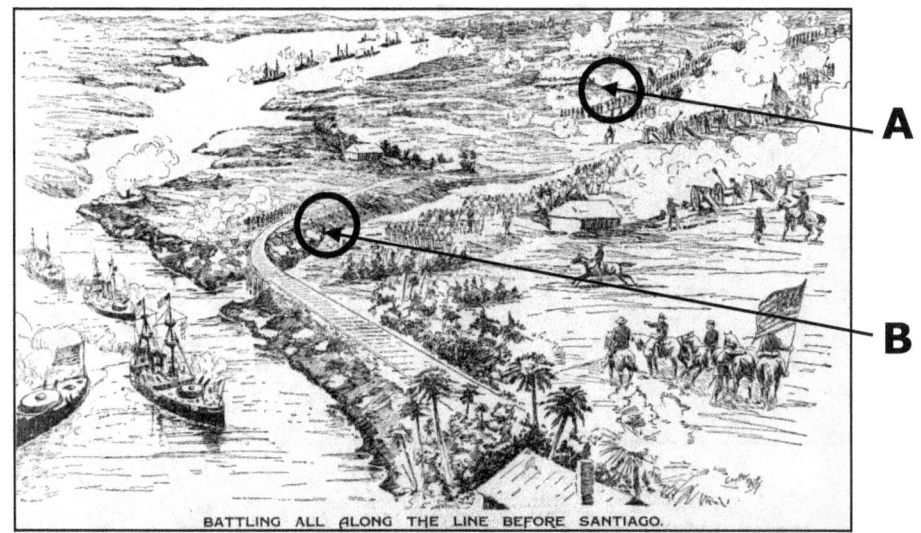

Grabados: *arriba*, una visión general de los **ataques en los alrededores de Santiago de Cuba** por mar y tierra; la flota de Cervera aparece al fondo frente a la ciudad.
A es EL CANEY;
B es AGUADORES;

debajo, la **acción en El Caney** y el *Boston Herald* del 30 de Junio de 1898, donde aparecieron ambos grabados.

La destrucción de la Escuadra Española en una fotografía de 1898

La bahía de Santiago y la posición de la Escuadra Española en 1898

Escenas de la Capitulación Española en Santiago de Cuba y la portada de
La Ilustración Española dando detalles de la repatriación
de 200,000 tropas Españolas de Cuba

Foto de **Calixto García** unos días antes de su muerte durante su visita a Washington, D.C. *De izquierda a derecha en la foto*: **José Miguel Gómez, José Ramón Villalón, Calixto García, José González Lanuza y Julio Sanguily.**

El **sepelio de Calixto García** durante su recorrido por la calle Reina, camino al Cementerio de Colón

Tres fotos de **Máximo Gómez en Cuba Republicana**: su *recibimiento apoteósico* en La Habana; alzando la *Bandera Cubana* en los altos del Palacio de los Capitanes Generales en La Habana el 20 de Mayo de 1902 y con su familia en la casona de la *Quinta de los Molinos*.

El **Cortejo Fúnebre** en honor de Máximo Gómez a su muerte el 17 de Junio de 1905 y el **Monumento** en su honor frente al malecón de La Habana, escultura de Aldo Gamba en 1935.

El Diario de Campaña de Máximo Gómez:
La Guerra del 68
La Tregua Fecunda
La Guerra del 95

Una fiel reproducción de los apuntes que Máximo Gómez escribió de su puño y letra en 16 libretas de bolsillo que guardó con sumo cuidado hasta morir en 1905. El contenido de esas libreras fue impreso por primera vez por el gobierno Cubano en 1925 y ha sido digitalizado por el autor de este libro para Ediciones Universal en 2018.

Nota al lector:

El 5º Presidente de la República de Cuba, **Gerardo Machado y Morales**, comisionó por Decreto Número 21 de fecha 12 de Diciembre de 1925, al **Dr. Carlos Manuel de Céspedes y Quesada**, *Secretario de Estado* e hijo del Padre de la Patria Carlos Manuel de Céspedes del Castillo, al **Dr. Ramiro Guerra y Sánchez**, Profesor de la *Escuela Normal de Maestros de La Habana*, al **Dr. Francisco de Paula Coronado**, Director de la *Biblioteca Nacional* y al **Sr. Joaquín Llaverías y Martínez**, Jefe del Archivo Nacional, para acordar «*la manera de mejor llevar a efecto la publicación del **Archivo del General Máximo Gómez y Báez**.*»

A petición del *Secretario de Educación*, **Dr. Jorge Mañach y Robato**, el 11^{avo} Presidente de la República de Cuba, **Carlos Mendieta y Montefur**, comisionó por Decreto Número 1318 de fecha 20 de Abril de 1934, al **Dr. Carlos Manuel de Céspedes y Quesada**, al **Dr. Carlos de la Torre y de la Huerta**, al **Dr. Benigno Souza Rodríguez** y al **Dr. Evelio Rodríguez Lendián**, para «*finalizar las funciones que le están confiadas por el decreto Número 21* [citado arriba].»

El 14^{avo} Presidente de la República de Cuba, **Federico Laredo Brú**, en un mensaje al Congreso de la República fechado el 12 de Abril de 1937, pidió al Congreso «*la aprobación de una Ley que como colorario de los decretos presidenciales* [mencionados arriba] *proporcione los medios económicos indispensables para realizar ese patriótico propósito.*»

Debido a todas estas gestiones oficiales, la publicación del **Diario de Campaña del Mayor General Máximo Gómez**, fue prometida para el 18 de Noviembre de 1940, con motivo del 104^{avo} aniversario del nacimiento de Gómez, y finalmente hecha realidad en Enero de 1941, bajo la dirección del Teniente Coronel **Dr. Arístides Sosa de Quesada** y revisada por el *Ministro de Educación* de Cuba, **Dr. Juan J. Remos**.

Esa primera edición de 4,000 ejemplares, de los cuales 1,800 fueron distribuidos gratuitamente en las escuelas Cubanas por el *Ministerio de Educación*, contiene un número de páginas que aclaran las varias etapas de las campañas y hacen referencias a las libretas escritas por el General.

La edición del Diario que aquí se presenta omite esas páginas para facilitar una lectura sin interrupciones. Las páginas de referencia aparecen numeradas en la edición publicada por la *Comisión del Archivo de Máximo Gómez* en 1941 con los siguientes números:

1,2,139,140,290 a 326

(de la enumeración original de Máximo Gómez)

La omisión de esas páginas no afecta en nada la narrativa de Gómez en su Diario de Campaña.

1868

EN Enero, residiendo en el Dátil Jurisdicción de Bayamo, hablaba con mi inolvidable amigo José Vázquez (q. e. p. d.) de la Revolución de Cuba, éste trató de mi persona en juntas que se celebraban en San Luis, promovidas por Eduardo Bertot y ésto motivó que los que componían aquel pequeño círculo revolucionario manifestasen deseos de entenderse conmigo, Vázquez me lo comunicó y yo me acerqué a ellos; mas, antes de entrar en ningún compromiso me informé de si algunos hombres de mayor representación, estaban en la iniciación; así era, y entonces celebré mi compromiso formal, y principié a conspirar en unión de aquellos ciudadanos, iniciando a todos los campesinos de aquella zona que yo conocía y ayudando en la preparación de pertrechos de guerra; nos ocupamos en éstos trabajos hasta el 16 de Octubre que avanzando Carlos Manuel de Céspedes sobre Bayamo, después de la derrota que sufrió en Yara, nos pronunciamos en el Dátil; se pusieron presas las autoridades de aquel lugar, y ayudé allí, con el título de Sargento, a organizar una partida de más de 400 hombres; el 17 ya Céspedes en Sta. Isabel finca situada en las márgenes del río Bayamo, mandó que se le incorporara la partida del Dátil; un tal Palalo Milanés fué el Géfe que la condujo, yo no quise seguir y esperé allí no sé que cosa, hasta el 18 a las 11 de la noche que recibo una orden de Céspedes que pasara a su Cuartel, e inmediatamente así lo hice, puso en mis manos un despacho del Gral. del E. M. del Gral. Francisco Maceo que comandaba y dirigía el movimiento en la Jurisdicción de Jiguaní, esa misma noche emprendí marcha y al amanecer del 19 me uní con Maceo en Cautillo, fuí recibido muy bién y me coloqué en mi destino, en el acto y en todo ese día me ocupé de organizar una partida que acam-

Oct. 16

Oct. 17

Oct. 18

Oct. 19

Oct. 20 paba allí de más de 500 hombres, nombrándose al C. Angel Bársaga Corol. de E. M.; el 20 pedí a Maceo debía pasar a reunirme a Donato Mármol que con otras partidas debía encontrarse en la "Venta de Casanova" en espera del Coronel español Quirós que se decía avanzaba con una columna de 700 hombres y 2 piezas de artillería, a las 12 del día llegué a Jiguaní donde fuí recibido muy mal por Félix Figueredo y el Gobernador que lo era un individuo nombrado Nonato Reyes, se me despreció por el título que llevaba de Gral. yo lo comprendí y entonces les hice presente que no hacía mucho mérito de ese grado que me había conferido el Gral. en Géfe, que no era más que un extrangero que como un soldado cualquiera deseaba unirme al Gral. Donato que debía quizás encontrarse al frente del enemigo, para ayudarle en lo posible, y que para poderlo así efectuar deseaba se me diese un práctico, todo se me dificultó y no pude continuar ese día, **Oct. 21** el 21 ya preparado para marchar, me sorprendió la llegada de Mármol con toda su gente, pues ignoraba que Céspedes lo llamaba de Bayamo; no pude hablar con Mármol pués apenas me atendió, y Calixto García fué el único, y por él supe que seguían inmediatamente, pués que una columna enemiga avanzaba de Manzanillo.

Yo aunque sufriendo traté de dominar la situación y seguí detrás sin representar papel alguno y en Santa Rita se hizo noche, aproveché la ocasión y logré por medio de Calixto tener esa noche una conferencia con Mármol, en ella le manifesté mi destino y Comisión y como al propio tiempo le hice comprender que apesar de mi destino yo deseaba seguir con **Oct. 22** él como un compañero, me aceptó y al siguiente día 22, marchamos para Bayamo, cerca ya de aquella población le advertí el modo como se acostumbraba hacer la entrada las tropas en una plaza para evitar un desorden, y mucho más, en una plaza que a la sazón se batía al enemigo en su Cuartel, no le agradó mucho mi advertencia, más como yo insistí cedió a mis indicaciones y me dió facultades para que yo lo ordenara todo—

yo respiré de gozo pués ya principiaba a hacer algo—dispuse entonces que toda la gente con García a la cabeza acampara en las afueras de la población, en la finca "La Glorieta", pues así se expeditaba mejor la marcha y descanso de las tropas hacia el camino de Manzanillo; y yo y Donato pasamos al Cuartel de Céspedes a recibir órdenes, ellas fueron las de marchar a reforzar al Gral. Modesto Díaz que ya marchaba a encontrarse con el enemigo que ya avanzaba de Manzanillo, el mismo día seguimos e hicimos noche en Jucaibama—el 23 se continuó y a las 12 llegamos a Babatuaba en cuyo punto acababa el Gral. Díaz de rechazar al enemigo—en aquel momento se suscitó una seria cuestión entre Díaz y Mármol pues el último quiso avanzar y perseguir al enemigo y Díaz se opuso, pués decía que de momento no podía ni debía hacerse—no me gustó la negativa de Díaz, creía como Mármol que debíamos aprovechar la ocasión, más yo temí un disgusto en tan críticos momentos y tercié en la cuestión, pacificando el ánimo de Mármol, pués él era muy condescendiente, le hice ver que yo pensaba como él, pero que había que atenerse a lo que dispusiera aquel Gral. que estaba a la derecha de la operación, que era el responsable, y que nosotros no éramos más que una fuerza auxiliadora; así pasamos la noche, y al siguiente día 24 seguimos en persecución del enemigo que no se le pudo dar alcance, y en una marcha que parecía derrota continúo hasta Manzanillo; nosotros no pasamos de Barrancas y de allí retrocedimos entrando en Bayamo el 26 donde permanecimos hasta el 28 que continuamos para Jiguaní donde llegamos el mismo día y supimos que Quirós había pasado de la "Venta de Casanova" y se dirigía por Baire, esa misma tarde pasamos a tomar posiciones en la "Loma del Yarey", Quirós ocupó a Baire en la noche de ese día y permanecimos hostilizándole en aquel caserío hasta el día 4 de Noviembre que ocupamos la "Tienda del Pino" donde se dió la acción del mismo día, en la que logré avanzar en un momento dado, como con treinta o cuarenta hombres que me acompañaban y dí una carga al machete. El enemigo retrocedió con un número

1868

Nov. 8 considerable de bajas y se concentró en el Caserío, hasta el 8 que emprendió marcha para Cuba, se le dió alcance en la Venta, allí se le ocuparon los caminos, yo le ocupé la "Loma del Sitio" camino real de la isla, por allí conseguí dos cañoncitos y le hice seis disparos; fueron los primeros cañonazos que se le tiraron a los españoles en Cuba. Quirós ocupó aquella posición tres días, al fin de los cuales salió por su retaguardia y se acampó en "Maibío", a tiempo que yo marchaba hacia Palma Soriano a reforzar a Donato Mármol que ya antes había salido a atacar un convoy que de Cuba le venía a Quirós, encuentro a Mármol en "Palo picado", indeciso si atacaría a la Palma, pués que espías que había mandado le informaron que la fuerza enemiga que custodiaba el Convoy era considerable, yo le aconsejé que no se debía perder tiempo y que era preciso de todos modos tentar al enemigo, cedió a mi consejo y me facultó para que yo dispusiera el ataque, así lo hice, con 50 hombres escogidos de a caballo marché a vanguardia y Mármol con el resto de la gente marchaba detrás, advertido de no unirse a mí hasta que yo le avisase, así la marcha llegamos a la primera avanzada enemiga, y sin hacer caso de sus fuegos avancé; ésta se puso en fuga y se unió a otra más fuerte, que hizo más nutridos sus fuegos. Temí que antes de arrollar aquella sufriese algunas bajas, le sostuve el fuego y avisé a Mármol; éste en seguida se unió a mí, avanzamos, y el enemigo se puso en fuga dejándonos en el campo algunos muertos y dos prisioneros, por éstos supimos que la fuerza enemiga era débil, y ya preparados para entrar se presentó en parlamento, el mismo Géfe, era un cubano Sebastián González. Hizo a Mármol proposiciones ventajosas para los intereses de la revolución, de más ventajas que la toma del Convoy; dijo que si se le permitía retirarse para Cuba con el Convoy, prometía volver a unirse a nosotros con más de 500 hombres armados, que él era cubano y que participaba de nuestras ideas, se creyó en la promesa de González, que muy lejos de cumplirla ha sido uno de los más encarnizados enemigos de la Libertad e Independencia de Cuba, y se le concedió retirarse con el convoy—Entramos, pués, a la Palma, se organizó aquello como se pudo y se dejó nombrado Capitán de Partido a un fulano Cueva.

Volvimos esa misma noche sobre Quirós ya acampado en Maibío, se le puso sitio nuevamente y principiamos a hostilizarle—en ésta situación se apareció Céspedes con algunas fuerzas de Bayamo y una pieza de artillería mal preparada, para atacar al enemigo en sus posiciones, pero éste no esperó y el día 13 emprendió marcha para Cuba por el camino de la "Mantonia", se le hizo algún daño a su salida y se le pusieron emboscadas hasta la Palma, no pudo hacer su marcha por ese pueblo y tomando caminos extraviados siguió marcha forzada para Cuba—Céspedes y Marcano que dirigían las operaciones fueron derrotadas en el paso de la "Laguna" con pérdida de un ayudante de Céspedes de apellido Socarrás, que quedó herido en el campo y yo hice recoger. Céspedes y Marcano hicieron su retirada hasta "Arroyo-blanco", y al siguiente día por la noche volvieron a la Palma—Quirós su marcha la siguió en derrota y así hizo su entrada en Cuba— Si Céspedes se hubiera sostenido al frente de nuestras tropas que se componían de muy cerca de 2,000 hombres, quizás se hubiera copado a Quirós. Reunidos todos en la Palma se dispuso, ya el 15, que marchara el Gral. Santiesteban con más de 300 hombres a tomar las posiciones de los puertos de Cuba, tuvo aviso que los ocupaba el enemigo, hizo alto en "Yarayabo" y dió parte—Marcano puso a mis órdenes 100 hombres de Bayamo—y me dió orden de auxiliar a Santiesteban. Me reuní con éste el 16, y notando en aquel Géfe mucha irresolución, tuve que tomar la vanguardia apesar de ser una columna auxiliar que debía marchar en reserva; el 17 ocupé sin novedad el "Puerto de Bayamo", el enemigo todo, estaba concentrado en Cuba y el Cobre, todos los campos quedaron en poder de la revolución. El Gral. Santiesteban, el mismo día volvió a ocupar a "Yarayabo", y a los tres o cuatro se retiró para la de Cuba; hacia fines de Noviembre ocupé con campamentos "Palma". Permanecí sólo, organizando la revolución a orillas

Nov. 13

Nov. 15

Nov. 16

1868

hasta "Puerto Boniato", organicé guerrillas al mando de Antonio Velázquez, que invadían hasta las orillas de la ciudad—Los españoles sin moverse atrincherados en el Cobre, y en aquella, abrí correspondencias con varios patriotas; Fernández, García, Echavarría, Duarte, y principié a tratar con los hacendados respecto de la estabilidad de sus intereses, y los de la revolución; sobre éste asunto celebré una conferencia con Juan Colás. No recibí auxilios de nadie, las demás fuerzas

Dic. 2   permanecían en Bayamo—El día 2 de Diciembre se incorporó Marcano con algunas fuerzas de Bayamo, se trató de atacar al Cobre, y yo indiqué, que sería de más efecto que lo hicié-

Dic. 5   ramos a Cuba. No pude triunfar y el 5 se efectuó el ataque al Cobre, el enemigo se atrincheró en el Santuario; se perdió el tiempo en parlamentos creyendo se rendirían, y a las 4 horas considerables fuerzas enemigas procedentes de Cuba reforzaron la plaza y nos desalojaron. Marcano se retiró para la "Palma" y yo volví a ocupar mis posiciones.—A los tres días los españoles abandonaron el Cobre, que yo mandé ocupar.—Quedaron reducidos a Cuba.

Permanecí en ésta situación hasta fines del mes, que invadido Bayamo por Valmaseda, me atacó el enemigo por retaguardia, procedente de Guantánamo. Pasé a ocupar las "Cuchillas de la Palma", y allí hice retroceder al enemigo tres veces.

No supe más de ningún Géfe, las únicas noticias, que Carlos Manuel se había corrido hacia el Camagüey y que Donato Mármol había sido derrotado en el Saladillo, el 10 se me incorporó éste en el Ingenio Caney con algunas fuerzas, pero desmoralizadas, y con el nombramiento de Dictador, que Mármol tuvo que aceptar apesar suyo, pués se había formado una Camarilla a su alrededor de individuos de no muy buenas condiciones, y tuve lo mismo, apesar mío, que aceptar todo aquello que de momento se presentaba. En éste estado se resolvió la malhadada marcha para Holguín, que no tenía objeto alguno y que se emprendió el día 12; el 14 se tuvo en Giro una conferencia con "Pepe de Armas", comisionado por el Capitán Gral. Dulce, en ella se trataron asuntos importantes a la Causa. Día 15, se continuó, se hizo noche en el Ingenio la Chiva, se incendió la finca y se mataron algunos Voluntarios—La noche fué horrorosa, el ejército se desmoralizó—El 16 seguimos, se pernoctó en Cauto Abajo—17, en San Felipe y Hato en Medio, el 18 en Sojo—De allí se expidieron órdenes para los hechos horrorosos de Mayán, 19 en Tacajó, y el 20 se acampó desde los Berros hasta Samá, allí permanecimos atacados del Cólera hasta el 28 que ya de regreso y al llegar a Bijarú se supo que Céspedes y Marcano ocupaban a Tacajó con algunas fuerzas. Se corrió la noticia que venían a pedir cuentas a Mármol de su dictadura; los ánimos estuvieron algún tanto excitados, pero todo se arregló al siguiente día por medio de una conferencia en Tacajó; en cuyo punto se habían reunidos la mayor parte de los Grals. de más significación, de aquella especie de Asamblea se resolvió el establecimiento de un Gobierno. Yo y Mármol recibimos órdenes de atacar a Jiguaní y emprendimos marcha al día siguiente.

Eno. 10

Eno. 12-14

Eno. 15

Eno. 16-17
Eno. 18
Oct. 19
Eno. 20
Eno. 28

1869

Feb. 8   El 8 de Febrero ya estábamos sobre aquella plaza, que se atacó tres días, el enemigo se defendió en sus trincheras, se le incendió gran parte de la población, hasta que considerables refuerzos de Bayamo nos desalojaron. Mármol se retiró para Cuba y yo con mi columna acampé tres días en "Monte Alto", y después pasé a ocupar posiciones en la parte sur de la jurisdicción, en las Cabezas, allí supe que el Gral. Modesto Díaz empeñaba un ataque sobre Guisa, y mandé al Brigadier Calixto García a refozarle—éste Géfe marchó y se batió en la "Loma de Piedra" con el refuerzo que venía de Bayamo, a los dos días me uní yo con el resto de la gente; los españoles abandonaron a Guisa y yo pasé con mi gente a tomar algún descanso en el Corojo, donde acampé. De allí hice una excursión sobre Valenzuela en auxilio del Gral. Díaz, a quien atacó una columna enemiga. Le acompañé a hostizarla, pués no podíamos prometernos otra cosa pués carecíamos de parque, y en éstos movimientos se pasó Febrero, y a fines de éste mes, volví a la jurisdición de Jiguaní y ocupé posiciones, desde el Calabazar hasta Charco Redondo. Allí descubrí la traición de los Milanés, los puse presos y los envié a Céspedes con los documentos firmados de Valmaseda, que justificaban su proceder.

Mzo.
Abr.
May.
Jun.
Jul.
Jul. 16

   Permanecí en aquella zona los meses de Marzo, Abril, Mayo, Junio, y hasta principios de Julio, siempre a la defensiva pués el enemigo me atacaba casi diariamente. Díaz había tenido que concentrarse sobre las sierras y Valmaseda se fijó en mí, más no logró hacerme abandonar aquella zona donde también se habían agrupado más de dos mil familias. El 16 de éste mes recibí órdenes de Jordán para que pasara a "Limones", así lo hice, allí se me entregaron algunas armas y pertechos de la operación de Perit y se dispuso salir en operaciones sobre los cafetales de "Brazo Cauto", no me agradó éste movimiento, me inclinaba mejor a dar un ataque a Baire o Jiguaní, pero no pude conseguir nada, Jordán estaba influenciado por Eduardo Mármol Géfe de S.E.M., al fín se emprendió la marcha, y el 22 se atacó el campamento enemigo

Jul. 22

situado en el "Cafetal la Aurora", no fué posible tomarlo y tuvimos que retirarnos con bajas de consideración y abandonando aquella zona. Jordán se dirigió para jurisdición de Cuba y me dió orden de operar a discreción en la de Juguaní. Acampé en Bijagual, organicé de nuevo mi columna y descansé por allí con ligeras excursiones, hostilicé un convoy que pasó de Cuba por la Florida, por Baire.

Hasta el 6 de Agosto que ataqué a Baire, el enemigo se puso a la defensiva en sus trincheras, pero le incendié la mayor parte del caserío y la gente ocupó tres tiendas, que estaban provistas de muchos efectos. El 12 recibí orden del Géfe de Oriente Gral. Franco. Aguilera, que pasara a hacerme cargo del mando militar de Holguín, llevando al efecto 200 hombres escogidos de las fuerzas que comandaba. Cumpliendo ésta órden, dispuse mi marcha y ya el 20 estaba en Holguín hecho cargo de aquel Distrito que encontré en el estado más completo de abandono y desorganización, allí principié a trabajar sin descanso, sin embargo de que sufrí dos fatalidades; estuve muy mal de salud y el descontento de muchos Holguineros que mal acostumbrados no podían avenirse con las disposiciones de orden y disciplina que puse en planta. Julio Peralta que había sido depuesto, explotaba ésta circunstancia y a cada momento tropezaba yo con las consecuencias de la intriga; padecía mucho, pero sin embargo seguí cumpliendo con mi deber.

Al Mayor General Luis Marcano trataron de asesinarlo en la noche del 9 de Agosto de 1869, pero logró salvarse herido en la cara, de machete, así como su hermano Félix; debiendo ambos su salvación a Nicolás Chala, que en medio del aturdimiento se lanzó sobre los asesinos, matando a Faustino Varona, y lograron fugarse y presentarse a los españoles en Manzanillo: Joaquín Ponsuelas (a) El Mulato, Roblejo, Lico Garcé y Pepé Varona.

Más tarde, el General Marcano, ya repuesto de su herida volvió a entrar en campaña y después del ataque al Congo, el mismo día fué muerto, y según informes y datos que he podido recoger, su muerte fué debida a los mismos Cubanos—Hall

Agt. 6

Agt. 12

Agt. 20

Agt. 9

un subalterno de Marcano era su enemigo, y habiéndole dado unos planazos a un soldado; Hall, le dijo a éste que debía matar a Marcano y como el mismo día el enemigo persiguió nuestras fuerzas, éstos se dispersaron, y el General que seguía por una vereda, con dos o tres que le acompañaban, salió un tiro del monte que le hirió de muerte en una ingle; los compañeros le dejaron, mas después apareció su cadáver a algunos pasos de allí, sin que le faltara ninguna de sus armas y prendas.

Algunos días después se presenta Hall a los españoles en Manzanillo, y por confidencias fidedignas se supo, que dijo que él había muerto al General Marcano.

Nadie más se acordó del valiente General, que tantos servicios había prestado a la Causa de Cuba, pero ni el Gobierno ni nadie ha dedicado una página ni un recuerdo a su memoria—su pobre viuda, si no hubiera sido por su tío el General Díaz, probablemente hubiese perecido de hambre y desnudez.

Unicamente el Teniente Coronel Pedro Martínez que fué su Secretario, es el único cubano que cuando se reune conmigo le oigo hablar con entusiasmo del olvidado General.

Cualquiera que no sea dotado de un alma fuerte y de muy rectos principios, no se expondría a trabajar por la democracia; pués ésta siempre ha sido ingrata, pués no solo se olvida de sus más fieles servidores, sino que muchas veces los arrastra y pisotea.

Más tarde, la desgracia que perseguía a todo lo que rodeaba al General Marcano—hace que la pobre viuda, la infeliz Lorenza Díaz, sufra una muerte desastrosa: un chino, tumba una inmensa ceiba, que cerca del rancho de Lorencita estaba el árbol, cae sobre aquel y la infeliz viuda queda sepultada bajo el terrible golpe

Sep.
Oct.
Nov.
Dic.

En éste estado permanecí los meses de Septiembre, Octubre, Noviembre, Diciembre y hasta principios de Enero, sin que tuviera lugar ningún hecho de armas de importancia, pués no me fué posible dar a los españoles más que dos ataques a sus campamentos de "Samá" y las "Dos Bocas", hubo sí muchos encuentros a la defensiva, como sucedió en Bijarú, que el Coronel José Vázquez casi destrozó una columna enemiga de más de 400, pues con un pedrerito que preparó en emboscada y con el cual logró hacer un disparo a quema ropa, le causó 30 bajas. La campaña de ese invierno que ha sido la mejor que han podido combinar los españoles, la pasé con mi campamento en "Palmarito", camino real de Barajagua donde, casi todos los días era atacado. No tenía pertrechos; pedí muchas veces al gobierno y no los hube, pero resistiéndole a los españoles ellos siempre dejaban muchas cápsulas que yo aprovechaba, y así me pude sostener, hasta que en ésta situación recibí una orden del Gobierno para que pasara a su residencia a recibir órdenes, dejando la fuerza al mando del General Vicente García en las Tunas; ya casi no contaba más que con los 200 hombres que había sacado de Juguaní, pero la mayor parte de los Holguineros, unos se habían presentado a los españoles y otros habían desertado para el Camagüey.

1870

Emprendí marcha para las Tunas con una columna como de 300 hombres, con el tiro de la carabina algunos, una impedimenta de más de mil almas entre niños, y mujeres y gente inútil y enferma, que huyendo de la fiereza de los españoles, se amparaban en nuestras fuerzas. El camino que tenía que hacer era peligrosísimo, pues que, las columnas enemigas avanzando hacia al centro en movimientos paralelos, todo lo invadían al mismo tiempo que iban dejando establecidos sus campamentos en los puntos más importantes de recursos y de paradas. Hice sin embargo mi marcha sin novedad, valiéndome de todas las precauciones que exigía la situación para evitar un descalabro. Yo mismo, personalmente, con dos o tres hombres iba explorando mi camino teniendo a cada instante que hacer alto, para esperar que pasara el enemigo y otras veces desviar el rumbo. Por fin, al cuarto día de una marcha tan angustiosa, rendí la jornada en "Laguna de Piedra", en cuyo punto tenía su campamento el Gral. Luis Figueredo. Allí recibí algunos auxilios de éste Jefe, descansé dos días y continué mi marcha hasta las inmediaciones de "las Arenas", donde hice entrega de la columna al Gral. V. García, con el entonces Brigr. Calixto García a la cabeza; ésta fué a acampar a la "Herradura" y yo seguí a la residencia del Gobierno—en el "Ojo del Agua de los Melones"—, allí estuve dos días y ningunas órdenes importantes se me trasmitieron; se me ofrecieron pertrechos, pero como yo ví dilación no quise aguardar allí y pasé a reunirme con el Coronel Fco. Vegas, que operaba en la zona de las "Arenas". Con éste Jefe hice algunas excursiones sobre el enemigo, pero visto que el Gobierno no me despachaba, que mis fuerzas eran atacadas constantemente en la "Herradura", volví a gestionar haciendo ver lo conveniente que era, no sólo que yo invadiera a Jiguaní, ya pacificado, sino que el Gral Díaz, que también se encontraba en las Tunas, marcha sobre Bayamo—que ya se encontraba en el mismo caso de Jiguaní—El plan de Valmaseda el año 70, era de arrollar las fuerzas insurrectas hacia el centro. Nosotros contábamos con algún pertrecho, pues había desembarcado la expedición del "Ana"; precisamente por las Tunas; por consiguiente nuestra concentración no era del todo perjudicial, pues prontamente pertrechadas las tropas podían muy bien volver a ocupar el territorio abandonado. Pero el Gobierno con su característica inercia, no fué activo en sus determinaciones, y yo y el Gral. Díaz volvimos a emprender marcha a fines de Febrero.

Esto dió ocasión a la acción de Río Abajo, muy inconveniente en aquellas circunstancias—pues aún habiéndose triunfado no era de buen efecto, atendida nuestra clase de guerra, cuando muy bien se hubiera podido tomar a Bayamo. En Río Abajo se consumieron más de 50,000 tiros y sufrimos bajas de consideración. Seguí yo mi marcha hacia Jiguaní, ya al mando de la Columna un poco acosada del cólera, hice mi marcha sin novedad y el día 24 acampé en Altagracia —Jurisdicción de Cuba—en cuyo punto pensé descansar y organizar la gente, así como hacer un reclutamiento para cubrir más de 50 bajas que había sufrido en la mrcha, ocasionadas por las enfermedades, pero no pudo ser muy larga mi estancia allí, pues apercibido el enemigo, de Jiguaní me atacó una columna que rechacé, dejándonos dos muertos en el campo. A los diez días otra columna más fuerte me volvió a atacar procedente de Cuba, volví a rechazarla; temiendo entonces consumir más pertrechos a la defensiva, me preparé a invadir a Jiguaní marchando en los últimos días de Marzo. *Feb. 24* *Mzo. 5 6*

Con rumbo a la "Seca", el día 30 de Marzo a las 12 del día, caí sobre el campamento de Santa Rita, que tomé; dejándome el enemigo seis cadáveres en el campo y corriendo en fuga hacia el pueblo.—Quedé dueño del Caserío que tenía dos tiendas, esa misma tarde hice tomar todos los efectos por mis tropas, lo incendié y continué mi marcha invadien- *Mzo. 30*

1870

do todo el partido del "Calabazar", las "Cabezas" y las "Cajitas", en cuyo último punto acampé como a eso de las diez de la noche, después de haber destruído cuanto habían construído los españoles, haber dado muerte a varios traidores, y de haber recogido más de 50 hombres útiles para las armas, con otras tantas familias que no querían estar bajo el dominio de los españoles. Al siguiente día pasé a tomar posiciones en Charco-Redondo, y establecí mis campamentos en toda ésta zona. Puse el enemigo a raya en la población y me hice dueño de toda la jurisdicción, con abundancia de recursos, particularmente de ganados, de lo que pude proveer al Coronl. J. Pérez; en tal estado permanecí hasta mediados de Junio.

En esta época, una fuerza enemiga trató de recoger ganados en los alrededores de la población, mandé al Brigadier García a impedirlo, hubo algún fuego y éste Jefe salió herido en un brazo; a los pocos días principiaron los españoles sus operaciones sobre mí, reuniendo de Bayamo fuerzas considerables; me preparé a la defensiva y fuí atacado desde el día 20 de Junio hasta el 4 de Julio que me corrí sobre la línea de "Chupadores" para organizarme.

Jun. 20

Jul. 4

En Julio del 70. Me hice cargo del mando Militar del Distrito Cuba por fallecimiento del Mayor General Donato Mármol, que falleció el día 26 de Junio del mismo año— cuyos restos están sepultados en las "Calabazas"—punto muy cerca de San Felipe; cuando me hice cargo del destino no existía parque y la División en la más completa desorganización. Las fuerzas de que se componía, eran las siguientes:

Coronel Jesús Pérez: 300 hombres

Teniente Coronel Maceo: 187 hombres

Pineda: 150 hombres

Pacheco: 87 hombres

Camilo Sánchez: 112 hombres

Total: 841 hombres

Estas eran partidas que organicé, primero por compañías y luego por batallones—denominados del modo siguiente—

Pérez, Primer Batallón; Sánchez, Segundo Batallón; Borrero, Tercer Batallón; Maceo, Cuarto Batallón; Moncada, Quinto Batallón y Prado, Sexto.

Esta numeración la hice por antiguedad, y me facilitó el reclutamiento que ha dado un aumento de más de seiscientos hombres; agregué además 300 hombres de la Brigada de Jiguaní al mando del Brigadier Calixto García.

El 7 de Julio, acampado en aquel lugar, recibí el parte del fallecimiento del Mayor Gral. Donato Mármol y tuve que preparar mi marcha para pasar hacerme cargo del mando del Distrito de Cuba. Nombré al Comte. Manuel Hernández, Tte. Corol. Gefe de Operaciones en Jiguaní, le hice allí mismo entrega de 200 homres, le dí instrucciones por escrito sobre operaciones y el ocho, emprendí mi marcha para el Distrito de Cuba por la línea de Cambute. Visité éste campamento, pasé después al de Giro, donde me avisté con Pérez dándole algunas disposiciones y continué mi marcha por la línea del "Cauto" y "Miranda", donde llegué el 20 sin novedad. Desde allí pasé órdenes a los Gefes Maceo, Pineda y Sánchez, para reunir sus fuerzas y pasar una revista general y organizar; pues la División se encontraba muy desorganizada. Esta operación que ocupó hasta el 20 de Agosto.

En todos éstos días hasta el 20 de Agosto, tuve también varios encuentros con el enemigo. El 23 y el 24 ataques en el Mijial, Pinalito y todos aquellos alrededores—el enemigo se retiró el 21. El 26 reunidas algunas fuerzas marché y el mismo día acampé en la "Fama". El 28 por la tarde dejé allí las impedimentas y marché sobre los ingenios, en operaciones; seguí marchando esa noche y el 29 al amanecer ataqué al campamento enemigo situado en el ingenio "Songuito" de Wilson", se tomó e incendió la finca, se rechazaron los refuerzos de "Victoria" y "Sileno"; el enemigo sufrió diez bajas a machete, se ocuparon diez armas, muchos bueyes, caballos y un rico botín de efectos de todas clases. El mismo día me retiré a la "Fama". El día 30, después de dejar ór-

Jul. 7

Jul. 8

Jul. 20

Agt. 20

Agt. 23-24

Agt. 21-26
Agt. 28

Agt. 29

Agt. 30

1870

dones e instrucciones sobre operaciones a los Gefes Maceo y Pineda, marché en dirección a la línea del Sur; para efectuar otro movimiento; hice noche en "Las Mercedes" y el

Sep. 3 — 3 de Septiembre continué.

Alto en "Altagracia", donde me ocupé en organizar algunas fuerzas de Jiguaní, puse una parte en operaciones en la zona de la "Seca" y otra en el Camino Real de la Isla; el

Sep. 6-7 — 6 continué mi marcha que el 7 rendí en "Giro" sin novedad,

Sep. 12 — allí permanecí reunido con Pérez hasta el 12, que con 200 hombres de su Brigada marché sobre la zona enemiga de los

Sept. 13 — Cafetales y en la mañana del 13, ataqué el campamento enemigo del Cristal; se tomó, se incendió; el enemigo se puso en fuga dejando tres muertos, y se ocuparon cinco armas, algunos caballos y efectos. El mismo día regresé a Giro.

Sep. 8 — El Coronel José Vázquez falleció el 8 de Septiembre a las 8 de la mañana. Año de 1870. Están sepultados sus restos en "Arroyo Martín". Fué víctima de una fiebre cerebral.

Sep. 18 — El 18 me moví para "Altagracia" donde llegué el mismo día, acompañado del Brigr. García ya de alta. Este se hizo cargo nuevamente del mando de la columna de Jiguaní,

Sep. 22 — yo permanecía allí hasta el 22 que marché para el Quemado,

Sep. 30 — donde acampé el mismo día hasta el 30 que salí para "Ma-

Oct. 3 — jaguabo". Llegué el día 3 de ctubre a Majaguabo, campamento de Maceo, atacado el día anterior éste Gefe, herido de gravedad; el enemigo fué destrozado.

Dejaron en el campo ocho heridos, se ocuparon 14 armas y dos cornetas; me puse al frente de las fuerzas, un tanto

Oct. 4 — desmoralizadas con la falta de Maceo, y el 4 me ataca el enemigo con fuerzas considerables. Escaso yo de pertrechos no le pude resistir y me retiré; el enemigo trató de perseguirme y yo permanecí esquivando el combate en esa misma zona siete días, en los cuales se padeció bastante pues el tiempo

Oct. 11 — era lluvioso, el 11 emprendí marcha para la "Cueva de Bruñí", campamento de las fuerzas de Pineda. Llegué el mis-

Oct. 17 — mo día y acampé sin novedad, hasta el 17 en que fué atacado mi campamento; el enemigo no pudo tomarlo y se retiró destrozado. El 20 ya organizado, pertrechado y en número de 300 hombres marché en dirección a Tiarriba, hice noche en la "Campana" donde dejé la impedimenta. Oct. 20

Continué el 21, descanso en Joture el Padre, el 22 levanto la marcha hasta la mañana del 23 que caí sobre el pueblo de Tiarriba —duró el ataque hasta las ocho d ela mañana en que quedó todo en nuestro poder; el enemigo dejó 30 cadáveres, se ocuparon 35 armas, pertrechos y un abundante y rico convoy de efectos de todas clases, y mucho ganado caballar y vacuno; se incendió todo el poblado y me retiré a las 2 de la tarde destruyendo a mi paso cuatro fincas, cuyos esclavos puse en libertad. Pasé a pernoctar al "Cafetal Palenque". Oct. 21-22 Oct. 23

El 24 emprendí marcha y pasando inmediato al campamento enemigo de "Sabanilla" ,tuve un encuentro; los españoles fueron derrotados dejando en el campo tres muertos, armar y pertrechos; se ocuparon también tres acémilas del convoy, con algunas provisiones. Oct. 24

La gente, ya muy embarazada con algunas camillas y la carga del convoy. Me encuentro en la zona enemiga y temiendo que el enemigo me persiguiera sin que me fuera posible la defensa con éxito, forcé la marcha y continué; más al ponerme frente al campamento enemigo de la "Sta María", el enemigo en número como de 60 hombres me salió al encuentro; reuní como 30 hombres de a caballo, puse la infantería a retaguardia y avancé sin hacer caso de los fuegos del enemigo que me había tomado el camino, éste se puso en fuga dejando en el campo cinco cadáveres y cayendo en nuestro poder, el Gefe de la Columna—Juan Amor—Capitán graduado, portaba un peabody, 30 onzas y pliegos de alguna importancia; se le perdonó la vida y se constituyó prisionero de guerra. La noche de éste día se hizo en el "Bayamo" y al siguiente 25, continué hasta Joturo el Padre. El 26 para la "Cueva de Bruñí" sin novedad, donde ya encontré el Corol. Pacheco, que por anteriores órdenes, había marchado sobre Oct. 25-26

1870

Mayarí Abajo, invadiendo allí el partido del "Guayabal" y ocupando una tienda y mucho ganado. Descanso allí hasta
Oct. 29 el 29 que me moví hacia Miranda, hice noche en el "Pedernal"
Oct. 30 y llegué a aquel punto el 30 sin novedad.
Nov. 12 Me ocupo allí de preparar pertrechos, el 12 se pertre-
Nov. 18 chan todas las tropas—18, dispongo salga el Comte. R. Marín para Bruñí—Pineda herido en Mayán—para que organice aquellas fuerzas.
Nov. 22 El 22 me muevo hacia la línea del Snr, donde pienso operar en movimientos, tengo que hacer alto en "Cueta", "Cauto Crecido" y no puedo pasar. Allí se me reune Marín
Nov. 24 de regreso de su comisión que cumplió muy bien—24, paso el "Cauto" y acampo en "Altagracia", donde me reuní con el Brigr. García, que por órdenes anteriores concentraba sus fuerzas en éste punto.
Nov. 28 Día 28, se presentó el enemigo, no quise hacerme sentir, escondí todas las fuerzas y mandé una guerrillita de 25 hom-
Nov. 30 bres que lo ...... se retiró el día siguiente. El 30 marché, hice noche en el descanso y continué.
Dic. 1 El 1º de Diciembre hice alto en el "Aguacate" donde se me declara un fuerte temporal; se incorpora el Corol. Pérez con 300 hombres, paso revista, y con las fuerzas de García tengo 500 hombres.
Dic. 9 El día 9 levanto el campamento, pernocto en "Jumpe",
Dic. 10-12 día 10 contiúo, hago noche en la "Alianza"; día 12 empren-
Dic. 13 dí marcha que siguió ese día y la noche hasta el 13, en la mañana ocupo posiciones en la "Loma del Gato", me encuen-
Dic. 14 tro atravesando una zona enemiga. El 14, al amanecer, me atacan los españoles; son rechazados dejando tres muertos con armamento y pertrechos. La noche de ese día emprendo marcha, dejando allí en diferentes puntos grupos de a 10 hombres, que encendieran fogatas e hicieran al siguiente día algunos disparos, para que se hicieran sentir del enemigo, y al ser atacados se retiraran a "Campo Largo" lugar oculto donde aguar-
Dic. 15 darían órdenes. Hago noche en "Campo Largo", en 15 sigo
Dic. 16 marcha acampando en Manacas de Roque Núñez; el 16 mar-

cho hasta las 12 del día que acampo en "Río Seco", de donde me muevo a las cinco de la tarde por el camino de la "Socapa." Esa noche invado toda esa zona, hago muchos prisioneros y españolizados, se destruyen varias fincas, se da libertad a los esclavos y al amanecer del 18, ataco al caserío de la "Socapa"; se toma casi toda la guarnición pero, se ocuparon 20 armas, muchos efectos, se incendió el caserío y el mismo día me retiré a "Quinto", tres leguas de allí. Dic. 18

Ese mismo día los españoles en número de más de 1.000, con dos piezas de artillería empeñan un ataque sobre las posiciones del "Gato", que al encontrar abandonadas prorrumpen en ¡Vivas! a España.

El 20, emprendo marcha rumbo al Gato, los españoles ya avisados de mi movimeinto, pretenden cortarme el paso—sigo mi marcha hasta encontrarme con ellos el 21 a la una del día—tomo posiciones a la defensiva, con la mitad de la columna, mientras el resto sigue por un camino extraviado y se deslizaba con la impedimenta; le sostengo el fuego toda esa tarde, no pudieron desalojar de mis últimas posiciones, y la noche suspendió el combate. Me aproveché de ésta y amanecí a su retaguardia en "Campo Largo", reunido con el resto de toda la columna. Permanecí allí descansando y organizando, siete días, durante los cuales los españoles ocuparon las alturas del "Gato", sin entrar a mi campamento, el 28 dispuse que 200 hombres marcharan a atacar los campamentos de "Nuevo Mundo" y "Larrieta", y que de una vez siguieran marcha para salir de la zona enemiga y correrse hasta la línea de Cambute. Dic. 20 Dic. 21 Dic. 28

1871

Eno. 1 — Mientras yo con el resto de las fuerzas marchaba por otro camino rumbo a la misma línea. El día 1º de Enero, emprendí mi marcha y volví a acampar en la "Alianza", allí se me volvieron a reunir las fuerzas. Nuevo Mundo no se pudo tomar, las trincheras fueron bien defendidas, pero sí "Larrieta", que se incendió. Los españoles del "Gato" acudieron sobre éste mi último movimiento, pero ya llegaron tarde.

Eno. 2 — Ya el día 2 en la "Alinaza", dividí las fuerzas para que salieran en operaciones en distintas direcciones a discreción de

Eno. 3 — los respectivos Gefes Pérez y García, el 3 acompañado unicamente de mi E.M. y escolta, pasé a "Jumpe", sin novedad.

Eno. 4 — El 4 se me presentó el enemigo, le hice algún fuego y me retiré—el enemigo también se retiró hacia San Juan de Manacas; yo paso descansando ocho días en la zona del "Aguaca-

Eno. 12 — te", hasta el 12 que me dirijo a "Válgame Dios"; llegué allí el mismo día, permanezco 12 días en éste punto trabajando con una pólvora en muy mal estado, única que me quedaba,

Eno. 24 — le doy alguna condición, la confecciono, y el 24 marcho para Barrancas donde establezco el Cuartel General. En éste punto y sus cercanías me pasé ocupado en preparar la Comisión para

Mzo. 9 — el extranjero, de Izaguirre—que salió para la costa el día 9 de Marzo—en compañía de Julio Peralta.

Este comisionado fué despachado con dos mil pesos y

Mzo. 12 — cuanto podía necesitar para su viaje; el 12 me atacó el enemigo en número considerable—más de mil hombres—no me acompaña más que la escolta y los españoles se han creído que yo tengo muchas fuerzas concentradas en Barrancas. Le hago algún fuego y me retiro a "Catunda", dos leguas distantes. No tengo pertrechos, ya todo se ha consumido, el enemigo nos persigue por todas partes con tesón, y tengo que moverme con fre-

cuencia; en ésta situación, paso en toda ésta zona del Cauto
hasta el día 16 de Abril. Abr. 16

En el Roble, he reunido alguna gente de la Brigada de
Jiguaní y del Batallón al mando del Tnte. Corol. Camilo
Sánchez, y marcho para el "Salto". Llegué allí sin novedad el
17, el 18 continué hasta "Sabanilla", esa misma tarde me muevo Abr. 17-18
mucho por la noche y en la madrugada del 19, ataco el cam- Abr. 19
pamento enemigo de la Vuelta, que no pude tomar; tuve algunas bajas y me retiré para "Cauto la Vega". Día 20 marché Abr. 20
hasta "Los Indios", y acampé hasta el 23, que dividiendo las Abr. 23
fuerzas marcharon en distintas direcciones, yo me dirijo a
"Catunda".

En ésta zona permanezco hasta el 27 de Mayo, que paso May. 27
a San Francisco donde acampa el Comte. Antonio Muñoz allí
se sabe que el enemigo pasará por el Camino de las Cruces en
día señalado, dispongo que oficiales de mi E. M. y gente de
la escolta unidos con Muñoz salgan a emboscarse. El día 1º. Jun. 1
de Junio fué destrozada la columna enemiga, en "Lajas", y el
6 marcho para el Pilón, el 9 llega la noticia del arribo de la Jun. 6-9
expedición de Codina; en el estado que se encuentra el Distrito, éste suceso alienta la revolución de un modo prodigioso—el mismo día dispongo que un oficial de mi E. M., Nazario
Rodríguez, con 50 hombres, pase a la línea del Sur a conducir
pertrechos; el 13 regresa éste oficial con el convoy, sin nove- Jun. 13
dad; inmediatamente se principia a trabajar hasta el 21 que Jun. 21
desembarca Rafael de Quesada, y marchan fuerzas en su
auxilio. Llega a mi Cuartel del "Pilón, el 29 sin novedad. Jun. 29

El 1º de Julio sigue para el Centro, después de haberle Jul. 1
proporcionado cuantos auxilios me pidió y pudo necesitar.
Me ocupo de organizar las tropas para invadir a Guantánamo—una parte se encuentra ya por la "Loma de la Galle-
ta"—día 6, se presenta el enemigo, se le hostiliza en la línea, Jul. 6
no avanza y se retira el 15—paso para "Canastas" de marcha Julio 15
para Guantánamo el mismo día, ocupa el enemigo a Cauto la
Vega. El 17 por la mañana me ataca—lo rechazo y ese Jul. 17
mismo día acampo en Calabazar donde aguardo un refuerzo

1871

Jul. 21	que debe enviarme el Géfe de la líneo del Sur, Pérez; éste se me incorpora el 21—era el Tte. Corol. Cintra con 150 hombres; emprendo marcha el mismo día y pernocto en "Arroyo
Jul. 22-23	Martín"; el 22, continúo hasta la "Perseverancia", 23 al
Jul. 25	"Corojo" donde descanso hasta el 25, que sigo y hago alto
Jul. 27	en "Arroyo Avispero", 27 continúo y hago noche en "Arroyo
Jul. 28	Bueno"; 28 prosigo y rindo jornada en la loma de la "Galleta", punto donde pienso formar el núcleo de las fuerzas invasoras y donde ya se ha dado la brillante acción del 6 del mismo.
Jul. 31	Permanezco aquí hasta el 31 que me ocupo en organizar y preprar la marcha; dispongo que el 5º Batallón, 200 hombres, al mando de Moncada, marche en operaciones sobre la Jurisdicción de Cuba por el partido de las Yaguas a fin de distraer al enemigo y llamar su atención sobre aquella línea, con plazo de 20 días, para replegarse sobre mí en la Jurisdicción de Guantánamo, así dispuesto todo emprendo marcha con 400 hombres y una impedimenta bastante grande y pesada; 20 camillas de heridos y como 600 de familias. la noche de éste día la pasé en "Ojo de Agua".
Agt. 1	Agostos 1º, emprendo marcha a las 2 de la mañana; paso por Corralillo, Río Arriba y pernocto en el Arroyo de la Ayúa
Agt. 2	sin novedad, continúo el 2, al pasar por le camino de Mayarí se derrota una partida enemiga, hago noche en el Dajado; de allí dispongo hacer víveres en Bayate, que se consigue sin novedad apesar de estar ocupado por el enemigo en número considerable, según informes de negros que se me han presen-
Agt. 3	tado—el 3 marcho dejando 100 hombres emboscados a mi retaguardia, por si el enemigo trataba de seguirme, hago alto en "Sto. Domingo" a las 12 del día, sin novedad, paso el día
Agt. 4	allí, los 100 hombres se incorporaran esa noche, día 4 continúo hasta el "Limonar", "Monterú", a las 10 de la mañana. Aquí dejo la impedimenta con la mitad de la fuerza, y con la otra mitad dividida en dos columnas, marcho inmediatamente sobre la zona de los Cafetales; no hay más campamentos que en la "Indiana" con 40 movilizados, le ataco y fué tomado después de una tenaz resistencia que costó tres horas de com-

bate, donde sufrí algunas bajas de consideración—allí ocupé, armas, pertrechos y muchos efectos y continué el mismo día en operaciones. Se incendiaron seis cafetales más, dando libertad a los esclavos; me replego al campamento del "Limonar". A las 10 de la noche, con las tropas provistas de abundante recursos; día 5, marcha en operaciones y regreso el 6, después de haber ocupado otros tantos cafetales y muchos más recursos. Levanto el campamento para ocupar mejores posiciones, de condiciones más saludables y acampé en el "Guací". Día 8 se presenta el enemigo y es rechazado, el 13, volvió a atacar, tomó el campamento y se retiró en seguida con muchas bajas; el mismo día destaco 100 hombres al mando del Corol. Prado sobre "Sagua", para llamar allí la atención del enemigo; día 15, ataque del enemigo, que se rechaza. Día 18, sale en operaciones el Corol. Maceo sobre Monte Líbano, quedo con pocas fuerzas.

    El 20, una pequeña partida se presenta, el Capitán José Díaz después de algún fuego la rechaza, éste mismo día se incorpora Moncada, después de haber sufrido un encuentro donde tuvo algunas bajas. 22 se concentra Maceo, de sus operaciones con buen éxito, ocupó algunos cafetales; después se corrió sobre "Sagua" y allí invadió varias fincas.

    El 23 ataca el enemigo en número considerable, duró el fuego dos horas al fin tomó el campamento, pero con mucho daño. Por nuestra parte algunas bajas de consideración, casi todos Géfes y Oficiales; el enemigo opera con tesón sobre nosotros hasta el 26, me defiendo éstos tres días en esa misma zona, pero la tropa muy estropeada y con más de 100 bajas, entre heridos y enfermos; al fin el enemigo me abandona y quedó acampado en la "Loma del Burro". Aquí se incorpora Prado de su excursión a "Sagua"; éste Géfe tuvo buen éxito tomó dos campamenticos y se batió en el camino con parte de las fuerzas que me atacaban. Día 30, dispongo que los Comtes. Laffite y Ortiz salgan en operaciones sobre los ingenios, con 160 hombres.

    Septiembre 2, regresan después de haber tomado un

Agt. 5
Agt. 6
Agt. 8
Agt. 13
Agt. 15
Agt. 18
Agt. 20
Agt. 22
Agt. 23
Agt. 26
Agt. 30
Sep. 2

1871

ingenio, extraido bueyes, efectos, y libertado la dotación.

Sep. 5 — Día 5, sale el Capitán José Díaz con 50 hombres en operaciones sobre el Llano de Santa Catalina, regresa el día 7 después de haber destruído varias fincas; el 8, sale el Corol.

Sep. 7-8

Sep. 14 — Borrero con 100 hombres sobre Yateras, regresa el 14 con tres prisioneros, después de haber destruído cinco fincas. El 20, ataca el enemigo, después de dos horas de fuego nos ocupa el campamento, le tomo los caminos en su retirada y queda sitiado; allí permanece hasta el día siguiente que, abriéndose paso con muchas bajas pero por una vereda, se retiró. El 27, dispongo que salga en operaciones sobre "Sagua" el Coronel Prado—y sobre los "Tiguabos" el Comandante Luis Ortiz— cada uno con 100 hombres.

Sep. 20

Sep. 27

Oct. 8 — Octubre 8, el Corol. Pío Rosado pasa en comisión para el Gobierno, sobre un plan de invadir a Occidente que he venido estudiando.

Oct. 10 — Calixto G. Iñiguez. Recibido con gusto el día 10 de Octubre de 1871 en Montoru.

Oct. 15 — Día 15, el Gobierno llega al Pilón, 30 leguas distante de mí y marcho inmediatamente a conferencias con él. Doy a Maceo nombramiento de Corol. Géfe de O. de Guantánamo.

(Las notas sobre la masonería son de letra de Manuel Sanguily; me las copió aquí en ésta libreta, de otros apuntes que me dió el compatriota Manuel de Jesús de Peña. Nos encontrábamos acampados con el Gobierno en Miranda—Oriente—20 Octubre 1871.—Contiene varios apuntes interesantes.)

Oct. 20

Oct. 22 — El día 22 llego al Pilón, me avisto con el Gobierno, propongo mi plan de invasión a Occidente; poco se discute y al fin se rechaza y elige otro, en que yo no tomo parte, pero se me dá el nombramiento de Géfe del Ejército invasor, en éste plan veo inconvenientes para realizarlo con prontitud; allí permanezco hasta el 24, que dispongo que el Gobiero con el 2° Batallón de Custodia, pase a "Monteoscuro de Miranda".

Oct. 24

Oct. 28 — Yo paso al Indio— hasta el 28 que me dirijo a la residencia del Gobierno que llegó. el 30. Permanezco allí hasta el 1o. de Noviembre.

Oct. 30
Nov. 1

Marcho en regreso para el Indio, a mi separación de éste lugar hay un disgusto con el Presidente, a consecuencia de que pretendía que individuos de tropa se ocuparan en buscarle los recursos de boca, yo me negué a ello; pues no parecía ésto un servicio propio del soldado, que debíamos procurar dirigirle por un camino donde todos los servicios y trabajos de la campaña vayan sellados con la gloria y el prestigio; que para aquello se buscara gente apropósito.

Esto dió lugr a una discusión acalorada. Pido dos meses de licencia, y me son concedidos— el día 6 ,hago entrega al Gobierno del pertrecho que ha de dedicarse a las Tunas y a las Villas; de éste último punto vagan en éste Distrito 500 hombres y he prevenido al Gobierno lo conveniente que es que lo más pronto marchen estas fuerzas a su Distrito; preveo que no lo hará.

Nov. 6

Día 13 emprendo marcha para Guantánamo, hago alto en Paso las Estancias, de allí sale una Comisión para el Extrangero —Rosado, Villasana, Pacheco y Céspedes; día 17, continúo, hice noche en la Vega de Romero; 18, en San Pedro; 19, al Piloto de Mustelier y de allí continué el 21 pernoctando en los Lazos; 23, seguí hasta que rendí jornada en las Tres Piedras ;el 24 pasé al campamento de Santo Domingo, permanecí allí hasta el 27, que regresé a las Tres Piedras.

Nov. 13
Nov. 17
Niv. 18
Nov. 19-21
Nov. 23
Nov. 24

Diciembre 18, paso a Concepcionsita, organizo allí una fuerza que con el Comandante R. Marín; debe pasar en operaciones, al sur de Guantánamo. El mismo día vuelvo a las Tres Piedras.

Dic. 18

1872

Eno. 8
Eno. 16

Enero 8 de 1872. Me muevo para Santo Domingo, ya estoy de alta, me ocupo allí de organizar hasta el 16 que ocupando el enemigo a Mariñan en Bayate, avancé sobre él y le ataqué; ya se había atrincherado, y no se las puedo tomar, tengo algunas bajas —pienso ver si los ataques a éste campamento que no tengo seguridad de ocupar, no son estériles—, reuno mis fuerzas, y redoblo mis esfuerzos sobre las posiciones enemigas; los españoles piden refuerzos por dos veces, y

Eno. 23

les viene, debilitan el pueblo de Tiguabos, y ya el 23, que no puedo resistir a las fuerzas enemigas, me retiro — y mar-

Eno. 24

chando en la noche, caigo al amanecer del 24 sobre el Caserío de los Tiguabos— que se incendia en su mayor parte. Se ocuparon armas, pertrechos y un rico botín de efectos de todas clases, me retiro el mismo día y hago noche en el "Arro-

Eno. 25
Eno. 27

yo de la Ayúa". El 25 continúo hasta las Tres Piedras donde encuentran reunidas todas las fuerzas; el 27, dí orden de establecer el campamento en el Peladero; mientras tanto, me

Eno. 31

ocupo de algunos trabajos de la mesa, hasta el 31 que marché, e hice noche en "Rancho Pobre" donde permanecí hasta el

Fbo. 2

2 de Febrero.

Nació Andrés, a las 2 de la mañana del 1º de Febrero de 1872.

Feb. 2 y 6

Febrero 2 seguí al Peladero —6, dispuse tomar posiciones en "Arroyo Barraco", que ofrecieran mejores ventajas para la defensiva — pues la columna se encuentra en mal estado.

Feb. 8

Día 8, emprendí marcha para la residencia del Gobierno, donde se me llama, para hacer parte en Consejo que juzgue a Inclán y sus compañeros, por conato de traición —llego el 9—Begabellata—allí encontré al Gobierno y también lo estaba el Gral. Díaz; el 11, dispongo pasarnos al "Mico", para acercarnos a Jarahueca, en éste punto que se llegó el mismo día, se nos reunió el Brigr. García con los presos, y principiamos nuestros trabajos —más el 24 se presentó el enemigo y tuvimos que retirarnos al "Arroyo Carga Basura", el 25 seguimos al del Rosario,— allí se concluyeron los trabajos— y el 28, nos separamos, el Gobierno se dirigió para la Guiera, los Grales. Díaz y García para sus respectivos destinos y yo para la Jurisdicción de Guantánamo; hice noche en "Rancho Pobre".

Marzo 1º. Continué y fuí hacer noche en el Zarzal, camino de Sagua; supe allí que a nuestras fuerzas las perseguía el enemigo y se ignora la zona donde se han dirigido —el 4 pude saber que la columna ocupaba las Calabazas, y ese mismo día me uní a ella— el 5 permanecí allí, dispersé los heridos por diferentes puntos seguros, así como las impedimentas de algunas familias. Dividí las fuerzas en diferentes fracciones y las mandé operar en guerrillas por distintos puntos; hasta el 14 permanecí por ésta zona dirigiéndome después para "Boca de Caoba", donde llegué el 16; permanezco en ésta zona, ocupándome de la seguridad y subsistencia de varios heridos, del mismo modo que del Gral. Francisco Vegas —venido de las Tunas— y de reclutar alguna gente.

Hasta el 22 de Abril que a llamada del Gobierno marcho a su residencia Distrito de Holguín, hice noche en la "Guira", el 23 continúo, pernocto en la Casimba del Pinar —y el 24 rindo jornada en Colorado, donde creí encontrar el Gobierno.

Pero este había desocupado dicho punto y se ignora su paradero. Allí hago alto el 25, me ataca el enemigo, le hago algún fuego y tengo que retirarme; el 26 se que Gobierno se encuentra en "Canapú" y sigo mi marcha para allí, hago noche en "Naranja" allí sé que el enemigo en número muy considerable, y en combinación, persigue al Gobierno. 27, continúo, llego a Canapú a las doce del día y encuentro

Feb. 9
Feb. 11
Feb. 24
Feb. 25
Feb. 28
Mzo. 1
Mzo. 4
Mzo. 5
Mzo. 14
Mzo. 16
Abr. 22
Abr. 23
Abr. 24
Abr. 25
Abr. 26
Abr. 27

1872

Abr. 28 29 — al Gobierno en una fatal situación; muerto de hambre y de miedo, me hice cargo de él y marchamos con dirección al Distrito Cuba; se hizo noche el 28 en "Machete" y el 29 pasamos a "Barigua", en éste punto hice presente al Gobierno lo inconveniente que era que con él anduvieran más de 150 hombres, que desmoralizados, comprometían la seguridad del Gobierno; cuando éste debía reducir su personal a lo indispensable, a fin de que a mi me fuera posible atender con desahogo a su subsistencia y seguridad y moverme con rapidez, cuando así lo exigieren los circunstancias; que todos aquellos hombres útiles pasaran al Ejército a tomar las armas, y que la Cámara recesara, pudiendo sus miembros retirarse a los puntos donde más le conviniera.

Mis proposiciones fueron oídas y aceptadas, casi sin réplica, y el Presidente me dió facultades para ordenarlo todo; inmediatamente procedo a ello, y ese mismo día todo quedó arreglado, hasta se despacharon pasaportes para el extrangero.

El Gobierno quedó pués más desahogado, y se principió a notar las ventajas de la medida.

May. 1 — El día 1º de Mayo, emprendo marcha hasta el Pinar y al día siguiente prosigo hasta la Perseverancia; allí expuse al Gobierno un plan que concebí para un movimiento sobre Holguín y en el que debían operar 1,000 hombres por lo menos; se aprobó casi sin observaciones y con mucho entusiasmo, e inmediatamente dí las órdenes al efecto; de allí mismo despaché correos en distintas direcciones.

May 4 y 8 — El 4 continúo y con algunas paradas, acampo el 8 en el Corojo, donde me ocupo en proporcionar recursos al Gobierno, hasta el 17 que me muevo; tengo que dejar al Gobierno el 18 en Arroyo Jiménez, pues allí tengo noticias de que el enemigo ha atacado a nuestras fuerzas; en el punto que me dirijo sigo yo sólo con algunos números hasta el día 19, y el mismo llego al campamento abandonado de nuestras fuerzas. No tengo noticias del Corol. Maceo hasta el 22 en que me reuní con él en "Arroyo de Macuriges". El 23 mandé por el Gobierno, que se incorporó el 26. Dí órdenes para la concentración de todas nuestras fuerzas en operaciones en Guantánamo; me ocupo de organizar y preparar pertrechos y marcho.

6 de Junio con 400—hombres, después de haber acomodado las impedimentas de las tropas. Después de haber pernoctado en el Arroyo del Toro, acampo el 7 por la tarde en el Peladero,—día 8— (Memorable), me depone el Gobierno y me da órdenes de pasar a la línea del Sur. *Jun. 6*
Jun. 7
Jun. 8

El Gobierno me ha pedido un número de convoyeros que no puedo darle de momento, pues necesito pasar una revista general a la columna, para ver si consigo sacar algunos, los puntos donde se ha acampado no han sido apropósito para ello y esperaba acampar en un punto abierto donde las tropas pudiesen formar con orden y comodidad.

El Gobierno se cree que yo no cumpliré mi oferta, a éste asunto particular le da un carácter oficial y de Gabinete, pués ésto de convoyeros no lo conoce la Ley de Organización Militar,— por éste motivo soy depuesto— en momentos en que lleno de entusiasmo y bullendo en mi mente el plan de un movimiento que me promete reputación y gloria, marcho al frente de 400 hombres.

Este paso me ha traído el desengaño, y pienso que los hombres que componen el actual Gobierno de Cuba, no están a la altura de la revolución, y con ellos no podrá nunca triunfar ésta, pués matan las aspiraciones del Ejército y carecen absolutamente de tacto para desenvolverse hasta en las cuestiones de poca entidad.

El Corol. Maceo queda al frente de las tropas y yo marcho el mismo día a cumplimentar la orden,—acampo en Piloto de Mustelier donde permanezco, pués mi salud se ha quebrantado.

El 21 emprendo marcha por Corralillo, donde acampo el 23 —estoy en una zona enemiga— 28, se presenta el enemigo que permanece excursionando por aquí hasta el 30— que se retira, sin atacarme, ignoraba sin duda el punto que yo ocupo. *Jun. 21*
Jun. 23-28
Jun. 30

El 2 de Julio emprendo marcha, de retorno a Piloto, tengo que volver allí; el Gral. Sanguily aún a mi cargo, quedó *Jul. 2*

1872

Jul. 4	allí sin recursos. Día 4, rindo jornada en Piloto, e inmediatamente dispongo la marcha de Sanguily para Holguín quién
Jul. 5	lo verifica el 5. Yo vuelvo a emprender marcha para Corra-
Jul. 8-10	lillo el 8, donde llego el 10— extraigo al enemigo algunos
Jul. 12	bueyes y mulos— me proveo de carne y víveres— 12, me ataca el enemigo, le resisto un poco y me retiro; no me acompaña más que mi escolta; 16 hombres mal pertrechados. Día
Jul. 14	14, continúo marcha para el Sur, acampé en el ingenio Jico-
Jul. 15	tea, el 15 allí me ataca el enemigo, no puedo salvar mi caba-
Jul. 16	llo, el 16—sigo marcha y acampo en Caoba, campamento del Corol. Cintra, allí sé que el Brigadier Pérez— ya a marcha-
Jul. 21	do para Holguín. Descanso hasta el 21 que marcho con dirección a Holguín— me notician que el movimiento sobre aquel Distrito no tendrá efecto y nuestras tropas se retiran,—
Jul. 28	me dirijo a Piloto Abajo, donde acampo el 28. Allí encuentro una orden del Gobierno para que me traslade a su residencia, no puedo cumplimentarla, pués yo y la gente que me acompaña, estamos enfermos.

Pienso reponerme. Sé en éste punto que el movimiento de Holguín quedó sin efecto, las tropas han vuelto a retirarse para su respectivos Distritos, después de haber dado una acción en el Rejondón de Báguano, donde fueron destrozados los españoles. Creo que no será muy fácil reunir otra vez muy cerca de 1.000 hombres como los que se han reunido en Holguín.

Nov. 11	Hasta el 11 de Noviembre, permanezco en éste punto a donde pasa a visitarme el Mayor, Gral. Calixto García— en todo el tiempo transcurrido he sufrido mucho, física y moral-
Nov. 15	mente—el 15 en unión del Gral. García emprendo marcha hacia Barajagua, a cuyo punto también deberá concurrir el Gobierno, la noche de ese día pernoctarmos en los Tibes, conti-
Nov. 16-17	nuamos el 16, hasta los potreros de Hato-en Medio en "Vio" y el 17 llegamos al campamento de Barajagua sin novedad.

Ya el Gobierno había llegado, o mejor dicho el Presidente sólo, pués los Secretarios han quedado enfermos en la línea Sur; éste incidente hace que no se pueda resolver sobre mi nuevo destino y permanezco aquí aguardando órdenes.

El Gral. García, mientras tanto, me invita a que lo acompañe y ayude a un golpe que intenta dar y gustoso me presto a ello; permanecemos en el mismo punto preparando las tropas.

Hasta el día 9 de Diciembre que se emprendió marcha y pernoctamos en Mejía, de cuyo punto el 10 se dispuso que una parte de la columna fuese a llamar la atención del enemigo hacia Mayán— el Teniente Coronel José Ma. Peña fué el Géfe encargado de la operación— y el resto de la fuerza también se movieron en el mismo día y se acampó en la "Laguna del Bagá", en cuyo punto se aguardó la incorporación de la columna en operaciones sobre Mayán, que lo verificó el 15, después de haber obtenido buen éxito logrando ocupar una parte del caserío, del que se pudo extraer un pequeño botín, de, efectos de poco valor —algún tabaco y ganado— mientras tanto una fuerte columna enemiga recorre la zona de Palmarito y Mejías; el 17, seguimos marcha y acampamos en Rancho Nuevo, continuamos el 18, hasta los Montes de la manteca, donde permanecimos hasta las 12 del día 19, que levantando la marcha con intermitencias de algunas paradas; caímos a las 12 de la noche y por sorpresa sobre la población de Holguín, que se ocupó por espacio de dos horas en sus principales calles y plazas, el enemigo estaba muy débil, se concentró en sus cuarteles y fortines, y nuestras tropas tuvieron libertad de apoderarse de un riquísimo botín de los establecimientos de comercio, de españoles y de cubanos españolizados. Se ignora las bajas causadas al enemigo; por nuestra parte muy pocas y la más lamentable, la del Teniente Coronel José Ma. de Peña, muerto.

Dic. 9
Div. 10
Dic. 15
Dic. 17
Dic. 18
Dic. 19

Nos retiramos a las tres de la mañana del 20, y acampamos el mismo día en las Cabezadas del Camaran, y el 22, al amanecer fuímos atacados, pero se rechazó el enemigo con pérdidas considerables por su parte.

Dic. 20
Dic. 22

Nos retiramos ese mismo día y pernoctamos en la La-

1872

            guna de Báguanos —el 23 en Palmarito, y el 24 a Río Vío—
Dic. 29   en cuyo punto me separo del Gral. García; el 29 emprendo marcha hacia Mayán (me acompañan los Diputados Peña y
Dic. 30   Trujillo), hago noche en Piloto y el 30 continúo rindiendo la última jornada en Boca de Caoba, donde aguardo al Gral. García que pronto deberá reunirseme, para según lo convenido, acompañarle a la Jurisdicción de Guantánamo.

        Ultimamente, no se puede verificar el movimiento en Guantánamo; la llegada de una expedición por el Sur, a llamado allí la presencia del Gral. García, y yo me determino a moverme hacia la zona de "Miranda".

1873

Falleció Andresito, el día 4 de Enero de 1873.   Eno. 4

Febrero 11, emprendo marcha y acampo el 17 en la zona mencionada, y el punto Sebastopol—allí sé que García ocupa a boca de "dos Ríos". Los Diputados Peña y Trujillo marchan el 18 a reunirse con él y yo aguardaré en este punto hasta recibir contestación de oficio que he dirigido a dicho Gefe :el 23 recibo la contestación de García, incluyéndome una orden del Gobierno, para que pasara a su residencia en el Distrito de Bayamo — el 24 emprendo la marcha y el 25 llego al campamento de "Dos Ríos". Allí paso con García, dos o tres días, en cuyo tiempo llega el corresponsal del "Herald", Mr. O'Kelly— García marcha a una operación sobre Jiguaní y yo no puedo seguir marcha a cumplir la orden del Gobierno, por haberme enfermado de un pié y de fuertes calenturas; la enfermedad me sigue y en este estado paso hasta principios de mayo — mi salud se encuentra notablemente afectada. Aun no restablecido del todo, y como las órdenes del Gobierno se me han repetido—me dispongo a marchar en unión de García, que con algunas fuerzas también lo hace para el Distrito de Bayamo.   Feb. 11-17 / Feb. 18 / Feb. 23 / Feb. 24 / Feb. 25

Nació Clemencita el día 1º de Mayo de 1873.   May. 1

El Mayor General Ignacio Agramonte murió en el combate de Jimaguayú el día 11 de Mayo. Perdió Cuba uno de sus más esforzados hijos, y el Ejército uno de sus más entendidos y valientes soldados.   May. 11

Me reuní con él (García) el 19 de Mayo en Naranjo —el 22 se emprendió marcha y se hizo noche en la "Yaya"— el 23, se continúo hasta Las Coloradas — 24 nos movimos, pasando el Camino real de Bayamo a Cauto, y mientras tanto, dispuso el General García que una parte de las fuerzas se   May. 19 / May. 22 / May. 23-24

1873

ocupase en destruir la línea telegráfica, mientras se hacía esta operación, se presentó el enemigo en número de cuarenta y tres, procedente del Campamento Caurege — inmediatamente se avanzó sobre ellos y se le puso en fugo en la misma sabana de Punta Gorda; salimos en persecusión unos cuantos de a caballo, y se copó la pequeña columna a excepción de tres que se pudieron escapar, ganando el monte cercano. El Gefe que lo era un sub-teniente, cayó también en nuestro poder; se recogió todo el armamento y pertrechos y sin haber sufrido nuestras fuerzas ninguna novedad, se continuó en la marcha pernoctando en el Blanquizal.

May 25 "El 25, marcha hasta Curabo, en cuyo punto, nos reunimos con el Gobierno y las fuerzas de Bayamo; el Gral. Díaz, también concurre a este punto, aunque sin mando pues ha renunciado el destino, que en su lugar ocupa su segundo: Brigadier Javier Céspedes.

Una vez hecha la concentración en este punto, se permaneció acampado, hasta el 28 que se emprendió marcha, haciendo noche en Corojito. Se continuó el 29, pernoctando en Canabacon, y el 30, se siguió marcha hasta la sabana de la Piguela, en cuyo punto se piensa acampar por algunos días.

May. 28
May. 29
May. 30

Jun. 1 Día 1 — se presentó el enemigo en número como de 500 hombres, no pasó de nuestras avanzadas, de donde se retira después de haberle sostenido el fuego, por una fuerza de 50 hombres, de uno de los Batallones de la División de Bayamo al mando del Tente. Corol. Emilio Noguera. El 4, volvió el enemigo en número considerable y ocupó el Zarzal, en cuyo punto fué atacado por el Corol. Maceo, al mando de la mayor parte de nuestras fuerzas, no le pudo desalojar de la posición, pero sí le causó mucho daño; por nuestra parte también sufrimos algunas bajas. El 6, ocupando aun el enemigo el Zarzal, donde nos proveimos de viandas, se dispuso, que el Corol. Maceo saliese con toda la gente a proveerse a Bueycito — de donde regresó el 7 sin novedad — el 8 marchamos y se acampó en el Purial, donde permanecimos hasta el 10, que nos ataca el enemigo en número de 1000; nos tomó el Cam-

Jun. 4

Jun. 6

Jun. 7-8
Jun. 10

pamento pero tuvo que replegarse bajo nuestros fuegos, sufriendo considerables bajas, por nuestra parte muy pocas 8 — el 11, nos retiramos ocupando el punto la Fragata.   Jun. 11

El Gobierno me nombró Géfe del Departamento Provisional del Cauto, pero con órdenes de que empiece a hacerme cargo del mando; por la División de las Tunas, con objeto de que si es cierta la noticia de la muerte del Gral. Agramonte, entonces marche al Camagüey a llenar el destino que queda vacante con la muerte de aquel valiente y nunca bien sentido Gral.

Estoy pues, en los preparativos de mi marcha.

Día 13, se recibe la noticia ya confirmada de la pérdida   Jun. 13
del Gral. Agramonte, y el Gobierno dispone que salga inmediatamente para aquel Estado, a hacerme cargo del mando como ya se había prevenido, así lo hago, marchando hasta el Purial donde hago noche; el 14, prosigo mi marcha hasta   Jun. 14
Llaragabo, donde permanezco el 15 para proveerme de prác-   Jun. 15
ticos y el 16 continúo, hago noche detrás de la sabana de la   Jun. 16
Loma, y el 17, marcho hasta el Humilladero, donde hice ví-   Jun. 17
veres y pasé la noche de este día y el siguiente con objeto de hacer carne.

19, marcha y alto en el Chiquero; 20, a la Larga; 21,   Jun. 19-21
por el Cauto y se hizo noche en la Caneyes; 22, a Santa Ro-   Jun. 22
sa Jurisdicción de las Tunas. Aquí pienso esperar al Gral.
V. García, con cuyo Gefe debo tener una conferencia; el 26   Jun. 26
se reune éste y yo marcho hasta Loma Alta; el 27 me moví   Jun. 27
a Laguna del Monte; 28, a los Fueyes (entro en la Judisdic-   Jun. 28
ción de Camagüey), donde hago alto para hacer víveres y carne y el 30 marcho —pernocto en "Santa Catalina de Lla-   Jun. 30
quima".

Julio 1 — continúo hasta San Diego a cuyo punto cito   Jul. 1
al C. Francisco Sánchez y éste me informa de la residencia del Gral. Sanguily; inmediatamente le paso oficio a éste Gefe, dándole cita en un punto de la Zona de Najasa, el día 5   Jul. 5
me muevo y hago noche en la Casa de Najasa; el 6, conti-   Jul. 6
núo hasta la Aurora, Cuartel de Caballería, fuí recibido aten-

tamente por este Cuerpo — su Gefe èl Teniente Coronel Enrique Reeve, muy digno de ocupar puesto más elevado, su valor a toda prueba, infatigable constancia en el servicio de la causa le hacen un cumplido militar; que le adueñan de' la justa consideración y simpatía de sus superiores y subalternos.

Jul. 7 No hago otra cosa más que justicia al mérito — tampoco hago mención de otras cualidades que posee.—El 7, en unión de éste Gefe marchamos a la Orqueta, el mismo día se nos reunió el Gral Sanguily.

Jul. 9 Me hice cargo del mando militar del Departamento del Centro el día 9 de Julio 1873. El General Julio Sanguily, que lo desempeñaba interinamente le nombré Gefe de los Sub-Distritos del Este y del Norte.

El General Agramonte, estuvo en el destino de Géfe del Departamento 2 años tres meses 29 dais.

Jul. 9 El día 9, me hizo entrega del mando con las fuerzas allí reunidas. Paso órdenes de concentración de todas las fuerzas, para el 8 de Agosto, en Antón de Guananci.

Mientras tanto, me ocupo de visitar e inspeccionar los talleres y sobre todo de preparar municiones de guerra.

No podré en verdad formar aún verdadero juicio del estado de las tropas del Camagüey, pues apenas he visto una pequeña parte. Sin embargo de ello, puedo deducir, porque se demuestra el carácter organizador del Gral. Ignacio Agramonte; que apesar de que aquel Gral. no tenía ni siquiera nociones de milicias, son las tropas, que bajo su dirección presentan hoy, más y mejor organización de todo el Ejército que combate. Y es que aquí en el Camagüey, sólo él, sin ser molestado por los poderes Civiles, supremos, de Gobierno y Cámara, pudo hacer efectiva la disciplina. El haberse disgustado el Gral. Agramonte y Céspedes, fué un bien para la revolución en Camagüey y por lo tanto para Agramonte mismo, pues él alejó el Gobierno de él y eso fué lo mejor.

Jul. 11 Día 11, se separó el Gral. Sanguily para el Norte, después que le nombré Géfe también del Este; ese día la orden General, fué que para el 8 de Agosto concentren todas las fuerzas, en Antón de Guananci; el Cuartel General se mue-

ve hacia Najasa, donde llegué sin novedad — allí el 12, concurren la Brigada del Sur, que se le pasa revista — el 13 se despacha una comisión para Oriente, en busca de parque y conduciendo correspondencia. Jul. 12
Jul. 13

También salió el Capitán Pablo Nueva con 30 hombres de Infantería, sobre el Sur, Punta la Chiva para ver si captura unos botes pescadores que atracan en aquel lugar. Dáse orden que la Brigada del Sur y Caballería, marchen a distintos puntos, para organizarse y concentrar el día antes citado.

El Cuartel General también se mueve el mismo día y se acampa en Santa Ana sin novedad.

Día 14, pasé a una finca de este punto a tener una entrevista con Francisco Sánchez, regresé muy tarde de la noche otra vez a Santa Ana—la noche fué tempestuosa. — El 15, continué hacia el Oeste pasando por Sabanilla, la Jagua y Deseada—línea telegráfica de Santa Cruz—se cortó el alumbre y se siguió marcha pasando por Quemada Abajo y haciendo alto en "Ojo de Agua", en cuyo lugar debo aguardar al C Miguel Betancourt, a quién he citado para tratar sobre asuntos de interés respecto de la comisión reservada que en la actualidad desempeña éste ciudadano. El 16, se reune con el Cuartel Gral. y trae la noticia de enemigos a una legua del Cuartel, dí orden de marcha sobre el punto ocupado por el enemigo; eran 20 movilizados recogiendo ganado, se le quitó este, se hicieron dos prisioneros, que se les dió libertad, se recogieron 14 caballos, hamacas, ropa poco útil y un pequeño convoy de provisiones—volví en la tarde de ese día sin novedad al "Ojo de Agua". Día 17, me moví pasando por Cuatro Compañeros, la Tienda he hice alto en el Ramblazo (dos horas) para dar descanso a los caballos. Jul. 14
Jul. 15
Jul. 16
Jul. 17

Día 18, me moví pasando por la Gia, San Narciso, la Loma, Silencio, Concordia, los Semilleros. Sale el Comandante Mola en solicitud del Prefecto Peláez; alto en el pozo Peláez, a los Toros y a las Guásimas; donde se pernocta y se hizo carne.. Jul. 18

Día 19, marcha por Santa Gertrudis, Vicio adentro, Vicio afuera, San Rafael y Potrerito; donde se hace alto. El 20, Jul. 19
Jul. 20

1873

Jul. 21-23

Jul. 28

se pasó orden al Comandante Antonio Cosío, para que pasara a este punto a recibir órdenes; éste compareció en la tarde del mismo día, el 21, al potrero Santhomas; el 23, al Divorcio, allí División de las Villas y Caunao; permanezco acampado y sin novedad organizando; el 28, el Comandante Carrillo en comisión a Cubitas a recoger algunas arrobas de Nitro.

Agt. 1

Agt. 5

Agosto 1, marcha, pasando por la Cabeza, Hato potrero y se acampó en el Jagüey, con objeto de hacer carne, sin necesidad de matar el ganado a tiro—el 5, marcha, pasando por el Pericón, Mala Vista y San Francisco; se acampó en las Guásimas una legua de Antón; punto indicado para la concentración.

Agt. 8

Agt. 10

Día 8, a las doce del día ya han concentrado las fuerzas todas menos las infanterías del E y N. Día 10, llegan las fuerzas del E y N me ocupo en organizar este Cuerpo de Ejército y lo divido en dos columnas de operaciones; la primera columna volante, compuesta de 300 caballos, 2°. Gefe Mayor Gral. Julio Sanguily, con mando de 100 ginetes.—Corol. Manuel Suárez al mando de 100, Teniente Coronel Enrique Reeve, 100 hombres y Cuartel Gral.—La segunda columna, compuesta de 800 infantes y 100 caballos —1 nombro 1er Gefe Coronel José González y 2do Teniente Coronel Gabriel González, el Teniente Coronel Gregorio Benitez, Gefe del Cuerpo de ginetes. Organizadas ambas columnas del modo que se expresa,

Agt. 11

dispongo el día 11 marcha de la segunda columna hasta Santa Ma, atacando al campamento enemigo "Las Yeguas" en la madrugada del 13 continuará marcha por Sanjones, Candelaria Ciega y acampará en los Chincheros hasta nuevas órdenes. La 1ª columna volante, a Jimaguayú, Caimito, Ojo de Agua, los Caciques y los Cocos, donde se acampó a las 11 del día sin novedad.

Agt. 12

Día 12, se movió a la una de la noche a Guaguabo, y a la Zona Militar del enemigo—Jagua Pelada—donde amaneció, se destruyó una vaquería y se recogieron varios efectos, así como varios paisanos que se ponían en libertad; se continuó a San Ramón, camino de Camujiro, en cuyo trayecto, se inutilizó mucho ganado y se destruyeron siembras; de aquí a la "Luz", campamento enemigo fuertemente atrincherado—salió al encuentro, pero se arrolló sobre sus trincheras y se puso a la defensiva—se recogieron varios caballos en las inmediaciones. Al Atadero, combate con una columna de infantería, como de 60 hombres, que salió del fuerte a nuestro encuentro; se le cargó, fueron dispersados dejando en el campo 35 muertos con sus Remingthons y cananas, una corneta y dos mulos de convoy—por nuestra parte 4 muertos del Cuerpo de exploradores,—se continó el camino de las Yeguas, al legar aquí fuego en la retaguardia, el enemigo persigue—la Columna, es de infantería y poca caballería, pero lo hace con miedo; se refuerza la retaguardia, que manda el Corol. Manuel Suárez— y hago que continúe la vanguardia que manda el Teniente Coronel Reeve; el Centro hace alto, un momento, la retaguardia carga un poco al enemigo; éste se pone a la defensiva en una cerca de madera y la Columna sigue su marcha destructora cesando la persecución camino de Caobabo, San Felipe, camino de Zaragozana, Santa Ana.—Campamento enemigo a medio tiro de este; el enemigo no sale de sus trincheras—al Ingenio de Varela (Pica Pica).

Salimos de la Zona al Ciego, alto una hora para descanso de la Columna donde se refrescó en un cocal, y al Carmen donde se pernoctó—se destribuyó el botín: ropas, efectos, 35 rifles, 53 caballos y tres mulos. El 13, se movió la Columna a San Agustín, Cafetal, Camino Real de la Habana, se aprehendió un paisano con correspondencia enemiga y un burro con víveres; y a Candelaria la Ciega donde se hizo noche, sin novedad. Día 14, marcha a la Caridad, Loma de Mauricia y San Juan de Dios de los Chincheros sin novedad. Queda con ésta operación destruida una parte de la zona, se desjarretaron más de 200 vacas paridas y destruidas muchas siembras — aquí se me presentó el Capitán José Rodríguez, Géfe del taller de nitro en Cubita, le dí cinco hombres más para el trabajo y la organicé en lo que le hacía falta. Día 15 y 16, acampado; llega la 2a Columna que salió bien en su operación—ocupó el caserío de las Yeguas, extrajo un rico botín, algunas armas

Agt. 13

Agt. 14

Agt. 15-16

1873

y parque—tuvimos 24 bajas, 20 heridos y 4 muertos; me ocupo de desembarazar las fuerzas, de las impedimentas—que son despachadas a puntos seguros—y me muevo hasta los Guiros

Agt. 17 — de Agilabo, 17 al Quemado y Veguita de Nápoles, en cuyo punto acampo con la columna y paso orden a la infantería que siga marcha por la vereda de las Colinas, pasando por las Anguilas y acampar en Cortadera y allí esperarme. Mando al Cmte. Martín Castillo con 10 jinetes a tomar informes del estado de Nuevitas y de la línea férrea—18 marcha a Sta.

Agt. 19 — Isabel de Toabeque y Aguará—19 a Sta. Cruz—de aquí doy orden al Teniente Corol. H. Reeve, que con 100 jinetes marche a llamar la atención del enemigo, sobre el pueblo, pasando y haciendose sentir en lo posible, haciendo su retirada por la Zona rumbo a Najasa y allí esperar órdenes.

Agt. 20-21 — Día 20 continúo hasta la Industria; día 21 a San Nicolás Los "Angeles", "San Isidro" y Cortadera, se me reune la Columna de Infantería; a Santa Rita, aquí me envía el Comte. Castillo 7 reses que hago distribuir entre las tropas; de

Agt. 22 — ahí a Santa Rosa y Santa Catalina. 22, acampado sin nove-
Agt. 23 — dad. 23, marcha con ambas columnas a San Ignacio, el Carmen, Sn. Federico y San Luis de Mayanabo, donde se acam-
Agt. 24 — pa sin novedad. 24, se me incorpora el Cmte. Martín Castillo y me informa que la línea y la ciudad de Nuevitas no ha ocurrido novedad, estando en el mismo estado, pero que ha llegado un tren extraordinario y se ignora si ha traído refuerzos; no obstante, me ocupo en arreglar dos Columnas de ataque, una al mando del Coronel José González y la otra al mando del Teniente Coronel Gregorio Benitez—la gente montada, de reserva—a las 4 de la tarde marcha, y toda la noche hasta las 3 de la mañana, ataque a la ciudad de Nuevitas. Caballería ocupa la línea, González por la entrada principal y Benitez por la parte Sur; el enemigo resiste poco, se repliega a sus fuertes, hace fuego sin resultado; la Marina, 4 cañoneros y un vapor (el "Neptuno" se muevan), se ocupa la Ciudad hora y media, se cogió un rico botín; algunas armas y parque—me retiro sin novedad, nuestras bajas, 2 muertos y 5 heridos. Marcho por el mismo camino a Mayanabo, por la playa, hasta el Remblazo

de las Anguilas donde se hace alto y dencanso; a las doce del día—marcha a las Anguilas donde se hizo noche— El Teniente Corol. Benitez, va marchando por el Este al Sur a acampar en Najasa. 26, disuelvo la concentración, las fuerzas, cada una marcha a sus respectivos subdistritos—E. M. y Escolta a Santa Ana donde hice alto a las diez de la mañana y pasé todo el día; comimos muchas frutas.—27, marcha a Santa Catalina, pasando la linea férrea entre O'Donell y Reforma— por San José y alto en la Fé; donde me reuno con el Comte. Martín Castillo, a quién le doy órdenes sobre asuntos privados y de importancia. Aquí paso el día y por la tarde me muevo y hago noche en el Carmen; 28, a Santo Tomás, San Jacinto, Caracuna, San Antonio, la Gloria, Camalote, Camino de Cuba, Pensilvania y se pernoctó en Santa Rosa,—29—Cepeda, Aurora, Santa Clara, San Ramón, Soledad, "Mariano Estrada", camino del Desique, Paraguay, Crimea y los Peralejos y Estancia de Dámiana: 30— Crimea y Cascarón donde nos reunimos con la caballería y me ocupo de los trabajos de la mesa y preparar una Comisión para Oriente. Agt. 26
Agt. 27
Agt. 28
Agt. 29
Agt. 30

Salió el día 3 de Septiembre—el Subteniente Carlos González—el 4 nos movimos pasando por Mariano Estrada, el Desique y se hizo noche en Lauretania—el 5, a las Vueltas Arroyo Blanco, se pernoctó en el Chorrillo, el 6 nos reunimos con el Corol. Gregorio Benitez y nos pasamos a San Manuel, donde se recibieron comunicaciones del Gobierno; el 12, llegó la Comisión de Oriente, Subteniente Martínez, con algunas armas y parque, de la expedición del Virginius, al mismo tiempo que muchas cartas—en éste mismo punto se recibieron muchos diplomas, para Géfes que el Gobierno ha ascendido sin propuestas, y ésto ha producido su descontento general. El día 14, salió el Sargento José Quiaba de comisión para Oriente con pliegos interesantes, el 15 nos movimos hasta "Belén". Los 9 días que hemos pasado en San Manuel, hemos descansado y comido muy bien, así nosotros como nuestros caballos. El Corol. Gregorio Benitez, que tenía su Señora a un cuarto de legua de nuestro campamento, nos ha obsequiado con muchísimas consideraciones. Día 16, a Carrasco, allí se pasó el día y me ocupé Sep. 3
Sep. 4
Sep. 5
Sep. 6
Sep. 12
Sep. 14
Sep. 15
Sep. 16

1873

Sep. 17 — en arreglar algunos asuntos de la imprenta— 17 salimos, pasando por San José, y se acampó en Santana allí se han dado
Sep. 19 — varias citas—y habrá que aguardar. El 19, se incorporó Miguel Betancourt y me trae buenos informes del estado de Santa Cruz—doy órdenes para que algunas fuerzas concentren en
Sep. 21 — Pamacola el día 26—y sale Miguel Betancourt el 21, para volver a saber si ha ocurrido novedad y esperarme en Pamacola;
Sep. 22 — el 22 se me incorpora la Brigada del Sur y Caballería del Ca-
Sep. 23 — maguey—me ocupo en organizar estas fuerzas—el 23, despacho pliegos importantes para Oriente con los Oficiales Muñoz del
Sep. 25 — Batallón del Este—el 25 me muevo con las fuerzas pasando po Sabanilla, Sitio Arriba, Jimirú y por allí se atravesó el Camino Real de Sta. Cruz a Providencia; Loma Bonita y Llamague-
Sep. 26 — yes—donde se hizo noche—el 26 marcha—por Dos Hermanas, Cuatro Compañeros, La Malograda y Pansacola, en donde el mismo día concentraron las fuerzas de las Villas y Brigada del Oeste como también Miguel Betancourt—da parte que en Sta. Cruz no ha habido novedad y todo permanece en el mismo estado. Inmediatamente procedo a organizar la Columna, 450 infantes y 170 caballos—todo quedó arregla-
Sep. 27 — do—el día 27 me muevo una legua hasta Loreto y allí se hace alto hasta que la gente hizo de almorzar; a la 1 de la tarde se emprendió la marcha—pasando por el Hundidero y por la vereda del Lucero al Palenque, de allí se tomo la vereda del Carril, de la Mancornada y después por la que conduce al Inglés—de allí se paso a la Vigía, a las Catalinas, a Caimanes, a Lunanco, donde se hizo alto a las doce de la noche. Me ocupo en disponer las fuerzas para el ataque, según se expresa en el Parte Oficial de Operaciones.

A las 4, se emprendió la marcha y al amanecer se dió principio al ataque. No podré, en estos ligeros apuntes ocuparme de todos los pormenores— y sólo diré que hasta ahora es uno de los que han dado mayores ventajas. Se incendió la mitad de la población, después de haber ocupado 2 cañones, mucho parque y un rico botín de efectos de comercio y alhajas— al enemigo se le habrán causado 50 bajas proximamente; por nuestra parte, 67 bajas, 17 muertos y 50 heridos—entre los muertos, mi negrito Juan, que como Teniente le había destinado Géfe de la Escolta; éste hombre tan valiente como honrado, me había acompañado siempre a mi lado en los mayores trabajos y peligros que he pasado— desde el día 18 de Noviembre del 68.

A las 8 de la mañana me retiro con una impedimenta bastante grande, con tantos heridos y toda la gente tan cargada por el mismo camino hago la marcha y pernocto en el Palenque sin novedad; el enemigo no me persigue— el 29 marcha siempre por el mismo rastro hasta Loreto y de Loreto desviando camino más al Sur; se toma el camino del Cieguito al Ciego Grande, San Andrés hasta Sabana Nueva, sin novedad. Sep. 29

El 30, se pasó acampado, me ocupé en arreglar los heridos que de allí marcharon en distintas direcciones así como de ver el parque y disponer su seguridad—se puso un correo al Comte. Antonio Cosío para que viniese con gente suficiente para hacerle entrega de dicho parque y lo ponga en seguridad. Sep. 30

El día 1° no se pudo marchar— se ha declarado un gran temporal pero no obstante, el día 2 me muevo y encuentro el arroyo del "Palizón" muy crecido, tengo que hacer un puente, se me ahoga un hombre, única novedad— todo lo demás se salva—el temporal ha continuado más grande—sigo marcha y acampo en San Carlos de Bayajá—donde pienso aguardar a Cossío—éste llegó el día 4—el 5, se le hizo entrega del parque y con una buena custodia marchó para depositarlo; el mismo día quedó disuelta la concentración y me moví con rumbo a Najasa; me siento indispuesto y voy marchando con calentura; llegamos a Guirabo, donde pernocto, pasando la noche se presenta el enemigo, caballería e infantería, no se le puede resistir; los caballos muy gastados y nos retiramos ya por la noche a Llamagueyes. El 6, no se pudo hacer más que una legua y el 7, marcho, pasando por la Jagua a Sabanilla, se acampó sin novedad en Santa Ana; allí me ocupo en varios asuntos del servicio y dar descanso a los caballos ya muy estropeados—hasta el 12 que me moví para Carrasquillo, en cuyo Oct. 1 Oct. 2 Oct. 4-5 Oct. 6 Oct. 7 Oct. 12

1873

Oct. 16 — punto me ocupo de varios trabajos de la imprenta y mientras tanto mis Ayudantes pasan algunas horas alegres, pués reunimos las familias Gómez y Cisneros; se les dió una comida y se pasó la noche del 16 un tanto divertida; todo con mucho orden y moralidad. Algunas horas pasé contemplando nuestra agreste reunión, debajo de las palmeras, pués había mucho de poesía, pero de aquella poesía sublime que se siente en el alma y que habla al corazón.

Nadie más que nosotros mismos que sobrellevamos la vida azarosa de una guerra, como la que hace cinco años venimos sosteniendo, puede formarse una idea de como se regeneran las costumbres de un pueblo, por medio de una guerra que lo haga independiente. Como se nota que cada individuo se respeta a sí mismo y el orden y la moralidad que reina en el seno de las familias consolida el bienestar de la sociedad, y en la reunión de que hago mención todo ésto se podía estudiar. Sí, porque debajo de unas palmeras, en medio de un bosque, un grupo de hombres y mujeres se conducían como si fuese en un salón de rigurosa etiqueta.

Oct. 17 — El 17, marcho a San Manuel, donde se acampo sin novedad—en cuyo punto me preparo a marchar para la línea del Este. Más aquí recibo oficio del Gral. García participándome la toma del campamento de la Zanja, y me pide auxilio para asegurar gran cantidad de parque que ha ocupado—inmediatamente dispongo que más de 100 hombres del Este pasen a reforzar a dicho Géfe y yo con 100 hombres más de la gente

Oct. 21 — del Sur, emprendo marcha el 21 para avistarme con el Gral. García. Paso por la Rosalía, Loma Alta, Tranquera de Vialla, Corojito, Portillo y el Zarzal, donde hago noche; 22,

Oct. 22 — Sevilla, Las Mercedes y San Nicolás donde hago alto y paso la noche. Alferez Varona, en comisión para el Gral. García el que he sabido se encuentra en el Lavado y le doy cita para

Oct. 23-24 — Santa de Yeo; 23 marcha a Santa de Yeo; el 24 se reune a mí el Gral García, paso ese día y la noche en unión de éste Géfe; tratamos de varios asuntos de importancia para el país—pongo a sus órdenes la columna que traigo para que le refuerce y el 25, nos separamos, él marcha con intenciones de atacar el campamento del Guanao, y yo con mi Escolta y E.M. me dirijo por Laguna del Monte allí hago víveres, continúo pasando por la Laguna de los Fuelles, hago alto en Loma del Toro donde debo dar algún descanso a los caballos y tomar algunas disposiciones sobre el Servicio Civil de ésta Zona. Oct. 25

El 26, acampado sin novedad, allí se dispone salga en comisión el Capitán Aguirre, cerca del Brigadier González con pliego urgente, pués se ha tenido noticias de que se ha visto un vapor sospechoso entre Santa Cruz y Vertientes, y le paso orden de que esté en espectativa—el 27, marcho pasando por Caoba, Jobo Dulce, Sebastopol (chiquito) y hago noche en San Juan de Dios de Portillo. 28, marcha— nos trastornamos en una vereda y venimos a salir después de algunas vueltas al Carril que conduce de las Bolas a las Pulgas y me dirijo a éste último punto y sigo. Al llegar a la Puerta de Golpe, rastro de columna enemiga que va rumbo al Chorrillo— sigo marcha, paso por San José y alto en San Antonio, donde hago noche sin novedad. Oct. 26 Oct. 27 Oct. 28

29, acampado, y mando exploradores por dsitintos puntos; el enemigo pernoctó en Chorrillo y sigue su marcha por Loma Alta a Sebastopol por Palma Hueca, y rumbo a su campamento de Juan Gómez. No tengo fuerzas reunidas y solamente puedo disponer de una guerrilla que le va hostilizando; permanezco acampado. Oct. 29

Hasta el día 7 de Noviembre que me muevo para Carrasco, allí se me reunen; el Gral. Sanguily con su escolta, el Coronel Suares con su escuadrón y el de las Villas y la guerrilla del Tte. Coronel Martín Castillo—el 8 me muevo, se separa el Gral. Sanguily, y yo continúo con 300 jinetes, paso por la Bermeja y acampo en la Sacra; punto elegido para una concentración. El 9, se presenta el enemigo en número de 1,500 y como a las tres de la tarde se da principio al combate que duró hasta la entrada de la noche. Me retiré con 12 bajas, 4 muertos y 8 heridos. El enemigo sufrió pérdidas de consideración; se le hicieron 15 prisioneros, se le ocuparon 25 caballos, 57 rifles, monturas y otros efectos. Sus dos piezas de artillería estuvieron casi en nuestro poder. Yo me retiro a Carrasco, dos leguas, y al Nov. 7 Nov. 8 Nov. 9

1873

Nov. 10 — amanecer del 10 escojo 40 jinetes y vuelvo a hostilizar al enemigo que no se atreve a salir del pie de sus cureñas. Mis caballos un poco estropeados, me retiro a darles descanso, a San

Nov. 11 — Antonio; el 11 mientras mando una guerrilla de 25 hombres de infantería sobre el enemigo a explorar sus movimientos, me muevo hacia el Chorrillo y llego allí sin novedad. El mismo día regresa ...... de Oriente, con pliegos y noticias;

Nov. 15 — permanezco allí hasta el 15 que marcho a Naranjo y llega también la guerrilla de Infantería del Sur y Este y el Corol. Benitez, que estaba en comisión. El enemigo de la Sacra marcha a Jobabo, deja un pozo lleno de cadáveres y cinco insepultos en el campo, las sillas y aparato de un cañón que se supone estará entre el pozo. Treinta caballos muertos. Comandaba la columna el Brigadier Báscones. Permanezco acampado en Naranjo, organizando una columna que debe pasar a Oriente a recoger el armamento, así como arreglando la marcha de Don Panchito Sánchez que pasa en Comisión cerca del Gobierno—también a Oriente—y aguardando la División de las Villas que también está citada.

Nov. 20 — El 20 sale Don Panchito para Oriente escoltado por 100 hombres de Infantería que al mando del Tete. Corol. Marcelino Quesada, pasan a Oriente a recoger el armamento, el Sargento Primero Quiala va también en comisión donde el Gral. Calixto García.

Nov. 22 — El 22, aviso que el enemigo se encuentra a legua y media del campamento en la "Puerta de Golpe"; inmediatamente preparo las fuerzas para el combate—y envío exploradores—el enemigo desvía su rumbo y marcha hacia el Chorrillo.

Nov. 23-24 — El 23, concentro la División de las Villas; el 24, marcha el Capitán Gómez con la guerrilla bien armada y pertrechada: 30 hombres, a operar sobre la Trocha de Morón y me muevo pasando por las Pulgas; Loma Alta—"La Concepción" y acampo a las 6 de la tarde en Sebastopol sin novedad—donde

Nov. 27 — permanezco hasta el 27 que marcho pasando por Jaricó a la Vega del Sol, a las Minas y acampo en Loreto.

El mismo día despacho al Coronel Benitez, con 20 hombres escogidos y bien montados—a espiar el movimiento del enemigo cerca de Juan Gómez, Sibanicú y Cascorro.

Permanezco acampado en Loreto, mando espías sobre la Trocha y Guáimaro; y voy estudiando mi plan de operaciones sobre esta línea. El 29, me muevo pasando por San Blás, Canaria y acampó en Borbollón—el 30, se incorpora el Crol. Benitez, con buenos informes.   Nov. 29 / Nov. 30

Diciembre 1º a las 12 del día marcho hasta Sta. Lucía, allí se hace noche y dispongo la marcha definitiva de la operación para el amanecer del día 2. Me encuentro a dos leguas de Guáimaro. Pienso marchar con toda la columna, hasta presentarme al frente de éste pueblo, y después, dividir las fuerzas en dos columnas; el Teniente Coronel Gonzalo Moreno, con fuerzas del Este; 3er. y 4to. Batallones de las Villas, volverá llamando la atención de Guáimaro; volverá a retirarse por nuestro rastro después, torcerá rumbo hacia San Diego donde acampará y aguardará órdenes; y yo con rifleros de las Villas y del Sur—total 300 hombres—y la gente montada, debo seguir, pasando por Jaguita y caer sobre la Trocha. Así dispuesto todo, se marcha el día 2 en la madrugada; al llegar a Guáimaro, destaco, a los Coroneles Benitez y Suárez sobre la derecha y el Coronel González sobre la izquierda a destruir el telégrafo. Los Coroneles Benitez y Suárez derrotan una guerrilla dando muerte a doce o trece, hicieron algunos prisioneros, ocuparon varias acémilas, bueyes y armas. El Coronel González destruye el telégrafo, mientras todo esto sucede estoy desplegando el resto de las fuerzas en línea circular, sobre la parte sur del poblado, esto es, cerca de 200 pasos; el enemigo muy alarmado se recoge en sus atrincheramientos y luego principia hacer fuego de cañón sin resultado.— Dos heridos leves. Ya preparado para seguir mi movimiento se por uno de los prisioneros que el día antes había salido una columna como de 100 hombres con dirección a Lajas, a recoger un parque que por prisioneros hechos por la Tunas, le informaban tenía el Gral. García en depósito. Esta noticia me alarmó y abandonando mi plan primordial, inmediatamente dispongo marcha sobre el rastro enemigo; a las 12 llego a Lajas—el enemigo había hecho noche allí y seguía rumbo a la Zanja—continúo   Dic. 1 / Dic. 2

siempre sobre su rastro y al llegar a las orillas de la Sabana de San Joaquín — allí lo encuentro, que ya venía de regreso, y como ya yo había dispuesto las fuerzas de modo que si le encontraban en marcha se le pudiera cargar inmediatamente, así sucedió. La columna enemiga, pués, fué completamente destrozada. La noche impidió la persecución de los dispersos, y dueño del campo allí pernocté.

El resultado de la acción fué: 70 prisioneros, un Géfe, cinco oficiales y el resto de tropa. 300 muertos—vistos—entre de estos el Gefe de la Columna Tnte. Corol. Vilches, varios otros Géfes y Oficiales. Se ocuparon 208 rifles, 12,000 cápsulas 57 caballos muy buenos y aperados 27 mulos; medicina, ropa, prendas de valor, muchos machetes y el convoy de provisiones. Por nuestra parte: 20 bajas, 17 heridos y 3 muertos, entre los primeros el Coronel Gregorio Benitez de alguna gravedad y un oficial del Este; entre los muertos mi antiguo y tan buen soldado de mi escolta, Juan Rodríguez.

Todos los míos se han distinguido y sobre todos el Teniente Coronel Géfe de Estado Mayor Rafael Rodríguez.

Dic. 3 — El día 3 dejo al Teniente Coronel Baldomero Rodríguez, reconociendo los alrededores del sitio del combate y me muevo con la columna pasando por el Ciego; acampo en Santana de Yeo. Esa tarde se me reune el Teniente Coronel Baldomero Rodríguez y me da cuenta de haber dado muerte a varios dispersos entre de ellos un Capitán. En Santana de Yeo se

Dic. 4 — recogen 6 dispersos más—el 4 marcha hasta Loma del Toro; disuelvo allí la Concentración, mandó acampar la División de

Dic. 7 — las Villas a Naranjo—y yo permanezco allí hasta el 7 que

Dic. 8 — marcho, pernocto en Sebastopol de Portillo y el 8, acampo en San Juan de Dios de Portillo, donde pienso saber donde está el Coronel Gregorio Benitez para ver cual sea su estado. Me encuentro algo mal de salud, sufro en la actualidad una afección del pecho que me hace sufrir; el mismo día recibo aviso de que el Corol. Benitez está mal de la herida y se encuentra a tres leguas del punto que ocupo; pero inmediatamente dispongo pasar a verlo en compañía del Dr. Luaces; llegamos a su residencia a las 4 de la tarde y según la opinión del Doctor el Corol. Benitez no corre ningún peligro.

El Teniente Coronel Rafael Rodríguez quedó encargado de la gente y con orden de marchar a Naranjo y allí aguardarme.

El 9, salgo de donde está Benitez pasando por las Bolas a Tacones y llego a Naranjo; permanezco allí hasta el 11 que marcho a Belén, llego el mismo día y permanezco allí hasta el 14 que salí a ver el estado del Corol. Reeve, con el Géfe de E. M., el Dr. Luaces, Miguel Betancourt y el Comte. Aguilar, las demás gentes quedan en el Palmarito, voy esa noche a descansar al Ciego Najasa; el 15, llego donde está Reeve, éste sigue mejor. El 16 vuelvo a dormir al Ciego, el 16 al Palmarito donde dejé la gente, ese mismo día sé que el Teniente Coronel Quesada ha regresado de la Comisión de Oriente, me envían pliegos importantes del Gobierno; invasión de las Villas resuelta; mi plan aprobado.

El 18, marcho con el Géfe de E. M. y cuatro ayudantes, toda la demás gente queda en Belén; me dirijo hacia la Loma del Toro, voy a despachar comisión urgente al Gobierno —llego a Naranjo allí hago noche— día 19, paso a Tacones, allí está acampado el Teniente Coronel Quesada. Inmediatamente dispongo que las gentes del Este con armas pase a incorporarse a su Brigada y Quesada con el resto del Sur, pase a Belén a hacerlo con el Teniente Coronel Betancourt; yo sigo marcha ese mismo día y hago noche en Yaquima, día 20 continúo y acampo en Buenaventura; por allí encuentro al Teniente Coronel Pedro Romero que viene de Oriente con pliegos importantes, sobre mi plan de Invasión aprobado en todas sus partes. Allí vuelvo a escribir aclarando algunos minuciosos detalles y despacho un gran paquete de corresponcia, que sale el día 22 con el Teniente Perera, de la División de Bayamo; el 23, paso a la estancia de Marquito Fonseca a darle maíz a los caballos, y éste patriota nos obsequió ese día con un magnífico almuerzo. El mismo día por la tarde regreso a Buenaventura, descanso allí el 24, los vecinos me

1873

obsequian esa noche con una cena y un baile que pasé divertido en compañía de aquella buena gente. El 25, al amanecer marcho y hago noche en Jobo Dulce en compañía del Corol.

Dic. 26 Benitez, que ya se encuentra casi curado de su herida. El 26, marcha por las Bolas y Las Pulgas San José a Belén sin novedad— a las 4 de la tarde me reuno con el resto de la gente.

Me ocupo de expedir varias órdenes relativas a la organización del Cuerpo de Ejercito Invasor. Concentración para

Dic. 30 el 15 del entrante en San Fernando de Naranjo. El 30, marcha por el Pilar, Arroyo Blanco y acampo en el Ciego de

Dic. 31 Najasa. Allí paso hasta el 31.

Enero 1º 1874.— Paso en casa del Subprefecto José R. Fonseca que me invita a pasar allí ese día, hago noche allí mismo donde tenía varias citas y al amanecer del día 2 marcha vuelta por el Ciego hasta Teresa donde acampo y me ocupo de arreglar la marcha para Oriente al C. Miguel Betancourt llamado por el Gobierno. Este sale el 4, después que le he provisto de lo necesario y 20 rifleros de escolta al mando del Teniente Martinez; le acompaña también hasta Loma del Toro el Comandante Antonio Aguilar, que pasa hasta allí a desempeñar una comisión del servicio, a preparar recursos y recibir la Columna de Oriente.

Eno. 1
Eno. 2
Eno. 4

Día 5, me muevo al Pilar y Arroyo Blanco, acampo en Santa Inés, tengo que avistarme con el Subprefecto Francisco García. La División de las Villas acampada en la Sacra; por órdenes anteriores, tiene la de operar sobre Santa Cruz y volver a concentrar al mismo punto; el mismo día 5, hago noche en Santa Inés, doy varias órdenes al Subprefecto García y el 6, me muevo hasta Sabanitas, allí el Corol. Benitez con su Brigada y a 2 leguas (San Martín) el Corol. González con la suya. Permanezco allí hasta el 10, que me muevo para Naranjo; el mismo día, órdenes a los Coroneles González y Benítez, para atacar a Sibanicú y concentrar después en 'Naranjo. Día 12 en Naranjo, correo al Comandante Aguilar a Buenaventura, para saber que se sabe de las fuerzas de Oriente. Vuelve el correo el 13, no hay noticias aún de las fuerzas; recibo pliegos del Gobierno. Marcho el 15 a Buenaventura a despachar una comisión al Gobierno; hago noche en San Diego y el 16 llego aquel punto. Día 17 des-

Eno. 5
Eno. 6
Eno. 10
Eno. 12
Eno. 13
Eno. 15
Eno. 16-17

1874

pacho al Capitán Pablo Nueva y al Sargento Juan Morales de comisión para Oriente.

Eno. 19
Eno. 20
El 19 regreso a Naranjo; el Gral. Sanguily por órdenes anteriores ocupa ese mismo día también a Naranjo. El 20, orden a éste Géfe para que marche a ocupar a Najasa hasta —segunda orden.

Nuevas disposiciones me han hecho variar las órdenes de concentración y demás pormenores relativos a mi plan de Invasión, tengo pués que aguardar, me es forzoso mantener las tropas a la defensiva hasta que me lleguen las otras de Oriente y quede resuelto todo de un modo definitvo. Permanezco acampado.

Eno. 24
El 24, concentran las fuerzas División de las del Corol. Gabriel González con la Brigada del Este y Corol. Gregorio Benitez con la Brigada del Sur.

Eno. 25
El 25, se celebran elecciones para llenar las vacantes de Dijutados por Camaguey, Villas y Occidente.

Eno. 28
El 28, salen distintas comisiones en asuntos del servicio; entrega del mando de la División de las Villas al Corol. C. González—marcha ésta División el día 28 a ocupar posiciones al Oeste. Nombro al Coronel Benítez Géfe de los Subdistritos Este y Sur. Se pone al Teniente Coronel Marcelino Quesada al mando de 100 rifleros del Sur—marcha el Coronel Benítez con ambas Brigadas a la zona del Chorrillo. Se recibe aviso que el Gobierno y la gente de Oriente está ya en la Jurisdicción de las Tunas, envío correo al Comandante Aguilar a Buenaventura, para que esté listo con los recursos y

Eno. 29
me preparo a marchar hacia allí. El 29, marcha a Buenaventura donde llego el mismo día y sé que el Gobierno se encuentra en Santa Ana de Yeo, pongo inmediatamente un correo expreso, para que se me diga al punto a que debo dirigirme y esa misma noche se me contesta que a San Diego.

Eno. 30
Al día signiente, el 30 en éste punto con el Gobierno, la Cámara y el General García Iñiguez con algunas fuerzas de Oriente, para hacerme entrega de la Columna expedicionaria, 500 hombres escogidos, con 400 remingtons, fino calibre, y 100 carabinas más. Por lo que veo no podrá el General Iñi-

guez cumplir esta orden pués las fuerzas de Oriente se encuentran muy desorganizadas y además el General Iñiguez se muestra muy frío en la empresa de la Invasión. Me abstengo de juzgar los motivos de tal conducta, lo cierto es que estos se multiplican; pero yo me siento con fuerzas y aliento para no abandonar mi plan.

Feb. 1 — Permanecemos acampados hasta el 1o. de Febrero que me muevo con parte de la Columna expedicionaria, el Gobierno, la Cámara y también me acompañan los Generales Vicente García y Modesto Díaz; el General Iñiguez queda en Buenaventura.

Feb. 2 — Yo hago noche en Yaquima, el 2 marcha hasta Naranjo, donde se acampa sin novedad, el mismo día; orden al Corol. Benítez y al General Sanguily para que se concentren; Feb. 4 el 4 entra Benítez a quién despacho en busca de parque a las Tunas, que también ha de entregar el General Iñiguez; para que no se pierda el tiempo he tenido también que hacerme cargo de la Comisión.

Feb. 5 — El 5, entra el General Sanguily. Permanezco acampado con el Gobierno, la Cámara, 300 hombres de infantería y 200 de caballería. El día 9, a las 4 de la tarde enemi-Feb. 9 go en San José, una legua de mi campamento y fuerte de más de 2,000 hombres de las tres armas.

Envío exploradores, llega la noche y el enemigo no avanza. El 10, una sección de jinetes lo explora con orden de, al mo-Feb. 10 verse hacerle fuego de frente hasta el campamento; así sucedió, y a las nueve de la mañana llego a mis avanzadas. Combate reñido todo el día y no puedo tomar la posición; logré quitarle con la estrategia el primer impulso y luego se puso a la defensiva, hostilicele hasta por la noche, el 11 después de pasar Feb. 11 la noche en mi posición, muy al amanecer voy yo mismo a reconocer al enemigo, se retira, y caigo a perseguirle hasta Moja-Casabe, que se me concluye el parque. El enemigo deja más de 100 muertos y lleva más de 200 heridos, ha perdido armas y caballos.

La acción de Naranjo ha probado una vez más el valor de los cubanos y lo justo de la causa porque lucha éste pueblo.

1874

Son las 10 de la mañana y me retiro. He sufrido 90 bajas, 8 muertos y los demás heridos muchos de ellos leves, también he tenido más de 40 bajas de caballos; de dos que monté, uno fué muerto y el otro herido con una granada.

Paso el mismo día por la tarde a San Fernando lugar
Feb. 12 donde había dispuesto colocar interinamente los heridos, el 12
Feb. 13 y el 13 me ocupo en distribuírlos convenientemente, dictando
Feb. 14 medidas para su seguridad, y subsistencia. El 14, llega el Corol. Benítez, sin traer más que una parte del parque (otro
Feb. 15 trastorno) el 15, marcha con una horrorosa impedimenta; el Gobierno, la Cámara y 21 camillas de heridos. El mismo día al
Feb. 16 Chorrillo sin novedad; el 16 coloca a los heridos. Permanezco acampado organizando y luchando con las dificultades
Feb. 21 que a cada momento se multiplican; 21, marcha al Ciego de Najasa, de allí comisiones a distintos puntos para recolectar
Feb. 27 gente y parque; el 27, mudo el campamento a San Cayetano, ese día paso a verme con el Brigadier H. Reeve.

Mzo. 3 Marzo 3—Marcha hasta Santana de Guaicanamar.
Desde éste punto debo ver como muevo los heridos, que
Mzo. 5 puedan hacerlo en caballos. El 5, Comandante Urioste en comisión con caballos a conducir los heridos desde Santa Inés y en aquel punto dejo establecido un hospital de los más graves, a cargo del Teniente Coronel Gonzalo Moreno.
Mzo. 6-7 El 6 regresa Urioste con los heridos. Día 7 en marcha con 600 infantes y 150 caballos, el Gobierno y la Cámara;
Mzo. 8 voy rumbo al Oeste. Pernocto en Yamaguelles—8—a Con-
Mzo. 9 suegra, día 9 a Antón de Guanuí, donde permanezco organizando y preparando parque y demás para la marcha. Me acompañan los Generales Modesto Díaz y Vicente García; el
Mzo. 10 10 se me incorpora la División de las Villas y Brigadier Suárez
Mzo. 15 con su Columna; el 15, marcha con 1,000 infantes y 300 caballos. Al romper marcha, aviso de enemigo en el Jagüey de San Pedro—5 leguas—continúo, al llegar a la casa, envío exploradores hacia el camino del Jagüey y hago desfilar las tropas al fondo del potrero a tomar posiciones. Apenas se principia ésta operación, aviso de los exploradores que el enemigo se aproxima; se refuerzan éstas. La caballería del enemigo,

carga hasta el fondo del potrero y con éste movimiento se desvía de su infantería y se aproxima a nuestra línea de batalla, que completaban; de frente escolta y Brigadier Suárez, Corol. G. González y Baldomero Rodríguez; apoyaban el flanco izquierdo con caballería también. Se carga el enemigo, deja 36 muertos en el campo y se refugian sobre su infantería y se aguarda y no avanza—determino atacarle con la caballería e Infantería, lo efectuó; serán las 2 de la tarde—dura el combate hasta la caída del sol—entre la noche, enemigo sitiado. A la 1 de la noche se escapa un poco de caballería. La columna enemiga se compone de 3,000 hombres de las tres Armas, tres piezas de artillería. Día 16, enemigo sitiado, se le hostiliza con tenacidad. Día 17 en el mismo estado, a las 10 de la noche, aviso, enemigo en Cachasa—refuerzos sin duda.— El 18, a las 4 de la mañana modifico de modo conveniente las líneas de sitio; dejo al Brigadier A. Maceo encargado de todo y con 200 caballos y 50 infantes, marcho al encuentro del refuerzo; hago alto en la Sabana de Jimaguayú; mando exploradores sobre Cachasa y dispongo las fuerzas del modo que me pareció mejor colocarlas. El enemigo avanza, a las 8 de la mañana se presenta, media hora de combate—y dejo pasarlo, por un camino extraviado—llegó primero a las Guásimas; las fuerzas sitiadas, al sentir el refuerzo intentan hacer una salida, pero son rechazadas; entra el refuerzo, el enemigo no hace más que ensanchar un poco más la posición de los sitiados—pero no ataca—llega la noche y durante ésta se le sigue hostilizando; día 19 a las siete de la mañana enemigo en marcha hacia el pueblo—5,000 hombres y 5 piezas de artillería—se le persigue durante todo el día hasta Cachasa. Mis tropas muy fatigadas y el parque consumido; me retiro a Jimaguayú, allí descanso y organizo, me ocupo ahora de colocar mis heridos.

Bajas sufridas por nuestra parte: 29 muertos, 28 heridos graves y 109 leves. Las del enemigo, según informes: 1.037 muertos y heridos.

El 21, dispongo que salga el Brigadier Suárez en operaciones sobre la zona; el mismo día se me reune el Gobierno y la Cámara; día 25, recibo bueyes—que envía el Brigadier

Mzo. 16
Mzo. 17
Mzo. 18

Mzo. 19

Mzo. 21
Mzo. 25

1874

Suárez—el mismo día toda la gente a extraer víveres al Campamento enemigo de la Caridad.

El movimiento de Invasión probablemente puede sufrir algún retardo con éste, tan reñido combate; pero yo no desmayo en mi propósito. Voy a ayudar al Gobierno a vencer las dificultades que se presentan. Día 26, establezco el hospital en las márgenes del Arroyo de Jimaguayú, el mismo día sale y regresa la Columna con viandas del Campamento enemigo Caridad de Arteaga, sin novedad.

Mzo. 26

Mzo. 31
El 31, marcha el Comandante Gómez—en operaciones sobre la trocha de Morón.

Abr. 2
Abril 2—Marcha el Teniente Corol. Francisco Jiménez, con 50 rifleros sobre las Villas; el mismo día me muevo con la

Abr. 3
columna y hago noche en la Caridad de Sola. El 3, marcha hasta el Campamento enemigo Caridad de Arteaga, se hacen provisiones y se recogen algunos caballos, sin haber tenido ninguna novedad pués el enemigo no salió de sus atrincheramientos; el mismo día, se hizo noche en los Paralejos de Parrado. Me preparo para hacer un movimiento ofensivo sobre el enemigo hacia la parte Oriental del Departamento, para ver si así se logra desconcertarlo de nuestro plan, permanezco acampado

Abr. 6
hasta el día 7, que me muevo no sin haber primero el día 6 adelantado al Corol. González que pasará a Maraguán con una parte de caballería a reunirse con el Teniente Coronel Mar-

Abr. 8
tín Castillo. Acampo el mismo día en la Aurora, el 9, atravesando el Camino Real de la Isla marcho hasta Santa Rita; voy atravesando una zona que está completmente incendiada, no se encuentra absolutamente pasto para las caballerías y ape-

Abr. 9
nas agua; el día 9 marcha hasta la Tienda de Varela, allí hago alto y mando al Brigadier Suárez con toda la Columna a hacer víveres en el Campamento enemigo de Juan Gómez; regresa a

Abr. 10
las 7 de la noche con las viandas y sin novedad. El 10 marcho, hago alto en Santa Lucía, y a las 6 de la tarde marcho y me uno con González y Castillo en el potrero de Joaquín Noy; esa noche la Columna pasa a la Fé en busca de cañas, regresa esa misma noche—sin novedad.

1874

Día 11 acampado. El Gobierno y la Cámara me acompañan. Abr. 11

Día 12, marcha hasta Santa Isabel; quedan el Gobierno y la Cámara en San Pablo bien escoltados. Abr. 12

De Santa Isabel me muevo a las 4 de la tarde, y hago alto a una legua de San Miguel, cuyo pueblo pienso atacar.

Divido las fuerzas en tres columnas de caballería y dos de infantería; la 1ª al mando del Brigadier Suárez queda de reserva y las demás, cada una al mando de los Brigadieres González y Maceo deben entrar uno por la derecha (Maceo) y el otro por la izquierda; así dispuesto todo me muevo y a las 8 de la noche sorprendo aquel pueblo; el enemigo se había reforzado, sufrí algunas bajas y no obstante, nuestra gente se rehizo de un gran botín.

Emprendo mi retirada esa misma noche y el 13, al amanecer vuelvo acampar en Joaquín Noy. El 14, se me reune el Gobierno, el 15, a San Pablo, 1 legua de la Fé (Benítez en comisión reservada sobre Cascorro) a una hora enemigo en la Fé; Columna fuerte de 3,000 hombres de las tres Armas. Doy orden de retirada a todos los cuerpos de infantería (trato de evitar el combate) mientras tanto, con la caballería protejo la retirada de la infantería; mientras tanto algunos tiros en nuestra avanzada—es el enemigo; le echo encima 20 jinetes tiradores, se repliega sobre la casa de la Fé y toma la defensiva; yo marcho al retiro, 2 leguas de allí donde me reuno con las demás fuerzas. El 16, al Oriente sin novedad; acampé allí hasta el 17 a las 10 del día que marcho a Palmarito, una legua de Cascorro; a las 4 de la tarde, allí dejo la Columna y ya unido con el Corol. Benítez que esperaba, marcho con 6 hombres a estudiar bien de cerca la situación de aquel pueblo; después de una hora que pude bien de cerca ver el modo, en que estaban colocadas las fortificaciones y que pude hablar con algunos paisanos supe las fuerzas que componían la guarnición, me retiré. Abr. 13 Abr. 14 Abr. 15 Abr. 16 Abr. 17

Al amanecer del 18, emprendí marcha y a las 7 de la mañana ataqué; 50 hombres se apoderan de la trinchera principal y las demás fuerzas entran por distintos puntos; el ene- Abr. 18

1874

migo se concentra en su fuerte principal y quedamos dueños del pueblo.

Se saqueó completamente; casi todas las familias se nos unieron y después de incendiado me retiré a eso de las 12 del día, no sin haber sufrido algunas bajas.

Murió el Teniente Coronel Martín Castillo, cuyo Géfe tenía orden de que mientras durase el ataque y toma de Cascorro llamara la atención del enemigo en Sibanicú, y ya después de haber cumplido su encargo y haberse retirado sin ninguna novedad, volvió y fué víctima de su temerario arrojo.

Abr. 19 — El mismo día acampo en las Guásimas, 19 a la Matilde, aquí distribución de heridos quedando disuelta la concentración.
Abr. 20 — Día 20 a Sebastopol—aquí me separo del Teniente Coronel R. Rodríguez a quién he mandado a ocupar el puesto
Abr. 21 — que dejó vacante Castillo; el día 21 marcho al Chorrillo con alguna gente de caballería, mi escolta, el Gobierno y Cámara
Abr. 22-23 — 22, paso a Santana de Guaicanamar; el 23, regreso al Chorrillo, con calentura, (en éste punto en que pienso descansar principio a sufrir).

Paso oficio al Gobierno manifestándole los inconvenientes con que he tropezado para llevar a efecto la invasión de las Villas, y como pienso llevarla a cabo de mi propia cuenta, pués mientras tanto el Gobierno toma la iniciativa en éste asunto, no podrá contarse con la reserva ni el secreto que exige un movimiento de esta naturaleza.

He dado pués, órdenes de descanso a nuestras tropas y después concentrar y de nuevo poder organizar el movimiento.

May. 1º — 1º Acampo en el Chorrillo con el Gobierno y la Cámara y una pequeña guarnición de infantería y caballería.

Se declara la primavera muy abundante de agua.

Me ocupo con el Gobierno de la organización de la Primera División que por cierto es bien trabajosa, pues la Cámara al dictar la Ley no tuvo en cuenta mas que la situación del Ejército de Oriente, donde ella tenía su residencia, y no la del Ejército del Centro, que parece que estaba llamado a tener una organización especial—y debido a ésto tropezamos a cada momento con miles inconvenientes.

1874

Día 7, dejando al Coronel Bartolomé Masó, encargado del Campamento marcho con Estado Mayor y escolta, hacia la zona de Maraguán, me acompañan además—el General Sanguily, el Secretario del Exterior, hago noche en la Aurora y el día 8, rindo jornada en San Luis de Antón; de acuerdo con el Secretario del Exterior, nos ocupamos allí de organizar varias confidencias con agentes nuestros en el campo enemigo; llamé allí al Teniente Coronel Rafael Rodríguez, Géfe de operaciones en este territorio, el que llega el 10 y con el mismo tengo una conferencia sobre varios asuntos de servicio—Rodríguez se separa el 12—Día 15—me muevo hacia el Chorrillo, se hace noche otra vez en la Aurora, después de haber extraído algún ganado, y viandas de la zona enemiga.

May. 7

May. 8

May. 10

Mal. 12-15

El 16, continúo hasta el Chorrillo, a las 12 del día sin novedad, donde ya encuentro concentradas más fuerzas de caballería e infantería, obedeciendo a órdenes anteriores. Permanezco acampado.

May. 16

En el mismo lugar, el 20, recibo comunicación del Gobierno, cuyo contenido bastante desagradable, pues la Cámara ha tenido un acuerdo, en el cual, acordó injustamente, prevenirme, no hablase en público censurando las desacertadas disposiciones que hace tiempo viene dando—privando así al Ciudadano del sagrado derecho de pensar y hablar.

May. 20

Por desgracia, el Cuerpo de Representantes del Pueblo de Cuba está hoy compuesto de hombres, en su mayor parte que no están a la altura de puesto tan importantísimo, se ocupan de pequeñeces, que rebajan su dignidad y muchas de las veces, se dejan dominar de miras personales—Yo siempre me confesaré—no negaré que debido a mi natural carácter, quizás con palabras poco más o menos duras, habré podido censurar, disposiciones de la Cámara—pero nunca (y ésto no puede ser) despreciaré las instituciones del país—lo que ella ha querido decir—cuyo país yo defiendo.—Esto sería un absurdo.— Contesto al Gobierno con la dignidad que requiere el asunto. Día 27, concluída la organización de la Primera División doy órdenes de que quede disuelta la concentración, y vuelva a tener lugar, el día 20 del entrante Junio, en el

May. 27

1874

May. 28 — mismo punto. 28, después de dejar colocado el Gobierno en San Antonio me moví con mi Estado Mayor y escolta, hacia la zona del Camagüey, se acampó el mismo día en la Vistora; de allí paso a visitar al Coronel Baldomero Rodríguez;

May. 29 — el 29, marcho a la Matilde, donde encuentro acampado al Teniente Coronel Maximiliano Ramos con más de 100 hombres de Caballería;

May. 31 — 31, a las Guásimas de Agramonte, el mismo día paso a los alrededores de Sibanicú y vuelvo a acampar en las Guásimas, (mucha agua) aquí pienso aguardar al Secretario del Exterior Miguel Betancourt y al de la Guerra General Vicente García.

Jun. 3 — Junio 3, se me reune Betancourt, el 4 marcha al amanecer, descanso en la tienda de Varela y continúo, hasta San

Jun. 5 — Antonio, donde paso la noche; el 5, hasta Santa Rita de Domínguez; el objeto de este movimiento es, hacer lo posible para tener una entrevista con un individuo del pueblo, para

Jun. 6 — abrir comunicaciones;—día 6, se me reune el General García, el ocho marcha a la Lisa—a orillas de la zona—allí me reuno

Jun. 9 — con el General Sanguily—9 paso aviso al Coronel R. Rodrí-

Jun. 10 — guez para que venga a tener una entrevista conmigo—10

Jun. 11 — llega este Gefe de Yaguajay, el 11 mando por ganado y viandas a la zona, que se extrae sin novedad.

Jun. 12 — 12 marcho a Santa Mariana, a cuyo punto tengo una

Jun. 13 — cita reservada que la verifico el 13 por la mañana con buen resultado, y el mismo día regreso a la Lisa—el General Sanguily y Coronel R. Rodríguez se separan de mí.

Jun. 14 — Día 14 en marcha, dejando por allí a Betancourt, para que acabe de arreglar, los asuntos de las confidencias—per-

Jun. 15 — nocto en la Vistora— 15 mando al Estado Mayor y escolta a la Crimea a reunirse con el Brigadier Reeve—y yo sigo al Ciego de Najasa con tres números de la escolta y allí espero la concentración del 20.

Jun. 20 — Día 20 concentran las fuerzas de la Primera División

Jun. 24 — (Potrero los Isleños)—24 se le hace entrega del mando de la misma al Brigadier Reeve—27 disuelta la concentración, para que vuelva a tener lugar el 20 del entrante en la Matilde. Mientras tanto pienso hacer un movimiento ofensivo sobre el enemigo, y con tal objeto, el mismo día 27 me muevo hacia la zona enemiga del Camagüey, con el Regimiento de Caballería, Agramonte, me acompaña el Gobierno y el Brigadier Antonio Maceo, con su escolta—el mismo día acampo en Peralejo, donde aguardo algunas comisiones, permaneciendo allí, hasta el día 2 de Julio, que emprendo marcha, cruzo el camino de Santa Cruz, muy cerca del Campamento enemigo Caridad de Arteaga y acampando en Santa Isabel de Trocones, allí hago noche—el 3 marcha a las Delicias y el 4, al Potrerón, zona enemiga. A las 2 horas, aviso de columna enemiga Merced Núñez, a una legua, inmediatamente marcho con todo el Regimiento dejando en el Campamento toda la impedimenta. Al llegar a Merced Núñez, noticias que el enemigo sigue su marcha hacia el fuerte de Camujiro, forzando la marcha continúo la persecusión, dándole alcance al cuarto de hora de camino; el enemigo fuerte de más de 300 hombres de caballería e infantería va muy prevenido y no he podido sorprenderle—se traba el combate, que dura una hora, mas cargando con el brío que acostumbra nuestra gente, el enemigo se pronuncia en completa derrota; dejando en el campo más de 80 muertos, se ocuparon, dos carretas de convoy de provisiones y algunas ropas, 60 rifles y 5,000 cápsulas; el Brigadier Maceo, Capitán Ventura Valdés y mi Ayudante Diego Borrero se distinguieron.— El mismo día después de una hora de descanso a la gente sobre el mismo campo, marcho a mi Campamento, con 19 bajas, 6 muertos y 13 heridos, casi todos leves.— El 5 tengo que retirarme a colocar bien mis heridos, y lo hago a Cachaza, seis leguas— donde llego sin novedad.— Permanezco acampado—orden al Gefe de la Segunda División para que concentre aquí mismo.— El día 8, dispongo que este mismo Gefe vuelva a la zona con 100 hombres de Caballería, el 11 varío de posición, y ocupo el Caimito, una legua de marcha. (En el combate del 4 cayó herido de gravedad, que murió después el Teniente Jacinto Sanchez, Gefe de mi escolta, cuyo oficial me acompañaba desde Oriente, era muy valiente y honrado—ya he perdido tres de los que siempre y desde el principio me

Jun. 27

Jul. 2

Jul. 3-4

Jul. 5

Jul. 8
Jul. 11

1874

han acompañado, Sánchez—el Teniente Juan Miyares y el Cabo Juan Rodríguez).

Jul. 14 — Día 14 regresa el Brigadier Maceo, excursión a la zóna extranyendo más de 100 bueyes, 20 caballos y tiroteó a una fuerte columna enemiga en la misma zona.

Continúo acampado organizando la Segunda División: renuncia del mando de ella, el Brigadier Maceo y se encarga del mando accidental el Brigadier José González; paso orden a este Gefe para algunas operaciones, y que concentrase el

Jul. 16 — 20 del entrante en Antón de Guanucí; 16, me muevo hasta Santa Teresa, nueve leguas, allí hago alto, para ver unos trabajos de más de quinientos sudaderos que he mandado hacer en esta zona, el encargado me da parte que todo está hecho como se ha mandado, me proveó de los que necesito para la

Jul. 17 — gente que me acompaña, y el 17 emprendo marcha a la Jagua,
Jul. 18 — donde hago noche, y el 18 al potrero los Isleños (Ciego Najasa) aquí descanso.

Jul. 21 — El 21 marcha a la Matilde—allí encuentro reunida la Primera División. Las Españoles abandonan a Sibanicú.

Jul. 28 — Permanezco acampado hasta el 28 que disuelta la concentración, marcho con el Gobierno, y acampo en Pensilvania (Ciego Najasa) en cuyo punto permanezco acampado, y me ocupo en preparar la marcha del Gobierno, que me anuncia, pasará en breve para Oriente.

Agt. 3 — Agosto 3. Se me incorpora el Brigadier Maceo.

Agt. 5 — Día 5, dispongo salga el Teniente Coronel H. Mola con 30 hombres de Caballería, hacia la zona del Camagüey, con orden de extraer ganado.

Agt. 8-18 — El 8 regresa Mola con 100 reses; 18, se me incorpora el
Agt. 22 — Brigadier Reeve—22 me muevo hacia Antón de Guanucí—el
Agt. 23 — Gobierno, emprende su marcha el 23.— Yo hago noche en Palmira—el 23, continúo hasta Antón sin novedad, donde encuentro reunido la Segunda División, allí permanezco acampado.

Sep. 2 — Hasta el 2 de Septiembre que con toda la División emprendo marcha para el Divorcio donde llego el mismo día sin novedad. Proveo la gente de parque, no puedo moverme, pues

Sep. 7 — las lluvias me lo impiden hasta el 7, pasando por Curacia, San

Francisco, la Jugua, Las Bocas, La Entrada y el Perú, atravieso la línea enemiga de las Yeguas a San Gerónimo, sin novedad, hoga noche en el Pesú—el 8 marcha al Jequi, Las Playuelas, Cercado, San Antonio y las Tunas, donde se acampa.   Sep. 8

El Mayor General Calixto García Iñiguez, fué hecho prisionero de los españoles en Yarabayo, Jurisdicción de Bayamo, el día 4 de Septiembre de 1874. Cuyo Géfe marchaba solamente con su escolta, hizo alto en dicho punto y allí fué sorprendido; trató de suicidarse pero solo logró herirse en la cara.   Sep. 4

Día 10, con objeto de conocer bien el Campamento de Caobillas y proveernos de viandas, marcho hacia dicho punto con la gente montada, dejando la infantería—en el mismo camino se aprehenden algunos paisanos, se extraen muchas viandas, y aproximándome lo posible a las fortificaciones, los españoles intentan salir, pero son rechazados, por nuestra parte; una baja leve, el Gefe de la escolta del Brigadier Maceo, este Gefe me acompaña—el mismo día regreso a las Tunas.   Sep. 10

El 11 dispongo salga el Teniente Coronel Mola con algunos números de la escolta en operaciones sobre Caobillas para abrir conferencias.   Sep. 11

Día 12, sale en operaciones en dos columnas la División, una por la parte Norte hacia Morón al mando del Coronel Maestre, y la otra por el Centro al mando del Brigadier González, con ésta marcha al Cuartel General, pasando por los Isleños, Quemados, San Joaquín, Jagüey, al Ocujar El 13, dejo aquí la columna que siga sus operaciones y me muevo pasando por Quemado, Quamadito, Fundora, Mijial, el Ojo de Agua, la Florida, Providencia, Santa Gertrudis, Cercado, Las Playuelas y Macaró, allí permanezco hasta el 16.   Sep. 12 / Sep. 13 / Sep. 16

Marcha al Divorcio, por la del Angel, la Jagua, San Francisco, Curaná y al Divorcio sin novedad.

18, marcha a Jimaguayú, aquí sé la noticia de la captura del Mayor General Calixto García Iñiguez—hecha por los españoles el día 4 del mismo mes en el punto nombrado Yarayabo, Jurisdicción de Bayamo.   Sep. 18

1874

Sep. 20 — Día 20 me muevo hacia Peralejo—llego el mismo día a cuyo punto he citado al Brigadier Reeve, allí me reuno con este Gefe y permanezco acampado—mucha agua.—Suspendo

Sep. 30 — las operaciones, pues no es posible mover las tropas. El 30— sale el Brigadier Antonio Maceo para Oriente—el Gobierno me pide a este Gefe.

Oct. 7 — 7—Hai que mudar el Campamento a la Horqueta, por lo insalubre que está el Peralejo y ese mismo día acampa allí también el Coronel Rafael Rodríguez, Regimiento Agramonte.

Oct. 15 — 15, sale en comisión para Oriente el Alférez José Soler—conduce pliegos de alguna importancia.

Permanezco acampado y me ocupo de los talleres y de la fabricación de mucha ceniza para la de nitro.

Oct. 22 — 22, me muevo hacia el potrero de Najasa, donde establezco mi Campamento. El Brigadier Reeve con el Regimiento Agramonte queda en la Crimea, el mismo día acompañado del Dr. Antonio Luaces, paso a ver al Diputado Francisco San-

Oct. 24 — chez enfermo en el Ciego de Najasa—regreso el 24.

Oct. 28 — 28, llega el Brigadier Reeve y hacemos la prueba del cañón en las paredes de las ruinas de la Casa de Najasa que dió un regular resultado.

Oct. 30 — 30, con algunos números de la escolta, y los Ayudantes marcha para la Sabanita, casa de la familia del Coronel Benítez—pasando por el Dagamar, Santa Inés y Rancho de la Morena Rosa, donde se almorzó muy bien—y después seguimos, (mucha agua toda esa tarde), a la Concepción y la Sabanita, donde llegamos sin novedad, allí permanezco.

Nov. 1 — El día 1ro. de Noviembre marcho para Belén, donde tengo 100 hombres haciendo ceniza—el Coronel Benítez me acompaña—llego el mismo día pasando por Loma Alta y el Chorrillo.

Dispongo suspender este trabajo y que la gente quede ex-

Nov. 2 — pedita, para entrar en operaciones. El 2 marcho para Najasa a salir a Rio Blanco, las Vueltas, El Ecuador y Najasa.

Nov. 8-14 — Día 8. Concentro la División; 14, envío de 30 hombres

Nov. 16 — rancheros a Belén a concluir el trabajo de la ceniza—el día 16 marcho con dos Ayudantes y tres o cuatro jinetes; el Coronel

Benítez me acompaña a recorrer el Campamento de Juan Gómez, que abandonan los españoles—llego allí y todo destruído tengo que seguir a Sibanicú para comer y hacer noche con alguna comodidad—17 regreso.   Nov. 17

18, marcho a la Prefectura de Pedro Cisneros, (el Dr. Luaces me acompaña a ver al Diputado Francisco Sánchez enfermo) regreso el 20—el 21 ejecución del bandido Silvestre Mena, sentenciado a muerte por Consejo de Guerra—22, se mueve el Brigadier Reeve en operaciones con la División.   Nov. 18 / Nov. 20-21 / Nov. 22

Quedo yo acampado en el mismo potrero, variando solamente de lugar.

Me ocupo en preparar el plan de invasión a las Villas.

28, parte del ataque de Cascorro por el Brigadier Reeve—este golpe fracasó.   Nov. 28

1ro. Acampado sin novedad.   Dic. 1

Día 5, marcha el Alférez Plutarco Estrada en comisión hasta el Gefe de la División de las Villas para que éste concentre todas las tropas a su mando el 25 del mismo en las Turas. Sale también en comisión el Teniente Coronel H. Mola a inspeccionar el depósito de parque a cargo del Comandante Cossio.   Dic. 5

Orden al Brigadier Reeve para que disponga que los Coroneles Rafael Rodríguez y Gabriel González, cada uno al mando de 100 hombres de Caballería ocupen el día 20 a Santa Isabel de Trocones.

Día 6, me muevo hacia esta finca, pernocto en Contramuestre y el 8 rindo jornada, el mismo día recibo correo del Teniente Coronel Jiménez desde las Villas.   Dic. 6 / Dic. 8

Aquí me ocupo de preparar algunos elementos.—Despacho con este objeto distintas comisiones.

Día 18, llega el Alférez Soler que fue de comisión a Oriente, no trae ninguna noticia importante—el 19, llegan los Coroneles—Rafael Rodríguez y Gabriel González—con 200 hombres de caballería, con éstos viene el Teniente Coronel español Virué que con objeto de querer saber de los restos de un hijo suyo muerto en las Guásimas, se ha confiado a nosotros. Se le recibe bien y se le trata como a caballero.   Dic. 18 / Dic. 19

1874

Se expiden órdenes al Gefe de la Primera División H. Reeve para que haga un movimiento sobre la línea férrea del Camagüey y trocha del Este el cual debe principiar el día 1ro. de Enero.

Dic. 21 Día 21, se separa de mí el Doctor Antonio Luaces que con Virué va a las exploraciones al campo de las Guásimas donde murió el hijo de aquél.

Al separarme del Doctor Luaces que es esta la vez primera desde que llegué aquí al Camagüey a hacerme cargo del mando por muerte del malogrado Agramonte—justo es diga dos palabras pues yo creo que muy pocos conocerán al Dr. Luaces como conocerlo puedo yo que es mi compañero de tienda, que es como mejor se conocen los hombres cuando su vida es íntima. Luaces, hombre profundamente honrado es de un delicadísimo trato, virtuoso hasta donde pueden serlo los hombres, de costumbres muy puras y con un corazón lleno de benevolencia y bondad, se capta las simpatías de todo el que como yo llegase a tratarle. Es de muy buen juicio y bastante talento y sobre los conocimientos que pueda tener de su profesión, como no soy voto en la materia no puedo formar opinión.

Dic. 23 Día 23, me muevo, con toda la gente de caballería aquí presente, hacia las Turas.

El Coronel Rodríguez, dispongo, que con algunos números lo haga por la zona del Camagüey y luego se me reuna en las Turas—hago noche en San Pablo, pasando primero por Guarito, Corral de Rojas, las Delicias, San José de Guisabo y las Catalinas.

Dic. 24 Día 24, a Yareyes, La Redonda, Polcallo, Caobabo, Caridad de Lacra, California, San Antonio y las Turas, en cuyo
Dic. 25 punto pernocto, y el 25 muy al amanecer me paso a San Antonio por ser mejor por la yerba y agua para las caballerías y en donde se me reune la Segunda División.

Aquí, permanezco organizando las fuerzas para el movimiento de invasión, del modo siguiente. El Coronel Rafael Rodríguez Gefe de toda la gente de caballería que con el Brigadier Henrique Gefe de la Primera División deben quedar. El coronel Gabriel González con 100 hombres del Regimiento

Agramonte y 100 del Camagüey, el Brigadier González con el Escuadrón Narciso, 100, el Gral. Sanguily y escolta, el Teniente Coronel Cecilio con 100 rifleros infantes, compondrán las fuerzas invasoras.

El General Sanguily, le nombro mi Segundo Gefe.

El Coronel Marcos García, pasará a ocupar la Gefatura de la Primera Brigada de la Primera División.

El Brigadier Suarez, pasará a mandar las fuerzas al mando de los Coroneles Maestre y Lino Pérez.

Plan— Teniente Coronel C. González, pasará la trocha, si es posible, sin hacerse sentir, por el centro, por entre Ciego de Avila y Morón, punto mas a propósito para el paso de infantería sola, y se le dán tres prácticos buenos.

Las Caballerías y Cuartel General por el sur, cuyo paso protegerá el Brigadier Suárez, volviendo a contramarchar, recoger después los elementos dispersos de la Segunda División y aguardar órdenes para disponer después el pase de ese refuerzo. El Mayor General Roloff, con la gente de Lino Pérez, va preparado para hacer las faginas con que tapar las zanjas y fosos—el Coronel Maestre con gente escogida y bien armada y bien pertrechadas se ocupará en defender el pase del Cuerpo de Caballería.

1875

Eno. 2   Dispuestas así las cosas emprendo marcha, sin comunicarle a nadie mi plan, el día dos de Enero—por Santa Gertrudis, Mijial, Fundora, Quemado, Montejo y Ciego de Escobar en donde acampo sin novedad.

Cito a los principales Gefes, les comunico mi pensamiento y plan, exponiendo al mismo tiempo, como tenía órdenes del Gobierno de no emprender el movimiento de invasión sin primero comunicárselo, pero yo casi seguro que el Gobierno no podría de momento, poner a mi disposición ningunos elementos de guerra y que en espera de los que han de venir del extranjero, se nos pasaría el tiempo mas a propósito que en tal virtud y a pesar de la orden del Gobierno, me resolví a hacerlo, con los pocos resursos que contaba.

Todos los Gefes estuvieron de acuerdo con mi plan y determinación.

Eno. 4   Día 4, marcha una columna la que manda el Teniente Coronel Cecilio González, de los 100 infantes por el centro y todas las demás fuerzas por el sur—Jesús María, Las Piedras, Los Güiros, Ciego Grande, Cieguito, Mercedes, Martín Díaz, San Diego y San Francisco Sánchez—sin novedad.

Día 5. San Juan y San Rafael, alto aquí para preparar la fagina, se mueve la columna a las dos de la tarde, por Echamendi, San Francisco de Itabo, Palenque y Sabanalamar,—alto aquí para organizar las columnas, estoy a tres leguas de la trocha—marcha a la una de la noche y a la trocha al amanecer

Eno. 6   del día 6.

Se sorprende al enemigo, la estacada es destruída, la zanja y fosos fácilmente salvados por la caballería, que pasa sin novedad; no se sufren más que seis bajas de infantería, dos o tres caballos muertos y un mulo.

Soy herido levemente en la garganta.

Continúo hasta Francisquito dos leguas, allí encuentro dos paisanos que me informan del estado de las cosas de esa zona—allí descanso hasta las dos que me muevo a Palo Alto dos leguas donde paso la noche sin novedad.

Una nota curiosa:

Cuando me moví del Camagüey para la invasión de las Villas, contaba el 2o. Cpo. de Ejército a mi mando con los elementos siguientes: 63 Gefes, 221 Oficiales, 290 de clases y 1726 de tropa.

727 caballos inclusos los de las plazas montadas de infantería. 1639 armas de precisión y 22,761 tiros que puede decirse que solamente alcanzaban para poner las tropas a 13 tiros, poco más o menos por plaza.

La Columna invasora se componía de 314 caballos del Camagüey 150 de las Villas y 700 infantes de las Villas.

Resumiendo—464 caballos y 700 infantes. Total de hombres—1,164. Quedaron en el Camagüey y 200 caballos, y 462 infantes.

¿Qué otro Gral. no se hubiera llevado todo eso y dejado cuatro guerrillas de caballería de 25 hombres? Pero yo no quise hacerlo así, y sin embargo alguien dice que yo dejé extenuado al Camagüey.

Día 7, marcha por los Negros, Meloncito, Hoyo de la Palma; el pasto aquí una gran laguna; se hace alto y descanso como una hora y después se continúa, por Guayacansito, Guayacanes y línea telegráfica, y se destruye, y se pasa la noche en este punto. *Eno. 7*

Día 8. Los Hoyos, los Rucios, y la Majagua, aquí acampo, encuentro algunos hombres del Coronel Jiménez y éstos dan noticias de que el Teniente Coronel Cecilio González ha pasado la trocha sin novedad—inmediatamente envío comisiones por distintas direcciones en solicitud de ambos Gefes. *Eno. 8*

Día 9, el enemigo a 2 leguas, no me conviene presentarle combate, pues debo reponer un tanto los caballos así como reunir a Jiménez y González, le dejo pues, unas guerrillas que le entretengan, y me retiro, vereda muy larga por un gran *Eno. 9*

1875

monte, Charco del Negro, Melones, Trilladerito, Juan Criollo y San Agustín—donde acampo—estoy a una y media legua de los campamentos enemigos de Arroyo Blanco e Iguará—han venido algunos paisanos.

Eno. 10-11   Día 10, acampado sin novedad y el 11 marcha por el Dagamal, la Jeringa y San Marcos, donde acampo, hai aquí muchos recursos para la gente y los caballos.

Eno. 12   Día 12, al Coronel Jiménez y el Teniente Coronel Cecilio González se me incorporan.

Se despacha correo para el Camaguey, Tranquilino Cervantes. Al caer la noche aviso que el enemigo se encuentra a media legua de mi campamento y que sigue avanzando, no me conviene presentarle combate pues el Coronel Jiménez ha traído muy poca gente y por consiguiente cuento con muy pocos prácticos, además, en mi plan entra recorrer primero, y antes de comprometer lance, todo el territorio que pueda para orientarme de todo lo posible y que la gente vaya conociendo el terreno, así pues, me retiro a las Delicias una legua y allí pernocto.

Eno. 13   El 13, dispongo que el Teniente Coronel Cecilio González marche hacia el Jíbaro y que situándose en aquella zona habrá confidencias y tome los datos que puedan asegurar con buen éxito un golpe a ese pueblo—mientras tanto, yo me muevo con las caballerías (el enemigo no me sigue) por Balleneta, Sabana Nueva y Corral Nuevo donde se hizo alto para almorzar y dar descanso a los caballos—se continúa (voy rumbo a Sancti Spíritus) Canamayana, Piedra Hueca, la Campana, las Veguetas y Ojo de Agua, donde se hizo noche, en la que hubo una alarma, tiros en una guardia avanzada, con un grupo de gente montada que también hizo fuego y desapareció, de cuyas resultas hubo un hombre muerto pues una bala perdida le dió muerte en medio del campamento, se toman todas las medidas de seguridad, se reconoce todo y no hai más novedad. Es de presumir, que el grupo es de gente

Eno. 14   nuestra—14, marcha por Taguasco (campamento enemigo) Arroyo del Látigo, camino real y acampé en Siguaney, en cuyo punto se cogen muchos transeuntes, con caballos y algunos efectos. A las 4 de la tarde marcha por las Vegas de Castaña, paso de río Zaza, el enemigo ocupa el paso, en número como de 200 de infantería, se le carga y me abro paso, se le hacen algunas bajas.

Estoy a 4 leguas del pueblo.

Yo tengo tres heridos, dos graves y cinco o seis de caballos que allí mismo fueron repuestos; continúo mi marcha, variando mi plan para ver si era posible quemar uno o dos ingenios, pero tengo aviso de que se han preparado al oir el fuego y luego impedimentado con camillas, resuelvo repasar el Zaza, pasando por Santana, Ingenio abandonado, y acampo en las Vegas de Pinto—esa noche por allí pongo los heridos en lugar seguro y el 15 continúo mi marcha por Bacuino y potrero de la Palma, donde acampo, dos leguas de marcha—en este to se me reunen algunos montados procedentes de Villaclara.   Eno. 15

Dispongo que el Capitán Alvarez con 20 jinetes se quede llamando la atención en la zona del pueblo y el 16 marcho por Martín López, Los Chinos, Samana de Saguaco y al Primer Hoyo,—donde acampo—Cecilio González con la infantería a una legua de este punto y nos encontramos a dos del Jíbaro.   Eno. 16

Día 17, acampado— y se me une el Teniente Coronel C. González con la infantería.   Eno. 17

Día 18, por la madrugada marcho sobre el pueblo del Jíbaro, que a la hora poco mas o menos, de resistir su guarnición, que era de 40 soldados de línea y algunos mas armados, gente toda del país, se rindió con más de 20 bajas. El pueblo todo, después de proveerse la tropa de lo que mas necesitaba, se incendió todo—se curaron los heridos españoles—(12) y se dejaron en completa libertad.   Eno. 18

Se ocuparon 151 armas de presición, 35,000 tiros, capsulas, 200 machetes, 120 caballos, muchas medicinas, 50 monturas, muchos efectos de escritorio y un abundante y muy rico botín, de nueve establecimientos de comercio.

Se me incorporan más de 30 hombres, útiles para las armas algunas familias, dejo colocadas en estancias alrededor del pueblo quemado y las demás me siguen al Primer Hoyo, donde vuelvo a acampar.

Nuestras bajas, 7: cinco heridos y dos muertos. Ya en el Primer Hoyo, dispongo colocar todas las familias en una Subprefectura.

Eno. 19   Día 19 marcha por las Toras, donde hago alto, descansa la gente y mientras tanto hago un depósito oculto de armas y de parque—por la tarde continúo a la Demajagua, y allí se hizo noche.

Eno. 20   El 20 marcha para la Reforma, dos leguas, donde pienso acampar, más como pasábamos a menos de media legua, del campamento enemigo Río Grande mientras el General Sanguily continúa a acampar, paso yo con la Escolta a reconocer el campamento enemigo, veo que todo es un caserío— de paja y un fuerte mal construído. Un paisano que veo por allí, le mando a que le intime la rendición al Gefe de la guarnición, que se acompone de 30 soldados de línea y más de 20 voluntarios. La contesta se dilata, mando pedir refuerzo al General Sanguily, y tan pronto llega éste doy órdenes de incendiar las afueras del poblado y me ocupo de poner en seguridad las familias que van saliendo, a poco el incendio se generaliza, los españoles intentan evitarlo, pero se les hace fuego y vuelven a sus trincheras, media hora después se rindió la guarnición, tres oficiales y 31 soldados de línea con 22 voluntarios—51 armas y 8,000 tiros. A las 12 del día acampo en la Reforma sin novedad.

No sufrí ni siquiera un contuso.

Eno. 21   21, acampado sin novedad.

Eno. 22   22, acampado en el mismo punto y dispongo salga en comisión con pliegos para el Camagüey el Comandante José Gómez, a quien acompañan diez hombres de caballería; voy, pues, a hacer la prueba si es que esta comisión, puede pasar la trocha con gente montada.

Lleva órdenes para que entonces marche el Brigadier Suárez a reunírseme.

El mismo día al ser de noche el enemigo al frente varió de posición en la misma finca y allí paso la noche sin no-

vedad, y al amanecer emprendo marcha el día 23, por Santa Eno. 23
Teresa, San Felipe y los Ramones, donde se acampó. Antes he despachado al Teniente Coronel Cecilio González en operaciones sobre Marroquín y zona de la trocha, por donde debe hacer su pasada el Brigadier Suárez.

El 24 marcho por el Cayo de la Estancia, Guayabo, y Eno. 24
Corral Nuevo, donde se acampó.

25, marcha Carramanayá, allí se me incorporan el Te- Eno. 25
niente Coronel Miguel Ramos y Comandante Bonachea con 30 hombres montados. Continúo por el Saltadero y Ciego Potrero, donde se acampó. Se me reúnen aquí el Comandante Carrillo con 100 infantes, y el Capitán Alvarez de regreso de cumplir la orden de operar en la zona de Sancti Spíritus, donde incendió los cañaverales, recogió caballos y llamó, como era de esperar, la atención del enemigo sobre la zona.

Día 26, despacho al Comandante Carrillo con la infan- Eno. 26
tería a las órdenes del Teniente Coronel Cecilio González, y continuando mi marcha—voy por el norte de Sancti Spíritus. Es mi plan recorrer la mayor parte de territorio de Sancti Spíritus, con objeto de recoger caballos y con la presencia de nuestras fuerzas, levantar en lo posible el espíritu de la revolución en esta parte, así como ver la manera de cómo introduzco algunas fuerzas en las otras Villas. Por eso y porque aún no bien orientado de la topografía del territorio donde por vez primera vengo a hacer la guerra con tan escasos elementos, por eso repito no entran en mis planes presentar combates formales al enemigo y ni mucho menos, comprometer lances que aunque en ellos pudiese destrozar una columna enemiga, siempre por nuestra parte se sufrirían bajas y para cuyos heridos no tenemos todavía ciertas zonas que ofrezcan seguridad y garantía. Además, creo conveniente formar una sólida base de operaciones de Sancti Spíritus que sirva para apoyar las invasiones de las otras Villas. Así, pues, no se extrañe que la prosecución de estos apuntes, se note que con frecuencia exprese cómo me retire ya cerca al enemigo. Justificando así estos movimientos de retiradas, continuaré mis apuntes.

1875

Eno. 26 — Día 26, en marcha por el camino de Manacas al potrero de las Varas y a Pozo Azul, aquí pernocté.

Eno. 27 — 27— por Manacas de Cantero; La Larga, La Jiquima, Las Vegas de Salsipuedes, aquí se pasara el Zaza y Neyba Alto y descanso, aquí se cogen tres pacíficos, y continuando a Magueyes se hizo noche sin novedad.

Eno. 23 — El 23—al amanecer, por Callejón de Camaguán, una hora de marcha y el enemigo allí; mando a la carga y es arrollada la vanguardia de una gran columna, se da muerte a machete a unos cuantos, y mientras el enemigo se repara y principian sus fuegos de Artillería e Infantería, dispongo la retirada con seis bajas de cinco heridos, un oficial muerto, y continuando por las Piedras, Callejón de este mismo nombre, Las Calabazas y a las Pocitas, en cuyo alto descanso y coloco en esa zona los heridos—pues aquí encontré gente buena que se hiciera cargo de ellos.

A las dos de esa misma tarde me muevo (voy atravesando caminos muy malos para caballería), por Guayabón. El Ñame, aquí un pequeño caserío y varias familias, allí alto, descanso y continúo por "La Perdiz", "Los Indios" y "La Unidad", donde acampé a las siete de la noche sin novedad; estoy a una legua del fuerte enemigo, Zona enemiga y ya jurisdicción de Villa Clara. Me ocupo durante la noche de organizar una columna de 200 jinetes que al mando del Brigadier González—pase a invadir a Villaclara y Cienfuegos.

Eno. 29 — Día 29, a las 4 de la mañana, fuego en la avanzada del rastro; el enemigo no avanza, hay mucha neblina, aprovecho ésta, doy órdenes a González que marche a su destino, y yo con el resto de la columna, y por opuesto rumbo, me dirijo orillando la Jurisdicción de Trinidad por Las Grullas, La Ceiba, El Platónico, Los Cerros, a vista del campamento enemigo Sipiabo y a "Manaca de Ransola, donde se acampó sin novedad; en esta marcha, me he encontrado mucha gente pacífica, la gente se ha provisto de muchos recursos de boca y se han conseguido algunos caballos.

Eno. 31 — Acampado hasta el 31, que marcha por la sabana de los Arrieros (ya aquí se vuelve a entrar en territorio de Sancti

Spíritus) tomo el camino central hasta Macaguabo y a Santa Cruz gran potrero, alto y descanso, aquí algunos pacíficos y caballos. Continúo a Las Delicias y San Hipólito, donde se hizo noche.

Febrero 1º—Atravieso el Zaza, Paso de los Muertos, Alonso Sánchez, San Ambrosio, Santa Elena y Pozo Azul— y donde acampé. Feb. 1

De aquí dispongo que el Coronel Gabriel González, con 40 jinetes escogidos, vuelva a operar sobre la zona de Sancti Spíritus, y se me reúna el 13, indicándole el punto dónde le esperaré. Día 2, continúo con la demás gente—por el Pocito ,y hasta el Ojo de Agua, donde acampo—el 3, marcha Naranjo, Las Playuelas y al "Majá", donde acampo; el 4, marcha por la Herradura, Las Lajitas y Juan Criollo, donde acampé—el 5, marcha por el Purialito, Trilladerita, Los Guayos, La Retranca y Río Grande, o La Reforma donde pienso dar descanso algunos días a los caballos, y mientras tanto reunir la gente de infantería—órdenes a todos los jefes de concentrar en la Reforma. El 6 acampado y a las 4 de la tarde enemigo a retaguardia del Campamento, me retiro a los Hoyos, y el (7) vuelvo por caminos extraviados sobre el enemigo, para si éste sigue por mi rastro hacia los Hoyos caerle por sorpresa por retaguardia—pero ya éste en marcha por el gran potrero de la Reforma, aunque yo mismo le fuí a explorar dejando la caballería en cubierta, parece que sus exploradores me divisaron y contramarchó tomando posiciones en las márgenes de un arroyo; comprendí que no era posible mi plan, y me retiré a la Demajagua, donde me reuní con el Teniente Coronel Cecilio González, y toda nuestra gente de infantería, cuyo Jefe me da parte de haber incendiado los caseríos de Marroquín, Chambas y Jatibonico, recogiendo muchos recursos, algunas armas, caballos, y uniéndoseles algunos hombres útiles para las armas, e infinidad de familias. En este punto, ya toda esta gente reunida, muy estropeada y sin recursos de boca, determinó marchar hacia la zona de Ciego de Avila a la Ceiba a darles de comer, y con este objeto marcho, pasando por Guayacanes y el Pasto, donde hago noche.

Feb. 2
Feb. 3
Feb. 4
Feb. 5
Feb. 6
Feb. 7

1875

Feb. 8 — Día 8, a la Ceiba, 2 leguas, mucha abundancia de todo.

Feb. 9 — El nueve, marcha; las infanterías que ocupen los montes de Arroyo Blanco, bien oculto para que no sean atacadas y puedan descansar, y despacho al General Sanguily con una parte de gente de caballería, y al Teniente Coronel Mola con otra, ambos en operaciones por distintos rumbos en la zona de Ciego de Avila y la trocha, y Coronel Jiménez con otra columna a la zona de Sancti Spíritus. Todos estos jefes tienen órdenes de concentrar el 20 y 21 en la Crisis—zona del Jíbaro—mientras tanto, yo con la Escolta y alguna gente más de los caballos estropeados de los cuerpos que andan en operaciones,

Feb. 9 — me dirijo hacia aquel punto el día 9, y acampo en

Feb. 10-11 — "Hoyo de la Palma"—allí descanso, el 10 y 11. Día 12

Feb. 12 — me muevo, y al pasar por Guayacanes, allí enemigo desvió

Feb. 13 — un poco el rumbo y acampó en las Nuevas—y el 13, pasando por Santa Elena acampo en las Vegas del Paso Viejo, cerca del Jíbaro. Ordenes al Coronel González para que se dirija a esta zona pues he variado de punto para la concentración. Ordenes también para reunir más de 200 personas que hay regadas en todos estos contornos, procedentes del Jíbaro.

Feb. 14-15 — 14 a la Crisis, mucha caña y ganado; el 15 acampado y se me reúnen General Sanguily, Brigadier Suárez y Coronel González. El Brigadier Suárez pasó la trocha sin novedad.

Feb. 16 — 16 me muevo, a la Espezanza—correo del Brigadier González desde Cienfuegos, con buenas noticias.

Feb. 17 — 17, me ocupo de organizar dos columnas de infantería, una para Remedios, Suárez, y otra para reforzar al Brigadier González en Cienfuegos—el mismo día despacho correo para Oriente.

Día 18, me muevo a la Vega de Paso Viejo y dispongo que el General Sanguily pase a la Reformar a hacer marchar las dos columnas, lleva órdenes e instrucciones para los Gefes de aquéllos. El resto de la infantería debe quedar a las órdenes del Comandante Serafín Sánchez. El Coronel Lino Pérez, con una pequeña columnita deberá pasar a la Jurisdicción de Villa Clara a practicar exploraciones en aquel territorio. El mismo día se me incorpora el Coronel Jiménez y varío de posición—ocupando la finca La Hungría.

El 19 acampado sin novedad hasta el anochecer, que mis exploradores avisan que el enemigo se encuentra a legua y media de mi campamento—tomo todas mis precauciones para evitar una sorpresa y me preparo a aguardar el ataque por la mañana del día siguiente. Feb. 19

Día 20 a las 4 de la mañana, dispongo que el Coronel Jiménez (la fuerza con que cuento son 200 hombres de caballería) con 50 jinetes marcha por un camino extraviado a tomar la retaguardia del enemigo, atacándole tan pronto se apercibiese que éste tocaba a las posiciones del campamento que con el resto de la columna debía yo defender. Una vez colocada la fuerza convenientemente esperé hasta las 7 de la mañana, pues el enemigo se arrastraba lentamente—dos grupos de exploradores que a derecha e izquierda de un arroyo que colinda con la finca y posiciones que ocupo debían atraerme el enemigo a un solo punto—donde principia lo abierto de la finca, terreno adecuado para los movimientos de caballerías—así sucede, y como al presentarse a mi frente simultáneamente se lo carga de frente y retaguardia, por la segunda, por el Coronel Jiménez—el enemigo no osó desplear sus fuerzas, y concentrándose sobre las márgenes del arroyo y aprovechando árboles, cercas y sinuosidades del terreno donde nuestra caballería no podía maniobrar con desembarazo, se puso completamente a la defensiva—dispuse entonces, hostilizarle con pequeños grupos—sin notar ningún movimiento, sólo como a eso de las 9 del día, que formando un cuadro, trató de avanzar e inmediatamente dispuse que 50 hombres cargasen sobre el cuadro, y si aquél resistía que inmediatamente y a escape se replegan sobre mí, que a 500 varas permanecía como en observación con el resto de la gente, con objeto de si el enemigo engañado por ese falso movimiento avanzaba, envalentonado, disolviendo su cuadro, cargarle con toda la fuerza— ningún resultado obtuve, pues al notar el movimiento de avance de los nuestros, inmediatamente se replegó sobre sus posiciones sin que se le pudiese hacer daño con el arma blanca, y Feb. 20

solamente hacerle fuego, y mientras tanto, rompiendo él sus fuegos de Artillería, dispuse la retirada de esa Sección hacia mí, mandando inmediatamente un grupo que a corta distancia le sostuviera el fuego que debidamente contestaban—así y todo no se mueve.

Como a eso de las 11 se me incorporan el Coronel Jiménez y Teniente Coronel H. Mola.

A las 4 y media de la tarde en la misma situación—y ya los caballos bien gastados, resolví retirarme a 1|2 legua, donde pudiese darles algún descanso y agua, pues apoderado el enemigo del uníco punto por donde se pudiese darles agua pues todos son barrancos, no habían bebido en todo el día. Dejé sin embargo alguna gente sobre el enemigo. Al amanecer del 21 se marcha el enemigo, dejando las trincheras en que sin duda lleno de temor se parapetó—y muchas señales de haber recibido bajas.

Feb. 21

Si me he detenido algo en reseñar algunos pormenores de este raro combate, es porque suceden cosas en la guerra que para el que no se encuentra al frente de los sucesos puede dudar de su veracidad, y éste es uno de ellos, cuando al concluír tengo que decir que después de un combate, que se principia a las 7 de la mañana, y se suspende con la noche, no tengo más bajas y pérdidas que el Gefe de mi escolta y un Sargento, también de las mismas heridas y ni muy graves, seis u ocho caballos, entre muertos, heridos y cansados.

Diré más, que a pesar de 16 o 20 disparos de granadas, cuyos proyectiles pasaban más allá de mis líneas, ninguno hizo el más leve daño ni siquiera a un caballo.

El cómo se explica ésto yo no lo sé, pero, es la verdad.

Ignoro el daño hecho al enemigo, pero puedo bajo la responsabilidad de mi criterio militar, asegurar que ha recibido bastante y voy a dar los fundamentos de mí juicio, además de las señales que han dejado en el campo de sepulturas, y rastros de sangres. La columna española, pasaba de 1,000 hombres, y estaba agrupada en las márgenes del arroyo—y en el cauce del mismo, ellas no sé por qué, sin duda algún plan de emboscada, me presentán poco gente de frente que, como he dicho antes, debidamente contestaban nuestros fuegos, y con movimientos de amagos de avances y retiradas hacia el arroyo se sostuvieron, y mientras tanto, nuestros fuegos dirigidos a aquella masa, indudablemente debían ser certeros. Además hai. que tener en cuenta otra circunstancia, y es que los españoles hacían más de 30 días que me buscan para el combate, y su marcha de la Crisis muy al amanecer del 21 sin esperar ni perseguirme, indica que esa columna debió haber estado muy impedimentada o llena de pánico.

El 22, me moví al potrero el "Pasto". El mismo día se me incorporan los Géfes Sanguily, Manuel y Sorí procedentes del Camagüey,—sin correspondencia. — Feb. 22

Día 23, acampado dispongo que el Coronel Jiménez con toda la gente del Jíbaro pase aquella zona, operar desde allí hasta Sancti Spíritus y concentrar aquí el 15 del entrante. El Comandante José Gómez, con 30 ginetes sobre la trocha y con la misma orden de concentración. — Feb. 23

Se me reune el General Sanguily de regreso de hacer marchar la columna Suárez para Remedios, y Cecilio González para Cienfuegos.

Día 24,—Me muevo a la Ceiba donde acampo—y a las 11 de la noche recibo correo del Camagüey. — Feb. 24

Día 25—despacho otro correo para el mismo punto.— — Feb. 25
Día 26—mando al General Sanguily sobre la zona de Iguará a trabajar allí hasta conseguir confidencias que faciliten el sacar mixtos para llenar cápsulas para el Camagüey—un paso que pienso ver cómo lo proveo— — Feb. 26

El Coronel Gonzalito—zona de Sancti Spíritus—con 30 ginetes, con el mismo fin para hacer el daño posible al enemigo, y ambos concentrar en el Pasto el día 12.

Yo me muevo para, el hoy de la Palma, y de allí mando un oficial a gestionar sobre el asunto de los mixtos, con los confidentes de Ciego de Avila.

Días 27 y 28—acampado—me ocupo de ver el estado de los heridos cuyo hospital está en la cueva oculta, lugar muy apropósito para este delicado y sagrado depósito. — Feb. 27-28

Día 1º de Marzo —Dejo aquí al Teniente Coronel H. — Mzo. 1

1875

Mzo. 2 — Mola, y con mi Escolta paso a la Demajagua—el 2 recibo allí, pliegos de Cienfuegos—el Brigadier González herido, despacho correo inmediatamente y permanezco allí arreglan-

Mzo. 5 — do varios asuntos del Servicio, hasta el 5, que marcho otra vez para el "Hoyo de la Palma", me encuentro el enemigo en Guayacanes, le tiroteo y me retiro para Hato Viejo, allí

Mzo. 6 — el 6, se me reune el Teniente Coronel Mola y el General Sanguily y alguna fuerza de Infantería.

Dispongo operaciones por distintos puntos.

Mzo. 6 y 7 — Marcho el 6, a "Los Martínez",—y el 7, hacia Ciego de Avila, allí arreglo asunto confidenciales y hecho todo es-

Mzo 8 — to regreso el 8 a "Los Martínez"—el mismo día se me reune

Mzo. 9 — el General Sanguily—que sale el 9 para el Camagüey.

Permanezco acampado sin novedad, entre este punto y

Mzo. 20 — Meloncito hasta el 20, que recibo el Correo del Camagüey—

Mzo. 21-22 — el 21 despacho la correspondencia, y el 22 me muevo para "La Crisis"—me acompañan 200 hombres de Caballería— allí voy con objeto de reponer un poco los caballos.

El Pasto, Los Martínez, y Meloncito distan media legua uno de otro, y "La Crisis" está a 6 leguas.

Mzo 25 — Día 25—acampado sin novedad, y recibo correo de

Mzo. 26-27 — Cienfuegos—el 26 se despacha—y el 27 dejando a los Coroneles González y Jiménez para que operen y órdenes de concentrar en este mismo punto el 15 del entrante, me muevo ha-

Mzo 28 — cia Los Martínez, el 28.

El mismo día me ocupo en despachar pliegos para el

Mzo. 29 — Camagüey que salen a las 3 de la tarde del 29.

Mzo. 30 — Día 30—marcho a los "Hoyos" voy rumbo a la trocha a esperar el refuerzo, que me dice el Gobierno que debe pasar en los primeros días de Abril.

Mzo. 31 — El día 31, continúo marcha hasta San Juan, finca a media legua de Lázaro López y tres de la trocha; aquí se me reune el Brigadier Suárez.

Abr. 1 — Abril 1º.—Mando por distintos puntos, comunicaciones para saber por dónde pueda pasar el refuerzo.

Abr. 2 — Día 2—me muevo a reconocimientos sobre el fuerte de Jicotea, por allí se recogen algunos efectos a los paisanos y caballos, que distribuyo entre los soldados de mi Escolta—Paso una esquela al Géfe del fuerte para ver si logro hacerlo salir, hablar con él, y ver si por medio de alguna estrategia engañosa lógro apoderarme del Fuerte; mientras un paisano que lleva la esquela vá y vuelve, en casa de una pobre familia, allí mismo en las afueras del Caserío me invitan a almorzar.—Vuelve en fin el paisano con la contestación—El Gefe dice muy cortésmente que le es posible salir de su puesto.—Me retiro regalando a la familia una onza, y media al paisano que llevó la esquela el Géfe del Fuerte.—Como es la primera vez, según se verá en el curso de mis apuntes, que hablo de dinero; pués es también la primera que en todo el tiempo que ha ocurrido de guerra en éste país he manejado dinero, en éste mismo librito y al final, se encontrarán aclaraciones sobre éste particular delicado,

Voy a "Cerro Pelado", una legua de allí, donde encuentro mucho maíz, se descansa allí hasta las 4 de la tarde que vuelvo a pernoctar en la estancia de San Juan.

Día 3—En marcha, me separo del Brigadier Suárez a quien doy orden de permanecer inmediato a la trocha para estar al tanto de la pasada de los refuerzos—y yo continúo pasando a vista otra vez del Fuerte Jicotea y voy a acampar a Pitajones en donde se me reune el Capitán Elpidio Mola, en comisión sobre la trocha y Ciego de Avila para asuntos de confidencias. Abr. 3

Me dá algunas noticias interesantes y periódicos.

Día 4, a los "Martínez", y aquí me ocupo de arreglar asuntos de esta Subprefectura. Abr. 4

El Capitán Mola vuelve el 5, a continuar en su comisión —y yo el 6, marcho a la "Demajagua"; el mismo día enemigo en Río Grande, mando exploradores y vuelven dando parte de que vá en marcha rumbo a Jicotea. Abr. 5 Abr. 6

Permanezco acampado—y se reciben correspondencias del Camagüey, Cienfuegos y Remedios, y despachan para los dos últimos puntos, el 11 y el mismo día me muevo para la "Crisis", donde deben concentrar el 15 algunas fuerzas—hago noche en la Tinaja y el 12 a la Crisis sin novedad. Abr. 11 Abr. 12

1875

Abr. 15 — El 15 se reunen las fuerzas y las preparo para moverme, y llevan a cabo un movimiento más, a las 12 de la noche recibo aviso que ha llegado el General Sanguily y Coronel Rafael Rodríguez procedentes del Camagüey con algunos refuerzos—se encuentran en los Martínez a 8 leguas.

Pospongo el movimiento, despacho algunas fuerzas por distintos puntos, y con el Regimiento Agramonte marcho a los Martinez, allí me reuno con los Géfes indicados a las 11 del

Abr. 16 — día 16.

Me entero de la correspondencia y como él Sanguily ha dejado con el Brigadier Suárez el pequeño refuerzo pongo inmediatamente correo a éste Géfe para que a marcha precipitada se dirija a los Hoyos, y yo lo hago para el mismo punto

Abr. 17 — el 17.

Abr. 18 — El Doctor Antonio Luaces, fué hecho prisionero el día 18 de Abril — 1875.

Abr. 19-20 — El Brigadier Suárez que ocupaba la zona de Morón, se me incorpora el 19, y el 20 me ocupo de organizar ésta gente reuniendo la que ha venido perteneciente a las Villas el Comandante Serafín Sánchez, pertrechándolas y despachando a Suárez con la gente de contingente otra vez sobre Morón a operar allí y estar al tanto de los demás refuerzos que deben, según ofrece el Gobierno, pasar aquí. El mismo día marcha el Coronel Rafael Rodríguez acompañado de varios oficiales, para Cienfuegos. El General Sanguily con el Regimiento Agramonte lo hace hacia la zona de Iguará donde más tarde debo reunirme con él.

Llega el Coronel Maestre que viene a conferenciar conmigo sobre asuntos de confidencias de alguna importancia.

El Coronel español Fortún, le escribe una carta proponiéndole regularizar la guerra.

También el mismo día se me presenta un hombre que sale de Sancti — Spíritus, con correspondencia del exterior para mí — me escribe Aldama.

Con el mismo individuo doy contestación.

Abr. 22 — Día 22, sale el Alférez José Soler en comisión para el Camagüey, conduce la correspondencia y lleva buenos prácticos para el refuerzo.

El 23, me muevo al Mameyar con el Batallón de Infantería al mando del Comandante Serafín Sánchez para acabar de organizarle —donde permanezco hasta el 28 que dejando aquí la Infantería, paso a la zona de Iguará donde me reuno con el General Sanguily y Regimiento expedicionario.

Mayo 1o. se presenta el enemigo, se le tirotea y entretiene, el 2 y 3 y se retira, queda por allí el Regimiento, el General Sanguily marcha a la zona del Jíbaro a reunir el Regimiento caballería al mando del Coronel Jiménez y yo me dirijo a los Hoyos. Mando de allí al Comandante Serafín Sánchez sobre Jicotea—lo ataca con mal éxito, no pudo tomar las trincheras, tuvo que retirarse con algunas bajas y saqueó algunas tiendas.

Día 5, se me reune el General Sanguily.

Día 7, sale en operaciones el Comandante Sánchez.

Me mantengo en ésta zona para estar al tanto de los refuerzos que ha de enviar el Gobierno, así que para entretener el tiempo me limito a ligeros y pequeños movimientos.

Día 8, se me reune el General Sanguily con el Regimiento de caballería al mando del Coronel Jiménez, dispongo que el General Sanguily con 5 jinetes se dirija a destruir la línea telegráfica de Jicotea a Ciego de Avila, que el enemigo ha reconstruído, así lo hace, y tiene un ligero combate arrollando al enemigo hacía Jicotea, refugiándose en las trincheras.

El 9, el Coronel Gabriel González se me incorpora con el Regimiento expedicionario, y regresa el Comandante Serafín Sánchez con el Batallón de Infantería a su mando, después de haber atacado el Fuerte Jicotea cuyo éxito no ha sido satisfactorio, pues se han sufrido doce bajas y no pudo ocupar más que algunas tiendas.

Día 10, despacho a Sánchez sobre la línea de San Marcos. 11, recibo correo de Cienfuegos.

El 12, General Sanguily le estropea el caballo que se cae con él y tengo que darle una escolta, y que se dirija a los Martínez a reponerse, y yo me muevo con los dos Regi-

Abr. 23
Abr. 28
May. 1
May. 2-3
May. 5
May. 7
May. 8
May. 9
May. 10
May. 11
May. 12

1875

May. 14 — mientos a Santa Teresa, aquí llego sin novedad y descanso hasta el 14 que con dirección a San Marcos emprendo marcha, donde llego sin novedad.

Me preparo a hacer un movimiento sobre Remedios.

May. 15 — El 15, me muevo a los Hondones, legua y media de San Marcos, pues en éste último punto escasean los recursos para la gente.

Aquí desisto del movimiento, pues además de que ha principiado un temporal las infanterías al mando del Coronel Maestre, están diseminadas y se retardaría muchísimo el movimiento, en su consecuencia dispongo que los dos Regimientos salgan por distintas direcciones a entretener el tiempo en ligeras excursiones, hasta concentrar a fines del mes, Jiménez a San Marcos y González a los Hoyos, y yo me marcho otra vez a

May. 19 — San Marcos el 19, allí acampo y se me incorpora el Comandante Serafín Sánchez con la gente de Infantería, y el Capitán Juan P. Arias; el mismo día recibo correo del Gobierno, llega el Alférez Soler.

Las noticias que trae son fatales. El General Vicente García poniéndose al frente de una sedición que desconoce la actual administrador, se ha opuesto al envío de los refuerzos, así, y como es natural, se ha trastornado todo mi nuevo plan de campaña después del tiempo que he perdido en espera de éstos.

Doy órdenes inmediatamente, que concentren algunas fuerzas en los Hoyos a fines del mes, para ver si puedo emprender algún movimiento ofensivo sobre la trocha del Júcaro a Morón, pues como el Gobierno, me llama el mismo tiempo que me sirva para formar el paso para el Camagüey, el mismo día

May. 19 — 19 me muevo hacia los Hoyos en cuya marcha se sufrió mucho, pues en la actualidad, nos azota un gran temporal, el práctico que llevo se pierde y después de haber estado casi todo el día marchando por montes y veredas vamos a salir al fuerte enemigo de Marroquín, y de allí entonces tome rumbo a los Hoyos, donde acampé ya casi de noche pero sin novedad.

May. 20 — El 20, se me incorpora el General Sanguily —que había rechazado al enemigo que le atacó, o mejor dicho que ignorando que él estaba por allí iba a sorprender nuestra enfermería, pues un presentado había informado de todo.

Esto hacen los españoles.

El mismo día también se me presenta un individuo llamado, José Inés del Sol enviado por Valmaseda para que me hiciese proposiciones; por cierto bien indecorosas, que viera si mediante una cantidad de dinero ofrecida me comprometía a respetar los ingenios —y además si estamos dispuestos a firmar la paz bajo las bases de la autonomía.

Las proposiciones fueron rechazadas y vacilé si convenía fusilar o no al comisionado, pero al fin pensando que el estúpido Sol (porque no es otra cosa) no sería más que una víctima que Valmaseda se compró por algunos pesos y que su muerte ningún daño le hacia a los españoles porque al fin Sol era hijo de Cuba, resolví volverlo otra vez a las líneas enemigas.

El 20, 21 y 22, acampado.
Sigue el temporal.

May. 20
21 y 22

Consideraciones sobre la actual situación porque atraviesa la pobre Cuba.

El General Vicente García, según los informes suministrados por el mismo Gobierno, se ha puesto al frente de un movimiento bien extraño, pues su programa es, disolución de la Cámara y establecimiento de un nuevo Gobierno bajo una forma militar.

Yo no veo las ventajas de estas reformas, antes por el contrario, como todas las reformas por buenas que sean siempre al ponerlas en plantas se sufre algún trastorno —así sea sustituyendo, lo más bueno a lo más malo.

Creo pues muy inconveniente, y mucho más en las actuales circunstancias en que invadidas las Villas, debía más que nunca operarse en todas partes, la unidad de elementos y de ideas, para consolidar y afianzar, el paso que ha dado la revolución. Así pues, lo dudo, pero lo deseo, que aquel General salga bien en su empresa en la que yo me propongo no tomar absolutamente parte alguna.

1875

May. 24 El 24, me muevo hacia los Martínez, donde me ocupo de arreglos sobre el hospital.

May. 28 28, vuelvo a los Hoyos, allí reunidas ya algunas fuerzas llega también Urioste a Cienfuegos, en comisión, la cosa por allá no está muy alegre pero yo no temo nada, es que los españoles han apurado algún tanto las operaciones, pero la estación le es muy contraria, y por cuyo motivo yo desisto del movimiento que intentaba, me ocupo pues de mi marcha al Camagüey. Me acompaña el Brigadier Suárez con su escolta, el Coronel González con 50 hombres del Regimiento, mi escolta y Estado Mayor. El General Sanguily queda hecho cargo del mando.

May. 30

Jun. 1 Día 30 —se cerró éste— junio 1º marcha.

Después de hacer carne a cuatro leguas de la Trocha paso ésta a las 6 de la tarde sin novedad y pernocto, en el potrero Sevilla.

Jun. 2 Día 2 — marcha pasando por Santa Lucía, "La Cavera", y San Francisco donde se pernoctó.

Jun. 3 El 3 — marcha, "Guano Sánchez" "San José del Guano" El Carmen, Sabana Nueva, La Concepción, y La Trinidad, donde se hizo noche.

Jun. 4 Día 4 — Se descansa en la Trinidad y allí me veo con el Coronel Marcos García.

Jun. 5 El 5 — marcha, pasando por Santo Tomás, Las Piedrecitas, El Ocujal, Quemado de Fundora, Los Yagüeyes, La Aurora, Santa Getrudis y San Atonio Arán, donde hice noche.

Jun. 6 El 6 — marcha, pasando por la "Gloria", "El Destino", Aranjuez, "San Blás", Rincón de Porcallo, La Redonda y San Pablo, donde hago noche, despachando de aquí correo al Gobierno, que ignoro su residencia, y diciéndole que aguardo contestación en Santa Isabel de Trocones, para donde pienso dirigirme.

Jun. 7 El 7 — en marcha, pasando por las Catalinas, Ingenio Grande, San José de Guirabo, Las Delicias, Corral de Rojas, Guariato y Santa Isabel.

Jun. 9 El 9 — recibo la contestación del Gobierno y ordena que

me dirija a San José de Guaicanamar — y el 10 así lo hago Jun. 10
llegando allí sin novedad.

Enterado bien del estado en que se encuentra el asunto de los reformistas de Oriente, encuentro que, ofuscada y miedosa la Cámara, a quien se han dirigido aquellos desconociendo la autoridad del Presidente de la República en la persona de Cisneros — han principiado a tratar con éllos, legalizando así su mala situación que por más que se quisiese disculpar, no se le puede dar otro calificativo que el de un motín militar.

Por otra parte el Presidente de la República ha presentado su renuncia a la Cámara; pero ésta no ha resuelto nada.

En este estado las cosas se promueve una reunión de varios Géfes que aquí nos encontramos, pero cuya junta no tuvo ningún carácter oficial y solamente, como reunión de patriotas, para opinar lo que se debía hacer en tal situación.

Yo opiné, que puesto que el 2o. y 3er. Cuerpos de Ejército y aún parte del 1o., no se habían adherido al movimiento, que no competía a la Cámara entender en el asunto y sí dejar al Gobierno en actitud e iniciativa de entender en el mismo, y que una vez que éste agotara los recursos morales de que pudiere disponer y no obtuviese ningún resultado favorable, entonces diese parte a la Cámara, haciendo el Presidente renuncia del destino y la Cámara entraría de lleno en la cuestión.

Se siguió esta opinión y volviendo la Cámara sobre sus pasos en busca de su honor y su decoro, a mi modo de ver ya perdidos, deja al Gobierno la iniciativa.

Con tal motivo, yo, que mis deseos siempre serán ayudar en todo a los cubanos y aunque ajeno a la política, me le he ofrecido para tratar, como comisionado oficioso para tratar con el General Vicente García la manera de cómo se puede arreglar mejor el asunto — y pongo inmediatamente correo a aquel Géfe, citándole a una conferencia, que él acepta gustoso.

El 20 — regresa el Capitán A. Castellanos, a quien le Jun. 20
tocó la comisión del pliego, y me trae la contestación de García, que fija el 25 en la Loma de Sevilla.

1875

Jun. 24   El 24 marcho a aquel punto, 11 leguas de marcha.—Me acompañan mis Ayudantes, Teniente Coronel Enrique Mola, Capitán Elpidio Mola, Capitán Agustín Castellanos y además invité al Brigadier Manuel Suárez, Teniente Coronel Manuel Sanguily, Dr. Félix Figueredo y Ciudadano Tomás Estrada; como personas entendidas y de bastante significación. El mismo día llegó al punto; ya allí estaba el General García con algunos de los suyos.

Jun. 25   El 25.—Celebramos nuestra conferencia, por más que él se oponía conseguí al fin que fuese pública y que todos los que allí se encontraban pudieran discutir y tomar parte en el asunto.

    Yo el primero, senté la proposición de que debían someterse al Gobierno constituído, cualquiera que fuese el hombre que ocupase la Presidencia, y que para éllo debía el General pasar una nota a la Secretaría de la Guerra; éste se niega, se discute largamente; Sanguily estuvo muy elocuente y por último manifestando el General García que por dignidad habiendo desconocido a Cisneros y como él había hecho su renuncia y no podía reconocerlo, que cualquiera que viniese al poder estaría todo arreglado.—Así pues se convino y como yo pienso que desde que la Cámara entendió en el asunto mató la administración Cisneros y se suicidó élla misma, preciso es que venga pronto un nuevo órden de cosas, pués con una administración enferma y una Cámara sin prestigio, vive el pueblo en el desgobierno y el Ejército está expuesto a desaparecer.

    Resuelto pués, admitida la renuncia a Cisneros, ocupa su puesto según la Ley el que lo es de la Cámara: Juan B. Spotorno, y convocatoria a elecciones generales — lo demás de las reformas que piden será cuestión de la nueva Cámara.

    En fin, así se ha concluído este asunto. Compadezco al General García y compadezco la suerte de Cuba — sus hijos la pueden perder.— No sé que diga de la conducta del General V. García, creo que se ha dejado dominar de resentimientos particulares con Cisneros; puede que este paso marchite sus laureles hasta ahora puros, pues como la política con su venenoso hábito todo lo infecta y corrompe. ¿Quién sabe?

El 26.— volví a la residencia del Gobierno y dí cuenta de todo.   Jun. 26

Permanezco allí ocupándome de los preparativos de mi marcha a las Villas hasta el día 1o. de Julio que me muevo a Najasa; el mismo día es admitida la renuncia de Presidente de la República a Salvador Cisneros y le sustituye el de la Cámara; Juan B. Spotorno.   Jul. 1

Día 3, — en marcha, me acompaña el Brigadier Reeve, con una parte de la caballería se acampó en la Purísima — el 4, a Santa Isabel de Trocones — aquí tengo que estar detenido hasta el 6, pués la abundancia de lluvias me impiden la marcha.   Jul. 3
    Jul. 4
    Jul. 6

El mismo día se acampa en el Triunfo, aquí se nos reune el Teniente Coronel Fidel Céspedes con gente de caballería.— El 7, acampado y llega el Teniente Rafael Labrada, en comisión, con pliegos del General Sanguily, de las Villas.   Jul. 7

Día 8, — marcha a San Pablo y el 9, a San Antonio de Adán, allí permanezco el 10, para racionar la gente; el 11, marcha a Magueyes, aquí permanezco el 12, organizando alguna gente de infantería, de las Villas, que con el Comandante Carrillo deben marchar por distintos rumbos.   Jul. 8-9
    Jul. 10-11
    Jul 12

El 13, — me muevo a Juan Pérez 14, al Hoyo — y el 15 en marcha.   Jul. 13-14
    Jul. 15

Se pasa la trocha a las 7 de la noche, algunos disparos con un fortin, sin novedad por nuestra parte — y se acampa en Boca-Manaca.

Día 16, — a la Fé — a las 6 de la tarde se me reune el General Sanguily.   Jul. 16

El 17, — marcha al Rincón del Guano.   Jul. 17

Día 18, — acampado y a las 10 de la mañana columna enemiga en la Sabana de "Río Grande", de más de 1,000 hombres de las tres armas.   Jul. 18

Con la poca gente que tengo no espero el ataque en el campamento, y le salgo al encuentro; le presento combate que dura muy cerca de 2 horas.— Por fin me retiro a un 4o. de le-

1875

gua con dos muertos y 2 heridos graves, varios caballos heridos y el resto muy gastados.

Dejo al Teniente Coronel E. Mola con algunos números, sobre el enemigo, éste emprende marcha hacia Jicotea y Mola la tirotea.

A las 6 de la tarde vuelvo a mi campamento Rincón del Guano.

Jul. 19 — El 19, — acampado. Desde hoy me ocuparé de mi marcha a Cienfuegos.

Jul. 20 — Día 20, — dejo en el Hoyo de la Palma al Teniente Coronel H. Mola, con toda la gente, y yo con el General Sanguily paso a la zona de Iguará a organizar el Regimiento Expedicionario de Caballería; me ocuo de éste asunto y de otros del servicio, hasta el 29, que vuelvo a Rincón del Guano, donde se me incorpora otra vez Mola. El 30, lo hace el General Sanguily.

Jul. 29
Jul. 30

Me ocupo de instruir bien a éste Géfe y de hacerle entrega de todo lo correspondiente a la Primera División.

Agt. 2-3 — Agosto 2, marcho a Santa Teresa. El 3, a las Delicias — en cuyo punto por anteriores órdenes, me aguarda el Teniente Coronel Francisco Carrillo; permanezco aquí hasta el 5, en marcha hasta Manacas jurisdicción de Remedios.

Agt. 5

Agt. 7 — El 7, después de arreglar varios asuntos del servicio de las tropas que operan en éste territorio, marcho a la Jiquima en cuyo lugar me ocupo de arreglar una prefectura con su guerrilla y establecer un centro que facilite la pronta y segura comunicación entre las Villas Orientales y Occidentales.

Agt. 10 — Día 10, marcha por zonas enemigas pero sin novedad, a mi paso destruyo las líneas telegráficas y el mismo día pernocto inmediato al campamento enemigo de Baerya Jurisdicción de Villa Clara.

Agt. 11 — El 11, continúo mi marcha al Salvador donde acampo y tengo noticias del Géfe de la 2a. División; General Roloff, al que inmediatamente le paso orden y por la noche se me incorora.

Me informo del estado de nuestras tropas que no es muy bueno pues las activas operaciones del enemigo han contribuído a su desorganización, además de la poca aptitud del Géfe.

Con todas éstas desconsoladoras noticias marcho a la Viajaca, donde hai algunas fuerzas de caballería e infantería, inmediatamente me ocupo de su organizción.

Dispongo comisionados por todo el territorio a reunir gente, así como exploradores sobre las posiciones enemigas para saber sus movimientos.

Dispongo al propio tiempo que el General Roloff marche mientras tanto a ocuparse de la infantería — colocándose en un punto donde haya probabilidades de no ser molestado por el enemigo —yo lo hago con la caballería.

Orden para concentrar el 20 en las Minas, una legua de éste punto.

Arregladas así las cosas, nos movemos el 15; yo me dirijo al Recreo como con 70 hombres de Caballería — dejandome ver intencionalmente de los campamentos enemigos de la Mandinga y Ojo de Agua, para llamar la atención del enemigo hacia el Recreo. — Agt. 15

Permanezco aquí hasta el 18, que marchando ocultamente de los fuertes Mandinga y Ojo de Agua me introduzco en la zona de Potrerillo y San Juan, destruyéndola toda, sin novedad hasta las 5 de la tarde; que acampado, me ataca columna enemiga que es rechazada dejándome dos muertos en el campo. Por nuestra parte tres bajas de heridos — dos de ellos los Tenientes Coroneles Quesada y Rius. — Agt. 18

El 19, continúo mi marcha a la Viajaca me ocupo, ese día de los heridos. — Agt. 19

El 20, me muevo a las Minas — aquí se me reune el General Roloff con la gente de infantería; el 21 lo hago marchar con ésta Columna sobre las zonas del Recreo, que se ocupe allí de ligeras excursiones hasta el 6 del entrante mes, para de éste modo ver si logro organizar — el 23, me muevo rumbo a la Guabina — tengo informes de que el enemigo marcha sobre mis posiciones, y no me es conveniente en estos momentos presentarle combate. — Agt. 20 / Agt. 21 / Agt. 23

Permanezco entre Guabina y Los Azules — hasta el 28; en éste último punto tiroteo a columna enemiga que ocu- — Agt. 28

pando las lomas no es posible cargarle con la Caballería y me retiro a Palma Sola — donde acampo.

La situación en que se encuentran estas tropas y el territorio que más tranquilamente se puede ocupar que es de lomas, y como la mayor parte es de Caballería, requieren una organización especial y formar sobre todo el cuerpo mayor de Infantería, para poder operar con buen éxito y asegurar zonas donde la Caballería pueda estar con descanso y salir a sus rapidos movimientos.

Grande es el trabajo que me resta de hacer y de eso trato de ocuparme desde hoy — pues es el único medio de asegurar la invasión de las Villas Occidentales.

Agt. 30 — El 30, paso a las Viajacas, allí se me reune el Teniente Coronel Cecilio González, procedente de Cienfuegos, me informa el estado de aquello y la necesidad de refuerzos.

Sep. 1
Sep. 2 — Con objeto de prepararlos paso el día 1o. de Septiembre al Recreo donde acampo el 2 sin novedad.

El General Roloff, no cumpliendo las órdenes que le tengo dadas, no tiene las tropas reunidas, por fin me ocupo de
Sep. 3-4 — reunirlas y ya conseguido el 3. El 4, me ataca el enemigo al que se le sostiene un poco el fuego; y ordeno la retirada pues por la escases de municiones y temeroso de sufrir bajas que me impidan entregar los refuerzos a González, no creo prudente sostener el combate. El enemigo no me persigue y el mismo día abandono la zona y ocupo yo de nuevo mis posiciones.

Sep. 5 — El día 5, marcha el Géfe González con sus refuerzos de Infantería y Caballería; yo me muevo, pernocto en el Tamarindo y
Sep. 6 — el 6, acampo otra vez en Viajacas donde me reuno
Sep. 7 — con el Coronel Rodríguez. El 7, hago cargo a éste Géfe del mando de todas las tropas en reemplazo del General Roloff, pues éste no da buenos resultados. El General Roloff, hasta ahora, por lo poco que le he tratado, puedo juzgarlo como un hombre muy bueno y honrado, lleno de los mejores deseos, pero que carece de ciertas dotes militares, digo, para ésta especial clase de guerra.

Permanezco en éste punto disponiendo las cosas de manera que el Coronel Rodríguez pueda sostenerse, mientras yo pueda pasar a Sancti-Spíritus y vuelva con algunos elementos. mentos.

El 9, ya arreglado todo emprendo mi marcha hatsa la Guabina, donde descanso hasta el 11, que me muevo y pasando por el campamento de Arroyo Blanco, hago noche en la Vega de Jiga. — Sep. 9 / Sep. 11

El 12, a Palo Prieto, allí se me reune el Comandante Fune, que había adelantado con una guerrilla y me da parte que no hai novedad en la zona: hasta aquí me acompaña el Coronel Rodríguez. — Sep. 12

13, marcha hasta el Arroyo de Baez. Gran temporal — Sep. 13
15, marcha a las Pocitas, sin novedad. — Sept. 15
17, a la Jiquima. En marcha el 19, a las Vueltas de Pedro Barbas. — Sep. 17-19
20, a Ciego Potrero — y el 21 a Santa Teresa.—Aquí descanso hasta el 25 que marcho al Rincón del Guano — donde por anteriores órdenes he citado al General Sanguily, y me reuno con él. Aquí permanezco arreglando varios asuntos de organización que me proporcionen expeditar algún refuerzo, con que en breve debo marchar a las Villas Occidentales. — Sep. 20 / Sep. 25

Zanjo algunas dificultades ocurridas entre el General Sanguily y el Coronel Jiménez, por pequeñeces de asuntos del servicio.

Me entero del mal estado de organización de la gente de Caballería que manda el Coronel Jiménez, debido sin duda a su débil carácter, y tengo que, separándome del Teniente Coronel H. Mola colocarlo a las de Jiménez, Géfe de aquella Caballería, prometiéndome sacar partido de las buenas dotes de Mola, con lo que éste Cuerpo de Caballería adelantará. Después vuelve a Santa Teresa y me ocupo de despachar una comisión al Gobierno.

Los españoles se preparan para la próxima campaña de invierno, y manifiesto al Gobierno las necesidades del Departamento.

La comisión sale el día 3 de *Octubre*. — Oct. 3

1875

Oct. 29 — Permanezco acampado por ésta zona hasta el 29 que marcho pernoctando en los alrededores del Campamento de
Oct. 30 — Arroyo Blanco de donde proveo la gente de viandas; el 30, en marcha, alto y descanso en "Carramayana" — y el mismo día a Ciego Potrero aquí me reuno con el General Sanguily que por anteriores órdenes debía esperarme con gente de Caballería e Infantería con que debo reforzar al Coronel Rafael Rodríguez, Villas Occidentales.

Dejo preparada Comisión para el Gobierno a cargo del Comandante Agustín Castellanos, que deberá salir el día 10. En éste punto se me incorpora el Brigadier H. Reeve de Ca-
Nov. 5 — magüey. Permanezco acampado hasta el día 5, en marcha con Columna de Caballería e Infantería.

El Brigdier Reeve me acompaña. Acampo en Arroyo Grande.

En éste mismo día, el doctor José Figueroa Géfe de Sanidad de las Villas, por motivos personales contiende con el General Sanguily y los cuales, no ha sabido arreglar en el terreno privado y del honor, le ha insultado públicamente en medio de tropas formadas y le ha disparado un tiro con su revolver; faltándose con éste proceder a si propio, porque actos son estos que la sociedad condena, y, faltando al orden y la disciplina. La cuestión precisamente, pasa a manos de un tribunal.

El doctor se ha colocado en muy mal terreno, pues a mi modo de ver las cosas, un tribunal lo podrá absolver, pero la opinión pública de los hombres sensatos, creo no lo podrá hacer.

Nov. 6 — El 6, en marcha a Neyba — y a los sitios de Cabaiguan
Nov. 8-10 — el 8 a las Pocetas — y al Charcón· día 10, a "Quemado Grande" — aquí se me incorpora el Coronel R. Rodríguez.
Nov. 11 — Día 11. Marcha a Mina-Rica, aquí enemigo, se contramarcha y combate con otra columna en el potrero Basnueva y en éste mismo monte dejo la infantería y toda la impedimenta, llamo la atención del enemigo hacia el Ajocinado, punto opuesto, me sigue, tomo después sobre la izquierda; el enemigo continua para su campamento de Báez vuelvo a Basnue-

va, recojo la infantería y acampo en "Mina-Rica". El 12 dejo aquí la infantería y marcho por Llagunal, Buen-Vista a los "Cantiles". Aquí alto y se almorzó, después a los sitios de Guabina, donde pasé la noche. — Nov. 12

Día 13, a Viajacas donde acampé — aquí algunas fuerzas de la Segunda División. — Nov. 13

Día 15, sale el Brigadier Reeve para Cienfuegos y mando algunas columnas en operaciones sobre zonas enemigas. — Nov. 15

16, paso a acampar en las Minsa. Aquí se me reune el General Roloff y otros individuos que tengo encargados de las confidencias. Les doy nuevas órdenes y vuelven a ocuparse de sus comisiones. — Nov. 16

Día 25, me muevo hacia la zona donde dejé la infantería, llevo municiones y prácticos suficientes para la marcha que ha de hacer ésta Columna. — Nov. 25

Acampo en Guabina. 26, continúo marcha hasta las "Nuevas", donde ya por anterior órden me espera la infantería, me reuno con ella. — Nov. 26

El 27, se dispone su marcha hacia Sagua, despacho también Comisión con pliegos al General Sanguily (Sancti Spíritus). — Nov. 27

Yo con el Coronel Rodríguez y nada más que las Escoltas, me quedo acampado en el mismo punto para dar descanso a los caballos.

28, marcha por el mismo rumbo, alto en Arroyo Blanco, y continuo a Guabina. — Nov. 28

29, a los Cantiles, a la Moza. Aquí comisión del Géfe español Virné pidiéndome una conferencia, que rehuso, pués no expresa tener carácter oficial. — Nov. 29

Permanezco aquí hasta el día 2, que me muevo al Vizcaíno. Estoy actualmente ocupado en estudiar el modo de como se puede atacar el puesto enemigo de Manicaragua; los trabajos no me dan resultado porque los españoles están bien fortificados y la gente de infantería conque cuento, no es apropósito para una sorpresa. Tengo que desistir de mi proyecto y el 15 paso a la "Mosa", ocupándome en todo este tiempo hasta el día 24 en mandar guerrillas a inquietar el enemigo y — Dic. 2 / Dic. 15 / Dic. 24

1875

con el fin de incendiar las Cañas. Todas éstas guerrillas deberán reunirse el día último del mes. El enemigo se mueve en toda ésta zona que ocupo, pero evito el combate y aún no he tenido encuentro con él. Hallándome hoy día 24, acampado en los Cantiles, potrerito de la Colmena.—Día 25, me muevo a "Loma Mala", hasta el día 30 que dejando dispuestas algunas operaciones, me preparo para marchar hacia las Villas Orientales.

Dic. 24
Dic. 25

1876

    Marcha el 8, desde "Lomas Malas", por el llano de Manicaragua, alto y descanso en Pueblo Viejo, después marcha al Pendejeral. Aquí descanso hasta el 10 que me muevo, alto en el Manacal y marcha a "Quemado Grande", el 11, a las Pocitas donde descanso por la noche, y el 12, hasta la una de la tarde que marcho y hago noche por los sitios en Camaiguán.   Eno. 8   Eno. 11   Eno. 12

    Día 13— a las 12 marcha hasta las Vueltas de Pedro Barba; el 14 al "Purgatorio" desde allí dejando la mayor parte de la gente, marcho desviando mi rumbo a avistarme con el brigadier Maestre para arreglar con urgencia un asunto de importancia, cuyo Géfe se encuentra en Sabanas Nuevas, jurisdicción de Remedios, donde llegó el mismo día; allí paso la noche y al 15, marcha otra vez por el Purgatorio y continuando hago noche en Ciego Potrero, donde debo aguardar al General Sanguily. El 16 se me reune éste Gefe y marchamos para "Trilladeritas". Al llegar a éste lugar noticia de que han llegado algunos refuerzos de Oriente al mando del Coronel Mariano Domínguez.   Eno. 13   Eno. 14   Eno. 15   Eno. 16

    Llega también el Mayor General Manuel de Suárez Carval, que envía el Gobierno para que le destine. Ordeno y dispongo reunir todas estas tropas en éste mismo punto para revisarlas, lo que se verifica en los días 18 y 19; disponiendo que la infantería pase a descansar a la zona del Jíbaro, las caballerías pasan en operaciones a las zonas de Sancti Spíritus para llamar allí la atención del enemigo y evitar que la infantería sea molestada; con órdenes de concentración en éste mismo punto el 10 de Febrero.   Eno. 18-19

    El 20 me dirijo hacia el Guayo, donde me ocupo de arreglar varios asuntos del servicio y despachar comisión para el Gobierno, lo que hago con el Teniente Coronel José Solis, el   Eno. 20

1876

Eno. 29
Feb. 9

día 29.—Permanezco por esta zona hasta el día 9 de Febrero, que marchando por Trilladeritas me reuno allí con el General Sanguily y toda la demás gente de Caballerías e Infantería.

Feb. 11-12

Día 11 y 12—me ocupo en organizar tres columnas, dos de caballería y una de Infantería para que la una de Caballería, al mando del Coronel Jiménez, que debe quedar al cuidado de ésta zona, otra al mando de los Géfes: Coronel G. González y E. Mola, y la Infantería al mando del Coronel Mariano Domínguez; dispuesta así las cosas emprendo marcha el 13 a los Barracones, el 14 a Taguasco, el 15 a los Azúles, el 16 a las "Tres Palmas", y el 17 doy aquí descanso a la tropa y se me incorpora el Teniente Coronel Serafín Sánchez.

Feb. 13
Feb. 14-16

Feb. 18-19

Día 18—en marcha al Aguacate y el 19 donde descanso a la tropa.

Adelante al Teniente Coronel Maximiliano Ramos hasta "Quemados Grandes", para que desde allí me avise de las novedades que puedan ocurrir por la zona que tengo que atravesar, así como recibir allí en el mismo "Quemados Grandes", al Capitán Manuel Santander, que con algunos hombres deberán encontrarse ya de regreso de una exploración en la jurisdicción de Trinidad.

Feb. 20

Día 20 hasta el Bagá, donde se acampa, sin novedad; aquí es la línea eléctrica se destruye toda y tengo noticias de la zona; se me reune el Teniente Coronel Ramos y Santander.

Feb. 21
Feb. 22

El 21.—Me paso a "Quemados Grandes", que es a una hora de marcha, y descanso allí todo el día; el 22 marcha al Manacal.

Feb. 23

El 23.— Me encuentro en la jurisdicción de Villa clara;— dispongo que el Coronel M. Domínguez, con la columna de Infantería avance por las Sierras y caiga sobre el Valle de Trinidad, sigo yo con la Caballería sobre el llano de "Manicaragua", y el mismo día me reuno al Coronel Rafael Rodríguez—en los potreros de las Lomas de las "Minas".

Me ocupo en este punto de organizar bien, muy cerca de 400 hombres, de Caballería, que he podido reunir, y de estudiar el movimiento que pienso hacer el cuál tiene por objeto enviar refuerzos hacia Occidente.

1876

Feb. 28 — Permanezco acampado hasta el 28, que con aviso de que columna enemiga se encuentra a una legua de mi Campamento, me muevo excusando un encuentro, para llevar a cabo mi propósito, más, como a una hora de jornada y burlada la intentona de la primera columna, me encuentro con otra de Caballería a la que fué preciso presentarle combate. Eran como las 8, de la mañana y la posición muy poco a propósito para maniobrar (—las tornas del Jíbaro—), los españoles podían tener 500 jinetes—yo llevaba 300.

El combate duró dos horas. Arrollados los españoles se refugiaron e hicieron fuerte en la cúspide de una loma y mientras yo pensaba tomar disposiciones, para coparlos o hacerlos rendir, se aproxima la otra columna de más de 2,000 hombres, mandada en persona por el mismo Capitán General Jovellar. Forzoso me fué entonces mi retirada, ya con algunas bajas de hombres y caballos. Los españoles—más de cien—vimos tendidos en el campo. Ocupé 30 armas, como 50 caballos, equipos.

Yo tuve de pérdida 22 heridos y 8 muertos,—y 15 o 20 caballos. Mi retirada la hago hacia Viajacas.

Feb. 29 — Día 29,—el enemigo aún más reforzado me persigue pero con lentitud, yo trato de evitar combate, fijo siempre en mi intento de enviar los refuerzos a Occidente, pero estos movimientos me han aniquilado la caballería y como es indispensable que los caballos estén en condiciones de hacer una jornada por lo menos de 20 leguas, no encuentro el modo de darles descanso pués el enemigo me obliga a mover constantemente; el terreno es estrecho y malísimo para caballerías, y además todos los potreros incendiados y en ninguna parte se puede contar con pasto para la caballería. En esta situación tengo que desistir de momento de mi plan, y despachar al Gral. Sanguily con las caballerías procedentes de Sancti Spíritus.

Mzo. 4 — Marzo 4—en "Palma Sola"—Yo me muevo para Viajacas, el mismo día me ataca allí el enemigo, apenas le puedo resistir voy ya con poca gente, y apenas sirve un caballo. La Mzo. 5 — noche de este día la paso en Pueblo Viejo y el 5 marcho para

1876

Mzo. 10 — el Ocuje, donde permanezco hasta el día 10 ocupado en atenciones de los heridos y otros asuntos.

Mzo. 11 — Día 11, marcho a "Lomas Malas", ya el enemigo se ha recogido un poco.

El mismo día hago entrega del mando de la Segunda División, al General Manuel Calvar, pués el Coronel R. Rodríguez ha sido herido en el Jíbaro.

Nació Panchito en la jurisdicción de Sancti-Spíritus.

Mzo. 11 — La Reforma, el día 11 de marzo de 1876.

Mzo. 12 — El 12,—me separo del General dejándole ya impuesto de todos los asuntos pertenecientes a la División.

El mismo día recibo comunicaciones del General Sanguily y renuncia que hace de su destino, a consecuencia de las intrigas de los Géfes de las Villas. Omito hacer comentarios sobre estos sucesos, pero todo el mundo sabe lo que en las Villas ha venido sucediendo, en este sentido, desde el principio de la revolución. Por el motivo de la renuncia del General Sanguily se me hace preciso volver a Sancti Spíritus.

Mzo. 12-13
Mzo. 14-15
Mzo. 16-17 — El mismo día 12, me muevo hasta el "Pendejeral", el 13, al Manacal, el 14, a Vega de Gómez, el 15, a los Indios, el 16, al Aguacate, y el 17, a Taguasco donde me reuno con el General Sanguily—allí mismo se presenta columna enemiga que se hostiliza.

Mzo. 18 — El 18, me pongo en marcha para la Reforma; aquí pienso dar algún descanso a los caballos y mientras tanto doy órdenes para que en éste mismo lugar se reunan todas las caballerías de la Primera División, el 25 del actual.

Mzo. 25 — Se reunen el indicado día las caballerías y pongo en conocimiento de los Géfes de Brigada, cómo el General Sanguily se ausenta, y que deben entenderse con el Cuartel General y mientras el Gobierno disponga venga un Géfe a mandar la División.

Mzo. 28 — El 28,—después de pasar revista a las tropas y dar algunas órdenes para reforzar al Coronel Francisco Borrero (cuyo Géfe se me ha reunido el 20, con el último contingente) que debe atacar a Morón.

Mzo. 31 — El día 31,—marcha el General Sanguily para el Camagüey; Sanguily ha tenido que renunciar por la oposición que le hacen los Villareños, y a la verdad aquí no podrá mandar ningún Géfe que no sea de las Villas, porque desgraciadamente se ha desarrollado entre esta gente un espíritu de provincialismo horroroso.

Este estado de cosas créa para mí una situación difícil y embarazosa, y apesar mio siento en mí alma una especie de desencanto, pués absolutamente puedo tener confianza en esta gente, porque no dudo que con el tiempo me suceda a mí lo que al General Sanguily. Así pués, debo hacer todo lo posible por salir del compromiso de éste destino.

Permanezco acampado arreglando los asuntos del Departamento pués he pedido una conferencia al Gobierno y paso órden al Mayor General Carlos Roloff, para que mientras dure mi ausencia quede hecho cargo del mando.

El 22—me atacan los españoles y son rechazados, he sufrido muy pocas bajas de hombres, pero sí de caballos. — Abr. 22

Pasó Abril y entra Mayo—yo siempre en el mismo punto—(ataque a Ciego de Avila el 27 de Abril) — Abr. 27

Mayo 18, vuelven a atacarme los españoles que rechazo nuevamente. — May 18

Pasó Mayo.—Entra Junio, se me reune el General Roloff. Me ocupo de arreglar y preparar mi marcha para el Camagüey el día 9, en Trilladeritas, le hago entrega del mando al General Roloff. — Jun. 9

El 11, vuelvo a la Reforma. — Jun. 11

El 16, en marcha para el Camagüey, paso la línea del Júcaro a las 7 de la noche, y hago noche en San Francisco de Paula—Día 17, en marcha (voy acosado de un gran temporal) descanso en Cabeza y continuando mi marcha pernocto en San Luis. — Jun. 16 / Jun. 17

18, camino una legua a la Trinidad de Holano, y aquí doy descanso a los caballos (el temporal continúa). — Jun. 18

El Coronel G. González me acompaña.

El 19, en marcha hasta San Antonio de Adán. — Jun. 19

Día 20,—doy descanso. — Jun. 20

1876

Jun. 21-22 — Día 21,—en marcha hasta Jimaguayú—y el 22 me reuno al Gobierno en las Guásimas.

Jun. 30 — Hasta el 30, estoy con el Gobierno y no habiéndome sido posible conseguir que se me admita mi renuncia, vuelvo para las Villas· Haré este sacrificio más por el País, me separo pués del Gobierno—y hago noche en San Antonio de Adán.

Jul. 1 — Julio 1o. doy, aquí mismo descanso a los caballos.

Jul. 2-3 — El 2 en marcha hasta la Trinidad de Holano—el 3 des-
Jul. 4 — canso—el 4 marcha todo el día, paso la línea del Júcaro a las 8 de la noche y duermo en el Cieguito.

Jul. 5 — El 5 me reuno con el Teniente Coronel José Gómez en el Pasto, aquí descanso algunas horas, mientras tanto despacho correo—al General Roloff—que se encuentra en las Lagitas. Me muevo a las 4 de la tarde para el Rincón del Guano.

Jul. 6 — El 6 paso a la Reforma—donde acampo y espero al General Roloff para hacerme cargo nuevamente del mando.

El Coronel Ricardo Céspedes me ha acompañado desde el Camagüey.

Jul. 18-19 — Hasta el 18 no puedo hacerme cargo del mando y el 19 despacho al Coronel Francisco Borrero en comisión al Gobierno para ver el modo de como se arregla de una manera enérgica el asunto de más de 100 desertores de la gente de Oriente que a mi llegada aquí se han desertado.

Acompañan al Coronel Borrero, el Coronel Francisco Jiménez Comandante Manuel Barrera (español) Doctor José Figueroa, y, Río Entero—los dos primeros los despacho por disposición del Gobierno, a consecuencia de que ambos han presentado al Gobierno una queja en contra mía sin causa justificada y solamente disgustados porque yo no les tolero su vida licenciosa y desarreglada pués el Coronel Jiménez vive embriagándose con sus soldados y Barrera es un intrigante y un *español* de malos antecedentes; quien pues me hubiera dicho a mí un día que Jiménez hubiérase unido a Barrera, a un español para hacerme la guerra! ¡Cuántos desengaños y qué de experiencia para el porvenir!

Al Doctor Figueroa le llama el Gobierno a consecuencia de su crimen de insubordinación y conato de homicidio contra

1876

el General Sanguily y Río Entero para destinarle allí en trabajos de oficinas.

El 20 me muevc a Trilladeritas y revisto allí los Regimientos de Caballería Castillo Expedicionario y Honorato. — Jul. 20

22, me avisa el General Sanguily que se encuentra en la Reforma de regreso del Camagüey y paro allí. — Jul. 22

El General es mandado por el Gobierno para que vuelva a ocupar su destino, me reuno a él y permanecemos acampados hasta el día 25 que marchamos para Trilladeritas. — Jul. 25

El 26 y 27 peranezco acampado y despacho al Regimiento Expedicionario en operaciones. — Jul. 26-27

El 28 marcho yo sobre el Jíbaro con el Regimiento Honorato y el mismo día acampo en "Primer Hoyo". El enemigo ocupa el Jíbaro, la posición es malísima para atacarle con caballería—yo me he situado a una legua y le hostilizo con grupos. La columna enemiga es grande y no es posible hacer otra cosa. — Jul. 28

Día 30, se declara un temporal, ríos crecidos y mal potrero. — Jul. 30

Agosto 1º. El enemigo no se mueve—y el temporal continúa; me pongo en marcha para Trilladeritas donde llego el mismo día. — Agt. 1

Día 2 se hace cargo el General Sanguily del mando de la Primera División—aquí permanezco hasta el día 4. En éste día derrota de los españoles en la Sabana de Guayacanes por el Teniente Coronel José Gómez. Paso a la Reforma y vuelvo a Trilladeritas. — Agt. 2 / Agt. 4

Murió el Brigadier H. M. Reeve, el día 4 de agosto de 1876, en Yaguaramas. Su cadáver quedó en poder de los españoles. El 8 en marcha a Purialito y pienso seguir a la jurisdicción de Remedios. Las lluvias arrecian y tengo que aguardar hasta el día 11; que en marcha por la Campana, Ciego Potrero y a "Monte Obscuro" donde me reuno con el Coronel Rafael Rodríguez—aquí permanezco—hasta el día 15—y después de haber arreglado varios asuntos del servicio y despachar las tropas que componen ésta Brigada en operaciones — Agt. 4 / Agt. 8 / Agt. 11 / Agt. 15

1876

Agt. 18-19 — sobre zonas enemigas, paso a San Lucas allí permanezco hasta el 18 que marcho para la Reforma donde llego el 19.

Agt. 26 — Permanezco hasta el 26 que acabo de despachar comisión
Agt. 27 — al Gobierno, el 27 en marcha hasta Purialito y continúo el
Agt. 28-29 — día siguiente 28 otra vez para Remedios donde llego el 29.

El objeto de ésta marcha es tristísimo, es para ver cómo encuentro el medio de arreglar las intriguillas de los Villareños en contra del General Sanguily y los Camagüeyanos que ahora más que nunca y con inaudito descaro— se ponen en juego con mengua y retraso de la revolución.

No es pocible ningún órden de cosas, no es posible ninguna organización y yo mismo no cuento con seguridad en el destino que ocupo, y para salvar la situación, pienso remover todos los Géfes que le sean desafectos y colocar los que sean de su agrado aunque desgraciadamente, carecen de aptitudes.

Por mi parte estudiaré el modo de dejar éste destino sin que se perjudiquen los intereses del país, porque no me es posible continuar en ésta baraunda de ambiciones ilegítimas, de hombres sin condiciones ningunas como Géfes experimentados y capaces de ayudarme a salvar una crisis. Con tal motivo pongo correo al Genaral C. Roloff para hacerle entrega del mando de la Primera División, destino que ocupa el General Sanguily.

Sep. 1 — Septiembre 1o. Me encuentro en el Remate, aquí se me reune el General Roloff—le hago cargo del mando de la División.—Se le admiten sus renuncias a los Coroneles Rafael Rodríguez, H. Mola y Teniente Coronel Julio Díaz.

El mismo día correo al General Calvar, le cito a una conferencia.

Sep. 2 — El 2 en marcha para la Reforma, para de allí despachar correo al Gobierno dándole cuenta de todas estas ocurrencias.

De paso por la Campana sé por el Teniente Coronel Julio Díaz los desórdenes y deserciones de la gente del Rezimiento Honorato, que según informes se le están reuniendo al Comandante Angel Mayo que es uno de los cabecillas del motín y un tal Rodríguez que mandé a recoger una cantidad de dinero de más de $2,000 y se ha ido con el dinero a engrosar las filas del motín.

Es pués, un conflicto que ha promovido ésta gente y me parece conveniente dar un indulto y colocar a Serafín Sánchez al frente de éste mando, suspenso éste Géfe de su destino por sentencia de Tribunal; es indudablemente una anomalía, pero en las Villas puede verse ésto y mucho más.

El 5, acampo en las Pozas—el 10 sale correspondencia para el Gobierno y van también los Coroneles Enrique Mola, y Rafael Rodríguez y Mariano Domínguez; éste último herido. Sep. 5-10

Doy con ellos cuenta al Gobierno de la situación.

Me pongo en marcha inmediatamente para Remedios otra vez, para esperar allí al General Manuel Calvar y al General Roloff. Llego el 14 a "Monte Obscuro"—donde pienso esperar a los mencionados Generales. Sep. 14

Día 15, acampado, sin novedad. Sep. 15

Nótese lo siguiente, que hace como cuatro meses que por más que me esfuerzo en hacer archar la revolución adelante, ya que por decirlo así le hemos abierto las puertas a Occidente— todos mis esfuerzos se estrellan en el desórden, o la indisciplina y el desórden.

Puede decirse que hace cuatro meses que vivo marchando i contra-marchando sin hacer otra cosa que organizar—o como vulgarmente se dice luego "atajando pollos".

He tomado mientras tanto, todas la medidas que me han parecido oportunas para sostener el órden, pero todo será inútil, porque los Villareños, son ingobernables por Géfes que no sean de las Villas. Durará por mucho tiempo,—mientras prevalezca la ignorancia y la ambición,—la misma predisposición contra todo lo que no sea Villareño, sobre todo contra el Camagüey—por ocurrencias, según éllos, que datan desde los primeros tiempos de la revolución, y los mal intencionados explotan la ignorancia de esta pobre gente para hacer lo que conviene a sus miras particulares.—Así es que se me antoja discurrir y creo que con algún fundamento, que no me parece posible, el triunfo de la Revolución, que hace poco lo pensé asegurado, marchando un Cuerpo de Ejército decididamente, in-

1876

vadiendo la parte occidental de la Isla. Y perdido el órden, no hai concierto ni armonía ni unión, desaparece la fuerza moral i material; principia la revolución por estacionarse nuevamente i corre inminente peligro, pués el enemigo deberá aprovechar la desavenencia entre los mismos cubanos; lo que él hubiera querido conseguir a cualquier precio, los mismos hijos de la tierra que pretenden libertarla de su tiranía—se lo están proporcionando gratuitamente.

Espanta presenciar todas estas cosas, pues no se concibe que con un enemigo poderoso al frente, con la persecución y la muerte por sistema a todo lo que es cubano; sin embargo, entre los mismos hermanos, que debían estar unidos como compañeros en tantas desgracias—lágrimas y dolores—existen las más hondas discordias i los más negros odios y rencores.

Este pueblo, tal vez no estaba preparado para la lucha i de ahí las tendencias al abuso de la libertad mal entendida, y de ahí el estado latente de sorda anarquía que se nota desde el fatal suceso de "las Lagunas de Varona".

Yo como extranjero, me afilié soldado de esta noble causa, que esta dejando de serlo porque los hijos de esta misma tierra le amengua su belleza con su desunión.

Según se nos informa—la emigración cubana en el exterior, sobre todo la que se ha agrupado en los Estados Unidos del Norte, adolece de los mismos defectos, i sus tendencias son las mismas. Anarquía en todas partes—principios de autoridad i unidad de acción ninguna.

Sep. 18 El 18, se me reune el General Calvar—me dá cuenta del estado de todo aquello, en peor situación, de chismografía y por consiguiente me manifiesta resueltamente; no quiere continuar allí en aquel destino.

Le doy órden de que vuelva allí inmediatamente, i dejando aquello arreglado según instrucciones, regrese lo más pronto posible a reunirse conmigo.

El General Carlos Roloff, no ha hecho caso ni ha acudido a la cita que le he dado para la conferencia. Eso va probando que él no es ajeno a las disidencias que aquí se suceden.—Ojalá todas estas cosas no sean tan funestas como yo me las imagino.

Día 21, me muevo haciendo noche en Purialito—el 22, a las "Pozas", desde aquí paso orden al Tte. Cor. Serafín Sánchez, para que pase a mi campamento para hacerle etnerga de nueve mil y pico de pesos en oro que tengo en mi poder--quiero quitarme de compromisos y responsabilidades con ésta gente Día 24,—llega i se le hace entrega de esas sumas y varias cantidades más en manos de oficiales en comisión por zonas enemigas; comprando parques por medio de emisarios secretos, cuyo servicio he logrado arreglarlo admirableente. Todo eso sin duda es perdido, con el desbarajuste que veo venir.

Sep. 21-22

Sep. 24

Octubre 1º. Los Generales Sanguily y Gabriel, salen en marcha para el Camagüey, tengo que despachar a estos dos aguerridos Géfes pues no puedo sostenerlos en el mando, cuando ya yo mismo tendré tal vez que abandonar todo esto.

Oct. 1

El mismo día se presenta el General Roloff con el propósito de manifestarme que según manifestaciones de algunos Géfes Villareños, creen una inconveniencia mi estancia en el destino; y que se aclamaba a él.

He comprendido la jugada del General—no acudió a la cita de Monte Obscuro—pero ahora viene.

No he contestado una palabra e inmediatamente le hago entrega del mando del Ejército con que pensé que daríamos la última batalla al Ejército Español.

De allí, ese mismo día me retiró al potrero "La Reforma", con el corazón destrozado por tantos infames desengaños. —El General Roloff, durante su peregrinación por Oriente y el Centro, nadie le ha hecho caso, ha sufrido grandes humillaciones i desprecios, solo yo le he dado la mano i lo he levantado a la altura en que hoy se encuentra.

Ha sido tal el desprestigio militar en que este pobre hombre llegó a caer, que al organizar yo, la columna conque se ha invadido las Villas, no pude hallarle cabida y me fué preciso darle el mando de más de 100 hombres negros, convoyeros i asistentes, que preparé de "Cegadores" con paquetes de ramas de árboles para cegar la zanja de la línea militar de Júcaro para dar paso a la caballería.—No fué necesario al fin nada de eso, pues al llegar allí, ví que la zanja no era gran cosa, e hice que los jinetes salvaran el obstáculo.—Apenas cayeron dos o tres caballos, que se sacaron sin lesión.

Permanezco en la "Reforma", i continúan los desórdenes más espantosos.

Envio correo, volando, al Gobierno dándole parte de las ocurrencias más fatales para la Revolución. Salen con esos pliegos el Comandante Federico Palomino y el Teniente Oliverio Varona.

Nov. 3 — Día 3,—este mismo día se me reune el General Manuel Calvar. Tengo varios oficiales de mi Estado Mayor i soldados de la Escolta, fuera con licencia. Estoy casi sólo y tengo que aguardar para reunir toda esta gente.

Nov. 10 — Día 10, recibo un pliego del Gobierno dándome órdenes que de nuevo el mando—pero en el estado en que se encuentran aquí las cosas eso no es ya posible.

Aquí todo se ha perdido, cada cual se ha erigido en un Géfe—pues careciendo Roloff de carácter y don de mando, el desorden es completo.

Para más justificación de mis sospechas respecto de la tachable conducta del General Roloff, he recibido una carta, en contestación a otra que yo le he dirigido citándole para una conferencia e informarle de varios asuntos del servicio—i su contestación es insultante—hasta el punto de intimarme la salida o desocupación del territorio a su mando.—No se puede dar mayor ingratitud i cinismo.

Nov. 11 — Día 11.—Según malos informes respecto a la actitud de muchos que rodean a Roloff, se ha traslucido la órden que yo he recibido del Gobierno de que asuma el mando nuevamente —i eso ha dado origen a hablillas i amenazas, que no es dudoso que se intente algo más serio, que haberme despojado del mando en contra de mi persona.— Resuelvo, por lo tanto, abandonar éste territorio.

Nov. 13 — El 13, me muevo hasta el "Hoyo de la Palma".

Nov. 14 — 14, en marcha, paso de la trocha del Júcaro, peligrosísimo, a las 11 de la noche—más porque voy con muy poca gente

1876

de armas i sí con una inmensa impedimenta, que la componen la infeliz de mi Esposa y mis pobres niños, i unas cuantas familias más que me han suplicado no las deje aquí, así como muchos hombres enfermos de los refuerzos de Oriente que se han quedado abandonados aquí.

Es mi retirada una verdadera derrota ¿cómo se explicará mañana que los villareños, de quienes me puse yo al frente para ayudarles a conquistar su territorio que había perdido—después de que las he organizado, después que hemos puesto el enemigo a raya, me hayan despreciado y por último me obliguen a salir de semejante modo?

Me amanece el día 15 en "Santa Isabel".   Nov. 15

Aquí descanso i al escribir éstas líneas un mundo de ideas se acumula en mi mente.

No es posible que esto y mucho más que como consecuencia ha de venir, dé buenos resultados para la pobre Cuba—jamás estará mi amor hacia ella expuesto a más duras pruebas que en estos momentos.

16, a la Trinidad de Holano.   Nov. 16
17, al Ocujal.   Nov. 17
18 a San Antonio de Adán.— Aquí hasta el 20 que fuí   Nov. 18-20
atacado por una guerrilla enemiga, i tengo a pesar de la poca gente con que cuento, que hacerle frente para evitar la persecución.— Soy afortunado —rechazo al enemigo que se escapa por la montaña.— Por precaución me muevo i hago noche en el Jiquí.

21 al Divorcio.   Nov. 21
22 a la "Atalaya".   Nov. 22
23 al Niágara.   Nov. 23
24 a "Toranto".   Nov. 24
25 Por "Las Guásimas" a Antón a Yamaquelles.   Nov. 25
26 a Sabanilla.   Nov. 26
27 a Santa Ana de Guaycanamar.— En éste punto tengo   Nov. 27
noticias de que el Gobierno se encuentra en "Loma de Sevilla" —a 10 leguas de distancia.— Inmediatamente le doy parte de mi llegada.

Día 3 el General Calvar se separa de mí con rumbo a   Dic. 3

1876

Oriente i el mismo día el Gobierno llega a los "Isleños" no distante de mi campamento i paso allí a verlo — i le informo de todo lo ocurrido i del mal estado en que se encuentran las Villas en en los momentos más peligrosos en que los españoles se preparan para una campaña vigorosa con grandes recursos que ya se saben van llegando de la Península.— Me suplica el Gobierno que le yude a resolver éstas graves cuestiones y me pongo a su lado.

Nos ocupamos de cual sea el destino que convenga a los intereses del Ejército y a mi propio prestigio que yo ocupe; se resuelve, pues, que yo me haga cargo de la Secretaría de la guerra.

Dic. 13   El Comandante Elpidio Mola, mi Ayudante, fué hecho prisionero por los Jíbaros el día 13 de Diciembre de 1876. En el Peralejo, Camagüey.

Dic. 27   Diciembre 27. Acampado con el Gobierno en Santana de Guayacamar— y aún no se ha resuelto nada definitivo sobre mi nuevo destino.

Concluye el mes de Diciembre y entra Enero, año 1877, y el día 14 se me ordena me haga cargo de la Secretaría de la guerra cuyo destino entro a ocupar el día 15.— El Presidente al mismo tiempo toma el mando en Géfe — del Ejército — inmediatamente se proyecta marcha para Oriente.—El día 23 me dispone el embarque del General Sanguily.

Eno. 14
Eno. 15

Eno. 23

Febrero 2 en marcha para Oriente por la loma de Sevilla a Santana de Yeo a San Rafael — el 3 al Labado — el 4 a Guaramanao — aquí noticia de que enemigo de Maniabón se dirije a las Tunas — el General García se encuentra colocado para salirle al encuentro y nosotros pensamos marchar a reunirnos con él — el 5 nos reunimos con él en Becerra dos leguas, las Tunas — allí permanecimos hasta el 10 que teniendo noticias que el enemigo varió de rumbo, marchó el General García en operaciones sobre Maniabón y el Gobierno se retiró al Bracito donde llegamos el 11 para aguardar el regreso del General y ver lo que se resuelve sobre su marcha a las Villas, la que en verdad veo dudosa por los obstáculos que el mismo le crea al Gobierno, indudablemente por no serle grato dejar éste territorio — permanecemos pues en el Bracito — aguardándole.

Feb. 2
Feb. 3-4

Feb. 5
Feb. 10

Feb. 11

El día 20 regresa el General -- no tuvo buen éxito en su operación pues solamente pudo tomar uno de los fuertes de Puerto Padre.

Feb. 20

Conferenciando con él nuevamente quedó resuelta su marcha a las Villas dentro de pocos días y con tal motivo y para esperar en definitiva su marcha, pasamos al Camagüey — nos movemos el 21 a San Rafael donde se descansó y continuamos a Santa Ana de Yeo—22 a la Loma de Sevilla—donde permanecimos hasta el día 3 de Marzo que pasamos a Jobo Dul-

Feb. 21
Feb. 22
Mzo. 3

1877

ce; el mismo día se nos reunió el Coronel Jim L. Pacheco de regreso de Jamaica con una pequeña expedición — y el día

Mzo. 5 5 noticias de que el enemigo amenaza la zona — nos preparamos al combate — pero varió de rumbo — el ocho se muda el campamento a Sao Nuevo.

Mzo. 12 El 12 se nos reunió el General García que creyendo que venía dispuesto para emprender su marcha para las Villas, presenta grandes dificultades —que ponen al Gobierno en gran compromiso, no obstante con muchísima paciencia se han ido venciendo aquellas al mismo tiempo que se le ha ido convenciendo a él la necesidad de que pase a ocupar el puesto que se le ha indicado — y después de una lucha perenne de más de

Mzo. 22-23 tres días por fin se decidió a marchar el día 22. El Gobierno pasa el 23 a la Sierrecita.— Indudablemente que el General Vicente García el único de los Generales cubanos que queda con algún prestigio, desconoce por completo la altura de su rango y son muy limitadas sus aspiraciones, pues ocho años de lucha no han bastado a hacerle salir del estrecho límite de la jurisdicción de las Tunas — pues le ha costado gran trabajo vencer la repugnancia que le inspiraba la orden de marchar a las Villas.

Por otra parte estudiando la cuestión bien a fondo hai en el General García la marcada tendencia de entorpecer cualquiera orden que dimane de cualquier Gobierno así sucedió cuando Céspedes, así cuando Cisneros y así ahora —ojalá quiera Dios que el General García algún día no traiga a su país algún trastorno más trascendental que los de la "Laguna de Varona".

Mzo. 26 Día 26, el Gobierno pasa a Sabanita a tener una conferencia con el Brigadier Benitez — pero aquí recibimos aviso de que columna enemiga conduce convoy a Guaimaro y que el Brigadier trata de atacarla y nos dispusimos a marchar el día

Mzo. 27 27 a reunirnos con él, así lo hicimos por Palma Hueca, las Guasimas a Sabanicú donde llegamos ya de noche y allí tuvimos noticias de que en la mañana el Brigadier había atacado a la columna en los Zanjones, que seguía su ruta, y nuestras tropas se encontraban acampadas en Arroyo Grande y aquella noche nos reunimos con ellas.

Día 28 se dispuso pasar a las Guásimas para allí esperar el regreso de la columna y hostilizarla en lo posible en cuyo punto permanecimos hasta el día 31.—Aprovechando éste tiempo para arreglar varios asuntos del servicio — de organización de tropas y de las colonias militares como medida para garantizr la seguridad de las familias contra la invasión del Jíbaro. Mzo. 28
Mzo. 31

El 31 nos colocamos en la Sabana de Yunia donde fué batida la columna enemiga. Mzo. 31

El día 1o. de Abril después del combate nos retiramos a la Matilde en cuyo punto se descansó, y el día 2 nos separamos de nuestras tropas y volvimos a la Sierrecita.— En éste punto permanecimos hasta el 12 que nos movimos con rumbo a las Tunas y llegamos a la Veguita. — el 13 en marcha y al hacer alto en San Nicolás nos encontramos con el enemigo — era una pequeña partida de Jíbaros y se nos escapó por el monte, seguimos marcha y en Santana de Yeo, un gran rastro de columna enemiga. Abr. 1
Abr. 2
Abr. 12
Abr. 13

Allí hicimos noche y el 14 continuamos, a la hora de camino encuentro con el enemigo, se cruzaron algunos disparos con él que como su infantería estaba apoyada en el monte no se le pudo cargar, seguimos nuestra marcha y pasando por San Rafael acampamos en el Jagüey. Abr. 14

El enemigo ha acumulado sus fuerzas en el centro y según confidencias Martínez Campos va a emprender sus operaciones.

Desgraciadamente la gente de las Tunas se encuentra en una completa anarquía y toda está diseminada por los montes, y las propagandas y tendencias son desfavorables al Gobierno por consiguiente la situación del Gobierno es difícil y para evitar el ridículo de exponernos a desaires o la rebelión, se nombra al Coronel Borrero, Géfe de toda la gente de las Tunas y se le deja en libertad de obrar para así ver si se puede lograr atraer la gente; ésta circunstancia y la de habérsenos incorporado la comarca que por tal motivo voy marchando con una impedimenta inmensa, me obligaron a aconsejar al Presidente

1877

que debíamos tornar al Camagüey y que debía recesar la Cámara o por lo menos tomar alguna disposición para que el Gobierno quedase más ligero y en condiciones de moverse con más rapidez y seguridad.

Mi proposición fué aceptada y ese mismo día algunos Diputados, los de Oriente, marcharon para allí y el 15 nos movimos hacia la Jurisdicción del Camagüey — volviendo por San Rafael a Loma Alta.— El Estribo a Tana donde dormimos — cruzando por varios rastros frescos del enemigo que anda por la zona que hemos atravesado — el 16 nos movimos a San Diego — donde acampamos — 18 a la Loma de Sevilla — aquí noticias de combates por la Sabanita. El 20 nos movimos a Puerto Escondido y el 21 Santa Rosalía, donde acampamos y se nos reune el Brigadier Benitez.

Abr. 15

Abr. 16
Abr. 18
Abr. 20
Abr. 21

Abr. 25
Abr. 28

El 25 marchamos a Palma Hueca en donde permanecimos hasta el 28 que el enemigo en número considerable nos ataca y se le resistió en lo posible, retirándonos después a Sebastopol con dos o tres bajas; dos muertos.

May. 2

Permanecimos en Sebastopol hasta el día 2 de Mayo — que concentradas algunas de nuestras fuerzas nos movimos a Santa Marta y ese mismo día por la tarde aviso de que columna enemiga se encontraba por nuestro rastro.—Se dispuso entonces para evitar presentarle combate, dada nuestra situación de municiones, diseminar nuestras fuerzas y así se hizo, marchando el Brigadier Benitez hacia San Miguel de Nuevitas y el Gobierno lo hace por el Sorral donde llegamos el 3,— y allí se pasó la noche.

May. 3

May. 4

El 4 nos movimos a San Martín donde se acampó.

De aquí comisión del General díaz en demanda de parque y se le envía alguno.

Mas noticias de las Tunas — los españoles operan con actividad, los Tuneros niegan obediencia al Gobierno y sigue el malestar y el desorden. El General García aún no ha pasado la trocha para las Villas y es de esperarse graves trastornos.

May. 9
May. 11

El 9 nos movimos para Vialla — donde permanecimos hasta el 11 el Brigadier Benitez se nos incorpora al mismo tiempo, que columna enemiga se aproxima al campamento y mudamos de posición, ocupando a Sabanita en cuyo lugar se le hostiliza, y el enemigo sigue marcha para Loma Alta— el mismo día llega a la residencia del Gobierno Mr. F. William L. Pope americano y Obispo de Haití — que procedente de las líneas enemigas viene con una misión de paz, pero sin caracter oficial y sí, al parecer oficiosamente.—Se le trató con las consideraciones debidas y se le contestó que bajo las bases de independencia se podía hacer la paz con España.

El día 12, volvimos a ocupar a Vialla y permanecimos allí hasta el 14, que nos movimos a Santa Rosalía, disponiendo el mismo día el regreso del Obispo, por la vía de Santa Cruz — después de haberle significado nuevamente nuestro propósito. El aparentó quedar satisfecho de su misión y se marchó. May. 12
May. 14

Día 19, nos separamos del Brigadier Benitez que se dirige a la zona de Palma Hueca a organizar la Segunda Brigada, cuyo mando va a tomar el Coronel G. González — y nosotros nos dirigimos a San Martín donde acampamos — el mismo día aviso de que el enemigo ocupó a Loma Alta — punto no muy distante de nuestro campamento. Mando exploradores, tomo mis precauciones y espero. May. 19

El enemigo permanece en "Loma Alta", el día 20 avanza hasta muy cerca de nuestras posesiones, y los fuegos bien dirigidos de una emboscada le hacen retroceder, volviendo por "Loma Alta", al Chorrillo y siguió marcha. May. 20

Permanecimos acampados.

Se varía de campamento ocupando a Portillo.

Junio 1o. — Noticias del desorden de la mayor parte de la gente del Camagüey que abandonando sus Géfes se dispersan para apoyar el movimiento demagógico de V. García y llega al Gobierno la noticia de que los que acompañan a García: Fonseca, Peisó, Canals, Barreto y otros varios se han pronunciado en contra del Gobierno, en sentido reformista, con el absurdo programa de variar por completo las instituciones del país, apareciendo Vicente García como un dictador. Jun. 1o.

Han salido el General Céspedes y algunos diputados para ver si desarman el movimiento, pués hasta ahora se sabe que no es secundado por Oriente y aquí en el Camagüey, tampoco lo han hecho los Géfes y Oficiales.

Según se vé, Vicente García no ha pasado para las Villas y por consiguiente ha desobedecido la órden del Gobierno.

El Gobierno ha tomado las medidas que le ha parecido menos violentas para no precipitar los acontecimientos que puedan conducir al país a su perdición,—en esta situación permanecemos acampados esperando el desenlace.

Al mismo tiempo y como resultado de la visita del Obispo, Martínez Campos solicita conferenciar con el Gobierno sobre la paz—y se le contesta por medio de su intermediario, Brigadier Bonanza, que digan primero si están dispuestos a que sea bajo las bases de indepencia.— También se espera la definición de este negocio.

Por todos estos motivos el Gobierno se encuentra hoy profundamente ocupado en la complicada situación actual de la República.

Jun. 4   Día 4, sale Ramón Pérez Trujillo y el Teniente Coronel D. Estrada, a una conferencia con el Brigadier español Bonanza.

Jun. 8   Día 8, nos movemos de "Portillo", para "Puerto Escondi-
Jun. 9   do".—El 9, regresa el Diputado Miguel Betancourt, con algunos hombres de Caballería, los demás diputados han seguido para "Caonao".—Según Betancourt, la gente del Camagüey ya está arrepentida—los que tomaron parte—de seguir las opiniones sustentadas por el General García y sus adeptos—teniendo al mismo tiempo noticias de que aquél Géfe, en vez de marchar para las Villas lo ha hecho para las Tunas, de cuyo punto pasa oficio el Gobierno, haciendo renuncia de su destino pero en unos términos poco respetuosos.

No queda duda de que el General García está en abierta rebelión con el Gobierno, con las viejas instituciones del país y con todos los hombres más considerados — por sus servicios y por su honradez.

Yo busco algo a su lado que me inspire confianza, no veo más que hombres advenedisos y espíritus disolventes.

Salen comisiones secretas para distintos puntos con objeto de hacer fracasar los intentos demagógicos.

1877

Día 10, regresan Estrada y Trujillo de su conferencia con Bonanza — la que no ha tenido ninguna importancia, pues el Géfe español no propuso nada que valiera la pena de ser oído. — Jun. 10

Día 13, — nos movimos para San Juan de Dios del Portillo — el enemigo se mueve un poco en esta zona. — Jun. 13

Día 15, en marcha a las costas del Yaquima y se acampó en la Madre Vieja. — Jun. 15

Voy sufriendo fiebres.

Día 19, volvimos a ocupar a "San Juan de Dios". — Jun. 19

Se proyecta marcha, el Gobierno para Oriente.

Día 21, pasamos a la Sabanita, aquí se resuelve pase yo al Departamento de Oriente. — Jun. 21

Se pasa orden al Brigadier Benitez, para arreglar varios asuntos del servicio.— Este Géfe se nos reune el 23, y desaprobando la política generosa del Gobierno con algunos que se habían salido de la legalidad — pero que han vuelto arrepentidos — se ha disgustado y ha presentado al Gobierno su renuncia; nuevas complicaciones para el Gobierno en momentos tan difíciles — parece que todo conspira contra nuestros propósitos de moralizar y organizar. — Jun. 23

La conducta del Brigadier Benitez haciendo su renuncia en momentos en que el Gobierno necesita tener a su lado a todos los Géfes de algún prestigio, no me parece justificada.

Se le contesta que le sería reemplazado con otro Géfe.

Y con tal motivo, el día 25 se separa de mi el Presidente con la Cámara y marcha para "Caonao" a revisar las tropas que están en aquella línea y verse de una vez con el Brigadier Rafael Rodríguez, para disponer ocupe el lugar que deja Benitez. — Jun. 25

Yo quedo arreglando mi marcha para Oriente, la que emprenderé dentro de dos días.

Día 27, en marcha hasta la "Loma de Sevilla", en donde se me reune la Escolta que debe marchar conmigo. — Jun. 27

Día 28, marcha a "Ceiba Mocha", y aquí me reuno con él Teniente Coronel José M. Capote, que ha reunido — algunos hombres de Camaniguan y de éllos debo tomar algunos prácticos. Paso la noche. — Jun. 28

1877

Jun. 29 — Día 29, en marcha por "San Diego", las estancias de Nuñez, Laguna del Monte y a Tana; donde se hizo alto para almorzar. Después, marcha al Bagá, Estribo — y a la estancia de Loma Alta, donde pasé la noche.

Jun. 30 — Día 30, en marcha a San Rafael, hasta aquí los prácticos que he podido conseguir y tendré que continuar hasta la Llave, donde según noticias puedo conseguir alguno.

A las 3 de la tarde acampo en la Llave.

Jul. 1o. — Día 1o. de Julio.

En marcha por "Laguna Prieta", Santa Clara "El Potosí", La Rosa, estancia de Juan Miranda, donde acampé.

Jul. 2 — Día 2, marcha a San Vicente "Las Cruces", "El Yamaical" La Estrella, Sabana, Punta Gorda, al "Alto Estribo" donde se pernoctó.

Jul. 3 — Día 3, a San Joaquín, a Las Estancias de las Arenas; se pasó la linea por entre las Arenas y Ojo de Agua se pasó después por el Guayaco, Cenicero al Manglar donde acampé.

Jul. 4 — Día 4, a Naranjo, a las Coloradas, Lagunas de Lázaro y se pernoctó.

Aquí noticias de que el Coronel Peralta se encuentra acampado en "Loma Flores".

El 5, en marcha después de despachar correo a Bayamo al General Díaz; por el Limonar, "La Mala Noche" Santa Rita y "Las Fuentes" donde acampé, pasando aviso al Coronel Peralta — para que pase a verse conmigo.— Peralta me contestó amistosamente pero significándome que se encuentra de parte de los Sublevados, y con tal motivo no insisto más,

Jul 6 — en verme con él, y sigo marcha el 6, pasando por Santa Rita, "Monte Alto", Cayo Alto", Canalito y Altagracia, donde acampé.

Jul. 7 — Día 7, en marcha por la vereda del Correo a Naranjo Dulce, a la Guana, riberas del Cauto, donde hago alto para hacer viandas; llega allí el Capitán Julio Céspedes que envia el General Maceo con pliegos para el Gobierno. Me enteró de todo y sé que el espíritu de todos en Oriente, rechaza los desórdenes de las Tunas; que Modesto Fonseca, y Guillermo, que habían venido a hacer propagandas han sido despedidos por el General Maceo.

Con estos datos sigo mi marcha, haciendo volver conmigo, al Capitán Céspedes y siguiendo el camino de la costa del Cauto y anticipando aviso al General Maceo; voy a pasar a Pedregalón en cuyo punto me encuentro a Modesto Fonseca, al que constituyo en arresto.

El 8, en marcha, siempre por la costa del Cauto, acampo en el Júcaro donde pienso aguardar al General Maceo o alguna noticia de él.   Jul. 8

Día 10 ,recibo contestación de Maceo que me dirija a Mejía, donde debo encontrar al Teniente Coronel José María Rodríguez, con algunas gentes de Caballería, donde llegó el mismo día.   Jul. 10

El General Maceo, me dice seguia hacia Holguín, pués allí se encuentran algunos de los revoltosos. Yo debo esperar aquí.

Noticias de que el enemigo se encuentra en Palmarito, dos leguas de este Campamento.

Día 12, el enemigo avanza, nuestra posición es mala y nos retiramos al Potrero de los Indios.   Jul. 12

Día 13, se me incorpora el Coronel Francisco Borrero, procedente de las Tunas, — y el mismo día por la tarde nos ataca el enemigo, retirarnos a San Agustín donde se pasó la noche y el 14, seguimos marcha otra vez al Campamento de Mejía.   Jul. 13 / Jul. 14

El 15, recibo aviso del General Maceo que no le es posible abandonar a Holguín, por los asuntos de los sublevados; remitiéndome al mismo tiempo en calidad de preso a Jesús Rodríguez.   Jul. 15

Envio correo a Maceo dándole cita a un punto de la zona que él ocupa — para pasar allí a verme con él — el 16, despacho al Capitán Pablo Nuevas con pliegos para el Presidente.— Salen comisiones para Cambute y Guantánamo para aprehender algunos de los revoltosos. Día 17, me muevo a reunirme con el General Maceo en los Itabos, donde llego el mismo día por la tarde y me reuno con Maceo.   Jul. 16 / Jul. 17

1877

Aquí me informo de que Limbano Sánchez anda con una parte de los sublevados.— Resolvimos marchar en su persecución.— Seguimos marcha a Santa Clara.

Jul. 19 — Día 19 en marcha hasta la estancia de Solís en Bijarú —aquí noticias de que los sublevados siguen rumbo a la ensenada de Holguín haciendo propaganda a favor de Vicente García— mando exploradores, que vuelven dando informes de que se dirigen al Gato, y con tales informes nos movemos hacia

Jul. 24 — aquel punto, donde los sorprendimos el día 24.

Después de varios incidentes desagradables logré al fin detenerlos y hacer que el grupo quedase sometido a mi autoridad, mientras de su seno pasa una Comisión a las Tunas para saber que la mayoría del país no apoyaba la idea.

Jul. 26 — Así las cosas, nos movemos el 26, para Barajagua, don-
Jul. 28 — de llegamos el 28.

Jul. 29 — Día 29.— Despacho correo al Presidente dándole cuenta de todo. Pasa a las Tunas el Coronel Borrero y le acompaña M. Fonseca—que va convertido a la causa del orden.

Estoy sosteniendo un acampaña terrible. Me preparo a volver a Holguín.

Agt. 1o. — Día 1º.—Salí de Barajagua y llego al Gato, punto donde había citado a Limbano Sánchez con el grupo de sublevados, y en vez de éllos me encuentro una carta negándome de nuevo obediencia y ratificándose en su actitud. Con tal proceder no es posible ya hacer volver a esos hombres a la obediencia, por medio de medidas que no sean las de la fuerza; puesto que he agotado los procedimientos más suaves y prudentes, pués el desórden continúa y los intereses de la patria están en peligro; tal parece que esos hombres, con una bandera disfrazada de ideas políticas, envuelven algún plan siniestro. En éste estado los asuntos vuelvo a Barajagua a reunirme con el General Maceo para resolver sobre el asunto.

Agt. 4 — El 4, me uno al General Maceo, en Mejía, y dispongo se reunan algunas fuerzas.

Agt. 6 — El 6, se presentó el enemigo — salimos a su encuentro y salió gravemente herido el General Maceo.

1877

Acontecimiento es este, que me pone en situación más apurada, pués no hay un Géfe idóneo a quien puedan encargar del destino que deja Maceo — mientras tanto los españoles activan sus operaciones — sin embargo, paso órdenes al General Calvar para que venga y encargarle del mando de la División.

Envío correos al General Díaz y tomo medidas para la seguridad de la revolución en esta parte.

El día mismo del combate me retiré a los Indios.

Día 9, me ataca el enemigo — apenas se le puede hacer resistencia y me retiro para el Júcaro. — Agt. 9

El 10, vuelvo a los Indios y me ocupo en preparar pliegos para el Presidente, dándole cuenta de todo lo ocurrido. — Agt. 10

El 12, sale con los pliegos el Comandante A. Castellanos por el camino de la Canoa y yo me muevo hacia el Júcaro a ver al Batallón de Jiguaní — donde llego sin novedad, pero a pocos momentos se me reune el Comandante Castellanos, que no ha podido continuar por encuentro con el enemigo; inmediatamente sigo marcha por las costas del Cauto para acompañar a Castellanos hasta Pedregón, donde pernoctamos. — Agt. 12

Día 13, continúa él, y yo contra marcho y acampo en Madre Vieja hasta el 15, que me muevo a "Loma Piedra", — allí se me reune el General M. Díaz — y seguimos para el Júcaro. — Agt. 13 / Agt. 15

Día 16. — en marcha a los Indios donde se me incorpora el General Calvar. — Agt. 16

El 17, se presenta el enemigo — no me dá tiempo para ocuparme de ningún asunto y nos retiramos a Paso Viejo, riberas del Cauto. — Agt. 17

El 18, en marcha hacia Pedregalón con el fin de acampar por allí y ocuparnos de los varios asuntos del servicio. Pero nos encontramos con columna enemiga y tuvimos que retirarnos dando un rodeo; nos colocamos Caguarana, estancia frente al Júcaro. — Agt. 18

El General Calvar se hace cargo del mando de la División.—El enemigo activa más sus operaciones.

El 21, nos movimos a Paso Viejo — done permanecimos hasta el 25, día en que el General Díaz marchó rumbo a Cau- — Agt. 21 / Agt. 25

1877

to el Paso, pués allí se supone que hay un grupo de amotinados, y yo lo hago hacia Holguín — hago noche en el Caguaranal.— El Coronel Medina pasa en Comisión a Cambute a apresar algunos reformistas que por allí hay y convenimos todos en el punto que nos debemos reunir.

El Batallón de Jiguaní rechaza al General Calvar como Géfe de la División. Dicho Géfe me acompaña.

Agt. 26 — Sigue el desórden y ya esta perdida la disciplina.—El 26,
Agt. 27-28 — en marcha a Barajagua, el 27 a Santa Clara, el 28 a los "Novillos" estancia de Solís — aquí me reuno con el Coronel Rius
Agt. 29 — y seguimos el día 29 a Sierra Verde.— Aquí acampo y doy órdenes de reunir algunos rezagados — y se dá órdenes también para los Géfes y Oficiales del Regimiento Holguín.

Agt. 30 — El 30, en marcha hasta María Moreno.

No se tiene noticias de Limbano Sánchez y los sublevados.

Agt. 31 — Día 31, nos movimos cerca del camino de Samá.

Sep. 1-2 — Septiembre 1º.— Se embosca la gente hasta el día 2, en
Sep. 3 — dicho camino para atacar al convoy, pero éste no pasa y el 3, marchamos a la estancia de Castillo y de allí se envía una comisión a Samá a extraer alguna res — pero no puede con-
Sep. 6 — seguirla. Permanecimos en este punto hasta el día 6, que vol-
Sep. 8 — vimos a "Sierra Verde".—Día 8, a los Novillos, estancia de Solís — hemos reunidos algunos hombres, y pienso ahora marchar en pos de los sublevados.

Sep. 9-11 — Día 9, a Vallejo; día 11, al "Gato" — aquí informes de que los sublevados están en la línea Occidental de Holguín.
Sep. 15 — Permanezco hasta el 15, que marcho a Rancho Nuevo desde donde dispongo que Rius marche a atacar el convoy de las Ca-
Sep. 16 — labazas, lo que se verifica el 16, tomándolo.

Después de dejar a Rius con instrucciones para todo, nombrándole Géfe de Holguín, marcho a reunirme con el Ge-
Sep. 17 — neral Díaz lo que verifico el 17, en las riberas del Cauto.

No se sabe del Gobierno en esta situación; me preparo a marchar para el Camagüey y en marcha por las riberas del Cauto.

Sep. 21-22 — El 21, hago noche en Naranjo — el 22, por Altagracia

1877

al Ramblazo — el 23, a la Subprefectura de Aní los Cayos o el paso de "Oro",— El 24, al Aguacate, 25, a la Aguada; 26 a Santa Rosa, 27, a San Rafael y seguí marcha por la noche y me amaneció en Laguna del Monte y el mismo día continué y acampé en Ceiba Mocha, riberas del Sevilla — ya jurisdicción del Camagüey.— He caminado 44 leguas. *Sep. 23* *Sep. 24-25* *Sep. 26-27*

El 28, en marcha a la "Loma de Sevilla". En donde encuentro al Gobierno; doy pués cuenta al Presidente de mi Comisión y permanecemos acampados. *Sep. 28*

Día 1° — La Cámara se reune; quita al Presidente el mando del Ejército y me nombra General Géfe — rehusando yo hacerme cargo del destino mientras no se normalice la situación política del país — por consiguiente, hago mi renuncia. *Oct. 1o.*

Día 3, el Presidente dispone marchar él a Oriente y quedar yo en Camagüey; lo acompaño a Ceiba Mocha, donde debe llegar le General García — para ver como se define la situación de las Tunas.— Día 4, llega el General García, a Ceiba Mocha — el 5, después de dejar al Presidente ya en marcha para Oriente, me muevo con rumbo a la Sabanita y en el potrero de Jobo Dulce me encuentro con los Coroneles Antonio Bello y Jaime Santiesteban, que acompañados del Capitán José Alonso y Esteban Varona proceden de las lineas enemigas y vienen en comisión del servicio de los españoles. Yo, inmediatamente los pongo presos y contramarcho con éllos a ponerlos a disposición del Presidente. Una vez allí, se reune el Consejo del Gabinete y examinados los presos y la misión que traen, se vino en conocimiento de que Esteban Varona trae proposiciones que hace Martínez Campos; que no estan basadas en la independencia del país; y los demás, sobre todo el Coronel Bello, son presentados al enemigo y viene después de haber celebrado conferencia con Géfes españoles so pretexto de regularización de la guerra; en tal concepto, se resolvió, que yo marchase con los presos hasta encontrar al Brigadier Gregorio Benitez, Géfe de la División del Camagüey, para que seán juzgados en Consejo de Guerra. El día 6, marcho de Ceiba Mocha y el mismo día me reuno con el Brigadier Benitez en San Martín de Vialla, en cuyo punto se encuentra reunida al- *Oct. 3* *Oct. 4* *Oct. 5* *Oct! 6*

1877

Oct. 7 — guna fuerza. El 7, se juzgó en Consejo de Guerra Verbal a Esteban Varona, el que fué ahorcado y los demás en Consejo de Guerra Ordinario; y le resultó la pena de muerte a Bello y de degradación a Santiesteban; pero el defensor acudió, probando que el Consejo adolecía de nulidad, por cuyo motitivo queda en suspenso la ejecución de la sentencia y pasa el asunto a la resolución del Presidente.

El Géfe de la División, pone nuevamente los presos a mi disposición, y dispongo que un oficial con algunos números se haga cargo de éllos.

Oct. 10
Oct. 14 — Día 10, nos movimos de San Martín a Sabanita— donde permanecimos — hasta el 14, que me separo del Brigadier Benitez después que se hace cargo del mando de la División.—Yo me muevo con dirección a Caonao, hago noche en Carrasco;

Oct. 15 — el 15, a la Sierra, a San José, La Jagua, la Ciega, Vista Hermosa, Yamagueyes, la Ceiba e Izaguirre; donde se hizo noche.

Oct. 16 — Día 16, en marcha a la Loma y a la Concordia, donde acampé.

Aquí debo tener noticias del Coronel Mola que manda la Primera Brigada.

Oct. 17 — El 17, me muevo al Potrerito de San Romón — aquí se me reune el Coronel Mola — después de haberle asaltado el enemigo y perdido algunos caballos.

Oct. 22 — El día 22, pasamos a Guirabo donde acampamos para ver de reunir la gente dispersa.

Han aparecido por fin los dispersos, menos el Comandante Francisco LaRua y Diputado Eduardo Machado; que han sido muertos.

Oct. 25 — Día 25, volvimos a San Ramón, aquí dispongo que el Brigadier R. Rodríguez pase en comisión por la Trocha del Júcaro, para saber el estado de todo aquello y definir la situación del Teniente Coronel José Gómez; de quien se duda cuál sea su actitud aún respecto al Gobierno, supuesto que dicho Géfe era de los sublevados en contra del Gobierno.

Doy también órdenes al Coronel H. Mola para que reuna las fuerzas a su mando y las concentre parcialmente, para el día 15 del entrante.

El 26, me muevo hacia el Este del Camaguey, marchando por Cascajales a la Aurora, a San Carlos, la Gía y Múcara, donde hice noche el 27.

Oct. 26
Oct. 27

El 28, por la Ceiba, Matehuelo, Vista Hermosa, "la Ciega".

Oct. 28

Se pasa la línea de Santa Cruz, se destruye el telégrafo, tomo la vereda de Benbeta y paso la noche en una estancia de "Monte Grande".

El 29, a la Sierrecita y de ahí el mismo itinerario que traía cuando salí de Sabanita — llegué allí el 31, después de haber hecho noche en San Andrés.

Oct. 29
Oct. 31

Al llegar a Sabanita se me incorpora el Comandante Agustín Castellanos que fué a acompañar al Presidente a Oriente y dá la noticia de que aquel y el Canciller Alferez José Nicolás Hernández habían caido en poder del enemigo con el Archivo y todo lo del Gobierno.

Este acontecimiento tuvo lugar el 19 del presente en Tasajera, a tres leguas del Cauto jurisdicción de Holguín.

El Mayor General Francisco Javier de Céspedes, como Vice-Presidente, ha ocupado la Presidencia de la República.

Este suceso, que parece de trascendencia, yo creo que poco afectará los intereses de la revolución, dada la oposición que un Partido hacía a la Administración Estrada.

Quizás ahora se unifiquen los cubanos, pues los hombres de órden que sostenían a Estrada no harán la oposición a Céspedes. Y para los otros nos prometemos que sea aceptada.

También ha sucedido que los presos; Coronel Bello y demás — que estaban confiados a la custodia de un oficial llamado Margarito Avilés, hombre de color y sin honor, se dejó arrastrar sin duda por sagaces ofertas de los mismos prisioneros y con éllos se presentó a los españoles.

Otro acontecimiento es este que a mi juicio, ningún daño ha inferido a la revolución, pués de todos modos aquellos hombres estaban perdidos para élla, y su fuga nos ha evitado derramar sangre de cubanos; que aunque sea en justicia nunca es grato.

Noviembre 1º acampado en Sabanitas donde pienso

Nov. 1o.

1877

Abr. 2	aguardar al Brigadier Benitez — día 2, llega el Brigadier Be-
Nov. 3	nitez; el enemigo ocupa a Berraco Gordo — el 3, nos movemos
Nov. 4	al Ojo de Agua del Portillo — el 4 a Jobo Dulce donde acampamos.
Nov. 6	Día 6, marchamos y acampamos en el Vapor, aquí noticias de que los españoles han operado en la toma de Sabanita; mi familia y la del Brigadier Benitez se han dispersado por los montes, perdiendo todos sus equipajes — el 7, lo pasamos re-
Nov. 7	
Nov. 8	cogiendo la gente dispersa — el 8, nos movimos al potrero la Piedrena.
	Estoy muy preocupado con la situación de mi familia, porque temo por la vida de mis hijos con la soldadesca española y deseara, ya que mi destino está unido a la causa de Cuba, y debo vivir o morir con ella, al menos que mi esposa y mis hijos aunque fuera por las líneas enemigas, pasaran a Jamaica.
Nov. 11	El 11, me separo de las fuerzas y acampo en el Vapor; aquí se me reune el Brigadier Benitez, pués fué atacado por
Nov. 13	el enemigo.—El 13, acampo en San Juan de Dios.
Nov. 22	El enemigo persigue a la Cámara tenazmente — el 22, paso a las riberas del Sevilla, despacho desde allí con el Comandante A. Castellanos, correo al General Céspedes Presidente de la República. También lo hago al exterior por la
Nov. 24-27	vía de Nuevitas—el 24, vuelvo a San Juan de Dios — el 27, a
Nov. 28-29	San Fernando — el 28 a Yaquima; aquí el 29, enemigo y
Nov. 30	paso a Jobo Dulce, el 30 a San Juan de Dios, aquí encuentro con el enemigo; se pierde mi caballo y otros más — dispersión de la gente que me acompaña. Me quedo solo.
Dic. 1o.	Diciembre 1o. — Vuelvo a San Juan de Dios — aquí reuno toda la gente dispersa, se ignora el paradero del Doctor
Dic. 3	Luaces — el 3, noticias de la llegada del Presidente a Jobo
Dic. 4	Dulce; marcho el 4 en su busca, no lo encuentro y regreso el
Dic. 6	6 a San Juan de Dios.
Dic. 8	Máxito — nació mi hijo — el día 8 de Diciembre de 1877 a las 12 del día.
Dic. 9	El 9, me muevo otra vez en busca del Presidente que en-
Dic. 10	cuentro el día 10 en los montes de Jobo Dulce; allí también la Cámara; me es admitida mi renuncia.

La Cámara nombra a Vicente García, Presidente de la República. Se nota una desmoralización completa y los ánimos todos están sobrecogidos; tanto por las operaciones constantes del enemigo como por la división de los cubanos, pues Holguín se ha separado de todo nombrándose su Gobierno; todo está en desconcierto y el pavor cunde por todas partes, de tal modo que hay quien opina que debía arreglarse la paz aún prescindiendo de la Independencia. Con tal motivo se reunieron el día 10 varios individuos para tratar del asunto — se me llamó a mí y yo dí mi opinión: "que si el Camagüey desea eso se manifestase así al Gral. M. Campos para que suspendiéndose las hostilidades pudiesen reunirse todos los cubanos que están en el campo y formaran una asamblea popular que una vez no sólo se ganaba mucho tiempo sólo que si querían no se ocuparían de ese asunto, sólo de unificarse y organizarse para continuar la guerra con más brio y mejor éxito — que resolviendo el asunto de esa manera era segura la caída de Martínez Campos pues burlado de esa manera, su prestigio desaparecía".

El asunto quedó en proyecto y yo me retiré el 12, rumbo a San Juan de Dios. El enemigo se mueve mucho, las guerrillas se multiplican, yo ando a pie pués se han llevado todos los caballos.

Dic. 12

He aquí mi plan oficialmente: "por los Poderes Supremos pasar una comunicación al General Martínez Campos diciéndole, que deseando una parte del pueblo la paz (sin decir bajo qué bases) suspenda las hostilidades en toda la isla por un plazo determinado, para que reunido el pueblo en una asamblea pueda deliberar libremente sobre sus destinos; mientras tanto se mandará una comisión al extranjero; una vez reunidos, si quieren la paz se estudia bajo qué base y condiciones pueda hacerse y si se quiere seguir la guerra se consiguen grandes ventajas, se ganaría tiempo, se unificarían los cubanos nombrando un Gobierno por el voto popular, que sería por esta razón fuerte y con verdadera existencia moral y lo que es más, dada esta solución, indudablemente decaería el prestigio del General Martínez Campos, quedando quizás ase-

1877

gurada la revolución porque gastado él, a España no le queda otro hombre que enviar a Cuba. Esto dije; fué aprobado con entusiasmo quedando resuelto se pasaría al siguiente día la manifestación a la Cámara".

Dic. 13-14
Dic. 15

Día 13 — en San Juan de Dios — día 14 se me reune el Brigadier Benitez y el 15 nos ataca el enemigo; nos retiramos al Pocito de Sebastopol. Noticias de que han dispersado al Coronel Mola a quién Benitez había dejado con una pequeña columna de caballería en infantería, la situación se empeora.

Dic. 16
Dic. 17
Dic. 18

El 16, me separo del Brigadier Benitez y me dirijo al Pocito de las Pulgas — el 17, al Arroyo de San Juan de Dios — el 18, a los ranchos viejos de Manana donde encuentro 16 hombres dispersos, que recojo y hago marchar a la zona de Caonao.

Dic. 21

21, día terrible para mí, mi corazón se destroza de dolor pués tengo que separarme de mi esposa y mis hijos, haciendo que se presenten a los españoles para ver si logran embarcarse para Jamaica y allí reunirse con mis hermanas, mientras yo quedo aquí cumpliendo lo decretado por fatal destino. (Véase fols. 13-14 Arch. M. G.)

Dios mío! tu cuidarás de mi esposa y mis hijos.

El mismo día huyendo de ésta zona, como queriendo huir de recuerdos que llevo en el alma, me dirijo rumbo a Carrasquilla.

Dic. 22

Hay dolores que se sienten pero no se pueden explicar.

Día 22, llego a los montes de los Arrieros y en ese punto me encuentro al ranchero Javier Cisneros, el que me sirve de practico hasta las estancias de Guantánamo, esto es, el día 23.

Dic. 23
Dic. 26

Día 23 — aquí hago viandas y continúo hasta "Monte Prieto" donde permanezco hasta el 26 que emprendo marcha por el mismo itinerario, hago noche en las estancias de Guantánamo — día 27, a Naranjo y 28, a los Montes de Mojacasabe donde acampo.

Dic. 27-28
Dic. 29

Día 29, en marcha a los montes de San Juan de Dios del Portillo.

Dic. 30

Día 30, al Pocito del Arroyo de Sebastopol — donde debo esperar noticias del Brigadier Benitez.

Dic. 31

Día 31, último día del 77. Se concluye el año, uno de los más funestos para la revolución de Cuba — pues además de la terrible campaña que sostiene el General español Martinez Campos, con sus grandes recursos de hombres y dinero, los cubanos divididos y en desacuerdo han impreso un sello de debilidad y decadencia a la revolución que será muy difícil encarrilarlo por una vía segura a su triunfo.—Yo por mi parte debo creer que he concluído ya de representar mi papel en éste sangriento drama, pués despreciado y zaherido, por decirlo así, por los cubanos, desde los acontecimientos de las Villas y últimamente por los de Holguín, debo para no aparecer temerario y ambicioso abandonar una causa, que tantos desengaños y amarguras me ha traído; así pués deber mío es salir del país, empleando los medios que no lastimen mi honor — para ir a buscar a otro país, un rincón donde tranquilo pueda acabar mis días.

Pero mientras esto pueda suceder tengo que resignarme a ser víctima de los españoles.

Esta es pués una de las situaciones difíciles porque atraviesan los hombres.

Esperaré con valor.

La situación más apurada y triste, pués la campaña que se sostiene con el poder de las armas españolas, es la más cruda y terrible.

Es una persecución horrorosa y como los elementos de la revolución están en completo desconcierto, nadie le puede oponer resistencia a un enemigo tan poderoso — y es así que la revolución en general se encuentra en muy mal estado — por eso las familias sobre todo, están sufriendo de una manera terrible y es muy difícil poder atender a seguridad y subsistencia — al fin creo que tendré que hacer el sacrificio más doloroso de hacerla presentar a los españoles — para que así, aunque allá se vea acosada de la miseria — por lo menos con menos sobresalto.

1875

Eno. 1o.   Enero 1º. — Acampado en Sebastopol — Camagüey — donde aguardo al Brigadier Gregorio Benitez o noticias de él Entramos en el año nuevo con una era fatal.

Eno. 4   Día 4, estoy impaciente por la dilación de Benitez que aún no se presenta y al fin determinado moverme hacia "Mate Prieto", dejo un Sargento con cuatro hombres para que aguarde a Benitez, mientras tanto ese mismo día hago noche en el "Pocito de los Arrieros".

Eno. 5   Día 5, en marcha y acampo en el Arroyo de Guantánamo. El enemigo ocupa a Barraco, punto por donde tengo que

Eno. 7   pasar, permanezco acampado hasta el día 7 que marcho y llego el mismo día a "Mate Prieto", aquí tengo la triste noticia que una comisión con la cual esperaba alguna noticia de mi mujer y mis hijos — ha sufrido un trastorno por encuentro con el enemigo.

Eno. 8   Día 8, se me presenta el Sargento que dejé en espera del Brigadier Benitez, con el cual me escribe llamándome para que le ayude a salir de un asunto que se le presenta y es el siguiente. El Teniente Coronel Duque Estrada y los Diputados Marcos García, José Aurelio Pérez, Antonio Aguilar, Miguel Betancourt, Luis Victoriano y Federico del mismo apellido, se han dirijido a Santa Cruz, y trataron de que llegase a oidos de los españoles los deseos de paz que tiene una agrupación del Camagüey y con ese motivo han autorizado a Duque Estrada para entender en ese asunto y saber, sin duda lo que hay de cierto sobre el particular, conviniendo al propio tiempo en que se suspenda las hostilidades en una zona demarcada, y por el plaza que va corriendo desde el 21 de Diciembre al 13 de Enero.

La idea expresada en la Loma de Sevilla ha tomado aquí mayores proporciones y la mayor parte desea verdaderamente la paz — no ya como un plan capcioso para burlar al enemigo como lo propuse yo en aquella junta.— Ya veo que esto se precipitaba a su pérdida.— La situación se complica.

Día 10, emprendo marcha precipitada a reunirme con Benitez, lo que verifico el 11 en "La Mina"— zona del "Zorral. En éste punto encuentro reunida a la Cámara y alguna gente de infantería, la que queda en el Camagüey.

Eno. 10
Eno. 11

Ya encuentro a mi juicio, mucho hecho en el sentido de la paz. Me he quedado espantado de como han variado estos hombres.— Como el vencimiento del plazo de suspensión de hostilidades es el 13, se me dice que acaba de salir Duque Estrada y el Comandante Enrique Collazo, con un pliego del Brigadier Gregorio Benitez.— El mismo que me llama según entendía yo, para oponernos a todo esto — cuyo pliego se lo dirije al Géfe español Cassola, suplicándole prórroga del plazo indicado así como ensanche de la zona neutral. Collazo al fin, regresa de su comisión que lo condujo hasta el Chorrillo, donde se quedó su compañero Estrada, Cuartel General del Gefe enemigo; el cual dice le recibió muy bien, y contestó "que no le era posible prorrogar el plazo más que hasta el 20, y ni un palmo más de terreno neutral."

En este estado las cosas y pérdida de fé, sale una comisión con salvo conducto español, para evitar tropiezos, con un pliego llamando al Presidente de la República Vicente García —y cuyo pliego lo manda la Cámara ordenándole que pase a su residencia para tratar de éstos asuntos.

Día 13, mientras tanto vá llegando la gente al Campamento y la idea de la paz ha cundido cuál chispa eléctrica por todas partes. Creo imposible hacer a estas gentes desistir de ésto.

Eno. 13

Mandan otra comisión cerca del Géfe enemigo en solicitud de los mismos — comisionados, Estrada y Collazo — pués la zona, el enemigo poco a poco la va estrechando con la acumulación de tropas.

Esta vez componen la comisión el Dr. Emílio Luaces y el Teniente Coronel Ramón Roa.

Regresan el 14, y cuentan que allí encontraron al Gene-

Eno. 14

ral Martínez Campos; consiguiendo con él prórroga de suspensión de hostilidades hasta el 10 de Febrero; pero estrechando la zona neutral en vez de ensancharla. (Véase fol. 42 — Arch. M. G.) No deja de ser astuto el Géfe español, pués reduce la capacidad de la ratonera.

Eno. 15 Día 15, sale Marcos García (que en obsequió de la verdad es al que noto más alegre y satisfecho de todos éstos hombres, como que es más descarado), sale pués este señor en comisión para las Villas.

Como vá a escapar aquella gente, cuando éste hombre se reuna con Roloff. Quizás él ha sido el más culpable de que los Villareños me despreciaran.

Eno. 16 El 16, lo hace el Comandante Enrique Collazo con pliegos para Oriente — de Benitez — y la Cámara — a avisarle a aquella gente.— y siguen aquí los mandados y entrevistas con los españoles en arreglos del radio de territorio que debe quedar neutral.

Eno. 18 Día 18, se mueve el campamento para "La Sabanita".

Eno. 21 Día 21, se aparece un oficial español con un pliego del Géfe del Chorrillo, el Coronel Mella, a quien parece ha dejado Martínez Campos encargado del asunto:— en el pliego le dice a Benitez que coloque una pareja en el punto que él lo crea más conveniente para la más pronta y fácil comunicación entre ellos. El mismo oficial regresa con la contestación del Géfe cubano aceptando la proposición.

Eno. 23 Día 23, se presenta en el campamento el Coronel Mella, es un hombre como de 40 años, de agradable trato y con alguna inteligencia.—Se habló largamente en la visita — pero nadie se atrevió a tocar la cuestión de la paz.— Algunas horas después se marchó el Géfe español.

Feb. 2 Se permanece acampado en este punto hasta el día, Febrero 2 que pasamos a "La Calilla".

El mismo día tres oficiales con el Coronel March, del Ejército enemigo visitan nuestro campamento.

Como se verá, la gente se vá familiarizando.

Feb. 5 Día 5, de Febrero — llega al fin el General Vicente
Feb. 6 García y el 6, se varía de campamento — a San Agustín y a

seguida le dá Vicente García una cita al General Martínez Campos para tener una conferencia.

El 7, para el General Vicente García a la "Concepción del Chorrillo", y tiene la conferencia con Martinez Campos y sale de élla; que el pueblo sea el que haga sus proposiciónes. Con tal motivo la Cámara se disuelve y éso que éllos llaman pueblo, nombra un Comité que se ocupa del asunto. *Feb. 7*

Este Comité lo componen: Brigadier Rafael Rodriguez — que a la verdad, ha costado suplicarle mucho para que acepte.— Ramón Pérez Trujillo y Juan Spoturno, ex-diputados. Brigadier Manuel Suárez, Teniente Coronel Ramón Roa y Coronel Enrique Mola.

El Comité redacta las proposiciones de paz — que leídas y explicadas a todos los que se encuentra aquí presentes, dijeron estaban conformes — la copia se encuentra en hoja suelta.

Día 9, veo que salen el Teniente Coronel Ramón Roa y Dr. Emilio Luáces, a presentar dichas proposiciones al General Martínez Campos. *Feb. 9*

Día 10, regresan estos Señores participando que todo ésta arreglado y aceptado por el Géfe enemigo. *Feb. 10*

Día 12, — Salen en comisión para las Villas el Coronel Enrique Mola y el ex-diputado Pérez Trujillo; a participar a los de aquel departamento — lo resuelto por los del Camagüey — y con igual fin salen también para Oriente el Brigadier Rafael Rodriguez, y el Comandante Enrique Collazo. *Feb. 12*

Como yo he dicho públicamente que no saldré del país sin primero pasar a Oriente a verme con los Generales de allá, mis primeros compañeros en la lucha que va a terminar de una manera tan triste — el Comité me suplica que acompañé a sus comisionados — así lo hago y salimos el mismo día para Santa Cruz.— Vamos por vía enemiga. En dicho punto nos embarcamos en el vapor "Cienfuegos", que se hizo a la mar a las 12 de la noche.

Día 13, a las 8 de la mañana tocamos en Manzanillo, aquí supimos que los cubanos combatientes en toda esta comarca, tratan sobre la paz trabajada por Bello y compañeros. *Feb. 13*

A las 11, del mismo día continuamos para Santiago de

1878

Feb. 14   Cuba, en cuyo puerto se atracó el 14 a las 6 de la mañana.

El General Daban pasa a bordo y nos invita bajar a tierra y rehusamos la oferta. Gran conmoción, como diez mil almas invaden la marina — estoy contemplando con profundo pesar una masa de más de ocho mil jóvenes cubanos que no se han atrevido a empuñar las armas para libertar su país.

Todo el mundo desea conocernos, es una curiosidad tal, cuál si fuéramos habitantes de otro planeta y he tenido que indicar al Capitán del vapor que dé sus órdenes para que no se deje entrar a nadie a bordo.

Feb. 15   El 15, a las seis de la mañana, salimos en el primer tren, llegando a San Luis; aquí nos recibió el Brigadier Polavieja, hombre a mi juicio poco educado y de brutal altanería, lo que se revela a pesar de querer manifestarse muy amable y atento con nosotros.

Feb. 16   El 16, marchamos a la "Curía", campamento enemigo, a donde llegamos el mismo día — despacho un correo al General Maceo Antonio.

Feb. 17   Día 17, contestación del General que nos espera en Piloto Abajo.

Feb. 18   Día 18, salimos y nos reunimos con Maceo.

Después que la comisión le enteró de lo ocurrido y pactado por el Camagüey — me preguntó que pensaba yo sobre todo eso — y le contesté, que yo creía perdida ya la Revolución en el Camagüey y las Tunas hasta las Villas — que precisamente por esa razón yo estaba dispuesto a salir del país, pero no quería hacerlo sin primero verlo a él para que supiera la verdad de las cosas y no contara sinó con sus propios elementos.

Me contesta que él por su parte no esta de acuerdo con lo pactado en Camagüey y que por lo tanto reuniría sus Géfes principales para resolver el caso; me manifestó también que tenía interés en celebrar una conferencia con el General Martínez Campos, con el fin tal vez de pedir una suspensión de hostilidades para organizarse; comprendí la idea aviesa de Maceo, para darle quizás un buen golpe al enemigo; le aconsejé, que la pidiese en ese caso por un plazo largo para que. "Usted (mis palabras textuales) tenga tiempo para todo — porque con tiempo y lugar, cuantas cosas se pueden hacer."

Día 19, deseando ver la familia del General nos dirigimos a sus ranchos — me dió el General a su hermano José para que nos acompañara, y allí pasamos la noche. Fué una de esas noches tristes para mí metido entre todas aquellas mujeres tan patriótas, compañeras de nosotros en las montañas durante esa terrible lucha de diez años — en donde tanto habíamos sufrido.

Allí no se durmió esa noche, la pasamos en tristes comentarios, con mayor razón cuando haciendo relación de todo lo que había acontecido por los trastornos y desórdenes, me esperaba un fatal resultado para la revolución, por lo que a mí no me sorprendía la situación del momento. Había gastado mi prestigio en querer evitarla pero en todas partes había encontrado oposición y ya era tarde para yo poder hacer nada en favor de la Revolución.

Que cuanto podía hacer era salir cuanto antes del país, por que jamás viviría bajo el dominio de España.

Día, 20, nos movimos con dirección a Miranda y separándonos del General Maceo, que me dijo lo hacía con rumbo a Holguín a consultar los Géfes de allí.— Yo no quise decir nada a Maceo, por que no estaba bien seguro de éllo — pero ya se había dicho, que Limbano Sánchez y el Dr. Collado estaban ya en trato por sí y ante sí, con el General Martinez Campos. Como yo conozco a ambos sujetos, casi me atrevo a creer que sea así.

El 21, llegamos a Miranda, y a seguida a Cauto Abajo, donde encontramos al General Prendergast, no me parece gran cosa.

Con ansias de saber el resultado de la entrevista de Maceo, nos hacian miles preguntas, todas inoportunas —pués se creían que habíamos ido donde él a comprometerlo para la paz — y le dijimos que nó, que nuestra misión había sido únicamente a explicarle lo que había hecho el Camagüey para que él resolviese con su propio criterio que no contestó nada afirmativo; antes por el contrario, que no estaba de acuerdo con lo convenido en Camagüey y que iba a reunir sus tropas para resolver. No quise decirle lo que pensaba Maceo con respecto a la conferencia que se proponía tener con Martinez Campos.

Feb. 23 — Día 23, salimos en el tren para Santiago de Cuba donde llegamos el mismo día, y nos embarcamos en el vapor "Manzanillo"; a las 4 de la tarde salió el vapor.

Feb. 25 — Día 25, llegamos a Santa Cruz del Camagüey, seguidamente saltamos a tierra y continuamos para el campamento cubano — hicimos noche en la "Larga".

Feb. 26 — Día 26, al Desigue (?) y al Campamento San Andrés.

Aquí los comisionados dan cuenta al Comité de su comisión.— Durante todo éste tiempo el General Martínez Campos — no obstante que yo no he hecho ninguna proposición al intento de los cubanos de firmar la paz con sus contrarios, ha manifestado muchísimo interés en tener una entrevista conmigo — y esta vez al llegar a éste Campamento me encuentro la misma noticia, y, como me conviene ver lo más pronto de como salgo del país — le contesto, que iré a Vista Hermosa.

Feb. 27 — Día 27, salgo para dicho Campamento — me acompañan Rodriguez y Collazo (otros oficiales) el mismo día, dos horas de camino, llegamos.

Aquí larga conferencia con Martinez Campos, pués él se empeña en que yo no abandone a Cuba, y me hace pingues ofertas de dinero y destinos de importancia en la Isla. Rechazo todo éso y le exijo como derecho mio — un vapor— pués así está estipulado en el Convenio — para que me trasporte a Jamaica. Al fin accede y pone allí mismo un telegrama a Santa Cruz, que se ponga a mi disposición un cañonero en el estero del "Junco", punto que yo mismo indico.

El mismo día regreso a San Andrés, donde hice noche.

Feb. 28 — Día 28, salgo con rumbo al "Junco", hago noche en San Fernando.

Sólo están dispuestos a acompañarme y salir del país: Rafael Rodriguez, Enrique Collazo, Enrique Canals, Grocio Prado y José Bonilla; estos últimos, dos jovencitos que no he querido dejar, hijos del Presidente Prado, de la República del Perú.

1878

Día 1º de Marzo, a "La Larga". Aquí informes de que el Cañonero que nos ha de conducir, en vez de ir al "Junco" nos espera en Santa Cruz—y nos dirigimos a este punto. Mzo. 1o.

Día 3, a las 12 del día entramos a bordo del cañonero, que pocas horas después se hizo a la mar. Mzo. 3

Día 4, toca el Cañonero en Manzanillo. Mzo. 4

Aquí recibo un telegrama del General Campos, pidiéndome pase a Yara para que me vea con el General Modesto Díaz y otros Gefes Cubanos allí reunidos, que no saben cómo arreglar el pastel, yo me excuso resueltamente, contestando que ya yo he terminado mi papel en el drama de Cuba, y digo al Comandante del barco que sigamos nuestro camino, mas él no se atreve y pregunta al General Campos y éste contesta, que aguarde, que una comisión de individuos de importancia va a venir donde mí.

En la misma tarde del mismo día llega el Brigadier Valera, del Ejército Español, lleno de entorchados, dominicano; y los Coroneles del Ejército Cubano Bartolo Masó y Juan Rúz.

Me suplican pase a tierra a ayudarles a darle forma a la Capitulación, pues todos los cubanos están dispuestos a la paz.— Yo me excuso nuevamente y les digo, que ni en el Camagüey me he mezclado en ese asunto, pues, que si les he ayudado a los cubanos a la guerra no los ayudo a la paz; no obstante que no he tratado de oponerme a ella, pues he comprendido que la mayoría o todos, es eso lo que desean; con éstas y otras razonez pude dar término a aquella para mí poco agradable entrevista, y se retiraron los Comisionados.

Día 5, salimos, pero un terrible chubasco nos obligó a meternos en Niquero. Mzo.

1878

Mzo. 6 — Día 6, a las 12 del día salimos — el tiempo ofrece ser bueno.

Son las 6 de la tarde y vamos a perder a Cuba de vista, quizás para siempre—¿cuál será mi destino después que he sufrido tanto y tanto en esa tierra en pos de la realización de un ideal que ha costado tanta sangre y tantas lágrimas? ¡Adiós Cuba, cuenta siempre conmigo mientras respire—tú guardas las cenizas de mi Madre y de mis hijos—y siempre te amaré y te serviré!

Mzo. 7 — Día 7, hemos pasado una noche mala—la mar muy picada, hasta el Capitán del "Vigía", Domingo Ceris, ha tenido miedo pues el barco no es muy a propósito para la travesía.

Vamos dando vista a la Isla de Jamaica.—Son las 10 de la mañana y anclamos en Mondego-Bay.

Mzo. 8 — Día 8, salimos en coche, y pasamos la noche en "Fortune".

Mzo. 9 — Día 9, a Horbay.

Mzo. 11 — El 11, por Spanish-Town—a Kingston, donde abrazo y beso a mi mujer, y mis hijitos que encuentro al lado de mis hermanas, en la más espantosa miseria.

Mi situación es tristísima, no cuento aquí con ningún amigo y antes por el contrario, la inmigración cubana residente me acusa de que yo soy el causante del Convenio del Zanjón—y como acontece siempre, pues así es la humanidad—toda esta gente en su mayoría es incapaz de hacer nada grande por su Patria, y solamente por haber contribuído con algunos chelines y gritar desde playas extranjeras ¡Muera España!, se han creído. con derecho a que unos pocos les diéramos a Cuba, libre—no obstante haber tantos en el exterior como en el interior, miles de cubanos muy aptos para tomar las armas.—De aquí el que yo sea en estos momentos el blanco de sus iras y desprecio, porque ha terminado la lucha—después que como es notorio, no hay un solo cubano ni extranjero, desde Carlos Manuel de Céspedes abajo—que haya cumplido mejor que yo en el puesto en que se me colocó durante diez años de lucha.

Sacrificando mi familia y mis mejores años de juventud. He salido pobre de la guerra—un miserable, hoy no tengo ni un pedazo de pan para los míos y ni salud para poder trabajar con esperanzas.

Día 25, salgo a pié junto con mi cuñado Sixto Toro—que ha sido siempre mi único y mejor compañero—con la hamaca al hombro nos dirigimos a Morgan, para ver si encontramos por allí una estancia que arrendar.   Mzo. 25

Día 29, llegamos aquí donde hay muchos vegueros cubanos—y ninguno me hace caso—sólo Federico Cusa con su familia es el único con quién mi cuñado tiene algunas relaciones de amistad, que me ha dado amable hospitalidad.   Mzo. 29

Todos los demás, hijos de Cuba residentes por esta zona, me han mirado con la más fría indiferencia.—Aquí me ocurre el adagio vulgar—"yo pagando las habas que se comió el burro".

Concluye marzo y regreso a Kingston, sin haber podido hacer nada.

Día 10, determino pasarme con mi mujer y mis hijos a Spanish-tow. Mis hermanas se quedan en un cuarto de 2 chelines—¿que tal será?   Abr. 10

Día 15, desesperado salgo para Corbet—donde arriendo un pedazo de monte—y en seguida conduzco allí a mi mujer y mis hijos—yo y mi cuñado hacemos un rancho con hojas de la montaña. Allí nos metemos —allí.   Abr. 15

Nos estamos manteniendo casi con mangos.

Me ocurre escribir un Folleto—de día trabajo con el hacha y el machete—de noche escribo, pero no tengo ni aún para el papel.

Polo me debía 13 chelines, que le tocan de los 10 $ que le pagaron por él, Morales y Simón.

Entro a trabajar el día 14 de Mayo—a un real diario y la comida.   May. 14

Continúa cada día más triste mi situación.

Mi mujer a tantas penas no puede resistir y se me enferma de alguna gravedad.

Mi situación se complica.—Pobre cubana se unió a mí para ser tan desgraciada como yo.

Estamos a último de Junio y no tengo dinero, sin embargo,

1878

mi conciencia está tranquila a pesar de mi miseria pues no me he manchado con el oro español que ha mucho tiempo se me ha ofrecido a montones—como lo han recibido muchos hijos de la misma desgraciada Cuba.

Yo creo que una Providencia dirige el destino de los hombres y ella vendrá hacia mí.

Jul. 9 — Julio 9, me veo precisado a llevar a Manana para Kingston; ¿cómo será este viaje?

Jul. 20 — Día 20, me encuentro en Kingston, ya mi mujer se ha mejorado.

Mayner me la cura.

Se me presenta una cuestión desagradable.

El General J. Villegas se expresa en términos injuriosos en contra mía en una reunión de cubanos—se me dá aviso de eso y me veo en la necesidad de pedirle cuenta de su conducta—comisiono para eso a Enrique Collazo—más después de muchos pasos y miles de subterfugios nada podemos hacer pues todos los cubanos se ponen de parte de él y dicen que no ha habido tal.

Agt. 1o. — Agosto 1º. Sigo mal; los recursos se me han agotado y no sé cómo dar de comer a mis hijos, he salido a vender una levita vieja—no la puedo vender.—Mi mujer manda entonces una manta donde María la mujer de Maceo—que se la compra en cinco pesos.—Se pasa con estos cinco pesos el mes de Agosto.

Sep. 1o. — Septiembre 1º. Paso a Corbert—a ver a mi cuñado que dejé allí solo trabajando.

Sep. 6 — Día 6, regreso y encuentro una carta de la Habana—es del General Julio Sanguily—soy hoy el hombre más rico del mundo.

El General me manda una letra de 40 libras—Dios lo ayude y mis hijos lo bendigan.

Sep. 20 — Día 20, la Fortuna ya no me mira con ceño airado. Llega mi amigo Manuel Codina—y propóneme dinero para trabajar en Corbet—siembra de tabaco—Acepto la proposición y hacemos un contrato dándome él los fondos.

Sep. 26 — Día 26—me vuelvo a Corbet con la familia en cuyo pun-

1878

to tengo hecho un rancho—ya mi esposa se ha repuesto bastante de salud.

Octubre 1° se regó el semillero.   Oct. 1o.

Hasta el 14 de Octubre, desde el 14 de Mayo, me ayudó Sixto a todos los trabajos de estancia, después de esa fecha en adelante fué que le di participación en el negocio de la vega, con la condición de que le corresponda la mitad de las ganancias después de sacar los gastos del capital invertido, debiendo él por su parte poner su trabajo personal.

Por lo trabajado anteriormente me parece justo y equitativo asignarle 12 chs. por semana sin que entre en cuenta, ni casa ni comida ni ropa.

Se dió principio a la siembra de tabaco, el día 23 de Octubre de 1878.   Oct. 23

La vega se compone de ocho acres de tierra que bien sembrados, y según el cálculo de los más acreditados vegueros, puede contener ochenta mil matas de tabaco que pueden producir sesenta quintales.

Dimos principio a la siembra de tabaco el día 23 de Octubre. Pasó todo Octubre, Noviembre y Diciembre trabajando yo solo con mi cuñado, cual dos negros esclavos—y con el dinero tomado a mi amigo Codina más con algunas libras que me ha facilitado la venta de mi folleto—he logrado levantar una hermosa Vega de tabaco de 60,000 matas, y tengo una famosa estancia surtida de víveres. Voy pasando mis días en la más completa tranquilidad—no tengo compromisos pecuniarios más que con Codina—a nadie más debo un centavo—y mucho menos favores de ningún género.—En este estado mis negocios, se me presenta Joaquín Palma de parte del Presidente de la República de Honduras, Doctor D. M. A. Soto, suplicándome pase a su país—y me ofrece su decidida protección.   Oct. 23

Después de hablar detenidamente con Palma y en la duda si debía o no aceptar tal oferta—me resolví al fin—pues hasta me he prometido ver algo provechoso para el porvenir—Palma trae órdenes para costear los costos de viaje.

Dispongo a seguida dejar mi familia en Kingston, encargo

1878

a mi cuñado como dueño de todos los trabajos y me dispongo
a salir para la República de Honduras.

El día 20, nos embarcamos en un vapor de la Mala Real con destino a Colón.   Eno. 20

Quién me hubiera profetizado a mí, no lo hubiera creído, que después de combatir 10 años por la independencia de Cuba, no sólo iba a quedar con mi tienda al hombro sin saber donde plantarla—y más que eso un mendigo—y que un extraño a la familia cubana, un Hondureño—sea al fin el que me tienda una mano amiga.

Viaje de Jamaica a la República de Honduras—en compañía de Joaquín Palma.

El día 20 de Enero, a las 12 del día nos embarcamos (en el puerto de Kingston) en uno de los vapores de la Mala Real Inglesa.—Navegamos con dirección a Colón, donde llegamos el 22 a las 9 de la mañana—nos hizo buen tiempo.   Eno. 20   Eno. 22

A esta hora dejamos el vapor "Don" que nos condujo, y saltamos a tierra.

Por primera vez, pisé la tierra del Continente Americano.

El puerto de Colón, ninguna novedad me presentó a la vista, pues nada hay allí que pueda recrear al viajero—una población muy pequeña y descuidada, hasta el extremo del desaseo.

Sólo hay una cosa grande—que resalta de entre aquel basurero—y que quizás por esta razón la hace más notable.—La estatua de Cristóbal Colón—es de un tamaño bastante grande y de bronce, está representada con una india, que humilde se acoge a él, a quien le tiende sus brazos, y recibe con marcada amabilidad.

Mi compañero de viaje, Palma, me presentó a un conocido suyo—que nos dió muy amable hospitalidad—este señor,

1879

natural de Venezuela y del comercio de Colón, se llama Manuel Valdés.

Eno. 23 — El 23 a las 7 de la mañana, tomamos el tren que atraviesa el istmo de Panamá; 45 millas y a las 11 llegamos a la ciudad de este nombre—nos alojamos en un hotel—el Gran Central. Panamá es una población de poca importancia y por eso bastante descuidada.

Aquí pasé unos días bastante disgustado, pues sentí notable alteración en mi salud, uniéndose a todo esto tener que esperar al vapor "Carolina del Sur", que nos debía conducir y **Eno. 30** — que salió en día 30 a las 3 de la tarde.

Conocí en Panamá dos cubanos, que fueron muy atentos conmigo; el señor Fernando Saavedra y Don Manuel Coroalles. Mi salud la siento un tanto predispuesta. Vamos navegando con un tiempo delicioso y como además, el Mar Pacífico es tan tranquilo, la navegación es agradable.

Feb. 2 — Día 2 de Febrero, tocamos en Punta Arenas, donde amanecimos fondeados; el vapor tiene que dejar aquí parte del cargamento.

Pasamos a tierra y vimos algunos cubanos. Entre ellos a Javier Calvar, que nos obsequió con un almuerzo. Dos horas después volvíamos a bordo.

Sale el vapor a las 10 de la noche.

Feb. 3 — Día 3, buen tiempo.

Palma se ha sentido algo indispuesto, pero supongo que no será cosa de cuidado, en cambio yo me siento bien, y me parece que mi salud se va reponiendo.

Son las 10 de la noche, el vapor echa el ancla en un puerto de Nicaragua, San Juan del Sur; deja aquí parte de su carga **Feb. 4** — y continúa a las 3 de la mañana del día 4. Hace buen tiempo pues aunque sopla viento fresco algo fuerte, el vapor hace su marcha bastante regular. Me siento bien de salud. Palma también se ha respuesto. A las 6 de la tarde llegamos a Corinto, aquí el vapor se detiene para desembarcar parte del cargamento.

Feb. 5 — A las 3 de la mañana del 5, navegamos hacia Amapala, donde llegamos a las 10 de la mañana, aquí hemos rendido nuestro viaje de navegación.

Fuimos recibidos con mucha cortesía y decencia por el General Ruiz, Gobernador de la Plaza, y donde encontramos una Comisión del Presidente Soto que la representaba el Coronel José Morei y el Capitán Aguirre—que nos debe acompañar a la Capital.

Descansamos todo el día 5, después de haber sido alojados cómodamente en un hotel (de la Señora Lola—que por su amable trato ganó en mi ánimo profundo agradecimiento). Feb. 5

Le pusimos un telegrama al Presidente, saludándole y participándole nuestra llegada; nos contestó cariñosamente, significando que tiene vivos deseos de que lleguemos lo más pronto, a Tegucigalpa.

El día 6, a las 9 de la noche, emprendimos nuestro viaje que hicimos sin novedad,—hasta el día 9 que llegamos a Tegucigalpa; donde fuimos recibidos con la más exquisita amabilidad y distinción. Feb. 6
Feb. 9

Así el Presidente Doctor Soto, como su Ministro General Doctor Rosa, me parecen hombres muy inteligentes y de buen corazón. A mí me han ofrecido su amistad y su protección.

Febrero 17, recibo un diploma que me reconoce el grado de General de División, con el sueldo mensual de 60 libras. Feb. 17

He tenido conferencias con el Presidente; él desea organizar alguna fuerza permanente, para cuyo objeto quiere que yo me incorpore en el ejército; así hemos convenido, ordenándome que proceda al plan de organización, y en su consecuencia escribo varias notas que estamos estudiando.—Y debiéndose proceder a la fabricación de un cuartel pues no lo hay, me ha dado la facultad de emprender la obra poniendo a mi disposición los fondos que necesite.

(Todo queda en proyecto, pues no se puede disponer de momento de los fondos necesarios.)

Como particular también ha ofrecido el Presidente ayudarme en lo que quisiera emprender, pienso pues si fomento una finca de café.

1879

Mza. 1o.   Marzo 1° he pasado estudiando todas estas cosas.

Abr. 8   Abril 8—Se va a dar principio a los trabajos del cuartel y ya tengo previsto el terreno donde se puede hacer la finquita.

No tengo mi corazón muy contento, pues según cartas que recibo de mi Manana, ella, y Panchito no están bien de salud.

Quiera Dios que mi destino siempre adverso, no lo sea en esta nueva era de mi vida.

May 10   Mayo 10, el Gobierno no ha podido disponer de los fondos necesarios para los trabajos del cuartel y queda todo eso en proyecto.

Jun. 4   Permanezco en la Capital, los meses de Marzo, Abril, Mayo y hasta el 4 de Junio que recibo orden de marchar para Amapala a hacerme cargo del mando de aquel Puerto, (donde
Jun. 7   llego el día 7).

Jun. 8   Día 8, llego al Puerto y me hago cargo del mando en sustitución del General Ruiz.

Según las apariencias, parece que se ha recibido en este Puerto con agrado mi nombramiento.

Paso sin novedad.

Jun. 16   Día 16, llegó mi amigo Tomás Estrada. Sigo en Ama-
Agt. 13   pala. Paso sin novedad los meses de Julio y hasta el 13 de Agosto que me dirijo a la Capital a hablar con el Presidente y arreglar mi viaje a Kingston, para ver a mi esposa y mis hijos.

Agt. 25   Así quedó convenido, regresando a Amapala el 25.

Pasa Septiembre sin novedad.

Oct. 9   Octubre 9, me embarco en el vapor "Costa Rica", con dirección a Jamaica.

Me sucede en el mando el General A. Aguilar.

Oct. 10-11   El día 10, llegamos a Corinto y el 11, a San Juan del Sur.

Oct. 12   Día 12, a Punta Arena.

Oct. 15   El 15, a Panamá; nos ha hecho buen tiempo.

Oct. 20   Permanezco en Panamá hasta el 20, que salí para Colón.

Oct. 21   El 21, me embarqué en el vapor "Para" (de la Mala Inglesa).

1879

Día 23, a Kingston, donde encuentro a mi esposa y a mis hijos sin novedad.   Oct. 23

Los mismos cubanos que antes me habían calumniado y zaherido, ahora me reciben con música! Esa es la humanidad!

Me ocupo de arreglar el viaje de José Dolores a Cuba para conducir a Jamaica a mis hermanas y a su madre y hermanas.

Noviembre 15, sale José Dolores para Cuba.   Nov. 15

Se me ha concluído el dinero y me encuentro en una situación muy difícil, pues aquí en Jamaica no se puede conseguir dinero por más que se prometa un interés crecidísimo.

Paso la última quincena de Noviembre en una ansiedad terrible.

Diciembre 17, llega José Dolores de Cuba con la familia; mi situación es más apurada.   Dic. 17

Por fin, después de esfuerzos inauditos, puedo conseguir que un inglés me preste £20, pagando un interés crecidísimo.

Diciembre 21, me embarco en el vapor "Para", para Colón.   Dic. 21

Dejo a la familia poca cosa. Me acompaña José Dolores.

Llegamos a Colón el 23.   Dic. 23

Manuel Valdés me presta dinero para pagar el pasaje del tren.

El 24, a Panamá.— El Doctor Coroalles me presta dinero, $150.00; pago a Valdés.   Dic. 24

Aquí sufro de una manera terrible, pues no pudiendo salir el vapor el 29, y debiendo estar cinco días nos estamos 16; he tenido que consumir el último centavo.   Dic. 29

La casa me facilita los pasajes hasta Amapala.

Enero 9, de 1880.

Por fin nos vemos a bordo del vapor "Costa Rica".— que no sale hasta el día 11, a las 2 de la tarde.

Llevamos buen tiempo.

El 13, a Punta Arena, de donde salimos el 14.

Día 15, a San Juan del Sur.

Día 16, a Corinto—y 17, a Amapala—sin novedad.

Día 22, salí para Tegucigalpa a ver al Presidente, donde llegué el 25.

Día 27, salí para el Valle de los Angeles.— Ví mis trabajos.

Día 28, a San Antonio—casa de Estanislao Zelalla.

Día 29, salí para el Jícaro, Rodeo Grande, San Pedro y la Armonía.

Día 30. Por el Guayabo a Quiebra Hacha.

Día 31. A Parspiré, Nacaome y la Brian, para Amapala a las 10 de la noche.

Febrero 2, me hice cargo del mando del Puerto.

No estoy bien de mi salud.

Mayo 1º, llegó Rafael Rodríguez.

Junio 3. El Presidente pasa para Guatemala y le hablo de mi viaje a Kingston, pues mi familia no está bien de recursos, no estoy por tanto muy a gusto.

El Presidente me contesta, que cuando regrese de su viaje me dará permiso.

Julio 26.— Regresa el Presidente de su viaje y continúa para la Capital.

Estoy muy impaciente porque veo dificultades para mi viaje, es sin duda por no haber dinero que darme, pero yo insisto siempre en conseguir el permiso.

1880

Agosto lo pasó muy mal y no sé qué hacer para conseguir dinero, la situación financiera del Gobierno es fatal.

Sep. 1o.   Nació mi hijo Fernando la noche del día 1º de Septiembre de 1880.

Infeliz de mi esposa, separada de mí en momentos tan angustiosos.

Sep. 12   Septiembre 12, me resuelvo a salir por el Norte aunque sea vendiendo las mulas y el reloj; pues ya no puedo estar sin ver a mi esposa, mis hijos y hermanas—participo mi resolución al Presidente, y me contesta que entregue el mando a Rafael Rodríguez, y que yo pase a Tegucigalpa.

Sep. 29   Día 29. Salí de Amapala, me acompaña mi sobrino Jo-
Sep. 30   sé Dolores Pérez—llegamos ese mismo día a Nacaome—el 30, a Perspiré.

Oct. 1o.   Octubre 1º, de Perspiré a Paso Real y aquí tengo que aguardar la carga.

Oct. 2   Día 2, a las 2 de la tarde llega la carga, pero resuelvo dormir aquí pues la mula que la conduce está bastante fatigada.

Oct. 3   Día 3, marcha hasta Sabana Grande (el platanal) casa del viejo Toribio.

Oct. 6   Aquí he tenido que parar hasta el día 6, a causa del mal tiempo—y llego ese día por la noche a las inmediaciones de la Capital (el Potrero) donde hago noche.

Oct. 7   El 7, muy temprano entro en la Ciudad.

Hablo con el Presidente y me dice que se arreglará mi viaje.

Oct. 8   Día 8, 9 y 10, nada se ha hecho.
9 y 10   Estoy mortificadísimo pues por no parecer exigente, tengo que sufrir y esperar.

Oct. 14   Día 14, se me despacha con órdenes para recibir dinero
Oct. 15   en el Norte—y hoy 15, emprendo la marcha para Puerto Cortés.
Oct. 16   Día 16, salí acompañado de los jóvenes Guillermo y Ricardo Collon. Almorzamos en Tamara y dormimos en Amarateca —6 leguas.

1880

Día 17, almuerzo en la Protección—5 leguas y se durmió en Flores—6 leguas—casa de Cruz Casabajón. Oct. 17

Día 18, a las doce del día en Comayagua —5 leguas— casa de las Señoritas Gómez—donde almorzamos, por la tarde salimos al Potrero —1 legua— donde dormimos. Oct. 18

Día 19, a Cacorguapa —3 leguas— donde almorzamos— a Chaporrar aquí dormimos—2 leguas. Oct. 19

Día 20, a la Cueva —3 leguas— se almorzó y seguimos al Cañisal —3 leguas— donde dormimos. Oct. 20

Día 21, se me extravió una mula, apareció a las 8 de la mañana, hora en que salimos y sesteamos en Miamba —2 leguas— al Rosario —3 leguas— donde dormimos. Oct. 21

Día 22, sesteo en Yuré —2½ leguas— y seguimos a Santo (B. Arrigo). Oct. 22

Cruz —casa de Pío Romero— (vive aquí Don Ponciano Leyva, y traje para él recomendaciones del Presidente y Bogran.)

Día 23, de Santa Cruz almorzamos—en Caracol—y dormimos en Potrerillo— casa del Cónsul San Lorán. Oct. 23

Día 24, salimos de Potrerillo y dormimos en Chamelecón, donde llegamos con mucha agua—ese día almorzamos en Santiago. —3 leguas— y a Chamelecón 3. Oct. 24

Día 25, a San Pedro—2 leguas—nos alojamos en la casa de la señora Francisca Ramos. Oct. 25

Día 28, determiné salir en las mulas, por falta de tren (José Dolores quedó en San Pedro). Oct. 28

Como a las once y después de pasar por Río Blanco, pueblecito, y Bermejo, llegué a Choloma, sin conocer a nadie se me presentó un buen viejo, llamado Albino Cáceres—que me llevó a una casita cuyo dueño se llama Florentino García, aquí almorcé y descansé un rato.—He andado 4 leguas a pié la cuesta—casa de José Ortega —4 leguas.

Aquí me encontré con el General Eustaquio Madrid—se portó muy atento conmigo—hice noche.

Día 29, salí del pie de la cuesta, camino muy malo—hasta Tulián de aquí a Suriegüela de donde devolví las mulas y me embarqué en un bote para Puerto Cortés —1 legua. Oct. 29

155

1880

Desde el pié, la cuesta—8 leguas.

En Puerto Cortés me alojé en el Hotel M. Verás.

Nov. 1o. Noviembre 1º.

Permanezco en Puerto Cortés en espera del vapor.

Nov. 8 Día 8, no ha venido el vapor y determino embarcarme en la Goleta Colibrí para Belize—se hizo a la vela a las 12 de la noche.

Nov. 9 Día 9, hemos amanecido a cuatro millas del Puerto.

Mucha calma, a las 12 hemos llegado a los cayos Zapotillos, anclamos y fuímos a tierra.—Bonita casa tiene aquí Mr. Debrot—me dí un magnífico baño y tomé cocos de agua.

A las 2 principió un buen viento—nos hicimos a la vela y navegando toda la noche con viento fresco, llegamos a Belize

Nov. 10 el 10 a las 5 de la mañana— caminamos a razón de 6 millas por hora —90 millas.

Belize bonita población.—Me alojé en el hotel Unión.

He pasado un rato de placer en compañía del Doctor C. R. de Goffrido.

Jorge Felipe Bischor.

Alemán, Cónsul de la

i San Juan del Norte.

1854-1861 — después

en Guatemala y Nicaragua.

Bonstein.

Dic. 4 Día 4 de Diciembre pude salir de Belize después de permanecer 24 días en espera de vapor, por cuyo motivo me ví escaso de dinero y voy viajando sobre cubierta—voy pues como un bulto de mercadería.

Dic. 10 Día 10, llegué a Kingston— encontré la familia sin novedad.

No dejo de verme siempre en apuros.

Como he traído poco dinero y encontrado deudas contraídas por la familia tan larga que tengo a mi cargo, no me alcanzará ni para pagar el pasaje de mi esposa y mis hijos.

Diciembre 22— despacho a Lisandro para Barranquilla donde Francisco J. Cisneros— para ver si logro que por allí encuentre donde colocarse—he tenido pues que darle dinero para dicho viaje.

Enero 1º de 1881.

Me encuentro sin dinero— más he podido arreglar con el consignatario del vapor Glerdale— su Capitán J. Jame— que pagaré el pasaje en Puerto Cortés— pero a última hora me participa que el vapor no tocará a dicho puerto y sólo llegará a Belize.— A pesar de que allí no tengo relaciones con nadie que me pueda sacar de apuros no me queda otro remedio que aceptar este camino, pues de otro modo no podré salir de aquí— y así es que voy a la aventura.

Día 2 Enero— a las 2 de la tarde me embarqué, pero el vapor no pudo zarpar del Puerto hasta el día 3 a las 8 de la mañana. —Como el vapor ha tenido que ir tocando en 6 ú 8 puertos del norte de la costa de Jamaica, hemos gastado 15 días para llegar a Belize— mas como se ancló ya de noche y Sábado, al siguiente día Domingo— nadie hace trabajar al inglés en ese día y fué preciso pasarlo a bordo.

A pesar de un viaje tan dilatado el tiempo fué tan sereno y agradable que no hemos sufrido en la navegación.

Domingo 16, lo pasamos en el Puerto de Belize.

Día 17, desembarqué y me alojé en Hotel Unión, e inmediatamente principié a dar los pasos para conseguir el dinero— por fin, con un inglés dándole una fianza, me dá 200 pesos con el interés de un 6 % — y como me dirigiera a Don A. P. Ongay para que me prestara fianza, este Señor me ha facilitado la suma para devolverla tan pronto llegue a Puerto Cortés.—Le quedo pues agradecido al Señor Ongay que me sacó del apuro (19 Enero me sirvió Ongay.)

Seguiré mi viaje lleno siempre de aprietos y veremos en lo adelante de qué modo la Providencia me facilita los medios

1881

de salir de mayor compromiso, pues es probable que para llegar allí tenga que ir a crédito.

Eno. 22
Eno. 24

22. Me embarqué en una goleta para Puerto Cortés, nos hizo buen tiempo y llegamos allí el 24.—Aquí sufrí un dessengaño pues el Señor Mejías que me había ofrecido conseguirme una casita que corría por cuenta de él para alojarme las horas que estuviese allí— no sólo no me cumplió tanto ofrecimiento sino que ni siquiera se acercó a saludarme ni menos me pasó un recado.—Así pues, me encontré en la calle sin tener donde meterme con mis hijos. En tal apuro me dirigí al primo de Mr. Debrot, pues él estaba fuera, pidiéndole me dejara pasar la noche en los portales de la casa, fué muy atento conmigo, y me colocó en los bajos de la casa.

Eno. 25

25, aprovecho el tren y me embarco para Pedro Sula, para llegar allí— se empleó todo el día sufriéndose de un modo terrible.

Como he tenido que salir de Belize a pagar el pasaje en Puerto Cortés ($ 35) y no pude hacerlo pues mi esperanza era conseguir algún dinero prestado con Debrot, y él no estaba allí, me fué preciso suplicarle al agente me esperase hasta llegar a San Pedro— teniendo también que comprometerme a pagar allí el pasaje en el tren — $ 18.25.

Eno. 26

Día 26, empiezo a dar pasos para conseguir dinero y no puedo, con ninguno a quiénes me he dirigido.

Para mayor desgracia, de las 3 mulas que dejé aquí una de las 2 mejores se ha extraviado— y me dispongo a vender las otras dos.

Eno. 28

Día 28, son mayores los apuros— los males nunca vienen solos.— Dos de los chiquillos han caído con fiebre.

Eno. 29
Feb. 1o.

Día 29, me dirijo— a Don José Cabus y me facilita $100.

Día 1º Febrero— llega José Dolores del Puerto y me facilita $10.

Cómo varían las cosas humanas:

Feb. 7

Día 7— recibo una carta contestación de Mr. Debrot y responde por los 200 pesos que tomé en Belize al Señor Ongay.

He pagado pasaje de Belize y conducción del tren.

Los chiquillos se han curado.
Ha variado la situación, tal vez momentáneamente.
Me preparo a salir para Tegucigalpa.

Día 15— salgo y me trastorno en el camino— pues cogí el de Llano Nuevo— me fué preciso salir a la Pimienta allí sesteo y a Potrerillo. — Feb. 15

Voy muy triste y preocupado por dejar a Manana con mis hijos sola en un pueblo donde tenemos pocas relaciones.

Día 16 sesteo en Sosoa— y dormí en Santa Cruz. — Feb. 16

17 sesteo en Yurí y dormida en Chamo. — Feb. 17

18 sesteo a una legua antes del Carrisal "La Vieja del Trapiche"— dormida en la cueva. — Feb. 18

19,—sesteo en Sabana Grande y dormida en Potrero. — Feb. 19

20, a Camayagua, salí tarde y dormí en San Nicolás de Palmerola. — Feb. 20

21, muy de madrugada y por el camino nuevo a la Protección donde descanso un rato— y seguí a dormir a Camasateca. — Feb. 21

22, a Tegucigalpa a las 12 del día— me alojé con Barbosa que me brindó alojamiento y se ha conducido conmigo atentamente. — Feb. 22

25, voy al valle de Angel con Don Alberto para ver qué resuelve con el cafetal que promete mal resultado y ya tengo invertido más de dos mil pesos $ 2000. — Feb. 25

El mismo día recibo un cruel desengaño pues he visto con pena que Don Alberto con la mayor indiferencia ha gastado mi dinero sin tomar en consideración el mal éxito del negocio y sin darme aviso de que esto no prometía nada.

No sé qué pensar de semejante conducta de un hombre en quién yo había puesto toda mi confianza para depositar en sus manos todas mis economías o mejor dicho, el pan de mis hijos— y mucho más extraño, que un hombre de alguna inteligencia no pudiese notar que se estaba botando el dinero en semejante empresa, y con mucha más razón saliéndose de las prescripciones de nuestro contrato, ha gastado una suma en hacer un potrero sin objeto ninguno; tal parece que no ha habido más idea que consumir el dinero de cualquier modo.

1881

No pudiendo sacar ningún partido del trabajo que se ha hecho debo darlo todo por perdido.

Es una casa a la cual un amigo, tal vez por descuido, le prendió fuego.

Feb. 26 — Día 26, regreso a Tegucigalpa.

Mzo. 11 — Marzo 11 me despacha el Presidente mi asunto— es decir consigo una licencia sin término, para quedar retirado del servicio activo.

Me dá en letras para negociarlas— 3000 pesos.

Mzo. 13 — Día 13, salí de Tegucigalpa— sesteo en Támara y dormí en la Protección.

Mzo. 14 — 14 sesteo— en el Palmerola y dormida en el Potrero.

Mzo. 15 — 15—a la Cueva.

Mzo. 16 — 16, de la Cueva a Miamba, casa del Alcalde.— Gerónimo Seguera y Vicente Huoro— me alquiló un mulo hasta Santa Cruz.— Dormí en Yure.

Mzo. 17 — 17— a casa de Tomás Agura a una legua de Potrerillo.

Mzo. 18 — 18, a San Pedro Sula. Encuentro la familia sin novedad.

Abr. 7 — Abril 7, voy al Puerto y regreso sin haber podido negociar las letras.

Abr. 29 — Abril 29, llegó Laito a mi lado.

Hijo de mis primeros amores, lo dejé en la cuna allá en mi patria cuando la abandoné.

Nada he podido hacer por él.

May. 1o. — Mayo 1°, negocié una letra a plazo, y escribo al Presidente para si quiere que me haga cargo de la Administración de Puerto Sal.

May. 22 — Día 22, salgo para el Puerto para hacerme cargo de él—
May. 23 — hago el viaje por la Montaña— hago noche en Tulián y el 23, llego al Puerto.

Conocí en casa de Berad a Miss Margaret Heivolett— profesora del Colegio de Belize.

Ya he hablado con Antonio Mejías que es una especie de encargado o tesorero de la finca y me dice, que despachará pronto el asunto puesto que se encuentra en el Puerto el Mayordomo de la finca y una lancha— dos días después me preparo para salir, y ya Mejías había despacho las lanchas sin avisarme; y esto, con otros cabos sueltos que he recogido me han dado a comprender que se procede de mala fé en este asunto; he resuelto no ocuparme más de semejante negocio que me cuesta ya algunos pesos y algunas mortificaciones, puesto que yo no me proponía a hacer ninguna especulación y con tal motivo inmediatamente me pongo en camino para San Pedro el día 26. May. 26

Día 28, recibo telegrama del Presidente, preguntándome, qué hay de Puerto Sal; y le contesto lo ocurrido. May. 28

Mes de Junio, muy mal de salud, casi toda la familia enferma. Jun.

Agosto, sigo tan mal que resuelvo salir al campo, casa de San Lorán— donde alquilo un cuarto y me mudo —día 5. Agt. / Agt. 5

Día 6, para coincidencia; recibo un telegrama del Presidente para que pase al Puerto a avistarme con Arche, sobre un asunto de conspiración— y salgo por el camino de la Montaña—y llegó al Puerto el 7. Agt. 6 / Agt. 7

Como salí con fiebre me ha seguido el mal y me siento muy enfermo.

Regreso el 11— fatalmente por el tren. Agt. 11

Día 12, —hasta el 15 no me he mejorado— y doy cuenta al Presidente de lo que hay. Agt. 12-15

Se trata de una invasión por la Costa Norte; y se dice que hay un depósito de 200 armas, en un punto de la costa que no se sabe— se procede a averiguaciones.

Sigo mal de salud y toda la familia. Ya no sé qué remedios y qué método adoptar para curarme las fiebres; nos ha recibido tan mal el clima que quizás tenga que retirarme de este lugar, pues no puedo emprender nada y no hacemos más que consumir.

Enero 1º de 1882.

Este año, quiera Dios me sea más propicio.—Ya toda la familia ha mejorado.

Día 9, —me mudo a la casa de la Victoria.

Febrero 16.

Quién confía en la fortuna!

Mi hijo Andresito ha muerto, y cuando menos me esperaba yo sufrir en mi casa un acontecimiento de esta clase— pues ya creía que íbamos mejorando de fortuna.

El niño se sintió indispuesto el 15 y el 16 expiró.—Se supone que fué un ataque a causa de las lombrices.

¿Cuál año será el más feliz para mí? Me equivoqué en mi pensamiento.

Marzo 7. Bien vengas mal si vienes solo— dice el refrán antiguo— en este día, a las 8 de la noche se incendian dos mosquiteros y mucha ropa. Mañana con los niños debajo de uno de ellos —el peligro era inminente, parecía imposible salvar nada, la casa debió arder— la Providencia me dió agilidad y fuerzas para cortar el fuego.—Y todo lo salvé.—Mis manos hoy están carbonizadas.

Abril— en este mes he tenido a Laito muy grave, he servido de médico y enfermero.

Día 23, llegó Barbosa de Tegucigalpa y estuvo conmigo 14 días.—Se marchó para el Puerto el día 6 de Mayo, con destino a New Orleans.

Día 10 de Mayo— salí con los Americanos concesionarios de la navegación, por vapores, de los ríos Ulúa y Río Blanco; a una exploración al primero— regresamos el 14.

Día 21, salí para el Puerto a hablar con Debrot— no lo encontré allí.

Estoy sufriendo grandes trastornos en este trabajo de jiquilete.

May. 25 — Allí llegó Rafael Rodríguez— estuvimos juntos hasta el 25, que salí para San Pedro.

May. 30 — Día 30, voy a Choloma para ver si puedo conseguir gente para sacar la piedra de cal— regreso el mismo día.

May. 31 — Día 31, salgo para el pié de la Cuesta a sacar la piedra— he conseguido dos hombres allí, llego el mismo día.

Jun. 1-2 — Junio 1° y 2— concluí de extraer la piedra.

Jun. 3 — Día 3, regreso a San Pedro.

Jul. 19 — Julio 19.—Salí para el pié de la Cuesta a sacar piedras.

Jul. 22 — Regresé el 22.

Agt. 1o. — Agosto 1°, se incendió el horno que no se pudo quemar— sin embargo de sostenerle fuego cinco días— se me fracasó el plan, pero vuelvo a trabajar de nuevo.

Por fin salí a luz con el negocio después de mil trastornos y contrariedades.

Sep. Oct. — Durante los meses de Agosto, Septiembre y Octubre; he seguido luchando con el ensayo del jiquilete, por fin he concluido dando un regular resultado— pero tal vez tenga que desistir de emprender en este trabajo seriamente, pues las enfermedades que sufre la familia, me obligarán a mudar de residencia.— Quién sabe para qué punto!

Nov. — Noviembre. Mi esposa muy grave, mi situación se empeora—no tengo dinero; acudo al Presidente y no me puede favorecer. —Maceo me presta $100. —con esto puedo salir de los mayores apuros.

Dic. — Diciembre— ya mi esposa salió del peligro de su gravedad— resuelvo definitivamente salir de este lugar; con tal motivo envío carta a Laito a Amapala para que pase al Salvador con carta para el Presidente Zaldívar, pidiéndole su protección para trasladarme a aquella República.

En estos mismos días recibo carta de los amigos de Tegucigalpa, Estrada Palma y otros, ofreciéndome sus recursos pero yo no debo aceptar eso.

Lo mismo el Presidente, me ofrece por conducto de Palma, darme $125 pesos de sueldo, pero tampoco debo aceptar esa dádiva que me humillaría ante los hijos de este país, de suyo egoístas y mal avenidos con los extranjeros.

Por tan poca cosa, que no me sacaría de apuros perdería sin dudas no pocas de las consideraciones que aún se me tiene; y lo que es aún más triste y doloroso— me vería obligado a callar como un paria miserable ante las hablillas de los mal intencionados.—Es así que me resignaré como otras veces a soportar con mi familia la miseria más cruel; mientras la fortuna vuelva hacia mí, antes que cometer ninguna acción que no me parezca bastante digna de mi honrada miseria.

Se ha concluído el 82; y para mí ha sido tan funesto que no tuve un minuto que no fuera de sufrimientos. Aquí ha perdido mi familia la salud.—He perdido un hijo, y he consumido hasta el último centavo del poco dinero que traje; sin que me haya salido a luz ni siquiera uno de los pequeños negocios que he podido emprender.—Seguirá su ejemplo el 83?

Enero 1º 1883.

Espero contestación del Presidente Zaldívar para si es favorable determinar cómo debo moverme.

En estos días hemos traído a nuestro lado a Juanita Martínez a quién le debemos algunas atenciones, y viéndose no muy bien tratada en la casa que vivía la hemos traído a la nuestra hasta que ella pueda colocarse de algún modo.

La salud de la familia no tan mal, que he podido pasar este día tranquilo.

Día 14 salí para el Puerto a saludar a María, pero no llegará hasta el 15—allí pasé agradablemente hasta el 17 que regresé— no encontré novedad.

18, recibo telegrama de Laito del 17, avisando que ya salió para el Salvador, pues lo mando con una carta para el Presidente Zaldívar pidiéndole su protección—pues al salir el Presidente Soto de Honduras; cómo saldrá dentro de pocos meses a su viaje a Europa— yo quedo aquí en el aire— y preciso me es buscar un refugio.

Espero con la ansiedad consiguiente lo que me conteste aquel hombre a quién me dirijo sin conocerlo— pero es tal la situación porque algunas veces atravesamos los hombres, que se tienen que dar pasos tan desagradables como triste es la causa que lo motiva.

Febrero 10, recibo la contestación de Zaldívar— ella es a mi entender una de esas hábiles evasivas— pues me dice que no puede hacer nada por mí, porque ha resuelto dejar el mando y hacer un viaje a Europa, pero que si puedo ir pronto me ayudará en cuanto pueda.—Ahora sin dinero como me encuentro, cómo será posible moverme con una familia tan delicada y por consiguiente en un viaje tan costoso?

Estoy en uno de esos momentos críticos que pasan los hombres en la vida.

No tengo dinero y debo 600 pesos que es mi tormento— al propio tiempo que debo salir de aquí.

¿Cómo se resolverá mi situación?

No sé cómo me conteste a esta pregunta.

Debo ir a Tegucigalpa para despedirme del Presidente, pues lo estimo como un deber— pero no tengo ya ni ropa con qué presentarme decentemente.

Además tenemos entre Maceo, yo y Mr. Debrot el proyecto de una colonia cubana para levantar una gran plantación de tabaco, el último, afronta el capital— pero se necesita ir al Gobierno a arrancarle algunas concesiones— y ellos quieren que yo sea el de la comisión— veremos cómo se concilian las cosas.

Es lo cierto que mi porvenir es siempre obscuro y tenebroso.

A última hora— parece que Debrot no está dispuesto a desembolsar el capital para la empresa.

Feb. 26   Día 26 de Febrero salgo para Tegucigalpa, me acompaña Leonardo Yrias— hicimos noche en Potrerillo.

Feb. 27   27, llegamos a Santa Cruz— dejamos mulas en el ingenito y almorzamos en casa de Don Pío Romero.

Feb. 28   28, a Miambas— nos hizo una mañana lluviosa.

Mzo. 1o.   1º Marzo— salimos hasta la Cueva— aquí almorzamos y presté mi mula a Yrias para seguir hasta Camayagua y me quedé aquí esperando los mozos— a poco salí y dormí en el Chaparrar.

Mzo. 2   Día 2 a Camayagua, casa de Tomasa Bulnes, aquí dormí.

Mzo. 3   Día 3, almorcé en el Collol y seguí para la Protección— donde dormí.

Mzo. 4   Día 4, sesteo en Tamara y a Tegucigalpa.—Me vinieron a recibir algunos amigos.

El Presidente, que yo creía que había sufrido un cambio con respecto a mí me recibió afectuosamente lo que me animó a proponerle que hiciésemos una sociedad para poner una lechería en la mayor escala posible, aceptó gustoso mi proposición y me dió 3,600 pesos en billetes que al 20% serán 3000 pesos.—Con este dinero, después de pagar mis deudas que serán 1000— empezaré a trabajar de nuevo.— Aparte del proyecto de la colonia cubana para cuya empresa se me han hecho todas las concesiones que he pedido.—Así las cosas y después de esta en Tegucigalpa hasta el 17, salí el 18 —y vine a hacer noche en la Protección. Mzo. 17-18

En Flores, casa de Máxima, donde me hospedé, se me quedó la venta del caballito— no recuerdo el nombre del que me lo vendió pero es vecino de allí mismo, y un tal Quirino Rubio intervino en dicha venta y sirvió de testigo.

Día 19, por Flores, donde compré un caballo en 20 pesos y dormí en Camayagua. Mzo. 19

20, a Cacaguapa, aquí sesteo y conseguí me diesen una muchachita para tenerla como hija de casa— la niña se llama Dolores—; ese día hice noche en el Chaparrar. Mzo. 20

21, de Chaparrar sesteo en Carrisal— y dormida en Miamba. Mzo. 21

22, a Yure donde se pasó el medio día y dormí en Santa Cruz. Mzo. 22

23, sesteo en el Manacal y la noche en la Pimienta, riberas del Ulúa. Mzo. 23

24, a San Pedro a las 10 del día. Mzo. 24
Encontré sin novedad a la familia.

25, sin novedad, no ha ocurrido nada notable. Mzo. 25

Abril sin novedad en la familia, y he empezado los trabajos de la finca pero con algunas dificultades por la dificultad para la colocación de los billetes. Abr.

También he tenido que soportar las amarguras de un pleito— que me puso la Victoria para quitarme la casa no obstante un contrato escrito por dos años y no haberse cumplido el plazo.—Pude triunfar de esta negra intriga en que algunos tomaron parte.—Me ayudó mucho Carlos Pedroso, inteligente en los asuntos judiciales.

Día 22 de Mayo— pasé a la mina de Santa Cruz— y celebré una contrata para salir a buscar operarios para los traba- May. 22

	jos de la mina— pagados a un peso los que se quedan un mes, y a 2 pesos los que se quedan dos meses.
May. 23	Así con esa contrata volví a San Pedro el día 23.
May. 28	Día 28, salí de San Pedro con dirección a Camayagua y sesteo en la Pimienta y dormí en el Manacal.
May. 29	Día 29 madrugué y llegué temprano a Santa Cruz y dormí en Yure.
May. 30	Día 30 a Miamba, aquí me avisté con el Gobernador del círculo y se prestó a ayudarme a conseguir gente.
May. 31	Día 31 segui para Siguatepeque por el río Simbro— Santa Cruz y a Siguatepeque.
	Aquí me ví con el Alcalde José Angel Mejía.
Jun. 1o.	Día 1º de Junio, salí por Opoteca y aquí hablé con el Comadante Local, Valentín Pereira.
	Seguí después y llegué a Camayagua a las 4 de la tarde casa del Coronel Arche.
Jun. 2	Día 2 en Camayagua.
Jun. 4	Día 4, salí para la Alianza a ver a Antonio— pasé por la Villa de San Antonio y dormí en Piedra Gorda.
Jun. 5	Día 5— salí de Piedra Gorda por Rancho Chiquito a Rancho Grande a San Juan donde sesteo; seguí después pasando por San Antonio del Norte y dormí en la Caridad.
Jun. 6	Día 6, a Aramesina a Guascoran a la Alianza.
	De Camayagua a la Alianza, por el camino que he hecho hay 30 leguas.
Jun. 7	Día 7— descansé.
Jun. 8	Día 8— emprendí viaje de regrso, e hice noche una legua de San Antonio del Norte.
Jun. 9-10	El 9, a la Maní— y el 10 rendí jornada en Camayagua. Aquí descansé el 11.
Jun. 12	Día 12, salí con rumbo a San Pedro— y dormí en Opoteca.
Jun. 13	El 13, salí de aquí y llegué a Miamba por el camino de la montaña.
Jun. 14	Día 14— a Santa Cruz.
Jun. 15	El 15, por Yojoa a Taspetale.
Jun. 16-17	16, a Villanueva, 17 San Pedro— sin novedad.

1883

Apenas he podido reunir algunos trabajadores—principal objeto de mi viaje, no hice pues negocio.

Paso el resto de este año con trabajosa situación y en medio de todos los trabajos y miserias, sufre mi mujer grave enfermedad— en que se pone en peligro su vida— todo esto y más, consumen mis recursos y en este estado me entrega el 83 al 84.

1884

Enero 1884. Recibo aviso de los Centros Revolucionarios Cubanos que se preparan nuevamente a levantar en aquella Isla al grito de independencia, invitándome para que tome parte activa en aquella revolución gloriosa. Eno.

Contesto, que dispuesto siempre a cumplir mi palabra empeñada cuenten conmigo cuando sea llegada la hora.

Febrero. El mal estado constante de la salud de mi familia i por consiguiente de mis pequeños negocios — me obligan a determinar abandonar éste país, i volver quizás a la colonia inglesa en Jamaica. Feb.

Consumidos mis recursos — ni puedo concluir la casa en ocnstrucción ni mucho menos el potrero en fomento; no teniendo aquí ningún hombre que me dé la mano, creo lo más juicioso, venderlo todo a precio bajo i buscar amparo en otra tierra antes que caiga aquí en una completa miseria en un país rico sin explotar i por consiguiente atrasadísimo en cultura, donde el porvenir de mis hijos es tan obscuro como dudoso.—Si por desgracia la tierra de aquí cubriese mis restos.

Marzo — 22 llegó aquí el amigo Tomás Estrada que con su esposa sigue viaje para los Estados Unidos. Mzo. 22

El 29, lo hizo Don Manuel Aguilera cuyo individuo ha sido llamado por mí, para mandarlo de comisionado especial cerca de los Clubs revolucionarios de Cayo Hueso i New York. Mzo. 29

Efectivamente él aprobó mi determinación después que lo enteré de mi propósito — de exponer ante aquellos Centros un plan de organización revolucionaria para la unidad de acción de todos los elementos, como fuerzas vivas, que en común acuerdo, aunque por distintos medios se dirijan a un mismo fin, pero obedeciendo siempre a un programa preconcebido, discuti-

1884

do i aceptado que nunca se falte a él a fin de que el movimiento de la máquina revolucionaria— jamás sea interrumpido.

Un programa en ésta forma i por escrito he pueseo en manos de Don Manuel Aguilera para que marchando a ponerlo en conocimiento de aquellos Centros se me dé aviso de si es o no de la aprobación de las mayorías, para en su caso, poner mis servicios a disposición de la causa de Cuba.

Abr. 5 — Don Manuel Aguilera se separó de mí en desempeño de tal comisión el día 5 de Abril con miles apuros de parte de ambos, pués ni uno ni otro contamos con dinero.

El día que Don Manuel se separó de mi me fué preciso pedir $10 pesos prestados a un amigo para dar de comer a mis hijos, tal es la situación en que me encuentro en Honduras.

La providencia me ayudará, mis esfuerzos para salir de ésta situación.

Espero con impaciencia el resultado de la comisión de Aguilera que de seguro influirá mucho en mi situación presente i futura. Se concluye Abril sin novedad.

May. 1o. — Mayo 1º 1884. Sin novedad.
May. 10 — Mayo 10 hasta el último fatal, caigo gravemente enfermo, ataque fulminante de pulmonía — ya mudado a la casita nueva.— En medio de ésta situación Manana también se enferma, dos niños i pierdo a mi hija Margarita que murió el 15 del
May. 15 — funesto mes— de Mayo — ocurrió a mi gravedad desde Tegucigalpa el Doctor Don Eusebio Hernández—pero cuando él llegó ya había pasado la crisis.

Le estoy muy agradecido.

Ya en convalecencia recibo los avisos de Don Manuel Aguilera.

Algunos Centros de emigrados están de acuerdo con mi programa i me esperan con impaciencia para que yo me ponga al frente del movimiento revolucionario que se inicia.

Me preparo a marchar i cumplir mi palabra empeñada.

Jun. — Junio — ha concluido i no me ha sido posible realizar lo que tengo para efectuar mi viaje, pués no quiero dejar aquí mi familia.

1884

Julio 1º he vendido algo i hago esfuerzos por salir en todo éste mes.   Jul. 1o.

En la actualidad no tengo novedad en la familia.

Día 25 — realizada la venta de todo a precio de quemazón i me preparo para aprovechar el vapor del 1º de Agosto.   Jul. 25

Día 29, salí para el Puerto Cortés.—Buen viaje, se llegó el mismo día.   Jul. 29

En este viaje me acompaña el General Maceo con su esposa. Agosto. Día 2, nos embarcamos en el vapor Sti Dalla con destino a Nueva Orleans.   Agt. 2

Día 4, toca el vapor a Belize de donde salió el 5 a las 4 de la tarde.   Agt. 4-5

Día 9, a las 4 de la mañana atracamos al muelle de Nueva Orleans rindiendo el viaje sin novedad.   Age. 9

Me alojé en un hotel situado en la calle Campo No. 125. El mismo día nos visitaron algunos cubanos.

15, nos mudamos a la casa alquilada San Felipe 227 en $30 por cuenta mía i de Maceo.   Agt. 15

Reunidos la mayor parte de los cubanos, hice, que se formara un Club — pero solamente parece que los infelices son los dispuestos a ayudar la revolución de Cuba; ni un hombre de los cubanos pudientes que residen aquí se ha acercado a mí.

No sé cuando pueda emprender mi viaje a Cayo Hueso i New York pués me encuentro sin dinero hasta para comer mi familia.— Un giro de 3000 pesos que me ofreció el Presidente de Honduras aún no llega, i no sé verdaderamente a qué puertas toque aquí para conseguir algún dinero.

Día 25 Agosto, llegó el giro de 2500 pesos i con esto se ha salvado la situación.   Agt. 25

Empiezo a arreglarlo todo para emprender viaje — para Key West o Cayo Hueso.

Septiembre 1º — ha concluído Agosto sin ocurrir nada notable.   Sep. 1o.

Día 8 llega Gonzalito, Alejandro, procedente de Honduras.   Sep. 8

Día 9, a las 6 de la tarde tomó pasaje en un tren para Key West, me acompaña General Maceo, Alejandro González i José del Carmen García.   Sep. 9

1884

Sep. 11 — Día 11, llegamos a Cedar Key a las 7 de la mañana.
Aquí es preciso esperar el vapor que nos ha de conducir a Key West.

Sep. 15 — Día 15, no hai noticias del vapor que hace ésta travesía i he resuelto tomar un bote pescador que nos conduzca a Tampa puerto intermedio entre Cedar Key i Key West—nos embarcamos a las 6 de la tarde — hemos pasado una noche molesta por lo incómodo de la embarcación — pues como dejo dicho es

Sep. 16 — un pequeño bote de pescador — el 16 calma al llegar al faro de la bahía de Tampa,— allí nos informamos — que el vapor se encuentra en aquel Puerto pero que saldrá a las 3 — son las 12 del día i nos encontramos a 40 millas de Tampa, sin embargo con el poco viento que nos favorecía, seguimos con la proa siempre el rumbo que suponía nos podría venir el vapor.

A la entrada de la noche le divisamos i entonces pasamos un momento angustioso, pués un poco más i el vapor no nos vería—ya casi de noche i con señales que le hacíamos a más de cuatro o cinco millas que pasaba distante de nosotros, llegamos una vez a perder la esperanza de que las viese, pero yo indiqué al patrón que de pronto hiciese caer las velas e hiciese girar locamente la embarcación—al mismo tiempo que nosotros agitábamos furiosamente sabanas y cuantos trapos blancos había en el bote.

Con ésta astucia el Capitán del vapor le llamó la atención, puso proa hacia nosotros.— Dos minutos después estábamos a

Sep. 18 — bordo i el 18 del mismo mes de Septiembre en Key West.— Si no hubiéramos podido tomar éste vapor por un minuto de diferencia — yo no hubiera podido venir hoy, escribiendo estas líneas a bordo del vapor "Lámparas" con destino a New York con mi corazón mas alegre i satisfecho, pues he dejado algo hecho en Key West para la independencia de Cuba.

Sep. 18 — El día 18 con mis compañeros de viaje i a las ocho de la noche llegamos a Key West — donde existe el mejor de los Centros de emigración de Cubanos.

He recibido muy cortés y cariñosa acogida de todos i he logrado organizar los trabajos de conspiración con el fin de levantar fondos.— Un Club general con el nombre de "Sociedad de Beneficencia Cubana de Cayo Hueso" — con carácter público i un Club Secreto compuesto de los hombres más pudientes i caracterizados.

Después de esto he pasado momentos muy agradables en diferentes reuniones particulares, donde en todas ellas he tratado de levantar el espíritu revolucionario — i en vista de la actitud que yo he tomado, todos han ofrecido ayudarme con sus recursos.

Además me he encontrado aquí algunos amigos i viejos compañeros de armas, como los oficiales Fernando Figueredo, Enrique Canals, José R. Estrada i otros como José Rogelio Castillo hijo de Colombia, de la ciudad de Popayán, Estado del Cauca, éste joven fué el único que sobrevivió en la cruda lucha de los diez años, de muchos de aquellos hermanos que fueron a ayudarnos en nuestra empresa de libertad a Cuba.— Después de la paz del Zanjón, no quiso volver a su patria i se refugió en Cayo Hueso en el Centro o agrupación de Cubanos emigrados que siempre allí existió i donde encontró Castillo amable acogida.—Allí se puso a trabajar por la comida en la imprenta del "Yara" periódico cubano, i su vida ha sido un ejemplo de virtud.—Castillo obtuvo en los campos de Cuba grado de Comandante i lo llevo ahora conmigo haciendo las veces de Ayudante, lo mismo que Alejandro González.—El General Maceo me acompaña todavía — fué mi idea que él se corriese hacia Mejico pero siendo más largo i costoso el viaje de Cayo Hueso a aquella República por no haber en estos momentos una línea de vapores, he resuelto que parta de allí para New York a Mejico.

De todas mis impresiones de Cayo Hueso que dejo expresadas, he sentido vivamente una, la más dulce i agradable.

Cuando nos levantamos en Bayamo en Octubre del 68, i—después que los españoles volvieron más tarde a recuperarlo o mejor dicho sus cenizas, las familias todas se refugiaron en los campos i un día que con la fuerza que yo mandaba, me dirijí a un punto que llaman San Luis, para dar descanso a la gente con que acabamos de dar el ataque a Guisa, pueblo no muy distante de allí—i en éste lugar me encontré varias familias, a las cuales pertenecía una niña llamada: Bernarda Figueredo. Su vista me causó tal impresión, que vacilé dos días para continuar mi marcha; por fin, obedeciendo a la voz del deber pude arrancarme de aquel lugar donde dejaba a la mujer que por primera vez había despertado en mí una pasión tan ardiente, que yo sentía devorarme. Yo no dije ni una palabra a la niña, pero ni siquiera una mirada que le diese a comprender cuanto sentía por ella.

Salí pues de aquel lugar con el alma llena de tristeza y sin esperanzas—pasaba el tiempo i la imagen de aquella mujer me perseguía por doquiera, i siempre hasta en medio de los combates la recordé muchas veces.

Algún tiempo después, supe que las familias se habían refugiado en las filas enemigas; única manera de salvarse de la barbaridad española.

Perdí entonces toda esperanza de verla otra vez.

Después, el nombre de Bernarda, que lleva otra mujer, hizo eco en mi corazón, y como la encontré digna de mí la elejí por 'mi compañera — un secreto de mi corazón sin que ella pudiera saberlo; por coincidencia de nombre y algún parecido en el carácter, y de genio, con la primera que me inspiró tanto amor; necesariamente mucho influyó, debía inclinarme hacia ella. Yo en aquella época me encontraba en la edad de 26 años, en la de las fuertes impresiones; i no podía suceder otra cosa.

Nunca me he podido olvidar de Manana Figueredo, y cuando supe que se había casado, mi primer pregunta fué que si había sido con un español;—no, me dijeron: con un cubano. Me sentí alegre porque pensé que sería feliz.

A esa mujer, la he encontrado aquí después de tantos años, en Cayo Hueso al lado de un buen esposo que amo tanto como ella porque creo que la hace feliz — porque lo que siento ahora por Manana Figueredo, es un afecto tan dulce y delicado que me complace, y hace sentirme tan bien cuando pienso que ella y él son felices; yo me constituiría — como una fortuna para mí — en celoso guardian de su feliciad, del mismo modo que lo hago con mi esposa i mis hijos.

Ojalá pueda yo ayudar eficazmente la independencia de su patria, juramento que a solas me repetí en día dichoso que la conocí en San Luis de Bayamo; y que ahora, después de algunos años i a través de tantas peripecias en la vida de cada cubano, en la mía misma; he vuelto a verla. Y repetirlo.

A ella le debo sin duda, la mujer a quién he dado mi nombre, i sin duda será por eso que amo tanto a Manana Toro. Hay también un lugar distinguido en mi corazón para Manana Figueredo al lado del dulce recuerdo de mi madre.

Por fin abandonamos a Cayo Hueso el día 26 de Septiembre, con destino a New York en el vapor "Lámparas". Sep. 26

Nos hizo buen tiempo — i llegamos al punto indicado el día 1º de Octubre; nos esperaban en el muelle el General Flor Crombet i el Doctor Hernández — fuimos alojados en el hotel de Madame Grifou. Oct. 1o.

He sufrido aquí en New York lo que no me esperaba, pués donde más acogida han tenido las ideas, no revolucionarias; pues esas deben estar en la mente de todo cubano; pero sí las de la guerra, han sido en Cayo Hueso.

Mi decepción ha sido tristísima porque sólo los cubanos pobres son los dispuestos al sacrificio.

A los más pudientes les he pasado notas secretas para que apronten recursos y de más de 20 a quienes he interrogado, uno sólo contestó con 50 pesos; i dos, que no podían dar nada. El resto ha guardado silencio.

Agregaré a esto que no falta alguien, como José Martí, que le tenga miedo a la dictadura, i que cuando más dispuesto lo creía se retiró de mi lado furioso según carta suya insultante, que conservo; porque no dejándole yo, inmiscuirse en los asuntos del plan general de la revolución, a cargo mío en estos momentos, y deseando enseñarle su papel, se ha creído que yo pretendo ser un dictador i dando a éste frívolo pretexto, la gravedad que jamás en sí puede tener se ha alejado de mi lado vertiendo especies que no creo favorezcan a las cosas i a los hombres. He empezado de nuevo a saborear gotas amargas, pero yo seguiré mi camino sin miedo ni contemplaciones.

He despachado al General Crombet y al Doctor Hernán-

Oct. 23   dez, el 23 de Octubre, en comisión a París a tener allí una conferencia a nombre mío con el General Luperón; el Doctor Acosta i otros. Personajes residentes allí — para que nos ayuden con recursos pecuniarios i todas sus influencias — lo mismo he hecho mandando a Mejico al General Antonio Maceo, con una comisión de la misma indole para conseguir protección de los hombres más valiosos de aquella República y que sean adictos a nosotros.

Del mismo modo, para levantar el espíritu de alguna parte del pueblo Colombiano, mando a Rogelio Castillo, oficial del Ejército cubano e hijo de aquella tierra; quien se ha portado muy bien durante la guerra de los 10 años.

Para Cuba han salido: Cirilo Pouble Allende hacia Occidente i Salvador Cisneros para el Camagüey.

Después de haber despachado todas estas comisiones que han implicado gastos, así como para los míos propios, i sin poder conseguir ningún dinero me fué preciso acudir a Cayo Hueso por la suma de 3000 pesos.

En New York, no se pudo conseguir.

Después de todo eso i de no haber tenido un instante mío, pués solo pude salir tres veces a la calle a pagar tres visitas,

Oct. 29   he salido de New York el día 29 a las 3 de la tarde y llegué a Philadelphia a las 6 de la misma. Me acompañan: Enrique Canals, Alejandro González, mi secretario, y Enrique Trujillo.

Aquí he organizado a esta emigración en un sólo Club i después de otros trabajitos de organización— salí para New York.

Nov. 1o.   El día 1º de Noviembre con dirección a New Orleans, don-
Nov. 4   de llegamos el día 4 a las 7 de la mañana, me acompaña Alejandro González. Se me unen el General Rafael Rodríguez i el
Nov. 24   Coronel Manuel Lechuga — el día 24.

Despacho al último en comisión a Trujillo.

El primero deberá seguir en breve conmigo para New York.

Dic. 8   Diciembre 8; me pongo en camino para New York con el General Rafael Rodríguez, y dos ayudantes.—Ya han llegado allí el General Crombet y el Doctor Eusebio Hernández, a quienes mandé en comisión a París.

E ignoro el resultado.

Voy con Rodríguez con el fin de enviarlo de comisión donde el General Vicente García a Venezuela.

Día 12, llegamos a New York.

Los comisionados de París no han sacado nada positivo pués tuvieron la fatalidad de no alcanzar allí al General Gregorio Luperón, que era mi principal esperanza.

No tengo pués dinero ni aún para pagar el hospedaje; ya nos hemos reunido varios.

Ocurro a los cubanos, i ni uno sólo atiende a mi reclamo — todos nos han dado la espalda.

Hasta los que antes parecían más dispuestos.

Nos vemos en la triste necesidad de empeñar nuestras prendas — la situación que se presenta es triste i difícil.

El trato de España con los Estados Unidos ha borrado un poco el entusiasmo que había en los cubanos.— Es un pueblo triste. Sin embargo yo no desmayo —tengo algo de esperanzas.

No está por eso perdida la causa.

Con miles apuros i compromisos personales — por fin logro despachar al General Crombet a Panamá a levantar el espíritu allí i al Doctor Hernández a Cayo Hueso con el mismo fin.

Yo regreso con Rodríguez a New Orleans.

Enero 5 1885 llegamos a New Orleans.

Me ataca una bronquitis.

Me encuentro sin dinero — mis propios recursos están al concluirse.

El General Maceo regresa de Mexico sin haber conseguido nada.— Ni una circunstancia nos favorece en estos momentos.

Según las noticias que me dan Crombet i Hernández, pienso salir para Jamaica a verme con los hombres de allí y ver si puedo conseguir alguna influencia inglesa, pués es muy posible que su política esté predispuesta con España i los americanos a consecuencia del Tratado.

No deseo abandonar la obra hasta que no agote todos los medios que estén a mi alcance, para levantar la revolución.

Muchas veces el más pequeño incidente es causa de repentinos i notables cambios en el estado de las cosas, al parecer más difíciles.

Un poco de valor i constancia, consiguen casi siempre triunfos que antes parecían un delirio, una locura contar con ellos.

Nadie puede leer nada en el porvenir por más que los sabios i los políticos se empeñan en querer gobernar el mundo. Lo que ha de suceder sucede.

Hay una mano oculta, que apesar de los hombres todo lo dirije.—La historia nos da en eso elocuentísimas enseñanzas.

Tronos caídos, i pueblos que se levantan.

Aquí un hombre que llora, allá otro que rie — mañana se han trocado los papeles.

Yo he llorado mucho —¿porqué he de perder la esperanza de reir algún día?.

1885

¿No hai un Dios que me dió vida? ¿Porqué no tener más esperanza en él que en los hombres?

Mi situación en estos momentos es la más difícil que hombre alguno haya podido encontrar en el mundo.

Con mi mujer y cinco niños — i rodeado de enemigos españoles y americanos, los cubanos me abandonan en la empresa y se alejan de mi como de un leproso. Sólo me quedan unos pocos.— Los viejos soldados de la *guerra de los 10 años*.

Ha pasado todo Enero sin esperanza.

Febrero...recibo aviso de Cayo Hueso, que es urgente mi presencia allí — i determino salir en el vapor — no hai vapor, tomo el tren hasta Tampa y allí el vapor—llegando al Cayo el día...

Me avisto con los hombres de allí, que el Doctor Hernández ha removido, i lógro hacer una recolecta de 25 mil pesos.

Empieza a manifestarse la Providencia. —Salgo del Cayo para New Orleans—i dispongo que el Doctor Hernández i Enrique Canals que llevan el dinero en giros sobre New York, se dirijan allí y yo lo haré desde New Orleans.

Llegó a ésta Ciudad el día a las 12 de la noche — desembarcamos al amanecer.

En todo ésto me acompaña siempre Alejandro González.

1885. Marzo.

Mzo. 8   Día 8 salgo de New Orleans por ferrocarril para New York, me acompaña González.

Mzo. 12   Día 12, por la tarde llegamos — pasamos la noche en un hotel.

Mzo. 13   Día 13, me mudé en un cuarto, 51 calle 9 Este — aquí pasaré con la incógnita posible — hago venir a hablar conmigo a seis u ocho cubanos que me puedan ayudar al alistamiento de algunos hombres i nombro al Doctor J. M. Párraga, Tesorero General de los pocos fondos que se han podido reunir: 15,000 pesos en efectivo i 5.000 en un giro a plazo largo que se podrá negociar — esto es el fruto de mis trabajos i afanes, suplicando a cubanos i extranjeros,

Dejo nombrado al Coronel F. L. de Queralta comisionado para la compra de armas — según yo se las pida.

Al Coronel A. Cebreco para el alistamiento de algunos hombres i finalmente al Coronel Emilio Núñez, con órden de preparar por su propia cuenta los hombres que pueda, para que él haga su entrada por Sagua con los elementos del guerra que pueda conducir i que pondré a su disposición tan pronto me avise esté preparado, i le dé la orden de salir.

Ya que he concluido de disponer todo esto i que me preparo para salir para Jamaica, recibo aviso del Comandante Rogelio Castillo desde New Orleans, que regresa de su comisión a Colombia, cerca de Francisco Javier Cisneros, que mandé desde el mes de Noviembre.

Tengo que detener mi viaje, pues he dado órden a Castillo que pase aquí.

Día 27 Marzo, llegó Castillo i al darme cuenta del resultado de su comisión, me demuestra el poco caso que manifestó hacer Cisneros de nuestros propósitos.

Mzo. 27

Este cubano, por conducto del Doctor Manuel Coroalles de Panamá, me había hecho en otra época grandes ofertas para ayudar a la causa de su patria cuando se llegase la hora de llevar la revolución a Cuba.—Por éste motivo i con tales esperanzas, me dispuse a mandar donde él un comisionado especial—avisándole por medio de una carta muy entusiasta, de que fué portador Castillo, nuestra determinación de llevar nuevamente la guerra a los campos de Cuba para conseguir su independencia. La fría i casi negativa contestación de Cisneros se encuentra entre mis papeles.—Concluye por decirme, después de manifestarme que no puede darme ninguna clase de recursos, "que si Cuba está quieta, que es mejor dejarla así."

Este Señor que en la revolución del 68 i la guerra de los 10 años dió muestras de grande i decidido entusiasmo, que armó expediciones i las acompañó i dirijió hasta el campo de la guerra, que llegó hasta tener fama i buen nombre entre las emigraciones que ayudaron a sostener con sus recursos aquella lucha, cómo es que si entonces pensaba asi hoy piensa de distinto modo.

1885

Si entonces creyó que Cuba era digna de ser libre e independiente, no lo cree ahora?—qué razones obrarán en su ánimo para cambio tan extraordinario?—O Cisneros, i como él muchos que piensan del mismo modo, o no supieron lo que traían entre manos el 68, no obraban por propia i profunda convicción, o son peores que unos niños, que se figuraron que la independencia se puede conquistar sin grandes tropiezos i fracasos, i abandonan la empresa.

Se han cansado, i perdiendo la fé i la esperanza se han resignado a vivir en suelo estranjero.—Y por poco hubiera triunfado Cuba en el 68 con todos estos hombres—que el acaso trajo a formar en las filas revolucionarias, al parecer decididos i resueltos. —He sufrido un desengaño más, el día que yo despaché a Rogelio Castillo como emisario cerca de Cisneros, creí mandar un mensajero con éste mensaje a un compañero—"voy a morir por tu patria, ayúdame a hacerlo, peleando."

Lo siento por mí i lo siento también por el Comandante Rogelio Castillo, digno joven Colombiano que se ha batido muchas veces en la patria esclava de Cisneros—i cuyo viaje a través de la revolución que se ha declarado en Colombia, le ha hecho pasar mil trabajos i penalidades, hasta verse con Cisneros—además del dinero que hemos gastado en -tan triste como infructuoso viaje.

Se concluye Marzo.

No tengo vapor para Jamaica i es preciso pasar a Boston a tomar uno que sale de allí.

Abr. 1o.   Abril 1º.   Por el tren de las 9 de la mañana salgo para Boston con destino a Jamaica.—Me acompañan Pedro Castillo, Coronel Rogelio Castillo i mi Secretario Alejandro González.

Llegada a Boston el mismo día.

Abr. 2   Día 2, a las 4 de la tarde nos embarcamos en el vapor "Lorenzo" Bakos".—Buen tiempo.

Abr. 4   Día 4 i cinco, mar muy picado con un fuerte chubasco a proa, durante 48 horas nos hemos mareado todos.

Abr. 6   Día 6, se descompone la máquina del vapor y aunque se le tienden las velas, mientras se compone la máquina cuya descomposición es ligera; siempre nos vamos retrasando algunas millas.

Día 7, funciona la máquina i el tiempo es bonansible i precioso.   Abr. 7

Días 8, 9, 10 y 11—a las 4 de la tarde hemos dado vista a las 2 Antillas; Santo Domingo i Cuba, los dos pedazos de tierra de mis ensueños. En la primera dejé mi cuna i quién sabe si en la segunda tendré mi sepultura.—En la primera recibí el primer beso del amor más puro.—En la segunda, recibí el último.—Allí enterré a mi madre.   Abr. 8-9 10 y 11

¡Oh Patria mía! 20 años hace que te dejé i no había podido mirarte ni una sola vez—errante i proscripto no he pasado hasta ahora junto a ti.—No me culpes de ingrato, aún no era bastante hombre cuando mi destino me empujó hacia otras playas—i por eso quizás no supe resistir a esta tentación.—Después has vivido siempre en mi corazón, con todos tus recuerdos. Estos jamás se borran no, no me creas ingrato Patria mía—por eso no quiero tierra adorada pisar otra vez tus playas, no quiero que nuevamente las puras brisas de tus campos refresquen el calor de mi frente, no; caiga sobre mí la luz purísima de tu cielo sin nubes, mientras no lleve un nombre digno de tí.—Entonces iré amada Patria mía, i orgullosa podrás perdonarme; yo humilde seré feliz.

Y tú, oh Cuba infeliz—tierra donde tanto he sufrido i he llorado—tú que guardas los restos sagrados de la mujer que más me amó i amé—mi destino se encuentra ligado a tu destino por un lazo de honor i de amor.—Yo lidiaré por tu redención hasta triunfar o morir, para que mis restos queden también en la misma tierra que guarda los de mi madre, i sobre el polvo que nos cubra sea plantada la enseña de los libres; del amor y la libertad, tal cual es donde tú, oh madre, nunca olvidaré, me distes el primer beso.

Día 11, a las 5 de la tarde llegamos a Puerto Antonio.   Abr. 11
Día 12, amanecemos.   Abr. 12

Domingo, en Puerto de San Antonio de Jamaica—12 de Abril 1885. Día ocioso en este país que se dedica al culto en

1885

estos días como un............................
....
ha dedicado, por los cristianos católicos y protestantes el Domingo; por los judíos el Sábado, por los anabaptista el Viernes i que sé yo en el sinnúmero de las demás sectas, cuáles serán sus días.—Seguidamente cada una ha puesto una tarifa a la atención del Ser Supremo que apurado se verá El para atender....
pasatiempo u obedeciendo al hábito o a la costumbre que a un sentimiento religioso.—O a esta gente i contemplo todas estas cosas que cada día me convenzo........................
estamos...
debe ser sin duda un grande hombre para despachar tanto expediente.

¿Pero a dónde me he ido? Sólo pensaba decir qué habíamos hecho en este día—de cara dura en este Puerto—i por qué se ven en este librito algunos apuntes sobre el tabaco.— Hemos pasado el día aguard........................
....
política ante todo—i esto para no saber en qué matar el tiempo. ¡Qué penoso es esperar!

Los apuntes de tabaco son porque este mismo librito me sirvió de libreta cuando me dediqué aquí en esta misma tierra a ese cultivo ¡ai! cuando tuve que refugiarme en esta misma tierra después de la Paz del Zanjón, pobre..................
....
nos de un año—pero no dándole yo a eso ninguna importancia, le arranqué las hojas que contenían estas notas, para seguir mis apuntes.

Cuántos recuerdos he tenido de aquella época que yo creía infeliz desde ayer que he arribado a estas playas!

Por cuántas transiciones se pas............... vida. De este Puerto, para trasladarme a Kingston por tierra es costoso, pero no habrá medio de hacerlo de otro modo; pues el vapor no sigue para allí i no tenemos en Puerto ninguna embarcación que salga de este Puerto para el de Kingston.

Día 13, salimos en un coche cuyo viaje rendimos el 14 por la tarde, sin que durante él ocurriese nada notable. Abr. 13-14

El 15, ví algunos cubanos i empecé a conocer el estado de esta emigración cuyo espíritu es el peor que se puede esperar. Pues de un lado se encuentran los fríos e indiferentes, i del otro los entusiasmados, pero con pretensiones de disputarse el mérito de patriotas, de lo que nace necesariamente la división entre ellos mismos, i haciéndose por consiguiente imposible formar una sola agrupación en tan exigua y pobre inmigración que apenas pueden contribuir con la insignificante suma de mil pesos. Abr. 15

Su organización, a pesar de que diz que aprueban mi programa, es de, dos sociedades y un Comité.

Como he comprendido que esta gente carece de un buen sentido político i prefiriendo yo, antes que perder tiempo en gestiones para que se efectúe una organización más perfecta y adecuada, que responda de una manera eficaz a las necesidades revolucionarias.—He determinado no ocuparme de eso i ver la manera así y todo de sacar el provecho posible, de los que estén dispuestos a ayudar a la revolución.—Encaminadas las cosas a este fin, he dejado orden para que sean entregados al General Flor Crombet, cuantos fondos se recauden en la emigración de Jamaica.

Dos razones me han aconsejado a tomar esta medida—la primera, que siendo los Bavastro y los Mainer, los que predominan entre estos emigrados, i siendo el General Crombet de su familia; he descubierto que sus simpatías i tal vez su confianza, sean más por aquel Gefe que por mí.—Yo no debo olvidar nunca que yo no soy cubano—que las simpatías i la confianza que ellos me tengan debe ser limitada.

Esta duda que siempre me ha ocurrido, me ha salvado sin duda muchas veces para no incurrir en faltas i errores, tomándome demasiada iniciativa en los asuntos de Cuba, llevado de mi decisión por la causa.

La segunda razón es que he conocido que Crombet está violento por lanzarse a Cuba de cualquier modo—como que no conoce los inconvenientes de una revolución mal armada i las dificultades que se tocan para preparar expediciones cuyo resultado no sea un fracaso—i poniendo fondos a su disposición le dejaré en completa libertad de acción—para que no tenga motivos de quejas—ni él ni sus adictos, descargándome yo a mi vez de una parte de mi responsabilidad.

Todas estas ocultas causas me hacen pasar momentos desagradables, pués ya se empiezan a contentar aspiraciones—i ojalá no cunda al fín la indisciplina.

Para ver como hago venir el material de guerra de New York, pues no me ha sido posible encontrar un medio seguro aquí para introducirlo—me es forzoso volver a New York acompañado de un inglés que me ha ofrecido ayudar en este asunto.

May. 6
May. 7
May. 8

Día 6 de Mayo, salimos en el vapor de la línea inglesa—el 7, se perdió en Puerto Antonio tomando carga de guineos—i continúamos el 8.

May. 9

Día 9—vamos navegando sin novedad.

May. 14

Día 14, llegamos a New York i me alojé en la calle 9 número 46, Este.

May. 15

Desde el día 15, empecé a gestionar—para despacharlo —materiales de guerra.

Aquí me encuentro con la espantosa dificultad de que aún no han venido 7 mil pesos que restan de Cayo Hueso, después de comprometer su palabra, en momentos en que contando con esa suma había dispuesto la compra del material de guerra con el poco dinero que se me entregó, sin dejar cantidad ninguna para gastos de transporte de las expediciones.

¡Cuán triste es luchar con un pueblo compuesto de hombres así! Mi primer tentación ha sido, dando un manifiesto abandonar todo éste asunto i no ocuparme más de Cuba—porque a temer a la lógica de los sucesos, lo natural es que esta gente me abandone en los momentos más difíciles—pués si ahora ni por patriótismo ni siquiera por quitarse de un compromiso, hecho conmigo mismo, que saben que no consiento una burla; no aprontan el dinero para quitarse de mí, obligándome que vaya al campo i muera—qué esperanza, por Dios, le queda a un hombre, en los que deja por detrás?

Después de haber terminado eso en Cayo Hueso, de una manera formal; pongo telégrama al Cayo.

Contestan, que mandaron giro.

Día 24—llega un giro, pero no por la cantidad convenida, i además, despachado de manera que no se puede negociar. May. 24

Se devuelve dicho giro para que lo arreglen por la suma que se ha convenido i en la forma que se pueda negociar.

Día 25, yo, en vista de tantos trastornos, tomo el tren para New Orleans—donde llego el 28. May. 25
May. 28

Pongo el 29 un telégrama al General Rafael Rodríguez a Cayo Hueso, para que venga a hablar conmigo. May. 29

El mismo día se recibe aviso de que el General Maceo ha llegado pero pasa a cuarentena de 10 días.

Pienso ocuparme de mi viaje a Jamaica pra dejar allí a; mi familia.

Dejé en New York todo el material de guerra a cargo del Cónsul Dominicano Hipólito Billiní—que se ha comprometido a ponerlo en el Arsenal de Santo Domingo.

Día 15 de Junio en New Orleans. Jun. 15

En esta fecha es que vengo a recibir aviso de que han mandado desde Cayo Hueso, a New York, el giro en cuestión; i a la dilación, es decir al tiempo perdido—2 meses—por lo menos se agrega el rebajo de 6,663 pesos, pués debiendo ser 12,000, solamente dán 2,000, que en efectivo me ha entregado el General Rafael Rodríguez, i un giro de 3,333 pesos que han enviado a New York al Tesorero General.

De esta suma hay que rebajar todavía un tanto por ciento por descuento de giro.

Con tantas miserables dificultades hai que luchar todavía. Pero hai más—ayer recibo telégrama del Tesorero General Doctor Párraga—que no le es fácil negociar el giro pués además de que es a ocho meses de plazo—las firmas que lo autorizan no son muy conocidas en la plaza.

1885

Yo le contesté, que reduzca el giro a dinero del modo que mejor pueda y pronto salgamos de ésto.

Si los españoles supieran todo esto, se reirían de la revolución en vez de temblar como les sucede.

Más que nunca, se podrá creer en lo grandemente misterioso de las Revoluciones que libertan a los pueblos, de la servidumbre, al miedo y a la ignorancia, si a pesar de todas éstas cosas logramos armar un número de guerreros—que combatan en el campo a la fuerza bruta, para después poderle dar al pueblo en la paz, orden y libertad.

Porqué al lado de tanta miseria de recursos materiales, hai, i es lo peor, escasez de varonil resolución—pués hasta se le teme a la Dictadura revolucionaria; se podrá dar mayor candidez o más afeminado modo de pensar?

¿Acaso se puede citar una revolución en el mundo que no tenga su Dictadura?

Muy débil y sin bríos debe ser la que no revista este sello —de seguro que no hará más que divertir y hacer reír al Gobierno que élla ataque por débil que éste sea.

Los hombres que tal piensan, no han nacido para ayudar a libertar hombres—porque no saben y no quieren aprender a armar el brazo del guerrero—porque tienen miedo.

O es eso—o son resabios de Autonomismo—es que la sangre no está bastante depurada.

Me llegan fatales noticias del giro, de los 5 mil pesos, todo se ha reducido a mil y pico de pesos—pués los Señores Marrero i Recio han retirado su compromiso.—Ahora sí que se empeora la situación.—Los miserables fondos en vez de aumentarse disminuyen.—¿Cómo quieren los cubanos Patria?

Y ya no dejará de haber alguien que piense "y qué hacen Gómez y los suyos—esas carnes de cañón, que no han salido ya para los campos de Cuba"?

Jun. 15   Día 15.—Nuevos trastornos, tocando ahora con la dificultad de que de aquí a Kingston se han suspendido las líneas de vapores—i la vía de New York, necesitaría un capital.

Se trabaja con una casa de comercio de esta plaza para

ver de lograr que mande uno de sus vapores a que nos traslade allí.

Día 25,—se arregla por fin el pasaje en un vapor que sale para Puerto Limón i tocará en Kingston—contratado—por ese desvío de su itinerario, en $1,000. **Jun. 25**

Julio 1°. Me embarco con dirección a Kingston con mis esposa, cinco niños, la esposa del General Maceo i 17 expedicionarios. **Jul. 1o.**

El General Maceo queda aquí para salir después para New York, a recoger algún dinero que suponemos por las noticias que de allí nos dán los amigos de la revolución; que se puede colectar. Pués dicen que los cubanos pobres se están animando a dar algunos centavos—los ricos y poderosos—dicen que esperan ver algo serio sin embargo de no afrontar los recursos, para poder hacer eso sério.

Eso diz que dicen—lo que yo creo muy bien pues no se atreven a confesar que no quieren la revolución.

Día 12, llegamos a Kingston.—Aquí tendré que aguardar la llegada o el resultado de la Comisión de Maceo. **Jul. 12**

Se ha concluido Julio.—Aún no ha llegado Maceo—y ni un armamento, del que dí órden al coronel López Queralta, despachara de New York a Colón—para arreglar desde allí a Crombet.—Esta dilación vá irrogando perjuicios, pués se gastan más de 100 pesos semanales, sosteniendo a los expedicionarios, porque aquí hai que pagar hasta el alojamiento que algunos cubanos residentes aquí le dán a sus hermanos que ván a la guerra.—Este es el colmo de las miserias humanas.

Día 1°, permanezco en Kingston. **Agt. 1o.**

He pasado aquí todo el mes de Agosto sin que haya podido hacerse gran cosa, pues el armamento para el General Crombet, no ha podido salir de New York—a consecuencia de que el Cónsul de Colombia, para cuyo país debía de ser enviado, no ha querido firmar la factura, y sin este requisito no hay barco que quiera hacerse cargo de conducirlo.—Esta es ahora una dificultad conque no se contaba.

Ha llegado el General Maceo, de New York, y ni me dá cuenta de lo que ha colectado.

El General Crombet sigue con sus impaciencias a tal grado que ha empezado ya a hacerme cargos de las dilaciones; como si la revolución en todos sus grados de organización dependiera de él o de mí exclusivamente—lo que me ofrece la duda de si serán todas estas cosas efectos de los pocos años de este hombre, o que haya en él un gran fondo de ambición que pueda más tarde traspasar los límites de lo lícito en política.

Tales han sido los arranques de inmodestia militar que a presencia mía ha tenido, que jamás lo creí propio de su carácter—porque un buen General en empresas de su profesión y cuando surgen dificultades e inconvenientes no se ocupa de lamentarlas ni de buscar a quien hacerle cargos de éllas, si no que las vence o ayuda a vencerlas, pero con serenidad y constancia.

Me quedé muy corto en las suposiciones que me hice al principio, de cuanto tendría yo que sufrir cuando me metí nuevamente en estos asuntos—las amarguras que paso en silencio, solo yo las sé—agregándose a todo ésto la miseria en que me encuentro sumido con mi familia.

Sep. Septiembre.—Las noticias que me llegan de los asuntos de Santo Domingo, son malas.—El armamento que hice ir allí—con la subida al Poder de otro por renuncia de Billini—me ofrece ahora serias dificultades para que venga a poder nuestro. —Por ese motivo tampoco ha podido organizarse la expedición al mando del General Francisco Borrero.

Había nombrado, en Comisión, para arreglar todas estas cosas al Coronel Barnet; y éste vuelve a darme cuenta de todo sin que haya obtenido nada.—En vista de esas dificultades me resuelvo a pasar a Santo Domingo lo más sigilosamente posible.

Se ha pasado el mes de Septiembre.

Oct. 2 Octubre. Día 2, salgo en el vapor Alpha—para Turks
Oct. 4 Island—el 4 a dicho punto.
Oct. 5-6 Día 5, salimos de Turks Island—y el 6 llegamos a Mon-

1885

te Cristi, a las 5 de la tarde—nos condujo a éste Puerto una goletica inglesa: "Dorcas".

Después de más de 20 años de ausencia de mi Patria, he vuelto cual un fugitivo, ocultando mi nombre y mi verdadera nacionalidad.—Cuántos recuerdos y cuantas consideraciones tristes a la vez se agolpan a mi mente!

Nombres de los primeros dominicanos que al poner el pie en tierra, por el Puerto de Monte Cristi—y después de 20 años de ausencia, fueron los primeros que saludamos.

No es fácil explicar yo mismo mis impresiones.

General Belliard.

Capitán Killik.

Dominicanos, los primeros que dí la mano al poner los pies en tierra.—Día 6 de Octubre de 1885.   Oct. 6

Me es forzoso viajar de incógnito, con nombre supuesto —"Manuel Pacheco" para evitar a mi Patria complicaciones; y como mi principal objeto es hablar con los Generales Benito Monción y Gregorio Luperón, para ver como, no solamente consigo algunos recursos con ellos, si no que por su medio pueda conseguir también, más de ocho mil pesos en fusiles y cápsulas que mandé desde New York, estando mi primo Billini de Presidente. Al dejar él el poder, el asunto como es natural, ofrece ahora algunas dificultades.

En Monte Cristi, he pasado dos días por falta de caballos—pero al fin salimos para Guayubín el día... a las 6 horas de camino y una legua de Guayubín, llegamos a la Salada, casa de Ezequiel Rojas, antiguo oficial y muy conocido mío del Ejército cubano. Aquí pienso pasar hasta ponerme en relación con el General Monción.   Oct.

Día 10, mando a Rojas con carta para el Secretario del General para que me proporcione la entrevista; el cual me contesta que no podrá ser hasta el 14, día en que estará sin muchas visitas, que en la actualidad tiene por consecuencia de las fiestas que se celebran.   Oct. 10

El mismo día 10, hago venir al Señor Rafael Lanza que

se encontraba en un punto de estas costas en el desempeño de una comisión mía...

Oct. 11   Día 11 Domingo, sin novedad—permanezco en casa de Rojas.

Oct. 13   Día 13, a Guayubín a verme con el General Benito Monción el que me recibió muy bien, y está dispuesto a ayudarnos con su cooperación moral, pués no me atreví a hablarle de dinero, porque según la opinión de algunos amigos y lo que yo mismo puedo apreciar; no es hombre que pueda dar gran cosa.

Oct. 18   General Emiliano García—18 Octubre.

José Echevarría, cubano. La Salada.

Oct. 21   Día 21—me muevo con destino a Puerto Plata, llegando el mismo día a "Laguna Salada", donde hago alto hasta el 22, que en compañía de Don Francisco Coll—y Don Jesús Domínguez, seguimos viaje.

El primero de estos señores es cubano y el segundo dominicano—en unión de la familia de éste paisano que la componen; su esposa con una porción de niñas preciosísimas, he pasado algunas horas agradabilísimas, pués tenía hambre de verme entre las familias dominicanas.

El mismo día dormimos en un lugar nombrado el Café—
Oct. 23   y el día siguiente 23, muy temprano hicimos la entrada en Puerto Plata.—Aquí he sido muy bien recibido con particularidad por el General Gregorio Luperón que me ha hecho grandes demostraciones de aprecio.

Hemos hablado detenidamente sobre el asunto que me ha traído aquí y me ofrece que todo será conseguido; con tal motivo determinamos mandar una comisión con cartas para la Capital, que van en ella el Coronel Miguel Barnet y mi Secretario
Oct. 27   Alejandro González—y salen de aquí el día 27.

Mientras tanto aguardo aquí el resultado de todo eso, veré en qué puedo aprovechar el tiempo.

Oct. 30   Día 30, hablo con varios cubanos ricos que se encuentran aquí, para ver los recursos que pueden aprontar—y entre éstos y el General Gregorio Luperón, se han podido reunir quinientos pesos en mala moneda—la Haitiana, que serán reducidos a 400.

Noviembre. Día 12, llegan mi Secretario González y los Brigadieres Serafín Sánchez y Francisco Carrillo—de la Capital.   Nov. 12

Las noticias que me traen como resultado de las gestiones que estamos haciendo para conseguir el armamento son fatales —pues el Presidente contesta en términos muy dudosos—y con tal motivo me resuelvo a pasar a la Capital y personalmente entendérmelas con los hombres del Gobierno, para ver si logro, salvando mi reputación, poner a cubierto el honor de los dominicanos; comprometidos en un infame acto de usurpación de elementos para la defensa de una causa tan justa como simpática para la libre y generosa República Dominicana.

Salgo para la Capital el día 18, me acompañan los Generales Carrillo y Sánchez.—Hicimos el almuerzo en Altamira y llegamos a Santiago a las 8 de la noche.   Nov. 18

Día 19, lo pasamos en Santiago y allí fuímos visitados por varias personas.   Nov. 19

Villalobos—General Reinaldo García—General Aureliano—Nanita—Carmita García—Micaela Medrano—Elisa—Nanita,—Laguna Salada.

Teófilo Cordero, de Santiago.

El Gobernador, Miguel A. Pichardo.

En el Caimito Jacobo Silveira.—Reinoso—20 Noviembre.

Día 20, salimos, hicimos alto en la Vega y continuando después dormimos en Jima.   Nov. 20

Día 21, en marcha sesteo en el Cotuy y dormimos en Carico.   Nov. 21

Día 22, una sola marcha hasta el Corosoral donde dormimos.   Nov. 22

Día 23, a sestear a Sabana Grande y por la tarde llegamos a Santo Domingo.   Nov. 23

Día 24, apenas se ha divulgado la noticia de mi llegada, he recibido muchas felicitaciones e infinidad de personas han venido a visitarme—sobre todo he sido objeto, de parte de mis parientes, de las más exquisitas muestras de cariño. De mi pueblo, ¡ay! de Baní, he recibido miles de agasajos y no obstan-   Nov. 24

te yo no podré ir a visitarlo, pues no tengo derecho ni al tiempo ni al dinero que se pueda consumir, sino en los asuntos de la revolución de Cuba; y a Baní, no me llama sino el afecto de los míos. Preciso es renunciar por ahora a todo eso—en obsequio a deberes y compromisos contraídos con un pueblo.

Me he ocupado asiduamente del asunto del armamento depositado aquí, y, en malas condiciones de reclamo por la caída del *Presidente Billini*.

Me he ido derecho donde el General Ulises Heureaux, pues éste hombre predomina en las esferas oficiales, y después de varias conferencias privadas tratando del asunto, me ha ofrecido ocuparse de él para que se me abonen en todo caso en dinero, pues no solamente ya se ha dispuesto de parte del material de guerra, sino que sería peligroso y comprometido extraer todo eso de aquí.

Además, descubro malas tendencias respecto a mi personalidad política, en los hombres del Gobierno o por lo menos buenos deseos de ayudarme en la empresa.

Es muy posible que todo eso tenga su causa en el temor de una complicación con España—no obstante que yo me he propuesto observar en todo una exquisita discreción.

Todo este mes lo he pasado en las luchas de esas gestiones, y no se extrañe que no haga aquí mención del Presidente Alejandro Woos y Gil, pues desairado al principio por este Señor, no me atrevo a acercarme a él en demanda de justicia y mucho menos de favores.

Dic. 7
Diciembre 7.
Cuenta de trabajos en la estancia.
Ajuste hecho con Mr. Dievil; por 4 libras ha de entregar cercado y en condiciones de siembra la estancia que se está haciendo.
Se le han entregado como anticipo —9.

Dic. 14
Día 14, más al mismo 2 libras.

Dic. 20
Diciembre 20, el General Ulises Heureaux sale para Puerto Plata, según me ha dicho en la última conferencia que hemos tenido ayer y me ha ofrecido que a su regreso se arreglará mi asunto.

1886

Día 1o., se ha concluído el 85' y esperaré la ayuda del nuevo año, quizás me sea más propicio.   Eno. 1o.

Pasaré este día en casa de mi hija, donde estoy invitado junto con otros amigos y amigas, y me prometo pasar un día alegre.

Mi hija Ignacia, es el fruto de mis primeros amores, cuando me separé de mi Patria, la dejé tierna en los brazos de su madre, ésta murió y mi hija, dechado de virtudes, la crió una tía: Josefa Castillo.

Yo estoy orgulloso de ella.—La he vuelto a ver a los 21 años—ella quedó de 8 meses.

Día 2.—Cuántas mudanzas en las cosas humanas, cuánto cambio brusco y repentino en la vida de los hombres, cómo se rueda por encima de las desigualdades del terreno que entendemos por vivir; lleno unas veces de malezas y zarzales, donde a cada paso dejamos desgarradas y perdidas nuestras más caras ilusiones, y seguimos nuestro camino con el corazón destrozado y el alma enferma, otras veces nos despeñamos por horribles precipicios, asiéndonos al caer, a un débil filamento que apenas nos puede sostener—y entonces allí la vida es una agonía, es un suplicio.—Después se cae al abismo que llamamos muerte, donde todo desaparece, todo se olvida.   Eno. 2

En medio de tantos dolores, sólo con un consuelo puede contar el hombre—ése no viene de nadie, ni llega de fuera—está dentro: la Conciencia.

Yo ayer alegre en el banquete de la familia, en las fiestas del amor; bajo el techo que cobija al honor y la virtud, donde todo es respeto y consideración para mí—y hoy en la cárcel, triste, bajo el techo que ha cobijado tantos crímenes; donde Colón el infortunado, también estuvo preso—yo, sin más amigos que mi propio carcelero y mi conciencia tranquila y serena.

¿Por qué y cómo ha sido esto?

Ni yo ni nadie podrá responder esta pregunta, y preciso es dejar al tiempo, curador sabio de todos los males, y sapientísimo resolvedor de todos los problemas, que aclaren el enigma de mi prisión.

Ene. 9 — Día 9.—Por fin de mucho empeño de varios amigos que se interesaron por mí—obtuve la libertad—pero bajo las condiciones de salir para el extranjero en un vapor americano que se encuentra en Puerto; mandándome al efecto, el pasaporte despachado en términos, como si fuera a un hombre perturbador del orden público.

Reiterando por medio de mis amigos las súplicas que me dejaran desembarcar en Puerto Plata; pude conseguir eso, y bajo el apoyo y protección del General Luperón.

Ene. 15 — Salí pues de la Capital el día 15, en medio de un lucido acompañamiento que me siguió hasta el muelle, y desembarqué
Ene. 18 — en Puerto Plata el 18.

Aquí me encuentro, para colmo de trastornos, a Rafael Lanza—cuyo indivíduo dejé despachado desde el 18 de Noviembre, para Jamaica, con cartas y dinero—y valiéndose de fútiles pretextos no ha querido ir.

Tengo por fuerza que despachar a mi Secretario González.—Como no dejo nada arreglado, respecto a la deuda con el Gobierno de este país—por eso mi petulancia en no querer salir para ver lo que se puede salvar de los intereses de los cubanos tan en peligro y seguiré aquí gestionando hasta el último momento.

Se concluye el mes de Enero y espero un pagaré endosado al señor Diego Loynaz, por la suma de ocho mil pesos—para ver si se logra descontarlo en esta plaza. Todo esto, como resultado de mi incansable batallar, valiéndome de cuantos medios han estado a mi alcance.

Feb. 8 — Día 8—en Puerto Plata.

Llega Lilis, el célebre por sus picardías—me entregan el pagaré.

1886

Los terminos en que está redactado no ofrecen las mejores ventajas para negociarlo—y paso todo este mes en inútiles diligencias para hacerlo dinero efectivo—sin poderlo lograr.

Por fin, renunciando a todo eso dejo el pagaré a Diego Loynaz y tomo una determinación que tenía prevista para si llegaba al caso presente.

Don Eduardo Hernández me había ofrecido con su crédito, sacarme 2,000 pesos de armamentos—y le escribo para que, saliendo con el General Francisco Carrillo, el cual se encuentra a mi lado—para New York—a arreglar ese negocio, así como que Carrillo vea cómo consigue más dinero.

Marzo 13. Con este plan y sin dinero ni para yo moverme ni para hacerlo Don Eduardo y Carrillo; preciso me ha sido apelar a los amigos y entre ellos a Maximiliano Grullón, Casimiro Moya y Luperón, que me facilitó 500 pesos; así he podido reunir 2,500 pesos que han quedado reducidos con el cambio de 25 por ciento de descuento por mitad, pues han sido en pagarés a 9 meses plazo—a la suma de mil ciento veinte y cinco 1,125, que nos hemos repartido los tres para hacer el viaje. Don Eduardo Hernández y Brigadier Carrillo para New York, a ver si pueden comprar el armamento; yo, para Jamaica, a esperar noticias que se comunicarán por el cable.   Mzo. 13

Con este propósito, salgo de Puerto Plata el 14 por vía de Turkilán, acompañándome Carrillo que ha de esperar a Don Eduardo en dicho punto en el vapor "Clyde" procedente de Santo Domingo.   Mzo. 14

A Turkilán llegamos el 14, y yo me separé de Carrillo el 16 con destino a Jamaica.   Mzo. 14
Mzo. 16

De este modo, perdido—si se quiere, he salido de mi Patria, con el corazón triste—porque el fracaso ha sido más doloroso cuanto que ha acontecido entre los míos.

Predomina entre los dominicanos en estos momentos, un hombre de aviesas intenciones para todo lo que no le redunde en su propio bien. Se deja conocer en él, una desmedida ambición de dinero, y sacrifica lo más sagrado a sus intereses.

Este hombre es Ulises Heureaux—dominicano, hijo de padres haitianos—y que debido a las contínuas convulsiones

1886

políticas que han agitado el país, se ha hecho de una posición que descansa y defiende con la clase mala del país—con hombres malvados y mal avenidos con los principios de decencia y moralidad—cuyos instintos sabe él muy bien contentar.

Este hombre a mi juicio, no obstante habérseme brindado como amigo, sospecho que entendiéndose con los españoles, les ha ofrecido que yo no saldría de allí—pues yo debía tocar con inconvenientes gravísimos que no venceria.

Con ese engaño a la vez, cree él que yo puedo hasta salir agradecido.

Si los dominicanos no tratan de quitarse la influencia maléfica de ese hombre, el país va derecho a la ruina y al salvajismo. La fuerza no es Gobierno, y éste es el único medio que conoce Lilis para gobernar.

Mzo. 17 — En la mar—entre Santo Domingo y Cuba, a 17 de Marzo de 1886—a las 3 de la tarde.

Mzo. 18 — Marzo 18, desembarqué en Kingston—Jamaica—por fortuna encontré a mi mujer, mis pobres hijos y a mis hermanas sin novedad—pero escasos de pan.

Mzo. 20 — Día 20, cité a Ernesto Bavastro, Benito Machado y Francisco Pérez, les comuniqué la situación en que yo me encontraba y que necesitaba por lo menos dos mil pesos para poder volver a esperar al Brigadier Carrillo a las islas Turcas; ver la manera de cómo arreglábamos el contingente a mis órdenes, que esa suma que yo le pedía podían tomarla pagando el interés legal; pues yo podía conseguirla en Santo Domingo.

Contestaron, que no se atrevían a empeñar sus firmas y conseguir esa suma de la emigración; era imposible.

Me despedí de ellos sin esperanzas, pues desde luego comprendí que esos hombres no tienen confianza en los Gefes, ni fé en el triunfo de la Revolución; pues para mayor abundamiento en contra de todo—se agrega que el General Antonio Maceo, se encuentra detenido en Colón con su contingente, por graves trastornos que se le han presentado—y la generalidad de los cubanos, con más razón los que han dado algunos pesos, ven en todo eso la pérdida del movimiento.

Abr. 4 — Día 4 de Abril, recibo un cablegrama del Brigadier Carrillo, participándome su llegada a New York, pero sin Don Eduardo Hernández, que era mi esperanza para conseguir las armas.

Todo conspira en contra de mis propósitos.—Sin embargo, hai que seguir adelante.

Escribo a Carrillo diciéndole lo que debe hacer para conseguir siquiera 25 armas y 3,000 tiros, y que salga lo más pronto para reunirse conmigo en las Islas Turkas—Turkilán.

Nos empeñamos con López Queralta para ver si él las puede tomar al crédito, por su cuenta, en la casa de armas.

Sigo aquí, mientras tanto suplicando para conseguir algún dinero—siquiera sea para yo poder moverme, pues no tengo ni un centavo.

Día 13—llega el Doctor Eusebio Hernández, de Colón, _{Abr. 13} a darme cuenta de la situación del General Maceo que es tan difícil como la mía, pues no solamente no cuenta con la embarcación que lo ha de conducir, pues no se ha podido conseguir, sino que el armamento que hizo venir a Colón está detenido en la Aduana y no es posible sacarlo solamente sino para determinado lugar y bajo fianza. En tal situación, le escribo y le indico, lo que a mi juicio se puede hacer para salir lo mejor que se pueda.

Día 15, después de mucho suplicar y pedir he podido conseguir 45 libras, o sean 225 pesos para mi viaje, y dejar algo a mi familia.

¡Cómo haré yo este viaje y cómo quedará ella!

Día 16, dejo al Doctor Hernández listo para que salga al Abr. 16
día siguiente 17 para Colón, y yo me embarco con destino a Abr. 17
Turkilán.—Me acompañan, mi Secretario González y el Comandante Rogelio Castillo.

Día 17—a las 12 a. m. dejé a Kingston y allí también a Abr. 17
los pedazos de mi alma; mis hijos, mi esposa y mis hermanas. Los dejo casi puedo decir en el desamparo, para tal vez no volver a verlos más, porque salgo para las Islas Turcas resuelto a entrar en Cuba para llenar mi compromiso y cumplir mi palabra; contraídos, de ir a luchar por su independencia.

1886

¡Quién cuidará de los míos! ¡Quién dará pan y cariño a mis pobres hijos! Solamente su madre.

Es preciso, en el lance terrible que yo me encuentro, poner toda mi confianza en Dios y confiar a él el cuidado de salvarnos a todos, puesto que yo todo lo inmolo en obsequio de una causa justa; y si El es la suma justicia, desde luego sólo a El que resuelve sobre el destino de los hombres y de los pueblos, tocará resolver sobre el mío.

No soy más que como todas las cosas de este mundo; un instrumento que se romperá en manos de la Providencia. Del mismo modo que no soy culpable de haber venido a este mundo, no lo soy de mis actos, cuando a ellos me inspiran las nociones de justicia y razón. Debo pertenecer a mi familia y a la sociedad; a mis hermanos los hombres; y como puedo decir que hoy no tengo verdadera Patria que legar a mis hijos, y un Centro Social donde sean queridos y respetados, me he propuesto; ayudando a conseguir la independencia de Cuba, dejarles en herencia la parte que pueda corresponderme de esta obra, que aunque no sobreviviese a ella, lo más posible que suceda, siempre; como los pueblos son agradecidos, por más que se le quiera negar esta cualidad; no dejarán mis hijos y todos los míos de recoger algún beneficio.

Abr. 19   Día 19, llegamos sin novedad a Turkilán.

Abr. 26   Día 26, he seguido aquí, dando pasos para conseguir un barco. Hay una goleta que piden 3,000 pesos.

May. 11   Día 11. Determino enviar al Comandante Rogelio Castillo, a Puerto Plata, para que vea al Brigadier Borrero y me traiga nota exacta del armamento y parque que están en poder de aquel Gefe; así como estudiar junto con él los medios seguros de embarcar ocultamente todo eso, escogiendo un buen punto para dicho efecto.

May. 12   Día 12. Llega el Brigadier Carrillo de New York, sin haber conseguido nada, antes por el contrario las noticias que me trae son desconsoladoras, por el decaimiento de espíritu de los cubanos con motivo de los trastornos que estamos sufriendo y por consiguiente la dilación del movimiento.

Es además portador de una exposición y varias cartas de

los hombres de Cayo Hueso; expresando lo conveniente que es posponer la invasión para mejor oportunidad; puesto que, no pudiendo conseguirse recursos, podemos fracasar por la debilidad con que nos presentemos en los campos de Cuba.

Todo está basado en buenas razones, y con criterio imparcial; mas sin embargo, de todo eso y antes de aceptar o seguir esas indicaciones, mi situación de Gefe del movimiento me aconseja hacerles algunas observaciones, pues una vez que nosotros hemos emprendido este camino, retroceder o quedarme quieto —que viene a ser lo mismo— puede causar también mucho daño a la revolución en el presente y porvenir.

Si nosotros capitulamos frente a las dificultades que se nos han presentado, para impedir llevar la invasión a Cuba—hai que renunciar por supuesto, ahora y para siempre de levantar en Cuba la bandera de la Revolución.

Este fracaso nos deja inhabilitados, para presentarnos otra vez ante el Pueblo pidiéndole su ayuda. Nadie nos creerá, ni nos prestará su amparo y los hombres dignos (por lo menos yo no lo haré) no se pueden exponer al ridículo y al desprecio de los demás, cuando no se tienen razones y hechos con qué combatirlo.

¿Y qué pudiéramos nosotros, decir en defensa propia? Qué alegatos presentar para defendernos del dictado de *pésimos revolucionarios*, que con sobra de razón nos cabría?

No veo yo la manera honrosa y hábil de retirarme del escenario. En este sentido he contestado a todo eso, expresando al mismo tiempo que para resolver el asunto de una manera definitiva me será preciso consultar con los demás Gefes.

El mismo día 12, salgo con Carrillo para Cabo Haitiano a verme con Juan Isidro Jiménez, para ver si consigo con este paisano rico, alguna suma de dinero. — May. 12

Llegamos allí el 13, y tuve la fatalidad de no encontrar a Jiménez, no pudiendo permanecer allí, me fué forzoso retirarme y dejarle una carta. — May. 13

    Recibido de Masó en Soles chilenos—chelines   6
    Pagó el solo trabajo de la Aduana.   7
    Recibido oro americano más   10.4

Debe Masó pasaje desde Turks Island a Monte Cristi.

Embarco y desembarco en Cabo Haitiano y demás costos incluídos en el embarco y desembarco en Turks Island.

Desembarco y conducción del equipaje Monte Cristi.

May. 14 El 14, salimos para Monte Cristi. Allí quedé yo e hice que Carrillo siguiera para Puerto Plata y que se ocupara con empeño de reunir a Luperón, Lilis y Loynaz; ver la manera de conseguir tres o cuatro mil pesos a cuenta de lo que se nos debe.

May. 21 Día 21. Después de haber escrito al General Benito Monción, que anteriormente me ofreció sus servicios—pidiéndole algún dinero, y contestándome que no me podía servir

May. 22 me retiré otra vez para Turks Island. Donde llegué el 22, más muerto que vivo, en una goleta.

He agotado pues, por aquí todos los medios y los recursos que he tenido a la mano, o que me ha sugerido mi buen deseo de llevar adelante la obra.

Aquí recibo cartas de Carrillo, y me dá cuenta de que todas sus gestiones han sido inútiles para conseguir dinero. Santo Domingo, la infeliz! atraviesa en estos momentos por una crisis peligrosísima con motivo de la campaña electoral para elegir Presidente. Todo conspira en contra de nuestros propósitos.

Regresa Castillo de Puerto Plata y me trae la nota de armamentos y parque, en poder de Borrero; así como estudiados los medios (fáciles) de extraerlos de allí sin exposición.

May. 31 Día 31, llega el Brigadier Rafael Rodríguez procedente de Cayo Hueso que viene de exprofeso a hablar conmigo y me expone lo difícil de su situación para conseguir recursos suficientes para armar su contingente, pues el incendio de Cayo Hueso ha matado allí el espíritu revolucionario entre los cubanos. Me confirma lo expresado, la exposición que de allí me remiten, según la cual debemos aplazar el movimiento de invasión a Cuba; pues todos temen el fracaso en vista de la pobreza de nuestros recursos y de los medios de que podemos disponer.

El mismo desaliento sufren los pueblos de la Isla de Cuba, con especialidad los de Occidente, a donde debía dirigirse el Brigadier Rodríguez y de los que fundábamos esperanza, que sería apoyado eficazmente por ellos.

Después que hemos hablado detenidamente sobre el asunto y pesado los inconvenientes, y conocida la verdadera situación—resolvimos suspender el movimiento, salvo la opinión de los demás Generales; y levantando un acta en la que se expresan las razones de tal resolución, la firmamos yo y él para presentarla a los demás.

Día 9, se embarcó Rodríguez otra vez con destino a Cayo Hueso, y yo que desde el 7 debía haber salido para Jamaica, estoy tan fatal que aún no llega el vapor cuyo retraso es extraño. En tal situación y acompañado de dos Ayudantes, no me queda ya ni con qué pagar la comida.

Jun. 9

Día 11. De ningún lado asoma una esperanza; pues hoy recibo contestación de Juan Isidro Jiménez, en la que me dice que no puede contribuír con nada para la causa de Cuba. Nadie quiere dar un centavo.—Cuba se encuentra hoy sin amigos.

Jun. 11

Me faltaban aún para continuar mi amarga historia de esta ruda campaña, estos últimos días de espera en Turks Island. Verdaderamente no sé qué partido tomar en la difícil situación en que me encuentro, sin un centavo de que disponer ni a qué punto me dirija para ganar el pan para mis hijos.

Día 14, por fin llega el vapor que me ha de conducir a Jamaica, e inmediatamente nos embarcamos.

Jun. 14

Me encuentro a bordo al Señor Emilio Delgado, hondureño, y al Coronel Manuel Morey, cubano este último, indiferente al parecer, a los dolores de su patria, pues se ocupa solamente de la política de Honduras.

Día 16, rendimos viaje sin novedad—a Kingston.

Jun. 16

Encuentro a mi familia sin novedad y la sorprendente noticia de que el General Maceo se encuentra aquí con todos los expedicionarios.

Día 17. Conferencia con el General Maceo sobre la situación de nuestros asuntos.

Jun. 17

Me informa que el Brigadier Flor Crombet ha salido ya de New York en una goleta que se ha podido comprar, y con el armamento—que se tuvo que devolver de Colón, y con algunos se dirige a un punto convenido donde deberá él embarcar con la demás gente para seguir hacia Cuba.

No obstante todo esto insisto en detener el avance, dudoso del éxito, pero al mismo tiempo que no encuentro al General Maceo dispuesto a obedecer mis órdenes a este respecto, no encontramos la manera de salvar los elementos ya en movimiento.

Con tal situación y sin vacilar, me resuelvo a reanudar el plan trunco o interrumpido por las circunstancias que se expresan en el acta de Turks Island.

En tal virtud escribo inmediatamente a los Gefes de Santo Domingo, al Doctor José Miguel Párraga a New York y Don José Francisco Lamadriz; manifestándoles a todos mi postrera resolución de apoyar al General Maceo, por todos los medios que me sea posible, toda vez que no puedo detenerlo.

Escribo también en el mismo sentido, al Brigadier Rodríguez y ordeno al Doctor José Miguel Párraga que nombre un sustituto del Coronel Emilio Núñez entre sus mismos subalternos, capaz de llenar lo más cumplidamente la vacante del Coronel, por renuncia que éste ha hecho de su destino de Comandante del contingente expedicionario para Sagua.

Resuelto todo esto, me dispongo a esperar así el resultado de Maceo, como las contestaciones a todas mis nuevas órdenes. Y así tiene que ser por fuerza, pues aunque quisiera moverme para algún lado a activar el movimiento, no cuento con un centavo para nada.

Ayer me ha sido preciso pedir prestado 4 libras a Leonte Quesada, para poder comer.

Estoy tan desconsiderado aquí en Jamaica y tengo tan poco valimento entre los mismos cubanos y aún extranjeros, que ni uno de los que se dicen mis amigos ha venido a saludarme.

Hace cuatro o cinco días que escribí a Bernardo Prat, sastre francés que alguna vez me ha ofrecido sus servicios, suplicándole que si podía hacer para mí y mi Secretario dos vestidos pues estamos desnudos, para pagar su importe dentro de 30 días; y ni siquiera ha tenido la atención de contestar mi esquela.

Día 30, se concluye el mes y no se tiene noticias del Brigadier Flor Crombet, cuya salida la hizo el 12, de New York.   Jun. 30

Es extraña la demora.

Día 10, aparece el Brigadier Flor Crombet, y ha acontecido un nuevo y grande trastorno, pues completamente descuidado el funesto Rafael Lanza—comisionado por el General Maceo, para vigilar el punto donde debía dirigirse el Brigadier con el barco, no lo encontró allí y resolvió despacharlo para Puerto Plata.   Jul. 10

En presencia de semejante trastorno, forzoso es esperar por lo menos 40 días—hasta ver si se logra conseguir el barco otra vez, para cuyo fin he pasado orden a Serafín Sánchez y Francisco Carrillo que no sé si se encontrarán en la Capital, para que uno de ellos corra a Puerto Plata y con cartas que se le remiten puedan presentarse al Capitán del barco, si lo encuentran en aquel Puerto, y, venga uno de ellos a conducirlo a punto indicado.

Mientras tanto, es de inferir que la situación aquí de espera es *desesperada*, sin dinero para mantener la gente bastante disgustada ya.—Se ha iniciado una nueva colecta entre algunos cubanos aquí, y no sé qué resultado dará.

Mi situación como Gefe aquí es completamente fatal, pues ni como particular puedo conseguir una libra para mi subsistencia y de mi familia—que no solamente nadie me la ofrece expontáneamente, sino que acosado por la horrible necesidad del hambre he tenido que ocurrir a algunos cubanos en solicitud de dinero y en calidad de préstamo y no lo he podido conseguir.

Abrumado por tan desconsoladora y pavorosa situación, he tomado la resolución de pasar al Istmo—con dos objetos; con el de conseguir algún dinero entre los cubanos residentes allí, y, mandarlo en seguida a Maceo para que pueda esperar aquí lo del barco—y yo ver si puedo allí ganar el pan para mis hijos, mientras tanto, se vé en qué para todo esto.

Lo que a mí me pasa no es culpa de nadie sino mía sola—no tengo derecho a quejarme—no debí haber entrado en este asunto sin antes tenerlo asegurado todo—y sobre todo la subsistencia para mi familia, por lo menos 4 años.

1886

Jul. 25 — Día 25, no he podido conseguir dinero, y para mi viaje a Colón (esto es horrible) he tenido que empeñar mis principales prendas de campaña: el revólver, los lentes y el reloj—y como es una miseria lo que se ha podido conseguir con esto, no puedo pagar pasaje más que en proa confundido con la chusma.

Creo que puedo desafiar a un cubano de mi categoría y posición que pueda hacer semejante cosa por su patria.

Apuntes para la historia.

Jul. 27 — Día 27, me embarco al fin, y me acompaña González, mi Secretario inseparable en tantos trabajos y molestias que se sufren en la vida que sobrellevamos ha más de 2 años, rodeada de tantas miserias morales y materiales.

Jul. 30 — Día 30, llegamos a Colón y como no llevo dinero he recurrido a dos cubanos por la miseria de 30 pesos, 15 cada uno para poder continuar mi viaje hasta Panamá, y, todo esto en calidad de préstamo particular y no lo he podido conseguir.—Esto hecho, y las noticias que me dá Antonio Alcalá que llega de momento de Panamá, respecto del espíritu de los cubanos en todo el itsmo, me hace sospechar que nadie está dispuesto a dar un centavo para la Revolución.—Sin embargo, Alcalá me facilita 12 pesos y con esos continuó para Panamá.

Agt. 1o. — Día 1o. de Agosto, salgo para Bojío—punto de la línea, aquí hablo con Pablo Mayor, cubano medianamente acomodado, y le expongo la situación, y que el objeto de mi viaje es conseguir algún dinero para salvarla, y para ello me prometo conseguir 1,000 soles, recurriendo a cinco amigos que me reúnan esa cantidad, en calidad de empréstito—para abonarla de los fondos de Cuba que aún nos quedan en Santo Domingo.

Mayor, sin dificultad me dice que cuente con él bajo esa forma y me anima que siga a Panamá.

Agt. 3 — Día 3, continuamos hasta Bajo Obispo—aquí ví a varios cubanos pero tuve miedo de decirles una palabra y sólo por ver a un antiguo amigo y compañero, Rogelio Castillo, nada más he parado en este punto.

Agt. 4 — Día 4, salgo para Panamá y allí me avisto—con el Doctor Manuel Coroalles, hago lo mismo que con Mayor, y el Doctor

1886

una vez impuesto de todo y a pesar de estar disgustadísimo—se manifiesta dispuesto a ayudarnos a salir del apuro.—Después hablé con Juan Massó, y dos cubanos más, y conseguí al fin que tomando el Doctor 1000 soles fuesen entre cinco responsables por mí, ante el acreedor de la suma indicada, que recibo en préstamo por el plazo de 2 meses.—De este modo quedé despachado el día 13—e inmediatamente me puse en camino—y el 14 tomé un vapor en Colón, que salía para Jamaica. Agt. 13-14

Día 16, llego a este punto y me encuentro que ya todo ha fracasado.—En la correspondencia que de New York me ha guardado mi esposa encuentro un acta que extendió el Capitán del barco, en que en vez de recalar a Puerto Plata, echó el armamento al agua y siguió para New York. Agt. 16

En vista de este sensible fracaso, me ocupo de auxiliar los expedicionarios que se van retirando y que como es natural, han quedado con el espíritu decaído.

Día 21, en la noche, convoco a celebrar en junta militar lo que se debe hacer en las difíciles circunstancias en que nos encontramos, a los generales; Antonio Maceo, Flor Crombet y Francisco Carrillo, y Coronel Agustín Cebreco y Doctor Eusebio Hernández. Desgraciadamente nada se pudo hacer, pues no nos pudimos entender por más que yo inicié la manera de cómo debíamos empezar de nuevo a trabajar. Agt. 21

Aquella reunión terminó de una manera triste pues sin respeto a los demás ni respeto propio se insultaron el General Maceo y, Crombet—ambos predispuestos ya por las causas que se han venido amontonando y concurriendo a la pérdida de su contingente.—Me retiré de allí tristemente desalentado.

Día 22, insisto en que hagamos algo en favor de la Revolución—y propongo un medio para crearnos nuevamente recursos y no desistir de invadir a Cuba de la manera que desde un principio yo lo había ordenado—entrando primero por Oriente el Brigadier Flor Crombet—simultáneamente con Carrillo por las Villas.—Los demás debemos apoyarlos.—El plan ha sido aprobado y todos están dispuestos a trabajar y crearnos recursos. Agt. 22

Seguidamente celebro una conferencia con los principales

patriotas de aquí—y les comunico nuestro firme propósito de continuar trabajando; los aliento a que nos ayuden y logro inclinarlos a tomar parte activa en nuestros trabajos.

Me propongo levantar el espíritu que ha tiempo había decaído y que el fracaso del General Maceo; casi casi, ha muerto por completo.—Despacharé para los Centros de los Estados Unidos sobre todo a Cayo Hueso al Brigadier Carrillo y Doctor Hernández—yo pasaré al Istmo.—El General Maceo puede quedar aquí, hasta tanto se pase un poco la mala impresión del fracaso sufrido, que indudablemente no ha de dejar muy inclinadas a su favor la opinión de las mayoría.—Ahora se requiere que los Gefes menos gastados en la misión de recoger dinero sean los que más impulsen las emigraciones.

En medio de todas estas dificultades y desgracias, me faltaba recoger un nuevo desengaño en la amistad del General Maceo.—Este Gefe porque no estaba de acuerdo con él, en sufragar los gastos que sin necesidad se continuaban haciendo en la manutención de algunos, entre estos él mismo—y con cuanta mayor razón que yo no disponía de dinero, se disgusta conmigo y me dirige cartas irrespetuosas y hasta insultantes si se quiere, las cuales, así como las contestaciones que a ellas he dado—existen en mis papeles.

No me ha sorprendido esta conducta del General Maceo—pues hace tiempo que sospecho que parece que de un tiempo a esta parte y por las ovaciones de que fué objeto por Cayo Hueso y aquellas partes de los Estados Unidos—se ha acrecentado en él un amor propio mal entendido y ha podido quizás creerse que goza de inmunidades ante los intereses de la revolución—y de aquí su conducta altanera en asunto de tan poca monta, y lo que es más que justifica mis juicios, que nunca me ha dado cuenta de sus operaciones, con especialidad de la parte financiera.—Siquiera fuera para salvar su responsabilidad.—Todo esto me demuestra que este hombre sin inteligencia política, me aceptaba como Gefe del movimiento; pero como mera forma.

La misma conducta del General Vicente García con toda superioridad oficial, que ninguno pudo al fin aceptar sin pensar si él gozaba de condiciones bastantes suficientes para asumirla.—Así en política, es preciso considerar, si se cuenta con prestigio suficiente para encauzar cualquier situación; entonces puede tener alguna explicación favorable para el individuo y para la causa misma cualquier pretensión, por descabellada que parezca.

En el caso presente y tratándose de Maceo, nada me queda que esperar para que este Gefe no sea una oposición a todo lo que yo disponga, así aquí como en el campo. Si no ha sabido ser amigo fiel y leal compañero, y solamente porque no puedo pagar los gastos de manutención que él mismo y otros están haciendo, se ha desatado en insultos que así debo llamar, el estilo de sus cartas; cómo debo juzgarlos? Qué buena voluntad debo esperar de un compañero de este género?

Debo salir para el Istmo y no tengo dinero, ni para mi pasaje ni para dejar a mi mujer y mis hijos.

Mariano Torres me presta cuatro libras, y cuatro más que consigo, dejando empeñadas las únicas prendecitas de mi hija—con eso hago el viaje y dejaré algunos chelines a mi mujer.

Día 28, me embarco para Colón en el vapor "Don" el 30 a las 7 de la mañana, y el mismo día seguí para Bas Obispo a ocuparme de buscar alguna colocación. *Sep. 28-30*

Entra Octubre y aún no he podido encontrar nada qué hacer. *Oct.*

Día 8, paso a Colón y le despacho a Manana 7 libras que he podido conseguir. *Oct. 8*

Todos los cubanos fríos y disgustados—sólo Antonio Alcalá ha sido el único que se ha manifestado atento conmigo.

Regreso de Colón, triste y acongojado.

Continúo vagando por la línea, buscando modo de encontrar trabajo de alguna manera, así he pasado varios días sin dinero ni para atender a las perentorias necesidades de la vida.

Día 14.—He podido conseguir con Manuel Sabater, cubano, una colocación en los trabajos a su cargo; en la cual se me asignan 3 pesos diarios.—Mi ocupación, es una especie de peón con nombre de capataz. *Oct. 14*

1886

El alojamiento que se me ha facilitado, es un cuarto en el mismo taller, que es al propio tiempo el depósito de las herramientas y utensilios del trabajo.

El Coronel Agustín Cebreco es mi compañero de trabajo y de habitación.—En las mismas condiciones que yo me encuentro, se encuentra él.

El cuarto vecino al nuestro, habitan dos soldados españoles cumplidos, y otros caballeros no cercanos a la educación y buena crianza.

Esto es todo lo que ha podido hacer Manuel Sabater por mí, y sin embargo, yo le estoy agradecido.—Peor hubiera sido nada.

Lo que más me atormenta es, que la situación de mi familia será mala mientras de las miserias que yo pueda ahorrar aquí, me sea posible reunir alguna cantidad y mandarla. Preciso me será, mejor, ocurrir a algún préstamo para enviarle dinero a mis hijos y después pagarlo poco a poco.

Oct. 23 — Día 23. He podido conseguir 45 soles prestados, que envío a mis hijos.

El mismo día he tenido la suerte, que por orden del señor Lavandería—otro cubano Ingeniero y Gefe de Sabater—se me aumente un peso en mi sueldo.

Nov. 5 — Día 5 de Noviembre.

Vendo mi quincena para conseguir 30 soles, que mando a mis hijos.

Nov. 6 — Día 6, he hablado y escrito al señor Labandeira—para mejorar mi situación, siquiera sea en la manera de vivir aquí. —Este Señor me ha ofrecido ocuparse de mí.

Nov. 15 — Día 15. Paso a Matachín con el Señor Lavandeira, a hacerme cargo de un trabajo que se reduce a trasladar 25 barracas al lado opuesto del Chagre.

Mi salud quebrantadísima—el estado lluvioso persiste y no me queda más remedio que abordar el trabajo muy duro por cierto, pues el río continuamente está crecido.

Nov. 18 — Día 18, he dado principio al trabajo, por el cual me dan

70 pesos por 15, o sean por cada 24 días.—He mejorado de situación.

Día 30, sigo trabajando bien, y hasta hoy me había sentido bien, pues en el mismo trabajo me he curado.—Más, hoy me ha dado fiebre.   *Nov. 30*

Día 8—ya no puedo resistir más el estado de debilidad en que me encuentro, con la continuación de las fiebres; he tenido que acostarme, dejando un encargado del trabajo.—Llega el Brigadier Francisco Carrillo, de Cayo Hueso.—Su presencia me ha consolado.   *Dic. 8*

Carrillo no ha podido hacer nada en su comisión; los cubanos le han vuelto las espaldas, y no quieren oír hablar nada de revolución.

Esto me hace pensar que si nosotros todos, los que estábamos dispuestos a ir a Cuba, no hubiésemos fracasado aquí—allá hubiéramos sido víctimas del abandono de los de afuera si la suerte no nos hubiera sido propicia, y como la vez pasada nos hubiese sido fácil arrebatar los elementos al enemigo.

De las emigraciones, seguramente no habría ido un hombre a llevarnos un fusil ni un cartucho; y perseguidos constantemente por un enemigo cruel, no hubiera escapado ni uno de los invasores.—Preciso es creer en una Providencia que salva muchas veces a los hombres, de desgracias a que ellos mismos quieren precipitarse.

Día 15. Ya me encuentro algo restablecido y vuelvo a ocuparme del trabajo.   *Dic. 15*

Día 31, concluye el 86.   *Dic. 31*

Y está al concluírse el trabajo.—Dios quiera que este año sea para mí menos fatal.

Ha pasado todo Enero y no me ha ocurrido nada que tenga alguna importancia.—He continuado en mi trabajo, no con buena salud.

Febrero 1º. Pienso en este mes, pasar a Jamaica a ver a mi familia—fijaré mi salida para el día 12, pero debo conseguir, dejar asegurado mi pequeño destino—para tener algo seguro a mi regreso.

Día 10. Salgo de Matachín para Colón, dejando a Carrillo encargado del trabajo.—He podido conseguir 21 días de licencia con sueldo corriente, saliendo de Colón el día 12.

Día 15, llego a Jamaica y encuentro a mi familia toda bien. He podido, de mis economías, llevar consigo 50 libras o sean 250 pesos. Para pagar deudas, pasar algunos días con mi familia, dejarle algún dinero y regresar; veremos cómo salimos.

Paso todos estos últimos días de este mes sin novedad—y sin que me haya ocurrido nada interesante.

Marzo 8, recibo carta de Carrillo y me envía una Letra de 20 libras; con esto ya puedo esperar un poco más, hasta que mi mujer salga de sus cuidados.

Día 20, mi esposa da a luz un niño—no ha ocurrido novedad.

Día 29, me separo nuevamente de mi familia con destino al Canal, a donde llego sin novedad el día 1o. de Abril.—Encuentro, fatal coincidencia! al mismo momento de llegar a mi campamento; a Carrillo envuelto en una cuestión delicada, de unos desechos de maderas, que se habían cogido.

Esto ha dado por consecuencia, que nos han dejado cesantes a todos.

Pienso dejar que se restablezca la calma, que se ha turbado entre el Gefe y nosotros; este pequeño suceso, aquí en el Canal, donde todo es pequeño en medio de la grandeza de la obra. Para ir a hablar con el Gefe y definir verdaderamente nuestra situación, y en caso de que nada se consiga, dirigir mi rumbo a otro lugar de la línea.

Abr. 3   Día 3.—He ido a hablar con el Gefe, Mr. Echarte, su nombre René—hombre de carácter venal aunque algunas veces demuestra rasgos de buen corazón y desprendimientos

No me recibió mal, y he quedado en volver para ver en lo que quedamos.

Abr. 6   Día 6, he vuelto a ver al Gefe, y me ha repuesto en mi destino; pero no así a Carrillo y a los demás, que dejan de ser empleados de la Compañía.

El asunto de la madera, no ha tenido importancia y todo ha pasado como todos los incidentes ocurridos en el Canal—que al principio aparecen en desmedidas proporciones, por la exageración, y más tarde todo se olvida y desaparece.

He pasado este mes como empleado de la Compañía—y al entrar Mayo, me coloca Mr. Echarte en los trabajos de la desviación del río Chagre, Santa Cruz, en cuyos trabajos se ha hecho cargo de una contrata.

Trabajo ahora como empleado de un contratista, y no de la Compañía. Veré cómo me va en mi nuevo destino.

May. 3   Día 3 de Mayo, por la tarde dí principio a estos trabajos, por hacer una carretera para donde conducir los materiales al lugar del trabajo.

May. 19   Día 19, se principió la excavación.

Todo ha marchado bien, sin interrupciones ni entorpecimientos.

May. 24   Día 24.—Mr. Echarte nos manda a desocupar (Carrillo trabaja conmigo, lo he agregado) la Barraca que ocupábamos, para tomarla él; tenemos que andar precipitados por este motivo.—Otro incidente coincide, el incendio de un rancho de guano que nos servía de abrigo y refugio cuando llueve, pues estamos trabajando en medio de un bosque.

Como ya hace años que ando errante, pero no la errantés de

los pájaros, pues ellos poseen el supremo derecho de los montes y praderas del Universo entero, sino, la errantés del cuadrúpedo; es así que preveo, sin nada de pesimismo que predomine en mi espíritu, que puede haber mucho de inestabilidad en un negocio que pudiera muy bien proporcionarme los medios de ganar algunos pesos. Esperaré tranquilo el desenlace de todo.— Mr. Echarte, el hombre que nos favorece, me parece *decaído*.

Día 29. Se hizo el primer pago a los trabajadores; más de 200 pesos por 8 días que he trabajado y me han tocado 50 pesos.

May. 29

Como la definitiva situación del trabajo, no se hará hasta más adelante, y lo que se hace es dar dinero a buena cuenta; debo esperar aquella operación, para saber el verdadero resultado de mi trabajo.

He pasado este mes sin novedad en mi salud—y he continuado en los trabajos de excavación, pero con poco resultado.

Al final de este mes hemos liquidado, quedándonos apenas una ganancia de 100 pesos. Resolvimos dejarlo.

Jun.

Hemos quedado pues sin trabajo, y es preciso ahora, emprender la fatigosa tarea de buscarlo.

Es mi propósito ver si encuentro otra ocupación que no sea en el Canal—como alguna finca o negocios de campo.

Julio.

Jul.

Entró este mes y no hemos encontrado nada qué hacer.— Los trabajos aquí, en general, se han puesto en malísimo estado por la escasez de dinero.

Día 19. Paso a Panamá, pues me llama Antonio Alcalá a quién he hecho el encargo de conseguirme una finca para arrendar en los alrededores de aquella ciudad—y se me presenta una efectivamente, he visto la finca pero no reúne buenas condiciones, es pequeña y está situada en un terreno pobre y estéril.

Jul. 19

Día 22. Regresé a la línea enfermo, con un fuerte reumatismo que me ha postrado en cama algunos días.

Jul. 22

He pasado los últimos días de este mes enfermo y sin trabajo.

Agosto.—En este mes que empieza sin que me haya sido

Agt.

posible encontrar sino una miserable contrata, apenas me prometo ganar para sostenerme yo y he tenido que recurrir a empeños con mis amigos, para poder mandar a mi mujer algún dinero.

He dado algunos viajes a Panamá, en solicitud de algo mejor y no he podido conseguir nada.

Mi situación como siempre, nunca buena—y más en estos momentos que los trabajos del Canal sufren una gran crisis por escasez de dinero.

Así paso todo el mes de Agosto.

Carrillo se separa de mí y se dirige a New York.

Sep. 5 — Septiembre 5, yo proyecto salir en el próximo vapor para Jamaica a ver mi familia, pero no sé cómo pueda emprender ese viaje cuando no cuento con un centavo.

Sin duda tendré que recurrir a algún amigo para ver si puedo conseguir algún dinero prestado.

Sep. 10 — Día 10, después de miles dudas y vacilaciones, pido a Francisco Morales en Panamá, 150 soles y a Arbuquerque 80 en Colón, y después de pagar algunas pequeñas deudas y con el sobrante 20 Libras o sean 140 soles, y el pasaje pago—salgo para Jamaica, Sep. 12 donde llego el día 12 y (gracias a Dios) encuentro a todos los míos sin novedad.

El objeto de mi viaje ha sido para estar algunos días con mis hijos y regresar en el más próximo vapor, pues es muy probable que yo tenga que enterrarme por alguna parte y no sé cuando pueda volver a verlos.

Sep. 27 — Día 27, me separo otra vez de mis hijos, y ahora sin esperanza ni de lo que voy a hacer ni cuando volveré.—Si yo pudiese volver dentro de tres meses me creería feliz.—Pongo toda mi esperanza en Dios y continúo resignado.

Sep. 29 — Día 29, llegada a Colón y en seguida tomé el tren para
Sep. 30 — Matachín—el 30 pasé a Bas Obispo y liquidé la cuenta del trabajito que dejé pendiente y me sobraron 28 pesos, con ese dinero me pude dirigir a Panamá—en busca de fortuna y ver si puedo al fin conseguir el negocio de la finca.—Llego allí y aún no hai nada resuelto, tengo que ir hasta Taboga, isla inmediata, donde reside el dueño—y sé que los individuos que la

poseen aún no la han entregado.—Hai que aguardar o renunciar a ese negocio y mientras tanto qué hago?

Se concluyó Septiembre y entramos en Octubre—estamos a 10 y no he podido hacer nada, buscando con empeño trabajo de cualquier clase. Me encuentro sin dinero ni aún para las más apremiantes necesidades de la vida. Oct. 10

En tal situación me acerco al Señor Benito Hernández y le pido 300 pesos prestados por tres meses para emprender algún negocito. Este Señor con el que he tenido algunas relaciones me presta la suma indicada.

Día 12, pensando qué haré, recibo una carta desde Colón de Emiliano Aybar, mi paisano; que acompañado de otro dominicano han recalado a aquel Puerto, descarriados de Santo Domingo expatriados, sin recursos, e imploran mi protección y tengo que ir a Colón a auxiliar a esos hermanos. Oct. 12

El primer dinero, 50 pesos del dinero que he tomado prestado lo gasto en ellos—les arreglo sus pasajes para Jamaica a donde ellos quieren dirigirse.—La Providencia se manifiesta a los hombres en sus apuros por medios inesperables. Si yo no hubiese tomado esa suma prestada, esos amigos no hubieran podido obtener de mí ninguna ayuda.

Día 15, llenado aquel deber regreso otra vez a Panamá. Encuentro noticias de que se me entregará la finca, pero no se dice cuándo—y al mismo tiempo Manuel F. Aguayo, puertorriqueño me prepone un negocio de caballerizas y nos ocupamos del asunto que no sé si dará resultado, o mejor dicho si se realizará.—Ocupado en eso he consumido los últimos días de Octubre hasta hoy 30. Oct. 15

Oct. 30

Noviembre, 6, se principió a limpiar el terreno para la fabricación de las caballerizas. Nov. 6

Día 15. Negocio perdido. Nov. 15

El genio de la fatalidad me persigue. No sé si será para mal o bien mío. Pienso muchas veces que el hombre en su ceguedad y su soberbia, no quiere ser jamás contrariado en sus designios aunque muchas veces se salva de mayores males.

1887

Esta reflexión me obliga sin esfuerzo a resignarme ahora como otras veces, en mis trastornos y desventuras.

Seguiré pues, trabajando por otro lado confiado en que hai una Providencia que siempre ampara al hombre.

El socio Aguayo ha quebrado, tenía deudas que él no contaba pagar ahora, y se le ha puesto por sus acreedores en el forzoso caso de hacerlo a seguida, es por lo tanto imposible nuestro negocio, pues no hai dinero.

Me consuela siempre Antonio Alcalá que cada día se muestra más atento y cariñoso conmigo—así como José Urioste, antiguo compañero de armas.

De los demás cubanos, poco o nada.

Nov. 16 — Día 16, no descanso, sigo persiguiendo el trabajo y aún no lo consigo.

Mala y difícil situación.

Días últimos de Noviembre.—Nuevos designios han empezado a hacer variar mis ideas, y es porque agitándose sordamente la cuestión de Cuba, y en plática constante con los cubanos, sobre este tema ideal de toda la vida de los verdaderos patriotas—pero particularmente con Antonio Alcalá, este me propone y anima a que hagamos una excursión al Perú de donde nos podemos prometer sacar algunos recursos para emprender de nuevo la obra de la organización de la Revolución.

Sin dinero como nos entramos, ni él ni yo, claro está que es de todo punto imposible movernos para ninguna parte, pero entusiasta como es Alcalá, se propone costear el viaje y empeñando un reloj y un gran depósito de carbón que tenía, consiguió el dinero para el viaje.

Dic. 10 — Así dispuestas las cosas y guardándonos el secreto de nuestro viaje, nos embarcamos el día 10 de Diciembre en el vapor "Ilo" de la Compañía inglesa que hace la carrera del Callao a Panamá. Para mayor economía no quisimos sacar pasaje de primera y con nombres supuestos nos conformamos con pasaje sobre cubierta. El viaje duró 13 días, y no quiero comentar lo que Alcalá y yo sufrimos en ese viaje en tan rebajada situación.

Por fin el 22, desembarcamos en el Callao y tres horas después entrábamos en la Ciudad de Lima.   Dic. 22

Ya en Lima procuramos guardar la incógnita dos días hasta informarnos bien del estado de la política del país y vinimos en conocimiento de que la situación era en extremo desfavorable para desarrollar trabajos de la índole que aquí nos ha traído.—El Perú se encuentra en la actualidad sufriendo las consecuencias de su espíritu poco viril.

La nación como que ella misma no ha podido darse un Gobierno enérgico y de acertadas y rápidas iniciativas que la repusieran de los estragos y las pérdidas causadas por la guerra con Chile.—Tal parece que en el Pueblo peruano se ha operado un fenómeno fisiológico—que en vez de que la guerra hubiese dejado impreso en él, el sello de la energía, se ha acentuado más su habitual carácter de bienestar que le acerca a la molicie; vicio perdonable porque lo debe a su pasada y fácil explotación del guano, y el salitre, que hizo de sus habitantes hombres acomodados, sin acordarse del mañana; aunque cultos. Aún se vé. La ciudad de Lima es un emporio de lujo y buen gusto—y ese pueblo ha vivido de eso solamente.

Después que nos enteramos bien de la situación del país y comprendimos que el recuerdo de la gran causa de Cuba apenas existe en algunas personas, y que, ni la época ni nosotros somos a propósito para levantar aquí nuestra bandera sin exponerla al desaire—resolvimos con concretarnos a entendernos con el reducido grupo de cubanos, pero buenos patriotas, que aquí en Lima nos encontramos.—Pero antes de tomar esta resolución que nos daba poco que hacer y que marcaba nuestra retirada, quise probar ver al Presidente, Andrés A. Cáceres y como no quería que mi visita se hiciera pública, omití solicitar presentación por medio de segunda persona— y, resolví pasarle una esquela con mi tarjeta, que yo mismo, en las puertas de su palacio, puse en manos de un ayudante.

En el mismo instante recibí recado "que volviese al siguiente día, que sería recibido".

Así lo hice y presentado que fuí a palacio me hice anunciar, obteniendo por respuesta "que no podía recibirme ese día que volviese al otro".

Comprendí la evasiva y me retiré, si no triste, pero sí como era natural— amargamente contrariado.

Me constaba, que el General Cáceres, no ignoraba que yo me encontraba en Lima, pues el Coronel Juan L. Pacheco, amigo suyo y antiguo favorito y subalterno mío y compañero de armas, debió habérselo dicho. Los que sepan, al leer estos apuntes, el prestigio de que goza el Coronel Céspedes en el Perú, y sobre todo en la capital, por su valiente comportamiento al lado de los peruanos cuando éstos sostuvieron la guerra con Chile, no me creerán iluso, si al movernos yo y Alcalá para el Perú, íbamos alentados de la secreta esperanza, que Pacheco nos serviría de noble eslabón, para entablar relaciones con algunos personajes del alto círculo político en la capital—y principalmente con el Presidente.

Me parecía a mí, que este hombre tendría placer de oir de mis propios labios referencias de nuestra heróica guerra pasada, y la manifestación de nuestra esperanza para el porvenir. Desgraciadamente nada de esto pudo suceder, porque no pude ver a Cáceres, y a Pacheco lo encontré tímido en hacer valer su prestigio respecto de nadie.

Prudente y decoroso me pareció no arrastrar mi bandera, en cambio del saludo dé un peruano—pues otra cosa no podían darnos por ahora, dada la situación en que se encuentra el país, y completamente desistí de hacer relaciones— y pensé entonces, en retirarnos silenciosos.— Antes de hacerlo, reuní a la mayor parte de los cubanos, y les manifesté el único objeto del viaje, y los excité a que se dispusieran a ocuparse nuevamente de los asuntos de Cuba, procurando reunir elementos.— Todos se mostraron dispuestos, y entonces, por unánime aprobación, elegí mi agente en Lima, al señor Manuel Portuondo, cubano allí de prestigio y bien sentada reputación. Cuando todo esto hicimos, vimos que habíamos concluído, y no teniendo ya nada más que hacer en Lima, pensamos en nuestro regreso a Panamá.

Por más que yo y Alcalá, durante los pocos días que hacía que estábamos en Lima, los habíamos pasado con tal economía que rayaba en miseria, no nos alcanzaba el dinero que quedaba ni para pagar el pasaje de cubierta como habíamos venido—y yo recurrí a los señores José Payán, cubano y antiguo Gefe en la guerra de Cuba, y a José Mendoza (a) "El Africano", de las mismas circunstancias que Payán—y los cuales se han conseguido una fortuna en el Perú, para que me prestasen algún dinero.

Estos señores fueron generosos, y cada uno de ellos me mandó 100 soles—de los cuales les voy agradecidísimos.

Después se me presentó el Coronel Juan Luis Pachecho—y me entregó una Letra de 400 soles, que cobré allí mismo.

Ya con este dinero, nos vimos favorecidos para poder hacer el viaje de regreso en mejores condiciones, y ayudarnos a pagar los empeños hechos para efectuar este viaje, que no puedo decir si será infructuoso.

Nadie puede ver nada en las obscuridades del porvenir. Ni tampoco puede haber un hombre que se crea (a menos que no sea un insensato) que él propio dirige sus pasos—ésta, que siempre ha sido mi filosofía—sólo me cuido de la intención que me mueve, pues si ella es buena debo por lo menos tener esperanzas de obtener la recompensa, por caminos y medios que me son desconocidos.

Este viaje al Perú, mío y de Alcalá, que no hemos querido hacer muy notorio, aunque lo hayamos efectuado con los empeños hechos por Alcalá; de seguro si lo supieran bien los cubanos de todas partes, es muy probable que nos tacharían por lo menos, de visionarios, cuando no de vividores.

Tal es el estado de nuestra política y el desaliento revolucionario, que ha dejado en los más, tantas desgracias y trastornos, que constantemente han sufrido los asuntos cubanos.

Enero.—En Lima.— Jamás me ocurrió, ahora un mes o dos, que yo pudiera pasar este día aquí en esta ciudad tan lejos de los míos. Eno.

No pensé nunca que el 87 me entregase al poder del 88, aquí por estas regiones desconcidas para mí.— ¡Qué me vaticinará esto!...

Aunque la lucha de la vida, siempre es igual y poco influyen el cambio de números, que designan los tiempos, no puede uno menos que pensar: ¿Y cómo será este nuevo año para mí, a quien ha sorprendido vagando y quizás soñando?

Día 5, nos despedimos de los cubanos en viaje de regreso a Panamá. Nos embarcamos en el Callao, a bordo del vapor "Pizarro" de la Compañía inglesa. Eno. 5

El 12, llegamos a Guayaquil,—en cuyo puerto de la República del Ecuador, debemos dejar el "Pizarro" y seguir viaje en el "Malaví" de la misma Compañía, que se encontraba en puerto. Eno. 12

Como nuestro viaje solamente había sido contratado hasta este punto, preciso era bajar a tierra, a sacar boletos de embarque, y entonces pudimos averiguar que sin un pasaporte de la autoridad local, le estaba prohibido a la casa agencia de los vapores, despachar papeleta de embarque a ninguna persona. De aquí resultó que nos llevaron a la policía, y después de examinar nuestra procedencia, naturalidad, profesión y por último nuestro destino—poco faltó para que nos registraran y preguntaran el nombre de nuestros abuelos—después de todo, estas perguntas a que el pasajero es muy dueño de responder con verdades o mentiras, nos exigieron comprar a cada uno medio pliego de papel sellado, que costó un peso (total dos), en el cual se extendió nuestro pase por el Gobernador; un hombre ya de avanzada edad, algo obeso y de aspecto bonachón.

Después de estas no agradables pruebas a nuestra paciencia republicana, nos fuímos a bordo del "Malaví"—no llevando favorable idea de la República del Ecuador, como la llevo de la del Perú.

Hemos continuado nuestro viaje con magnífico tiempo, como comúnmente se disfruta en todo este litoral del Pacífico. Entre los pasajeros, nos hicimos buenos conocidos del señor Serraga, ingeniero peruano.

Reflexionando sobre nuestra situación actual, con poco dinero y con compromisos que cumplir, sobre todo, las deudas que personalmente hemos contraído para poder efectuar este viaje; me parece que lo más equitativo es, que del dinerito que me han regalado Pacheco, Mendoza y Payán, y que nos sobre de los costos de viaje, lo dividamos en partes iguales entre yo y Alcalá—puesto que ese dinero no ha sido dado para Cuba.

Para pagar las deudas—es justo y equitativo que todos los cubanos del Istmo nos ayuden; pues nuestro tiempo e iniciativa han sido empleados en una obra que a todos corresponde.— Mas, como todo esto debe de ser muy reservado en primer lugar, y en segundo, no debemos nunca exponernos a desaires de la emigración en el Istmo—por más de un motivo, conviene—primero, comunicarnos con Hoel—sobre nuestros propósitos y plan—y segundo, ver la manera de como nos reunen la suma que necesitamos, pero en calidad de préstamo, para reponer la suma con los fondos colectados en el Perú—puesto que mi plan es respetar todo lo recaudado en el Istmo, como destinado a armar el contingente al mando del Brigadier Flor Crombet; conforme lo resolvimos en la junta general de Gefes, en Jamaica, a raiz del fracaso sufrido por la expedición Maceo.

De esta manera no solamente podemos salir más fácil, pues es el camino legal de nuestros compromisos personales en beneficio de le causa común—sino que de otro modo, pudiera tachársenos de egoistas, y servir esa duda de pretexto legal para dejarnos solos.

Si a pesar de nuestra conducta leal y honrada no encontramos dinero entre los nuestros, de seguro que heridos por esa contrariedad, debemos sólo colocarnos quizas en mejor aptitud, puesto que estamos trabajando y sufriendo cual ninguno por la causa que a todos interesa.

Consultando a Alcalá sobre el particular, le pareció todo muy bien menos tomar participación en mi dinero; y yo, respetando su delicadeza, no quise insistir.

Día 21.—Después de un viaje de navegación en el que hemos empleado más de 15 días a consecuencia de haber tocado el vapor en varios puntos, por el litoral de la República del Ecuador—llegamos a Panamá.

A consecuencia de lo misterioso de nuestro viaje, por no haberlo divulgado a nadie, nos encontramos conque la opinión había formado miles de comentarios, y como es natural muchos de ellos poco favorables. Hasta se dijo que nos habíamos ido por deudas.

Después de estar en esta ciudad, me propuse ver la manera de cómo se conseguía dinero con los cubanos para cumplir nuestros compromisos personales; y no nos ha sido posible conseguirlo. El Presidente del Club de aquí, se niega a ello, en virtud de que el dinero del cual se puede disponer está concretado al empleo de comprar armas y pertrechos de guerra.

Pensamos Alcalá y yo pedir prórroga a nuestros acreedores y de esta manera salir de los compromisos.

Del dinero que yo he podido conseguir después de sufragar el costo de los viajes, pagar unas deudas, mías solas, y haber favorecido a José Urioste con 56 soles—me quedan 150.

Con este dinero pienso ir a Jamaica para ver a mi esposa y mis hijos—pero habiendo descubierto que el Doctor Justo Osorio, hombre que aprecio, se encuentra aquí en muy mala situación, y desea irse a Santo Domingo; le he ofrecido ayudarle a salir del apuro.

1888

Eno. 28
Eno. 30
El día 28, nos embarcamos en Colón a bordo del vapor "Nile" y llegamos a Jamaica el 30.

Me desembarqué con 80 pesos después de los gastos de viaje.

He encontrado a los míos sin novedad. Aquí debo verme en grandes apuros de dinero para mí y el Doctor Osorio.

Feb. 1o.
Febrero 1º. Los Cubanos de New York, un grupo; a la cabeza José Martí, hombre de talento y de algún prestigio; se han reunido y tratan de organizar la revolución.—Me pasan una carta, para que yo me someta a su dictamen.

El asunto no se presenta bien claro, pues tal parece que se trata de eliminar al elemento militar, y yo he contestado en los términos más concisos y patrióticos, a la voz que me ha dictado mi conciencia, como defensor leal y desinteresado de la independencia de Cuba.

La lectura de esa comunicación ha modificado un tanto mis ideas sobre proyectos revolucionarios; pues es prudente esperar un poco a ver qué sale de todo eso.

Sigo aquí en mis apuros de dinero.—Seguramente no me será posible embarcar el Lunes 13 para el Istmo, pues no puedo dejar aquí varado al doctor Osorio, ni yo tengo para pasajes ni para comer.

Además, tengo deudas sagradas que pagar, como la enseñanza de mis hijos, y no puedo dar la espalda dejando todo eso pendiente. Confío en la Providencia, ella me abrirá los caminos.

Feb. 27
Se me presenta (día 27) Luis Felipe Latorre, procedente de Colón, y me trae 21 Libras en oro americano, el envío de esa suma de dinero resulta ser así: como yo escribiera a Antonio Alcalá manifestándole la imposibilidad en que me encontraba yo para moverme para ningún lado, y lo mismo con objeto de ayudar a seguir al doctor Osorio hasta Santo Domingo, pues no disponía de dinero ninguno, Alcalá hizo un empeño allá en Panamá a nombre mío, y de él tomó esa suma enviando a Luis a traerla.

Mzo. 1o.
Marzo día 1º. Osorio pasa a Santo Domingo.

Inmediatamente hice salir a Osorio para Santo Domingo,

cuyo costo de viaje, más tres semanas de hotel que debía aquí, me han importado 11 libras y una que me ha pedido Luis, hacen 12. Quedando para mí 9 Libras.

Con ese dinero que me ha sobrado puedo atender a deudas malísimas como son la contribución de gastos de casa y su alquiler, y para esperar aquí el resultado del viaje del doctor Osorio y la contestación de una carta que he dirigido a la Habana, en solicitud de dinero; pues con las miserias que andamos no se va a ninguna parte en caminos de revolución.

Así pues, no obstante, que los cubanos del Istmo necesitan que yo vaya allí según me dice Alcalá. El doctor Emeterio Betances, ha dado contestación a la carta que le dirigí a París desde Panamá, sobre proyectos revolucionarios, y con el fin de que asociando su firma a la mía, mandásemos individuos de confianza a la Isla de Puerto Rico a levantar fondos. Dos o tres puertorriqueños, residentes en el Istmo—Adolfo Bezosa y Francisco Aguayo, están dispuestos a desempeñar esa comisión.

Como para todo eso necesitamos dinero, yo debo ver la manera de conseguirlo para no llegar al Istmo pidiendo dinero. No debo pensar más en trabajar en el Istmo, cuando no me compensa el sacrificio de vivir separado de mi familia, ganando solamente para la comida y con menoscabo de la salud. Es preferible ganar menos en otra parte.

Escribiré pues a Alcalá y demás amigos, en ese sentido, pues en el caso de dirigirme, solamente será por asuntos de la revolución.

Sin embargo, si como lo temo, veo que el espíritu revolucionario entre los cubanos, asi dentro de la Isla como fuera, no promete hacer algo de importancia; debo procurar ocuparme solamente de asuntos personales y esperar a que los mismos sucesos preparen la revolución, que si es verdad que yo valgo algo, y gozo aún de algún prestigio, se me llamará de algún modo.

De esta manera puedo atender exclusivamente a los sagrados y agradables deberes de la familia. Evitaré que se dude de mí como vividor de una revolución muerta, pero que trata-

1888

mos de volver a la vida; y, así estará mi espíritu tranquilo y satisfecha la conciencia.

Abr.   Abril: ha concluído este mes, que he pasado entre los horrores de la miseria, apremiado por todos los apuros y necesidades en que puede verse acosada una familia extranjera en este país, sin dinero y sin relaciones.

He tenido que vender y empeñar cuanto trastajo teníamos; hasta mis prendas de campaña y los recuerdos de familia y amigos, que aunque de escaso valor material, son cosas que se estiman muchísimo y desean conservarse.

Aún no he tenido contestación de un amigo de la Habana; Enrique Collazo, que es mi esperanza para salir de esta situación, a ver si me envía algún dinero, y ya entró hoy Mayo. —Esperaremos pues.

May.   Mayo.

May. 18   Día 18. Recibo carta de Enrique en la que me anuncia que por vía de New York me mandará el dinero que le pido. Siempre es esto un consuelo, mientras llegan los socorros.

Se ha concluído este mes y no me han llegado los recursos de Collazo. Ya no me queda nada que vender, ni tengo aquí a quien volver la cara; no encuentro tampoco donde ganar un centavo, aunque fuese con mi trabajo personal.

He tenido que recurrir a dos amigos puertorriqueños; Adolfo Bezosa y Francisco Aguayo, mis correligionarios políticos, para ver si ellos me protegen de algún modo.

Estos amigos se encuentran en el Canal de Panamá.

Jun.   Junio.

Jun. 1o.   Día 1°. Tengo que dejar la casa que ocupo, por otra de renta más barata, y como tengo que pagar adelantada la que voy a tomar así como la que desocupo, mis apuros se han aumentado.

Jun. 7   Día 7, recibo contestación de uno de los amigos de Panamá, de Bezosa; y me manda 20 Libras.

Con esto me he podido desahogar pagando algo de lo mucho que debo.

Jul.   Julio. Se ha concluído Junio y entró Julio, sin que me haya sido posible encontrar nada provechoso que hacer, por más que he buscado cualquier clase de trabajo.

Por esperar mayores recursos, he consumido los pequeños y al fin sin poderme mover. En este mes de Julio que va cursando, además de otros contratiempos, he sufrido una dolorosa enfermedad de un oído.

Siguen aquí los cubanos en su indiferentismo respecto a mí, y para nada se ocupan tampoco de los asuntos de su Patria, lo que me hace creer que para operarse una reacción en el espíritu de las emigraciones, no basta la influencia de uno o más caudillos, es necesario que ella sea ahora provocada, no por hombres sino por acontecimientos.

Día 3. La Providencia ha venido en mi ayuda; me ha llegado un giro de 84 Libras, por el Cable de New York, que debo suponer sea el dinero que me ofrecía Collazo y que tanto me ha hecho esperar.   *Agt. 3*

He girado mis cuentas y veo que esta suma no me alcanza para, pagando algunas deudas moverme con la familia para Santo Domingo. Pienso que lo derecho es que pase yo solo aquel país, vea cómo anda aquello, hable con mis amigos y prepare mi mudada con más acierto; a fin de no encontrarme a la llegada muy en el aire.

Determinadas así mis cosas, embarco por la primera ocasión; el 16, en el vapor "Dill", de la Mala Real.   *Agt. 16*

El 17, llegué a Puerto Príncipe —Haití— que encontré agitadísimo con la caída del Gobierno del General Salomón.   *Agt. 17*

Nada he visto aquí de notable que me haya llamado la atención, a no ser la desolación y ruina causadas por el incendio en un barrio de la ciudad, que al decir de todos, fué obra del mismo Salomón.

Aquí tengo necesidad de esperar embarcación que me conduzca a Puerto Plata, y parecen no ser muy comunes, y no sé cuanto tiempo tendré que soportar el fastidio de estar esperando.

A mi llegada me alojé en el hotel "Francés", pero después

me mudé con un cubano conocido, Emiliano Borgella, y así permanezco.

Aquí he conocido a los cubanos José María Souver, Rafael Agramonte, Enrique y Manuel Urbina, a José Valerino y sus hermanos, y a Nicolás Espín; de estos dos últimos así como de Borgella he recibido manifestaciones de cariño y consideraciones, de las que les voy profundamente agradecido.

Un pensamiento.

—Gonaive Haití—

Si el hombre ignora a la hora en que le va a venir el sueño, cuándo le espera un dolor, cuándo una calentura y en fin, en qué lugar y en qué tiempo; a qué hora o cuál momento se le aparezca la muerte, si no sabe nada de estas cosas que bien pudieran estar al alcance de las ciencias humanas, es natural que sea un ciego completamente ignorante, de todo cuanto se refiere a su suerte sobre este planeta— y son inútiles cuantos ensayos violentos, emprenda o acometa para levantar su vuelo más arriba de donde está marcado el círculo donde ha de girar.

Y qué hemos de hacer entonces, los que pensamos en la fama, en la gloria y el renombre? Acaso cruzarnos de brazos desesperanzados con tan tristes convencimientos de lo inútil de nuestros esfuerzos.

No creo eso tampoco, y para consuelo mío, me he trazado este plan de vida —procurar hacer todo el bien que pueda, no aflojarme por ninguna desgracia, no ambicionar el dinero como única causa del bien social y privado— puesto que nunca he podido comprarme con él los mejores goces de que yo he disfrutado, sino cuando lo he puesto en manos que piden pan y no han podido alcanzarlo, después me hubiera sido posible pasar sin dinero muchos días, como lo pasan multitud de gentes, puesto que son más los pobres que los ricos.

No despeñarme en pos de un nombre ni una Gloria soñada que no esté en relación y al alcance de mis aptitudes intelectuales y personales— y tener mucha cuenta con esto pues, al estado de progreso y civilización a que han llegado ya las modernas sociedades, no es muy fácil que hombres rústicos, por más que hagan, puedan elevarse mucho por encima del nivel de las muchedumbres.—Ya los tiempos de los Telles, Espartacos y Páez, pasaron, porque también han pasado los tiempos de aquellos tiranos.

Las grandes tiranías requieren grandes héroes.—No existiendo aquéllas, no pueden nacer estos.—Eso en cuanto a la fama y a la gloria, que cuanto a la posición social, ésa no se puede alcanzar sino sólo por medio de la virtud y el trabajo. Pero sí eso, como todo, lo dejo; la mitad a Dios, que la otra mitad sí, El ha confiado a mis esfuerzos, como sabiduría infinita, como fuerza y como el Todo; también debe darnos esos esfuerzos y esos impulsos, poniendo fuerza en mi corazón y luz y fé en mi entendimiento.

Yo voy ahora con destino a Puerto Plata y voy en solicitud de algo mejor que lo que poseo en Jamaica, donde no tengo nada—para después trasladar allí a mi mujer y mis hijos.

¡Quién sabe qué me tendrá reservado Dios! Si consigo mi objeto, conforme; y si no lo consigo, lo mismo; volveré a Jamaica y allí donde viven tantas gentes como viven en Santo Domingo, viviré yo también.

Día 30, se presenta una ocasión para Cabo Haitiano; de un vapor de Mister Rivier, de este comercio, y del cual es Comisario Nicolás Espín. Aprovechándolo, embarco este día bajo la protección del generoso Espín, que se hace cargo del costo de mi pasaje. Agt. 30

Después de tocar en San Marcos, lo hicimos en Gonaive.

(Se me olvidaba consignar aquí que durante mi permanencia en Puerto Príncipe, pasé horas muy agradables en compañía de mis paisanos Narciso Vallejo y un antiguo amigo y conocido, Manuel Henríquez).

En Gonaive,—me equivoqué; sólo Sánchez en Gonaive, Pedro Herrera y los otros en Port de Pe—bajé a tierra y sólo ví a un cubano, que se mostró atento conmigo: Rafael Sánchez, casado con una hija de Cherí Cohen, hijo, dominicano. Después, ví a mi paisano Pedro Herrera, que desempeña el Consulado Dominicano en este puerto y el que se portó muy cariñoso conmigo.

Conocí también al Doctor Paradí, hijo de Puerto Rico, que vive allí en aquella ciudad en su propia botica, solo, sin familia, de conducta ejemplar; hombre que parece inteligente y bueno y que quizás por eso me fué simpático.

Charles Marten.
Al lado de la barbería de Carderín.
Port-au-Prince.
Marcelino Lozano y Elena (la mujer)
Esperanza—donde estaba el ladrón.
Gregoria Gómez.
Ramón — Felipón.
José Calderín.

El segundo, un muchacho de esperanza porque es hombre de pensamiento.— Puerto Príncipe, Haití al embarcarme para Santo Domingo Puerto Plata.

Agt. 30   30 Agosto 1888.
Mi juicio sobre el uno y el otro.

Agt. 31   31 de Agosto.
Port de Pe— Pedrito Herrera— dominicano amabilísimo y decente, y doctor J. R. Paradí— Boticario, hombre inteligente y que conserva el amor a su país Puerto Rico.

Sep. 1o.   Septiembre 1°. He llegado a esta ciudad de Cabo Haitiano, en la cual he encontrado dos cubanos y varios dominicanos, y todos se han portado conmigo con muchísimas atenciones; los nombraré aquí para que me sea más grato el recuerdo de las horas que pasé con ellos. Doctor Ulpiano Dellundé, cubano generoso, que me aprontó expontáneamente, la suma de 50 pesos oro americano y español; que yo recibí, puesto que ya mis fondos iban mermando. Después, ví a Lambert y por último a los jóvenes dominicanos: Maximiliano Gautier, Hernán Pénson, Francisco Geetgey, Antonio Zapata, Eugenio Kunhardt, Victoriano Vila y Juan Isidro Jiménez, rico comerciante.

Jiménez ha hecho detener un bote que a mi llegada había

despachado ya para Monte Cristi, en el que me embarqué después de habérseme obsequiado con un almuerzo en su propia casa.

Septiembre 2.   Sep. 2

Para dedicar un recuerdo a mis compatriotas:
Doctor U. Dellundé.
Maximiliano Gautier.
Hernán Penso.
Victoriano Villa.
Francisco Geetgey.
Antonio Zapata.
Eugenio Kenhardt.
Lambert.

El día 2, salí para este punto, donde llegué el día 3 por   Sep. 2-3
la tarde, sin novedad.

Nuevas y gratas impresiones al pisar por tercera vez las playas de mi tierra natal.

Ojalá, Dios, de eterna bondad! sea esta vez más afortunado que las dos primeras, ahora que vuelvo a buscar asilo tranquilo a la sombra de la paz.   Donde pueda, aunque pobre, reposar con honor de las fatigas de la vida.

Me encontré aquí, amigos viejos y de antiguo conocidos, hasta un dignísimo compañero de infortunio en la guerra cubana; Manuel de J. de Peña.

Todos a cual más, contando en ese número a E. Aybar, me han dispensado finísimas atenciones.

Aguardo ocasión para dirigirme a Puerto Plata.

También he hecho conocimiento con Alejandro Grullón; sujeto decente y generoso que me ha ofrecido sus servicios; si no me engaño, con sinceridad.
Comandante Ramón Cabrera.
Capitán Basilio Peña—órdenes por separado.
Monte Cristi.
Día 8.   Sep. 8
12 pesos mejicanos—al yerno de Catalina.

Día 9, por la tarde, determino salir para Puerto Plata, y   Sep. 9

1888

Grullón no solamente me facilita un caballo sino que, teniendo que ir hasta "Doña Antonia", me acompaña hasta allí.

Pernoctamos en "Juan Gómez", casa de Bernardo Rodríguez.—Bien atendidos.

Sep. 10 — Día 10. Salimos, una hora de parada en Guayubín y fuimos a sestear a las 12 a "Doña Antonia".

Aquí me separé de Grullón y de Jacinto Velázquez, en cuya casa fuímos cariñosamente recibidos y seguí viaje acompañado de Blas —buen hombre— que me dieron Grullón y Velázquez para que me acompañara a Puerto Plata.

A las 6 de la tarde, llegamos a "Laguna Salada", casa de mi amigo y en el otro viaje conocido; Jesús Domínguez.

Domínguez no se encontraba en casa, pero fuí atendido por la familia.

Viaje de Monte Cristi a Puerto Plata.

Sep. 10 — Día 10 de Monte Cristi a Juan Gómez, casa de Don Bernardo García.

Sep. 11 — El día 11, pasando por Guayubín, visité al Gobernador J. M. Pichardo — y sesteamos en Doña Antonia, casa de Jacinto Velázquez.

Hasta aquí me acompañó Alejandro Grullón.

Me dieron un hombre llamado Blas para que me acompañara hasta Puerto Plata—y salí de aquí a las 3 p. m., llegando a las 5 a Laguna Salada, casa de mi antiguo amigo Jesús Domínguez.—¡Aquí dormí.

Ramona Cabrera la señora de Crisóstomo.

Otra vez en Laguna Salada —Jesús Domínguez.

Remedio para la ronquera de catarro — tomar algunas cucharadas de miel de abeja bien caliente, todo lo más que se pueda resistir.

Crisóstomo Guillén — Navarrete, Ramona Cabrera.

Después Doña Neira, Guanábana.

San Marcos— Cristobalina Martinez y su marido Leocadio Cabrera —y Pablo Martinez hermano de Leocadio.

Sep. 11 — Día 11, para Puerto Plata por Guayacanes, parada en Pontoncito, un momento en casa de Ramón Durán y de allí a

Navarrete, casa de Crisóstomo Grullón; su esposa Ramona — aquí almorcé — continuando después por el camino del Guanábano; me detuvo un momento en casa de la señora Neira, suegra de Gregorio Luperón.

A las 10 de la noche, descansé en el "Alto de San Marcos"; casa de Cristobalina, ya en las cercanías de Puerto Plata.

Día 12 salí muy temprano pasando por Guayacanes, conocí y saludé a la señora Ceferina Calderón. Sep. 12

Entré en la ciudad. Me alojo en la casa de Ignacio Belén Pérez.

Aquí me informo del estado de las cosas políticas del país.

Los Generales Luperón y Heureaux se disputarán, como candidatos para la presidencia de la República, el puesto de tan supremo Poder.

Hombres estos, azotes del país, sin dotes de Gobierno y sin virtudes cívicas; pero finos amigos e inseparables aliados, por lazos de política personal y afinidad de sentimientos e ideas y hasta de costumbres. No espero entre esos dos personajes políticos, que la desgracia de la República ha traído a figurar en primera línea, rompimiento que pueda conmover hondamente al país.

Los ligados intereses de estos dos hombres que pudieran ser contendientes, no permitirá un rompimiento entre ambos y de aquí se puede deducir, que habrá paz aunque paz vejatoria, pero al fin paz.

Como para mi particular, conviene que yo me encuentre en buen predicamento con estos hombres, para que me dispensen consideración y hasta protección, si se quiere; aunque esto último no debo esperarlo, como hombre que piensa dedicarse al trabajo; es por eso que lo primero que he hecho al llegar aquí ha sido hablar con Luperón y exponerle mis propósitos, mis esperanzas y mis proyectos. Todo lo oyó con la mayor indiferencia y frialdad; no diré extrañas pero sí sensibles.

Ni una frase salió de sus labios, que me diera alientos, ni siquiera demostró satisfacción o alegría al saber por mi pro-

1888

pia boca que, yo pensaba volver a mi Patria. Todo se limitó a las ofertas de costumbre; "mi casa está a su disposición".

No es así que se responde a un amigo cuando nos comunica un proyecto, como el que yo le expuse, y el amigo es pobre y bueno.

Sep. 13 — Día 13, entré en Puerto Plata donde fuí recibido con cariño por los cubanos y dominicanos.

Sep. 22 — Día 22, hasta éste día he estado en Puerto Plata; pués sabiendo que "el otro", Ulises Heureaux, se encuentra en Santiago, salgo para allí. Me acompañan el Brigadier Borrero y Juan Seberén.

Hemos llegado a Santiago el mismo día y me alojé en casa de Nicolás Ramírez; cubano que se ha mostrado muy cariñoso conmigo.

Al siguiente día, hablé con Heureaux; y éste por lo menos se ha mostrado mas atento conmigo, ofreciendo ayudarme en lo que pueda. Yo a mi vez y para no verme jamás envuelto en las complicaciones políticas del país, le he ofrecido que, al venir aquí estoy ajeno a todo eso.

Después, me he pasado aquí algunos días haciendo conocimiento con algunos sujetos, como Don Rafael Vega, el Señor Glas, Tomás Pasture (a) Chichí y Don Juan Ricardo y su hijo Chuchú, suegro de Maximiliano Grullón.

Fuí invitado a un gran baile donde conocí muchas más personas de ambos sexos.

Día 22, hasta éste día he estado en Puerto Plata, muy contento, alojado en casa de mi buen amigo Ignacio B. Pérez. Pero teniendo necesidad de hablar con el General Ulises Heureaux salgo para Santiago acompañado del Brigadier Francisco Borrero y Juan Sebesén, que se han brindado a acompañarme, al saber que el General ha llegado a aquella ciudad.

El mismo día llegamos a Santiago, donde fuí bien recibido, alojándome en casa de Nicolás Ramírez.

Entendido con el General Ulises, actual Presidente de la República, respecto a mi mudada a éste país, me ha ofrecido su protección.

Como traje de Puerto Plata algunas cartas de presentación, por medio de estas tuve ocasión de hacer relaciones con los señores Rafael Vega, cubano Glas, Tomás Pastases (a) Chichi—y con el suegro de Maximiliano Grullón; Don Juan, Ricardo y su hijo Chucho.

Día 26, salí para Monte Cristi, llegando a las 12 del día a Laguna Salada; aquí me quedé en casa de Jesús Dominguez. _{Sep. 26}

Después de parar en Santiago hasta el 26, salí ese mismo día para Monte Cristi, acompañado hasta el camino que separa al de Puerto Plata, por Borrero y Seberén que siguieron para aquel punto — y yo sólo para el de mi destino. _{Sep. 26}

A las 11 del día llegué a Laguna Salada, casa de Jesús Dominguez, antiguo amigo y conocido.

Aquí descansé hasta el 27 que continué. _{Sep. 27}

Conocí y trabé amistad con José de la Paz Fermín, vecino de Don Jesús.

El mismo día parando un poco "Doña Antonia" Jacinto Velázquez Villalobos, Carmela García y Guayubín, Heredia, llegué a Monte Cristi a las 7 de la noche.

¡Rormí de Laudí — esposo de la hija de presentado por Espin.

Día 27, por la noche a Monte Cristi. _{Sep. 27}

Día 30, he hablado con los Señores Alejandro Grullón y Rafael Rodríguez —de la casa de Jiménez — manifestandole mis propósitos de dedicarme alguna empresa de agricultura, y pidiéndoles su apoyo y protección para que, todo sea en la mayor escala posible. Estos Señores me oyeron con gusto ofreciendo ayudarme con su dinero. _{Sep. 30}

Es mi propósito establecer una zona agrícola, de vegueros cubanos, para dar a ese ramo el mayor mérito y alcanzar mejores precios; así de la materia prima. Esto no obstante, el cultivo de otros frutos y de crianza, para que la colonia adquiera vida propia y pueda, usando de sus mismos elementos que en proporción vaya produciendo, propender a su ensanche, engrandecimiento y adelantos en todo sentido, que sirvan de bases para la formación de un pueblo, lenta pero provechosa, para la vida social de las familias.

La región más adecuada para la fundación de la zona de cultivo es la de Guayacanes.

Primero, porque aunque hubiese otra cuyas tierras pudiesen dar hoja de tabaco de mayor calidad, siempre serían más ventajosas las de Guayacanes, porque ya ésta región goza de fama en el País, y la mano cultivadora de un veguero inteligente, la hará llegar hasta los mercados extranjeros, haciendo imposible o difícil que las cosechas del fruto de otras zonas, que muy bien pueden emprenderse por capitales extranjeros, le hagan seria competencia.

Segundo, porque estando la región de Guayacanes en el centro de la distancia que separa a éste Puerto de la ciudad de Santiago, la Casa puede dar desde luego por extendidos, sus dominios comerciales, hasta las puertas de aquella ciudad.

Tercero, porque si más tarde o más temprano, un camino de hierro une a éste Puerto con la ciudad de Santiago, la región de Guayacanes está llamada a ser un gran centro de operaciones y de producción, con sus montañas al norte, para el cultivo de todo género de frutos y grandes porciones de terreno estériles pero provechosos para la crianza de animales.

Llegado ese instante de progreso, la Casa será la única llamada, por su preponderancia, a ser la dueña de los negocios.

Y cuarto, porque mientras tanto, la vía fluvial del Yaque, proporcionará, a la zona agrícola, la salida fácil pronta y segura, de todos sus productos.

Como se debe establecer una gran fábrica de manufacturas de la hoja, en la ciudad de Monte Cristi; eso, como es distinto a su cultivo y es un establecimiento movible, no requiere un especial estudio, cuando se puede seguir la rutina con las modificaciones que marquen las circunstancias de clima, que hasta ahora se sigue en los grandes centros manufactureros de la Habana y Estados Unidos.

Y todo así, mientras la zona adquiera condiciones que permitan establecer dicho establecimiento, en ella misma, para ahorrarse la conducción de la rama — y si solamente de la que se quiera exportar en bruto.

Día 11. Después de haber hablado largamente sobre la empresa con los Señores de la Casa Jiménez — les manifesté mi propósito de salir en seguida en busca de mi familia y al mismo tiempo a preparar algunos agricultores cubanos.

Pedíles también — 350 pesos oro americano, para los gastos del traslado de mi familia — y me lo facilitaron sin dificultad.

El mismo día salí para Cabo Haitiano en un bote de la misma Casa, y me acompañaba hasta allí, el amigo Maximiliano Grullón.

Día 13. Salí en un vapor Alemán para Puerto Príncipe.
En Haití se ha levantado una revolución, voy marchando por entre ella.

Día 14, Domingo, llegamos a Gonaive — se esperaba hasta mañana, para que el vapor que me conduce, descargara, pero se ha presentado un vapor de guerra, amenazando la plaza, y ésto ha hecho preveer al Capitán del Alemán, que no será posible trabajar mañana en éste Puerto; determina seguir para Puerto Príncipe — a las 9 de la noche levantamos ancla. Bien por los pasajeros.

Día 15, a las 9 de la mañana llegamos a Puerto Príncipe. Ando dichoso — pués hay en Puerto un vapor inglés que saldrá mañana para Kingston.

Enseguida tomo boleta de pasaje y me embarco.

Día 16, salimos para dicho punto, donde después de tocar en Jeremía, llegamos el 18 a Kingston. No encuentro novedad.

Día 18 a Jeremía; almuerzo casa del cubano Manuel Asencio.

Desde que he llegado aquí, me he ocupado de organizar el viaje, así como de hablar con algunos vegueros o cultivadores cubanos (de tabaco) para llevar a cabo la empresa; y, he dejado algunos dispuestos a seguirme, una vez concluída la cosecha ya principiada y realicen su venta algunas cosas que poseen.

1888

En todas éstas diligencias, he pasado el mes que concluye.

Nov. 7 — Día 7, a las 4, abandono por fin la Isla de Jamaica, voy viajando en la última clase, con mi esposa, seis niños y mis dos hermanas.

Nov. 11 — Después de haber tocado en varios puntos de la República de Haití; llegamos a su capital, Puerto Principe, el día 11.

Aquí debo aguardar otro vapor que me conduzca a las playas dominicanas.

Nov. 14 — Permanezco en esta ciudad hasta el 14, que me embarco en el vapor fracés, ya que no habiendo otro, sin embargo, tengo que aprovechar para Puerto Plata.

Nov. 16 — A éste Puerto llegamos el día 16, y he vuelto a desembarcar.

Nov. 22 — De aquí y en una goleta, me reembarqué, con rumbo a Monte Cristi; donde llegamos el 22 a la puesta del sol.

1888

Nov.

Llegué por fin al lugar elegido para mi residencia, y al pisar tierra, mentira me parecía haber salido bien de viaje tan pobre y trabajoso, por supuesto.

Sin dinero apenas y sufriendo privaciones y penalidades solamente por mí sabidas.

En Haiti, me ví apuradísimo por 35 pesos oro americano, cuya pequeña cantidad era el importe del pasaje.—Ocurrí a los cubanos y ninguno me pudo favorecer.—Cherí Cohen, el Cónsul Dominicano, me sacó del apuro sirviéndome de fiador para yo pagar a mi llegada a Puerto Plata.—Así lo hice, porque Maximiliano Grullón me prestó la suma.

Dic.

Diciembre. Desde que he llegado he principiado a dar los pasos que me pongan en condiciones de dar principio a la empresa, y como es consiguiente lo primero que he hecho ha sido solicitar terrenos.

Después de dar muchos viajes a Guayacanes, he podido al fin conseguir parte de los terrenos de Jesús Domínguez en "Laguna Salada", que es lo mismo que Guayacanes.

En todo esto he pasado el mes de Diciembre, y se concluye el año.

Enero 24.—Me encuentro en Guayacanes y he quedado en posesión de los terrenos comprados a Jesús Domínguez, en la suma de mil pesos, que he pagado en el mismo día.

La casa de Jiménez me ha facilitado dicha suma.

Regreso en seguida a Monte-Cristy, para volver provisto de los útiles necesarios para dar principio a los trabajos.

Febrero 1º.—Me encuentro en Guayacanes.

Día 4.—Se me reúne Pedro Alfonso—amigo mío y cubano, compañero de infortunios.—Hombre de condiciones, que invité a que viniese a trabajar conmigo; aceptando mi invitación ha venido, abandonando su residencia de Juana Núñez.

Día 11.—Se dió principio a los trabajos, con algunos desmontes.

Marzo 1º—Se siguen los trabajos sin interrupción, no obstante haber estallado un levantamiento en Santiago.

Día 10.—En este día he sido víctima de una gran fatalidad teniendo necesidad de pasar al vecino pueblo de Mao y por más que dejamos el rancho con alguna seguridad y a la inmediata vigilancia de los vecinos; robó un peón la suma de 200 pesos, descerrajando el baúl donde se encontraba dicha suma. Inútiles fueron los esfuerzos por recuperarla, pues aunque el ladrón fué alcanzado por Jesús Domínguez en "Esperanza", no pudo capturarlo y logró escapársele debido a las pocas precauciones que tomó Domínguez.

A las pocas horas de haber perdido la esperanza de conseguir el dinero, me sentí resignado, pensando que la Providencia que a todo provee, ella sabrá porqué razones me ha castigado con este sensible suceso, valiéndose de un ladrón que oportunamente, sin el darse cuenta quizás, supo aprovechar mi imprevisión.

1889

Alberto García.

Mzo. 12 (Día 12 de Marzo.—He estado en la casa del General Máximo Gómez, con el objeto de ver si podría fundar una escuela en el lugar donde dicho General tiene fijada su residencia llamado "Laguna Salada".

Franca y generosa hospitalidad he recibido de parte de dicho General Gómez y su digna compañera, por lo que les estoy altamente agradecido.—(Estas dos entradas aparecen hechas en el "Diario", por el Maestro Alberto García.—)

Abr. Abril.—Nada notable ha ocurrido en este mes hasta hoy.

Ab. 20 Día 20.—He pasado esta Semana Santa sumido en la más completa soledad. Pedro Alfonso se separó de mí el día 15, en viaje para las costas de Puerto Plata; los trabajadores todos, se han retirado para sus casas y he quedado completamente solo; Serafín Sánchez que pasó por aquí el 12, regresó también el 15, para la Vega. Este amigo fué a Monte Cristy a hacerse cargo de un destino en los negocios de la casa de Jiménez. Pronto volverá a ocuparlo.

May. Mayo.—Regresa Sánchez con su señora, de paso para Monte-Cristy y también lo hace Pedro Alfonso.

Mes de mucha agua, y sin embargo he hecho adelantar los trabajos, cuanto más se ha podido.

Se ha concluído este mes sin que me haya ocurrido nada notable.

Jun. Junio.—En todo este mes, hemos concluído los trabajos de la preparación de terrenos y me preparo para pasar a Jamaica, en solicitud de algunos vegueros.

Jun. 27 Día 27.—Salgo para Monte-Cristy con tal propósito; Pedro Alfonso queda encargado de todos los trabajos.

Jul. 9 Julio 9.—Después de recibir de la Casa 600 pesos oro inglés, salgo para Cabo Haitiano, a esperar el vapor americano "Dawer".

Llego a Cabo Hatiano el mismo día. Me acompaña mi hijo Maxito. Nos hospedamos en casa de don Juan Isidro Jiménez.

1889

Día 15.—Salimos en el "Dawer" para Turks Islan,—pasando por el Port de Pé, llegamos el día 16.

Jul. 15
Jul. 16

Nos hospedamos en el mismo hotelito de siempre—casa de una morena llamada Wilson.

Día 23.—Salimos para Jamaica en el vapor inglés "Falfa". Entramos a Jamaica el día 25, sin novedad.

Jul. 23
Jul. 25

Agosto.—Después de avistarme con varios vegueros cubanos, se resolvieron a venir conmigo, cuatro familias: Magín Rizo con su esposa y siete hijos; Sixto Toro, con su esposa y un niño; Telesforo Gondré, con su mujer y un niño; Emiliano Milanés, con su mujer, dos hijos y la madre de ella. Más los solteros, Augusto Cuza, Antonio y Herminio Gondré.

Agt.

Con este grupo de inmigrantes, me embarqué el día 27 del mes de Agosto, por vía Turks Island—Cabo Haitiano a Monte Cristy; donde llegamos el día 8 de Septiembre, sin novedad, pero no sin haber sufrido yo muchísimas mortificaciones, dado el carácter venal, incorforme y anárquico de los cubanos; además de las condiciones que adquiere en seguida la gente que emigra por cuenta de otro—que todo lo quiere encontrar a la medida de sus deseos.

Agt. 27
Sep. 8

Septiembre—Monte Cristy.
Magín Rizo
En dinero—pesos   5
Más idem   5
Más en dinero   10
Más en dinero—   5
En enfectos Enrique.
En efectos casa E.
En idem casa Jesús Pesos 23.32.
Por Manana   1
Por mí mismo   4

Día 5.—Salí para la "Reforma" con algunos de los vegueros; y en todo este mes he concluído de conducir las familias y equipajes a dicho punto.

Oct. 5

Mes de Octubre.—Nos ocupamos de la instalaciónu de casas habitaciones de tabaco, y de preparar los semilleros.

1889

En este mes, no me ha ocurrido nada notable y hasta ahora todo marcha bien, y esperando las lluvias se ha concluído el mes

Nov.   Noviembre.—Mes fatal; no ha llovido, se ha consumido mucho sin producir nada, y por añadidura, la gente cubana se ha disgustado sin poder nunca justificar la causa de su disgusto, pues no le han escaseado los medios de subsistencia, pues de eso me he ocupado con especial cuidado y su vida durante todo este tiempo, ha sido si se quiere, ociosa y regalada.

Pero es que cada día me convenzo más del carácter venal de los cubanos.

El disgusto llega hasta el extremo de la infamia, pues he sorprendido cartas dirigidas a Jamaica, por una de estas mujeres (Claudina), informando tan mal de mí, que parece eso mentira, y por más que he mimado y atendido.

También Pedro Alfonso, me ha abandonado, pretextando que no gana nada; cuando mi compromiso con él fué, simplemente que me ayudase a dirigir y administrar este negocio, viviendo mientras tanto, él y su mujer, sin faltarles nada, con los recursos que yo pudiera proporcionales hasta que se principiara a tener ganancias, de las cuales le daría una parte.

Así lo había hecho hasta aquí, y Pedro Alfonso ha vivido todo este tiempo (como vulgarmente se dice), como la nata sobre la leche. Yo siempre había sentido gran estimación por este hombre, y me parecía que habría en él un gran fondo de firmeza y honradez, pero esta veleidad injustificable en asunto tan serio, y la invención de fútiles pretextos para pretender quedar bien en su retirada; sin yo quererlo, me han hecho modificar mis juicios hacia él.

Seguramente, no es el hombre que yo me había imaginado —y, o es víctima de algún capricho perdonable quizás, o es un hombre sin escrúpulos en palabra de compromisos. Ahora, en cuanto a intereses, lo creo inmaculado.

Puede suceder una cosa también, y en ello debo fijarme para no ser demasiado severo en mis juicios—que él sea instrumento, como otros muchos cubanos escogidos por mi destino para castigarme, con decepciones y los desengaños, pues así mismo me sucedía en los campos de Cuba; que aquellos que más quería y protegía, esos eran los más infieles a mi amistad y mi cariño, y, aquí pudiera citar infinidad de nombres entre ellos algunos de alta significación en la revolución de Cuba: Calixto García Iñiguez, Antonio Maceo, Pedro Martínez Freyre, y Jesús Pérez, que yo recuerde, de Oriente—y de las Villas: Francisco Jiménez y varios oficiales poco caracterizados.

En esa campaña de las Villas, la última, y cuyo avance, sin las intrigas y de consiguiente el profundo desconcierto que todo eso produjo, hubiera dado indudablemente el triunfo a la revolución.

En esa campaña—la de más gloria, pero gloria eclipsada —la víctima y el mártir fuí yo; Cuba, la desgraciada.

Después de eso nació el Zanjón, incubado en las Villas; y muchos o casi todos aquellos hombres se quedaron con España.

Sin embargo, yo herido en lo más delicado, y con los harapos de la miseria, emprendí el camino del destierro; prefiriendo todo eso antes de quedarme disfrutando de un bienestar poco honroso, bajo el dominio de un Gobierno que combatí 10 años con las armas. Así he permanecido vagando por playas extranjeras hasta que cansado y desengañado he buscado asilo y amparo en mi Patria y entre mis compatriotas; y aquí mismo, cuando con sinceridad y buena fé, asocio a mis labores a hombres que estimo, sin miras de explotarlos sino de protegernos mutuamente, recibo por premio la inconsecuencia y hasta la ingratitud.

Casi todos los mismos cubanos que he traido aquí a formar esta colonia de trabajadores, se han constituido en mis adversarios. Casi me hacen responsables de la falta de lluvias o circunstancias desfavorables a las labores del campo.

La conducta ingrata de estos hombres ha llegado al extremo de ir unos a Monte Cristi y escribir otros a la Casa Jiménez informando mal de mí. Lo más espantoso es que entre los que fueron, uno de ellos ha sido Augusto Cusa; hombre que saqué de la miseria y cuya madre a quien estimo, me lo recomendó llorando, y el cual por mi medio le ha enviado ya una suma de dinero sin haber ganado un centavo aún. Al lado de este bien gratuito, ha recibido Augusto otros beneficios de parte mía, que creí hubiese agradecido.

Emilio Córdoba.

Nov. 9 — Noviembre 9.—Recibidas tablas. 34, más 1 botella de vino.

Nov. 16 — Día 16.—En dinero a Lucila Rizo, pesos 20.

Variaciones. Mes de Noviembre—mucha seca—con vientos fuertes.

Los semilleros que se han preparado desde los meses anteriores de Septiembre y Octubre, no dan señales de vida. Estamos ya en Diciembre y me preparo a traer mi familia, con los días de las Pascuas y salgo para Monte Cristi con ese fin.

Dic. 1o. — Diciembre, desde el día 1º han empezado simples nortes.

Dic. 9 — Día 9.—Arrecian los nortes. El río no ha hecho crecientes. Han seguido los nortes fuertes, 10 días, y no ha llovido más. Se ha perdido una buena ocasión, de sembrar tabaco, por no haber plantas.

Dic. 9 — Diciembre 9.—Recibido 40 tablas y 12 plumas.

Pesos 11.75 anterior de las pinturas.

Dic. 9 — 9 Diciembre.—Le mandé con el viejo Cueva y Domingo pesos 30.

Dic. 17 — Diciembre 17, 40 tablas.

Dic. 8-12 — Anita llegó el 8 de Diciembre de 1889 y se fué el 12, que salí yo para Santiago, al matrimonio de Eliseo que se casó el

Dic. 14 — sábado 14.

1890

Enero 1º. Curioso caso: no puedo salir con mi familia, sino la antevíspera de este día, y mi Destino que siempre es airado me prepara un tristísimo percance. Como a una hora, de Monte Cristi, mi pobre mujer se da una caída que nos llenó a todos de pesar, y, un viaje que yo pensé hacer alegre y contento, será triste.

El itinerario de mi viaje se ha trastornado y he tenido que parar en Vijiador, casa de la Nena. Aquí el arzobispo Meriño y confirmación de todos mis hijos.

Meriño me consoló ese día y se portó como un buen amigo.

El día 2, llegué a mi casa de "La Reforma" ya con mi esposa algo repuesta de su caída.

Me entregó el 89 al 90 triste y acongojado. Inútil, es sin duda, que los hombres se desesperen por alcanzar su verdadero bien sobre esta tierra llena siempre de grandes cuidados y sobresaltos

He corrido éste mes sin que me haya ocurrido ninguna vicisitud notable.

Enero de 1890. Mucha seca, sin esperanza de lluvia.

No ha habido creciente del río, pero sí del Caño de Jicome que se ha llenado desde principios del Diciembre.

Estamos a 20 de Enero y habiendo principiado la plantación mojando la tierra con agua cargada hoy, han principiado nortes fuertes.

Estamos hoy a 30 de Enero y han seguido nortes fuertes.

Sin horas fijas, pero con más frecuencia por la mañana y de tarde.

No ha hecho creciente notable el río.

Durante todo este mes se ha notado una plaga de gusanos, llamados de tierra, dañinos para el tabaco.

1890

Se finaliza, Viernes, el mes de Enero y ha llovido un fuerte aguacero que duró próximamente un cuarto de hora.

Feb.   Febrero.—Sigo aquí en Guayacanes siempre empeñado en mi empresa agrícola, con la desfavorable circunstancia de un año estéril de agua.

Feb.

Feb. 16   Entra Febrero, seco, con fuertes vientos y un sol reverberante, hasta el 16, a las 2 de la madrugada que principiaron los nortes más fuertes—Nordeste.

Feb. 18

Mzo. 9   El 18, se suspendió y volvió la seca y vientos fuertes huracanados; se sostuvo así hasta el 9 de Marzo a las 12 de la noche que principiaron nortes fuertes con aguaceros.

Mzo. 10   Llovió el 10 casi todo el día chubascos fuertes hasta las 2 de la tarde.

Mzo. 11   El 11 amaneció nublado, pero según se fué levantando el día se despejó la atmósfera y principió el viento fuerte y de costumbre que varía de Este a Nordeste.

En esta zona, comunmente sucede, que no se sufren dos días de seca sin que sean acompañados de fuertes vientos, lo que facilita ventajosamente el funcionamiento de los molinos de viento, cuya fuerza no solamente se puede aprovechar, para la extracción de agua de irrigación, sino también para otros usos a la vez.

Mzo. 16-17   El 16 y el 17 calmó el viento y llovió bastante fuerte—hasta por la noche.

Mzo. 18

Abr. 6   El 18, atmósfera limpia y volvió el viento suave; siguió así hasta el 6 de Abril por la noche chubascos—17 días sin una gota de agua y mucho viento. Siguió así todo el resto de este

May.   mes y entró Mayo con mayor sequía hasta en los días...

Abr. 3   Abril 3.—Enviado 50 pesos.

Con Cueva—

Abr.   Abril. Liquidado a Emilio:

Saldo a su favor	3.50
Después 20 tablas	$7.
Mayo tablas 22	7.70
De cuenta Pedroso	3.50
Mayo remitido Pedroso	10.00

Recibido 20 tablas pino.
Junio 4.—Con Pedroso—pesos 10.   Jun. 4
Junio 12.—Recibido 16 tablas de pino muy malas.
29 Junio 1890   Jun. 12
Dieguito—La señora Leontina Lepín.
Ricardo Lebré.
Augusto Pérez.
Chamberlán.
Sixto Piña.
Enrique Chamberlán.
Marzo, Abril, Mayo y Junio.   Mzo.
    Han corrido estos cuatro meses, sin haber acontecido na-   Abr.
da importante en mi vida. He trabajado con el mayor ahinco   May.
en mi empresa, sin lograr ningún resultado favorable. Por un   Jun.
lado la mala fe y desidia de la mayor parte de los cubanos, y
por otro la gran sequía que se ha sufrido, ha hecho que la cose-
cha sea nula.

    No he dejado de sufrir también con enfermedades en la fa-
milia.

    Julio.—Paso este mes sin ocurrencias notables.   Jul.

    Agosto.—Sigue aún la gran sequía.   Agt.

    Día 18.—Son las 10 de la noche, (me encuentro en la Re-   Agt. 18
forma) y un hombre que pasa de expreso para Santiago, me deja adolorido con una noticia cruelísima: A las 9 de la mañana
del día de hoy ha sido triturado, don Rafael Rodríguez, por uno
de los carros que arrastra la locomotora de la playa al pueblo
de Monte Cristi. Salgo en seguida para allí. Me acompaña
Francisco Carrillo, que se encontraba aquí.

    Llegamos y he podido apreciar los méritos del hombre que
ha muerto, por el sentimiento general manifestado a porfía. En
cuanto a mí lo he sentido como sentirse puede una gran desgracia, sin que me sea dado también dejar de pensar, si su falta
afectará desfavorablemente sobre mi empresa. Es sencillo explicar el desgraciado accidente, una funesta casualidad le hizo
caer dentro de la línea en cuyo carro iba montado, más por impaciencia que por necesidad, por no aguardar el de pasajeros.

1890

Este carro contenía el enorme peso de cuatro toneladas.

Oct. Octubre seco.

Nov. Noviembre.—Después de este desgraciado suceso se ha presentado una crisis terrible, pues la Casa ha paralizado un tanto los negocios.

Por mi parte, castigado horriblemente por la seca sin haber podido hacer nada grande ni provechoso, después de haber gastado $15,000 cuyo crédito estaba limitado (hasta) esa suma, ha terminado y no puedo disponer de un peso más. Mi situación pues, no es muy halagüeña.

Nov. 16
Dic. 17
Dic. 18
19 y 20

Noviembre 16.—Por la tarde fuerte aguacero y al siguiente día seco y claro, hasta el 17 de Diciembre que se declararon nortes fuertísimos que empaparon bien la tierra, y que se sostuvieron casi sin intermitencias el 18, el 19 y el 20; después seca, concluyendo así 1890.

Diciembre.—Acabándose el papel de esta libreta con el año no tengo que anotar ningún hecho notable, más que la muerte natural del Coronel Miguel Barnet. Este compañero de armas, cubano, murió en Santiago el día 29 del mes que acaba de pasar. Al pasar por aquí ("La Reforma") su esposa, procedente de Monte Cristi, acompañada de los amigos Francisco Carrillo y Serafín Sánchez, me incorporé a ellos y fuí también a poner un poco de polvo sobre los restos de un amigo: Barnet, enfermo había ido a curarse a Santiago.

Pedro Murillo en Conuco—un caballo a 50 centavos diarios para viaje Santiago por gravedad y muerte de Barnet.

En Monte Cristi.

Dic. 30
    30 Diciembre a Felipe   4
    a Santiago   14

Enero de 1891.—Nada de importancia me ha ocurrido durante este mes.

Febrero de 1891; sigo con perseverancia en el cultivo del tabaco; este año promete ser más propicio que el anterior.

Enero 1891.—Todo seco y lo mismo Febrero, hasta el 25 y 26 que cayeron algunos nortes.

Marzo, Abril y Mayo, copiosos de agua, por cuya razón hay que temer que si la cosecha es abundante, también lo sea de mala calidad.

La cosecha de tabaco expuesta a perderse. Mucho viento y seca hasta fines de Marzo, 25 y 26 ha llovido lo que ha hecho revivir las plantaciones de tabaco, ya casi perdidas. Entró Abril y ha sido propicio con sus aguas no torrenciales, sólo a manera de fuertes nortes y con regulares intermitencias en toda su primera quincena.

25 y hasta el 28 que llovió tres días, siempre al declinar el día.

Se concluyó Mayo y entró Junio sin agua, Julio y Agosto secos.

Junio, Julio y Agosto, se han declarado en esta zona tenaces fiebres palúdicas, para las que no son suficientes los recursos curativos de que podemos disponer.

He sufrido y aún sufro, con la mitad de la familia casi siempre enferma.

Septiembre 11.—Desesperado de no poder restablecer la salud de la familia aquí, he determinado trasladarla a Mao, pues sobre todo mi hijo Panchito, está triste y abatido a causa de las fiebres; lo que he efectuado hoy día 11.

El mismo día, aún no descansado de la fatiga consiguiente

1891

por la mudada, me llega un expreso, portador de malas nuevas o avisos de la Capital.

El expreso se llama, Manuel Abreu, cubano, enviado por el Arzobispo Meriño y mi primo Gregorio Billini; avisándome de la mala trama que han podido penetrar, está preparando en contra mía el Presidente Lilís

Inventa que yo, junto con algunos cubanos armamos una expedición para invadir a Cuba, cuyos recursos para armar la tal expedición, los ha facilitado Juan Isidro Jiménez; y persuadiendo al Cónsul de España en Santo Domingo, para que dé aviso al Capitán General de Cuba, de mis falsos propósitos—él, Lilís, se compromete mediante la suma de 50,000 pesos, a hacerme desaparecer.

Realmente, no me doy cuenta de esto, pero a la verdad poca o ninguna impresión me ha causado el aviso.

Debo suponer que si ello no es pura invención de los enemigos del Gobierno para precipitarme en un lance, que inaugure la revolución, o que temeroso Lilís de las influencias de Jiménez en el país, por cuyo candidato a la Presidencia me cree interesado; trate de antemano de quitar de su camino, sin parar en medios, a todos aquellos hombres que pueden ayudar a Jiménez a subir al Poder.

Estaré pues prevenido, para cualquier evento, dejando que Dios y el tiempo vengan en mi ayuda.

Sep. 23 Septiembre seco, pero el 23 a las 4 de la tarde se presentó un fenómeno. Ese día fué sumamente ardiente y a la hora indicada surgió por el Este una ligera nubecilla al parecer cargada de electricidad, y a los pocos momentos cayó una gran granizada, con fuerte viento que troncharon árboles y derribaron casas. Yo, por poco sufro una gran pérdida, pues descobijó la casa-tienda y depósito de tabaco, pero el aguacero que acompañó al fenómeno no duró más que algunos minutos, y quedó después claro y despejado.

Oct.
Nov. Han cursado los meses de Octubre, Noviembre y Diciembre
Dic. sin que haya ocurrido nada notable y digno de mencionarse.

Enero.—La cosecha del año que acaba de expirar ha sido mezquina, como todas las que hemos recogido desde que emprendí esta clase de cultivo, no obstante el cuidado expreso y trabajo asíduo, que yo personalmente he tenido. He sufrido la desdicha, de que el tiempo, amigo principal para esta clase de empresas, totalmente me ha negado su amparo y sus favores.

Todo se rebela en contra mía, en estos instantes, mal augurio en verdad para ese año que tan sañudo se me presenta. Según nuevos y repetidos avisos de mis amigos, cada vez se acentúa más la mala predisposición de Lilís en contra mía, y la causa principal consiste en que, teme a la grande influencia de que goza Jiménez en el país; y como es el candidato que la opinión ha designado para la Presidencia, ya es extremada la agitación popular que se prepara a triunfar, aún por medio de una revolución en contra del candidato oficial, que lo es el mismo Lilís.

Suponiéndome el brazo fuerte de Jiménez, para este asunto, como hombre que puede medir armas, soy desde luego la víctima inocente, destinada al sacrificio.

Enero 15.—Retorno de Mao para la "Reforma", ya con la familia repuesta de salud.

Recibo periódicos cubanos, y avisos que hablan de organización para la Revolución de Cuba por la Independencia.

El orador o tribuno cubano, José Martí, toma la iniciativa. Han transcurrido los meses de Febrero, Marzo, Abril y Mayo, sin ocurrencias dignas de mención.

Junio.—Determino trasladar la familia por algunos meses a Monte Cristi.

Me siento intranquilo aquí, reunido a la familia, con los peligros que me amenazan, y quizás quedándome solo será más fácil preveerlos o conjurarlos. Se agrega a estas calamidades, la pena de la gravedad de mi hijo Andresito.

Jul.
Agt.
    Julio y Agosto, han pasado sin ocurrencias notables. Todo va pasando.

Se ha restablecido mi hijo Andresito y la tranquilidad ha vuelto a mi pobre hogar.

La manifestación pública que ha hecho circular Jiménez, negándose a aceptar la postulación a la Presidencia, que el país le ofrece, ha quitado todo temor al ánimo de Lilís y a mí se me ha dejado quieto.

Septiembre 11.—Llega aquí, a la "Reforma", el señor José Martí, Delegado del Partido Revolucionario Cubano, que viene a conferenciar conmigo sobre asuntos de la misma Revolución que se organiza.

Le he ofrecido mi concurso, en todo y para todo lo que se me considere útil, prometiendo servir a esa Revolución, con el mismo desprendimiento, desinterés personal y lealtad con que la serví en el 68.

Este mismo señor José Martí, hombre inteligente y perseverante, defensor de la libertad de su Patria, fué uno de los que con mayor entusiasmo se puso a mi lado, cuando el 86 estuve al frente del movimiento que tratábamos de iniciar. Pero Martí, se disgustó; parece que por no estar de acuerdo con los métodos que nosotros empleábamos, y me dió la espalda.

Su retirada, contribuyó bastante a acelerar el fracaso que al fin sufrimos, pues la desconfianza pública fué entonces más patente, quedándose al fin solos y desamparados, los hombres de armas que pensábamos llevar la Revolución a Cuba; y fué, desde luego, inevitable el fracaso.

Muchos cubanos prominentes de nuestro Partido, con aparente razón, temían que ahora, guardando yo algún resentimiento de Martí, por su conducta pasada, negase a la Revolución que él trata de resucitar, mi apoyo moral y todos mis servicios.

No debe ser así, pues Martí viene a nombre de Cuba, anda predicando los dolores de la Patria, enseña sus cadenas, pide dinero para comprar armas; y solicita compañeros que le ayuden a libertar, y como no hay un motivo, uno solo, ¿por qué dudar de la honradez política de Martí? Yo, sin tener que hacer el menor esfuerzo, sin tener que ahogar en mi corazón el

1892

menor sentimiento de queja contra Martí, me he sentido decididamente inclinado a ponerme a su lado y acompañarlo en la empresa que acomete.

Así pués, Martí ha encontrado mis brazos abiertos para él, y mi corazón, como siempre, dispuesto para Cuba.

Sep. 13 — El día 13 de Septiembre, después de conferenciar largamente, salimos para Santiago, a donde llegamos el mismo día.

Sep. 15 — Día 15, continúa Martí para la capital de la República y yo regreso a "La Reforma".

Para ayudar bien, a que Cuba sea libre, ¿qué debe hacer todo el que se precie como un patriota decidido y honrado?

El procedimiento es muy sencillo! Ayudar en todo y no crear ni presentar en lo más mínimo el menor obstáculo, y cuando se note algún error, señalarlo muy en privado y proponer la manera y los medios más eficaces de remediarlo. Porque el triunfo de la Revolución de Cuba es obra de concordia, y a mi juicio los trabajos hechos hasta ahora por Martí, presentan bastante consistencia, porque va consiguiendo la unificación de los elementos discordantes; por cuya causa y no por ninguna otra, se enterró la Revolución de Yara en el "Zanjón".

Esperaré pues, el resultado de los trabajos posteriores, que con tesón sé que ha de continuar Martí.

Oct.
Nov.
Dic. — Transcurren los meses de Octubre, Noviembre y Diciembre, sin que ocurrencia alguna notable sea digna de anotarse.

Como era natural que sucediera; desde el momento que he tenido con José Martí una conferencia y puestos de acuerdo para levantar y revivir de nuevo el espíritu revolucionario, así fuera como dentro de Cuba misma, ya casi no puedo pensar con tino y reposo sobre mis propios negocios. Así pues, he pasado estos tres meses sin hacer nada.

Enero.—Emprendo un negocio de palo amarillo, con la Casa de Jiménez, a fin de poderme sostener, pues la agricultura ni me daría resultado y no sé si, como trabajo que requiere tiempo y constancia, me quedaría lugar para recoger sus frutos.

Negocio cargar tabaco a pesos 2.5 carga para Bajabonico, y para Santiado, a pesos 1.00. 25 Mayo de 1893.

Pasan los meses de Febrero, Marzo, Abril y Mayo y el día 3 de Junio vuelve José Martí a conferenciar conmigo y me informa del buen estado de los trabajos preparatorios; de los recursos pecuniarios que van aprontando las emigraciones, y del buen espíritu de la Isla, debido a su constante prédica y animadora propaganda.

Martí se separa de mí el día 5, con rumbo a New York, después que, de acuerdo, dejamos resuelto el modo y manera de auxiliar la Revolución inmediatamente que ella surja en la Isla.

Con tal motivo, he pasado una circular a todos los Gefes principales de la pasada guerra que se encuentran fuera de la Isla, para que estén preparados, en cuanto cabe.

El nombramiento de General en Gefe del Ejército que ha de combatir en Cuba y que me ha dado la Delegación del Partido, con el beneplácito de los mismos Gefes, me ha autorizado a pasar la referida circular.

También lo he hecho privadamente con algunos hombres residentes en la Isla.

Pasan los meses de Julio, Agosto, Septiembre y Octubre; y recibo contestación de todos los Gefes y hombres de dentro de la Isla, y todos están dispuestos a secundar el pensamiento.

José Martí, como Delegado, continúa los trabajos preparatorios con tino y actividad que nada dejan que desear. Por

1893

Nov.
Dic.

eso es conveniente dejarlo en completa libertad de acción, pues así también es más segura la reserva y el sigilo.

Noviembre y Diciembre sin novedad.

1894

Enero.—He concluído el negocio de palo amarillo, con mezquinas ganancias.

Me ocupo de realizar lo realizable y poner mis pequeños negocios bien en orden, pues la cuestión de Cuba apura; así me lo hacen creer las noticias que me trasmite la Delegación.

Febrero y Marzo sin novedad.

Abril.—Determino pasar a New York, a cerciorarme del estado de todo aquello.

Me acompaña mi hijo Pancho. Nos embarcamos por el Puerto de Monte Cristi el día 2 de Abril en el vapor "State of Texas", americano.

Hemos hecho el viaje sin novedad.

Llegamos el día 8. Recibimiento cariñoso de Martí y otros cubanos.

Hemos conferenciado largamente y según he podido averiguar, los fondos recaudados no son bastante suficientes para abrir la campaña y se hace necesario que Martí gire una visita por todos los puntos que crea que se puede recabar algo más.

Nos ponemos en relación directa con la gente de la Isla, que ya todo lo espera de nosotros. Martí me pide que le deje a mi hijo Pancho; accedo a ello, pues veo que le puede ser útil y después de tocarlo todo, de convenirlo; me retiré de New York, pues nada me quedaba que hacer, embarcando el día 21 del mismo mes, en el mismo vapor que me condujo. He rendido el viaje sin novedad, llegando a Monte Cristi, al seno de mi familia, el día 28.

Cuando llegue el momento, un barco se ha de presentar por un lugar prudentemente escogido en esta Isla para recogerme junto con otros compañeros y conducirnos a la tierra que nos proponemos libertar.

1894

May.
Jun.
Jul.
Agt. 10

Mayo, Junio y Julio, sin nada notable.
Agosto 10.—Regreso de Pancho, de New York. Viaje sin novedad.

Me trae correspondencia importante. El Delegado va camino de Méjico, en demanda de mayores recursos para aumentar nuestro tesoro. Estamos en los momentos de las resoluciones definitivas.

Agt. 16

Día 16, nacional o de la Patria—se cumplen hoy 30 años justos que España fué acosada de esta tierra por el valor de sus hijos.

En esta población se solemniza el día. Se prepara al mismo tiempo un espléndido recibimiento oficial al Presidente de la República, cuya visita está ya anunciada.

Dicha suprema autoridad se encuentra en Puerto Plata.

Sep. 1o.

Septiembre 1°. José Francisco Rodríguez llega a "La Reforma" (es hermano del Coronel José María Rodríguez, "Mayía"), procedente de Cuba, Oriente—y trae la misión especial de aquella gente, de explicarnos la grave situación en que se encuentran y que por tanto es preciso ordenar los levantamientos.

No pudiendo yo resolver el asunto, sólo, y desde aquí, encamino en seguida a Rodríguez, para que exponga eso mismo al Delegado José Martí.

Me encuentro en estos momentos sufriendo atrozmente de una úlcera que me ha salido en una pierna.

Sep. 8

Día 8. Paso a Monte Cristi.

Sep. 15

Día 15. Llega a Monte Cristi Alejandro Rodríguez, comisionado por el Camagüey, a informar del estado de aquella comarca, mal preparada para la revolución, pues aunque algunos de los primeros hombres del 68 están dispuestos a prestar todo su apoyo, pero mucho del elemento acaudalado no lo está y no solamente deja de estarlo, sino que lo rechaza y condena.

Esta situación no cambiará; porque ningún rico entrará nunca en la revolución y es necesario forzar la situación, precipitar el suceso. Con estas ideas habladas y por escrito, hago que regrese otra vez Rodríguez, al Camagüey.

1894

Día 18. Salí para Dajabón a realizar la venta de unos caballos.   Sep. 18

Regreso de Dajabón el 25, y el 30 salgo para "La Reforma".   Sep. 25-30

Octubre. Sin novedad, con los trastornos solamente que ha causado el ciclón del 21 y 22.   Oct. 21-22

Noviembre 14. Me encuentro en Monte Cristi; llega el Coronel José María Rodríguez, de la Capital, y el Brigadier Francisco Borrero; ambos cumpliendo órdenes mías. El primero salió por vía de Haití con destino a New York, para entenderse con el Delegado José Martí. Va a ponerse de acuerdo, en nombre mío, sobre asuntos de expedición.   Nov. 14

Diciembre. Cablegramas de New York me avisan que los asuntos marchan bien.   Dic.

Hasta el 25 de este mes estoy en Monte Cristi, donde nos hemos cambiado varios cablegramas con New York, para la combinación de venir un vapor a la Bahía de Samaná para mi embarque y demás gentes.   Dic. 25

Con tal propósito, salgo para Santiago donde me aguarda el Brigadier Francisco Borrero.

El 27, en Santiago y sale el Brigadier Borrero con rumbo a la Capital para cobrar giro de 5,000 pesos y después situarse en punto convenido. Yo aguardo en Santiago el último aviso de New York.   Dic. 27

He dado la espalda a mi hogar. Sacrificio semejante no lo puedo comentar, pues cuando se llena el deber cumpliendo la palabra empeñada, es necesario, para no volver atrás en asunto tan serio—, es preciso ahogar los latidos del corazón.

Hay situaciones en la vida de los hombres, y la mía es una de ellas, que tienen que ser bien definidas, so pena de dejar a la opinión la oportunidad de un juicio malo o desfavorable. Yo perdería prestigio y respeto si no ocupo puesto en la fila de los combatientes por la libertad de Cuba.

Enero. En Santiago. Cablegramas varios con New York. Mis compañeros parecen que tropiezan con dificultades para moverse.

Día 14. Recibo este cablegrama alarmante: "Imposible negocio espéreme".

Determino volver a Monte Cristi a donde llego el día 20.

Febrero 1º. Padezco gran ansiedad, pues no he tenido noticias ninguna, a pesar de haber venido un vapor en el cual esperaba correspondencia o algún comisionado.

Día 7. Llegan Martí, José María Rodríguez (Mayía) y Enrique Collazo. Después de informarme, con todos sus detalles, del fracaso que nos ha sucedido con nuestros vapores en Fernandina; entramos a deliberar lo que debemos resolver en situación tan difícil, dados los pocos recursos con que podemos contar.

Resolvimos pasar a la Vega y allí tener una conferencia con E. H., amigo nuestro dispuesto a favorecernos en nuestra empresa.

Día 12.—Nos movimos todos por tierra hasta Santiago donde pasamos algunos días, después seguimos hasta Hatico, cercanías de la V., nos avistamos con H.

Todo quedó resuelto para partir desde allí (Samaná) lo más pronto posible que se pudiera y en una goleta.

Salir es el plan,—por Samaná o por donde se pueda.

Así nos separamos del Coronel Rodríguez y H.

Día 24. Después de arreglar detalles en Santiago, llegamos a Monte Cristi el 24 de Febrero.

Nos ocupamos aquí de la salida de Collazo y Manuel Mantilla para New York, así como de conseguir una goleta.

1895

Hemos pasado todo este mes en la fatigosa preparación de nuestra salida por aquí; pues la falta de embarcación por el Este, hace imposible la salida por allí. Además, nos encontramos muy vigilados por el Gobierno del país, que está obligado con el de España por razones internacionales.

Mzo. Marzo. En los primeros días de la segunda quincena de este mes, han salido para New York, Enrique Collazo y Manuel Mantilla.

El primero lleva órdenes y recursos para invadir por Occidente, pues ya nos han llegado avisos de que Cuba está en armas.

En vista de la premura del tiempo y de los sucesos, hemos ajustado con Buly Poloney, de este Puerto, en la suma de 3,000 pesos nuestro arribo a Cuba—y cuando ya todo esto está combinado y arreglado y todo gasto hecho, los marinos que deben conducir nuestro barco se nos arrepienten y nos vemos forzados a valernos de otro Capitán nombrado Bastián. Mas éste, se niega a conducirnos en nuestra propia goleta, pues deseando vender la suya propia nos vemos al fin obligados a acceder y tenemos que comprarle su barco; pagar a él una suma y pagar también los marinos.

Después de todos estos gastos enormes, después de vencidos estos obstáculos—después de dos meses de sufrimientos y torturas—hemos logrado embarcarnos, seis compañeros, en la madrugada. (1º. de Abril). Abr. 1o.

1º. de Abril. El lugar del embarque y los nombres de mis compañeros los diré después.

Nos hemos echado verdaderamente en brazos de un destino a todas luces incierto.

La Providencia premiará con el éxito nuestro arrojo, por llenar el deber y cumplir la palabra empeñada, acudiendo a Cuba ya en armas

Hemos tenido que navegar con viento flojo, 33 horas para llegar a Inagua; a las 10 de la noche del día 2 de Abril. Abr. 2

Amaneció el día 3 sin novedad; Bastián va a tierra a arreglar papeles de la goleta, saldremos con viaje supuesto para Nassau.

A las pocas horas, un oficial de este Puerto viene a registrar la goleta. Hemos podido ocultar el mayor número de objetos que puedan denunciar nuestro proyecto. En nada de esto nos ha ocurrido novedad; pero nos ha nacido desconfianza sobre Bastián.

A las 6 de la tarde regresa Bastián de tierra—y nos hace pagar derechos por los revólvers, únicas armas que han visto y cuyo reclamo nos hace la Aduana. Además, nos participa que de los tres marinos contratados, dos se han arrepentido. Solamente nos queda fiel el cocinero. La situación se complica.

Día 4. Bastián no encuentra marinos, claro está que él mismo los desanima para por una causa en apariencia legal, no cumplir su contrato y dejarnos burlados. Abr. 4

Martí va con él a resolver el problema.

1895

Son las 12 del día y regresa Martí con Bastián, sin haber logrado nada.

Está probada la mala fe de Bastián; sin quedarnos a nosotros derecho legal abierto para ninguna clase de reclamo. Por fin, a fuerza de la tenacidad de Martí, ha logrado arrancar a este hombre cruel, 400 pesos; es decir lo que le habíamos dado por conducirnos; con eso hemos quedado desligados de este hombre funesto, pero aislados, con un barco inútil por falta de marinos y en un puerto cuyos habitantes nos niegan amparo.

A las 2 de la tarde entre en puerto un vapor alemán, de carga, va para Cabo Haitiano y resolvemos tomar pasaje en él.

Un amigo nos ha ayudado a ajustar todo eso y se encargará de hacer llegar la goleta a poder de Poloney.

Abr. 5 — Día 5. A las 6 de la tarde salimos en el vapor alemán confiados en la Providencia.

Ya a bordo, hemos ajustado con el Capitán nuestro desembarco en Cuba.

Abr. 6 — Día 6. A las cuatro de la tarde hemos desembarcado en Cabo Haitiano; nos dispersanos por la población para no ser notados.

La casa de Mr. Mercier, socio del doctor Dellundé, me ha servido a mí de asilo.

He sido tratado por este excelente hombre, con la más exquisita amabilidad.

Los demás compañeros, José Martí, Francisco Borrero, Angel Guerra, César Salas, se han alojado en distintas casas de amigos. Marcos del Rosario, dominicano, se ha quedado a mi lado.

Abr. 7 — Día 7, si movedad y lo mismo el 8.
8 y 9 — El 9, pasé a casa del Doctor Dellundé y el 9 a las 8 de la noche, nos embarcamos en el mismo vapor alemán.

1895

Día 10, hemos amanecido en Puerto. Según nos ha dicho el Capitán, el vapor no podrá salir sino hasta las 12.   Abr. 10

Vapor ha salido a las 2 de la tarde— con destino a Inagua a dejar 25 trabajadores y en seguida seguirá para Jamaica (Puerto Antonio).

Día 11. Hemos amanecido en Inagua. El trabajo de echar los trabajadores a tierra se hizo en seguida, y se embarcó a bordo un bote que hemos comprado en 100 pesos.   Abr. 11

A las 2 de la tarde se levantó ancla y sigue el vapor su rumbo. Dos horas después las montañas de Cuba se presentan a nuestra vista ansiosa. Seguimos sin novedad.

Son las ocho de la noche, nos encontramos a 3 millas de la costa Sur de Cuba, no muy lejos del Puerto de Guantánamo. La noche es tenebrosa, el mar se siente agitado, la obscuridad es tal que el mar parece un negro manto funerario donde nos debemos envolver para siempre. Ni una estrella alumbra el firmamento. El chubasco se afirma. El vapor se detiene un momento y rápidamente se descuelga un bote, se carga de armas y pertrechos y caen dentro de él seis hombres; que cualquiera diría que eran seis locos.

Se va en el acto el vapor y quedamos desamparados, envueltos en aquella pavura atroz. Ninguno de los seis somos marinos, y con todo, echamos manos a los remos.

Martí y César a proa, reman muy mal, pero a la desesperada; los demás al centro, yo he agarrado el timón que apenas lo entiendo que al fin se zafa y se pierde.

La obscuridad es profunda y el chubasco arrecia. Hemos perdido el rumbo y no podemos divisar bien la tierra. Dos hombres en tierra, que nos figuramos pueden ser guardias españolas, nos marcan nuestro rumbo, y para allí con trabajos y fatigas inauditas nos dirigimos.

La Providencia no nos desampara; el chubasco calma, la noche se aclara y la luna empieza a alzarse por Oriente.

Ya seguimos bogando con más maestría. Yo y el Brigadier Borrero, de un remo hemos hecho de timón y ayudamos, empujando, a dirigir la embarcación con muy buenos resultados.

Ya son las 10 de la noche y nos hemos podido pegar a tierra—pero el desembarco no nos fué posible, pues son peñas cortadas a cantos que se elevan de manera brusca y donde el mar combate con furia— y seguimos costeando un poco. La fortuna nos depara un recodo, "La Playita". Allí dirigimos nuestra embarcación, y como por encanto nos encontramos en tierra; casi de la misma embarcación pasamos a la orilla de Cuba, a las 10 y media de la noche del día 11 de Abril.

Abr. 11 Después de poner en tierra todo nuestro pesadísimo equipo, de cada uno coger su armamento y más de dos mil tiros— ropas, etc. etc.—y echar el bote al agua, nos repartimos toda aquella carga inmensa y emprendimos marcha con rumbo a internarnos por un terreno terriblemente enmarañado.

Llegamos media hora después a una meseta, allí descansamos un poco. La luna está ya bien alta y la noche es hermosa.—Seguimos marcha a rumbo casual.— Después de un poco andar hemos salido a un llano que nos condujo a unas casas. Aquí "El Cajobal". Nos resolvimos a llamar, a la ventura, y la suerte, nos deparó gente buena cubana. Jamás olvidaré los nombres de algunos que la prudencia me aconseja silenciar todavía.

Nos dán café y nos guía Secundino por un camino extraviado, hasta el monte de Mesón, un hombre viejo y de mal corazón que no nos quiso favorecer, y determinamos huír de él— por lo mismo salimos en seguida con S. que no es práctico, y

Abr. 12 nos dejó a eso de las 6 de la tarde del día 12, en una cueva— "el templo"— sin más amparo que Dios.

Secundino lleva una esquela para un soldado de la pasada guerra, pidiéndole alguna clase de auxilio—o que nos ponga en relación con la gente sublevada que se encuentre en esta zona desconocida para nosotros— y se obligue a traernos algún alimento y la contestación a la esquela. Todo esto no podemos esperarlo hasta mañana 13 a las 12 del día.

Quedamos pues, solos y desamparados, en el punto antes indicado, a las orillas ya internas en las montañas de Baracoa, del Río "Carateré". La noche lóbrega y triste ha caído sobre estas profundidades solitarias.

Día 13. Amanece como amanece dentro de las serranías, tarde pero alegre desde temprano por el ruido y el canto de la montaña.— Hemos consumido casi los últimos restos de nuestro alimento pero ninguno de mis compañeros, ni yo menos, nos sentimos preocupados, pues nuestra resolución está hecha de continuar a rumbo, si nadie de los llamados acude en nuestro auxilio.

Abr. 13

Son las 11 y llega Secundino— acompañado de Antonio, hermano del que escribí y nos traen que comer, y la noticia de que esta misma tarde nos llegará un práctico. Nuestra situación va a cambiar.

A las 4 de la tarde nos llega el práctico J. y otro hombre más; media hora después dos cubanos más de parte del Comandante Félix Ruenes, Gefe de las fuerzas sublevadas poniéndose a nuestras órdenes.

Con los mismos expresos le damos cita para mañana a "Vega Batea" y pasamos la noche en la cueva del templo ya con el problema resuelto. Desde el día 7 de Febrero que Martí se me reunió en Monte Cristi no hemos cesado un solo instante de estar bajo la ruda influencia de las más diversas vicisitudes. Nunca días más accidentados.

Día 14. Muy al amanecer nos pusimos en marcha con el práctico J. El camino es difícil, trepamos por montañas largas y empinadísimas; la marcha es terriblemente fatigosa y cargados como vamos todos, caminamos a puros esfuerzos.

Abr. 14

Nos admiramos, los viejos guerreros acostumbrados a estas rudezas, de la resistencia de Martí— que nos acompaña sin flojeras de ninguna especie, por estas escarpadísimas montañas.

A las 4 de la tarde, con marcha de todo el día, entramos

al campamento de Vega Batea casa de Tabesa y su mujer Nina, el Comandante Félix Ruenes fuerte de 50 hombres armados.

La entrada al campamento fué cariñosa y entusiasta.

El Comandante es un hombre ya de edad madura, fuerte, saludable, de buena educación, y carácter dulce y amable; muy querido y respetado de sus soldados.

Abr. 15 Día 15, acampados, despachando comunicaciones y órdenes para distintos puntos, hasta para New York por vía Baracoa.

Abr. 16 Día 16. Nos movimos para "El Jobo" por ser punto de más recursos y concluir allí de despachar.

Acampamos en casa de José Pineda y su mujer Gregoria.

Abr. 17 Día 17. Acampados y en espera de algunos prácticos que nos han de acompañar hacia el Centro.

Abr. 18 El 18. Grado a Martí de Mayor General, nos movimos pasando por el Pino río arriba del río Jobo— 6 pasos de la última parada y después tomamos la loma de Pabano— y bajamos a Palmarito.— Bajada fragosísima—a Pasarito en cuyo arroyo dormimos.

Abr. 19 Día 19. A Naranjal, al Mijial donde paramos casa de Angelito Castro Díaz. Allí vino a visitarnos y nos trajo una gallina de regalo y un poco de café un vecino sospechoso de ser indiscreto nombrado Pedro Games.

La Señora de Angelito Castro, Caridad Piñó, Modesta Mato, su niña de 18 años.—Toda esta zona se llama de los Carderos. Salimos de aquí a las dos de la tarde camino de Imía, hasta una legua de este Pueblo, donde ví a J., me cambió los prácticos y siguiendo por el camino del Palenque hasta el Río Guayabo donde hicimos noche.

Abr. 20 Día 20, al Palenque, Buena Gente, Juan Rodríguez hasta el alto de la Yaya Teodoro Delgado y Fernando hasta el Palenque. Aquí Juan Frometa, Pastor y demás amigos, sobre todo Antonio Pérez. En seguida aviso a San Antonio, a Luis González.

Abr. 21 Día 21, al Río Sabanalamar. Aquí González con varios amigos, y se manda un expreso en averiguación de las fuerzas cubanas que operan a las órdenes de Pedro Pérez en Guantánamo.

Nos encontramos en la zona de San Antonio y hemos entrado a la Jurisdicción de Guantánamo. Las marchas desde el día 11 que nos desembarcamos han sido tan fatigosas como lo explica la serie de montañas que hemos dejado detrás, caminando siempre por caminos extraviados. Por fortuna nuestra siempre hemos encontrado abundante y sana alimentación.

La miel de abejas que es tan alimenticia como nutritiva nos ha valido mucho y de ella no nos ha faltado casi todos los días.

Martí, al que suponíamos más débil por lo poco acostumbrado a las fatigas de estas marchas, sigue fuerte y sin miedo.

Día 22, acampados esperando. A las 3 de la tarde nos llegan avisos de que el enemigo parece que nos busca y rastrea por las encrucijadas que hemos dejado detrás. *Abr. 22*

Día 23.—No habiéndonos llegado auxilios de Pedro Pérez, determinamos movernos por los montes al Norte de San Antonio y paramos en las Cabezadas del Jiguato. El día 24 nos encaminados por todo éste arroyo arriba, al lugar nombrado las Cabezadas por la Yuraguana, donde hicimos noche. *Abr. 23* *Abr. 24*

El 25, nos dirigimos a Arroyo Hondo a donde llegamos a las 9 de la mañana a cuyo tiempo se batía el General José Maceo derrotando al enemigo. En seguida nos incorporamos a estas fuerzas triunfantes y el entusiasmo subió de punto. *Abr. 25*

A las 5 de la tarde del mismo día nos movimos, marchando hasta las 12 de la noche acampando en las márgenes del Río Jaibo.

26, marchamos hasta el Iguanábono en donde acampamos a las 11 a. m. *Abr. 26*

En estas fuerzas a las que ha logrado el General José Maceo alguna organización de gente toda de los campos, hemos encontrado a los jóvenes Rafael Portuondo, Mariano Sánchez y Emilio Giró y Odio. En cambio un claro sensible se ha abierto en nuestras filas en la sangrienta jornada del día 25.

1895

El valiente Arcid Douvergé uno de los Gefes más intrépidos de los naturales de Guantánamo, fué muerto en tan rudo combate.

May. 27 — El 27, nos movimos a "Vuelta Corta", campamento de nuestras tropas en la zona de Filipinas— dos horas del Iguanábono.

Abr. 28 — El 28 acampado sin novedad. Se tuvo noticias de la resurrección del Coronel Cebreco. Las peripecias desgraciadas del desembarco del General Antonio Maceo merece escribirse en un capítulo aparte. El Coronel Cebreco a quién ya habíamos dado por perdido, ha resucitado.

Nos ha llegado la noticia que está amparado por pacíficos simpatizadores con nuestra causa.

Abr. 30 — Estamos acampados en el mismo lugar hasta el día 30, despachando con el Delegado diversos asuntos, así de organización como de correspondencia con gente amigas, residentes en Guantánamo y para el exterior.

Hemos concluído el mes de Abril y rendido de un modo satisfactorio 30 días de campaña.

May. 1 — Día 1o. de Mayo nos movimos por el camino de Filipinas al Aguacate, vereda Maca Arriba, haciendo almuerzo en Hacienda de Reyes González, siguiendo camino real del Aguacate, Yerba Guinea, haciendo noche en "La Prudencia", casa Luciano García.

May. 2 — Día 2, salimos camino derecho a San Alejandro o la Hacienda Perucho nombrado Kintoque—sesteo 2 horas, y picando al Coronel Luis que dirigía esta marcha, el teléfono que comunicaba con Cuba. Se levantó la marcha a las ... p. m., y nos dirigimos por el fondo del Ingenio Palmarejo donde nos proveemos de ganado y se compró en la cantina, se siguió marcha a penetrar al alto de Santa María o a Leonor.

May. 3 — Día 3. Nos movimos de este punto a Las Mercedes— casa del veterano, como nosotros, Coronel Benigno Ferié. Aquí permanecimos hasta el día.

Despachado diversos asuntos, entre ellos correspondencias con el corresponsal del New York Herald-Mister Eugenio George Bryson.

1895

No hemos podido vernos con el General Antonio Maceo pues ha salido en operaciones— y como nuestra presencia es necesaria en el Centro, después de dejarle instrucciones para todo, continuamos.

Antes de marchar se formó Consejo de Guerra para juzgar al bandido Masabó que fué ejecutado.

Día 5, nos movimos por el Triunfo almorzando en el Ingenio... en unión del General Antonio Maceo, cuyo Gefe encontramos por aquí, sin que anduviese en operaciones, según nos había anunciado. May. 5

Después, y como a eso de las 4 de la tarde nos condujo a las afueras de su campamento, en donde pernoctamos solos y desamparados, apenas escoltados por 20 hombres bisoños y mal armados.

Día 6, al marchar rumbo hacia Bayamo, confusos y abismados con la conducta del General Antonio Maceo, tropezamos con una de las avanzadas de su campamento de más de dos mil hombres y fuerza nos fué entrar. El General se disculpó como pudo, nosotros no hicimos caso de las disculpas como lo habíamos hecho del desaire y nuestra amarga decepción de la víspera quedó curada con el entusiasmo y respeto con que fuímos recibidos y vitoriados por aquellas tropas. May. 6

Dos horas después continuamos marcha, abandonando también el campamento del General, pues él salía en operaciones. Esa noche pernoctamos en Jagua.

Día 7, a Hato Enmedio. El mismo día salió Angel Guerra para Holguín. Gefe nombrado para aquella comarca. May. 7

Día 8, acampado y se le formó Consejo de Guerra para juzgar a tres bandoleros, que fueron sentenciados a muerte, ejecutándose solamente uno en la tarde del mismo día. May. 8

El día 9, marchamos con destino a Altagracia donde llegamos en la tarde de ese mismo día; casa de mi antiguo amigo Manuel Venero. May. 9

¡Cuántos recuerdos se avivaron en mi mente en la noche de este día! Sobre todo el de Panchita, la hija más querida de esta familia y distinguida amiga mía; asesinada vilmente por los españoles en la guerra del 68 por un tal Federicón; una fiera con nombre de hombre.

Este hombre cruel, que hace prisionero a la familia, y por sospechar solamente que Panchita, la que se negó a satisfacer sus brutales deseos, lo hacía porque me amaba; aquel español execrable la hace pedazos a machetazos junto con su hermanito José María, niño de 11 años.

La deuda que España ha contraído con Cuba es tremenda, pues como éste hay miles de episodios infames y sangrientos, que registrará su guerra de independencia. De ahí la Revolución, la Guerra.

May. 10 — El 10 salimos para la Trevesía en compañía del Coronel José Miró y de Rafael Manduley, Gefes ambos de la comarca de Holguín. Aquí pasamos este día dictando órdenes e instrucciones a estos Gefes.

May. 11 — Día 11, nos movimos; nosotros hacia una posición mejor en el mismo campo, y ellos con dirección a Holguín.— La primavera ha principiado copiosa.

May. 12 — Día 12, nos dirigimos, (siempre rumbo hacia donde nos podamos ver con el General Bartolo Masó) a la Jatía, pasando por "Dos Ríos" y la "Vuelta Grande". De aquí comisión para averiguar el paradero del General Masó.

May. 13 — Día 13, regresa comisión y trae noticias de que dicho Gefe va en marcha para jurisdicción de Cuba, obedeciendo órdenes para la concentración, que ya no tiene razón de ser. Envío en seguida expreso conduciendo órden de contramarcha. Mando correo (al Capitán José González (a) Calunga) con pliegos para el Camagüey, y retrocedo a acampar en "Dos Ríos" en espera de Masó.

May. 14 — El 14, quedándome con muy poca gente, dispongo que el Capitán, José Rafael Pacheco y 12 jinetes, marchen a operar sobre el camino real de la Isla hasta Baire.

May. 15 — Día 15, regresa el Capitán Pacheco con 6 mulos de arrias y algunos efectos, recogidos en el camino de Baire, que conducían arrieros del comercio.

Hice repartir los efectos entre la tropa.

El 16, acampado. — May. 16

Día 17, me muevo con 30 hombres (dejo a Martí en el campamento) sobre el camino real de la Isla, para ver si puedo atacar con ventajas, un convoy que pasará, saliendo de Palma Soriano para la "Venta". — May. 17

A las 3 de la tarde me avisté a la "Venta"— enemigo responde a toques de corneta que le hago tocar, y apenas se ven algunos soldados; lo que me dice bien a las claras que no ha entrado el convoy.

Tuerzo rumbo a Remanganagua, a donde llego a las 5 de la tarde, a tiempo que también entra el convoy custodiado por fuerza grande. El enemigo nos dirige desde su fuerte algunos disparos.

Ha entrado la noche y hago noche por aquí cerca.

El 18, muy temprano tomo buenas posiciones a media legua del poblado, y espero en vano hasta las 10. Mando reconocimiento bien próximo al poblado, y no se nota movimiento alguno. Presumo que el convoy o ha tomado otro camino extraviado, o dejando las provisiones en ése, ha regresado vacío para la Palma. Levanto la emboscada y vengo a dormir a la Vega del Chino. — May. 18

El 19, a la Vuelta Grande, en donde encuentro al General Bartolo Masó con más de 300 jinetes— y Martí y mis ayudantes. — May. 19

Pasamos un rato de verdadero entusiasmo.

Se arengó a la tropa y Martí habló con verdadero ardor y espíritu guerrero; ignorando que el enemigo venía marchando por mi rastro y que la desgracia preparaba a nosotros y para Martí, la más grande desgracia.

Dos horas después, nos batíamos a la desesperada con una columna de más de 800 hombres, a una legua del campamento; en Dos Ríos.

Jamás me he visto en lance más comprometido— pues en la primera arremetida se barrió la vanguardia enemiga, pero en seguida se aflojó, y desde luego el enemigo se hizo firme con un fuego nutridísimo; y Martí, que no se puso a mi lado, cayó herido o muerto en lugar donde no se pudo recoger y quedó en poder del enemigo.

Cuando supe eso, avancé sólo hasta donde pudiera verlo.

Esta pérdida sensible del amigo, del compañero y del patriota; la flojera y poco brío de la gente, todo eso abrumó mi espíritu a tal término, que dejando algunos tiradores sobre un enemigo que ya de seguro no podía derrotar, me retiré con el alma entristecida.

¡Qué guerra ésta! Pensaba yo por la noche; que al lado de un instante de ligero placer, aparece otro de amarguísimo dolor. Ya nos falta el mejor de los compañeros y el alma podemos decir del levantamiento!...

Cuando Martí cayó, me había abandonado y se encontraba solo, con un niño que jamás se había batido; Miguel (sic) de la Guardia. Y esto, no obstante que cuando ya íbamos a enfrentarnos con el enemigo, le ordené que se quedase detrás; pero no quiso obedecer mi orden y no puediendo yo hacer otra cosa, que marchar adelante para arrastrar a la gente, no pude ocuparme más de Martí. A poco me encuentro casi sólo, a 50 varas del enemigo por nuestro flanco izquierdo; y dirigiéndome al Centro encuentro a Guardia que se retiraba con su caballo herido, y me dá la triste noticia de Martí muerto o herido.

May. 20 — Día 20, mando mi Ayudante Ramón Garriga, con una carta mía al Gefe enemigo a indagar si Martí es muerto o vive con herida grave, o lo que sea.

A las 5 de la tarde envía Garriga noticias esperanzadas, de que Martí va herido y bien atendido.

El Gefe enemigo, Coronel Sandoval, deja un papel escrito en manos de la Señora Modesta que da a entender que como H.:, de Martí, está bien atendido.

May. 21 — Día 21, a las 8 a. m. Avisos contradictorios de Garriga, que no ha podido entrar en Remanganaguá; punto a donde entró la columna, pues han estado haciendo fuego— que Martí es muerto y que separada su cabeza, la reservan; y el cuerpo enterrado en el cementerio de aquel poblado,

Además anuncia, que se dice por allá que yo quedé mal herido, y que saldrán mil hombres a atacarnos. Todo eso dice. Se le contesta, que si no le es posible entrar se retire.

Avisan, de que columna enemiga se dirige hacia la Yaya; 3 leguas de este punto—Las Vueltas.

Sale un piquete de caballería al mando del Comandante Amador Liens, al encuentro del enemigo, mientras dispongo la marcha del General Masó con su caballería estropeada hacia Bayamo.

Dos horas después, aviso de que otro enemigo se dirige aquí por distinto punto. Mientras mando reconocimientos desfila la caballería y yo me retiro á Sabanilla.

Día 22, acampado, sin novedad y en espera de Garriga; me llega aviso de que se ha encontrado tímido y no se ha atrevido a entrar en Remanganagua, y anda por ahí perdido o extraviado.   May. 22

El día 23, se incorpora este oficial sin haber cumplido su misión, y contando cosas insubstanciales.   May. 23

Día 24, me moví para la Yaya donde dormí y obtuve noticias del movimiento del enemigo por Holguín.   May. 24

La combinación ordenada por el General Campos, (Martínez Campos) es para no dejarme invadir la comarca del Camagüey.

Día 25, me moví una legua más al centro, en espera de una pequeña fuerza que he mandado venir, pues apenas me acompañan 25 hombres, que ya, por dos ocasiones han querido abandonarme.   May. 25

El 26, acampado.   May. 26

El 27, repaso el Cauto, sin habérseme incorporado las fuerzas. Voy enfermo, apenas puedo mantenerme a caballo, sufro un catarro terrible y con fiebre; mi vieja capa raída apenas me salva de las aguas torrenciales que nos azotan.   May. 27

A las 4 de la tarde acampado en la "Colorada". Aquí noticias de dos columnas enemigas, que en combinación, tratan de oponerse a mi paso.

El 28, a "La Tranquera"; me siento muy mal. El 29, he tenido que hacer un gran esfuerzo para montar, y para ma-   May. 28-29

1895

yor fatalidad el "Salado" hondo, y es preciso pasar hombre por hombre en una canoa y los caballos a nado; esta operación que nos ha hecho consumir 3 horas, ha sido un martirio para mí, pues vamos marchando con el agua al estribo.

A las 2 de la tarde hemos acampado en la "Cañada del Yarey".

May. 30 — Día 30. He pasado la noche más cruel de mi vida, y así es preciso moverme; sigo, pasando por "Monte Alto" y acampo en "Palmarito".

May. 31 — El 31, me muevo a la "Mala Noche", en busca de amparo, y me alojo en casa de Rafael Vázquez.

No sé con qué pueda demostrarle mi agradecimiento a este buen cubano y su señora Manuela, por las atenciones y cuidados que esta familia me ha dispensado. Aquí he estado

Jun. 1-2 — desde el 1º al 2 y me he repuesto un poco.

Se me han reunido como 80 hombres, total 100— de gente de las Tunas. Ya voy más custodiado.

Me muevo con rumbo a Palmarito (se me incorpora Calunga sin noticias).

Jun. 4 — El 4, al Guanábano.

Jun. 5 — El 5, a Santa Isabel, con columna enemiga detrás.

Jun. 6 — El 6, seguí, pasando por Jagüelles, el "Jobabo".

Entro en la jurisdicción del Camagüey. Se hizo noche en el Sitio Viejo.

Jun. 7 — El 7, nos movimos dejando enemigo a la izquierda, y se sesteó en el Pilar.

A las 4 de la tarde, bajo un gran aguacero, nos movimos y se hizo noche en Jobo Dulce.

Jun. 8 — Día 8, a San Juan de Dios del Portillo—aquí tengo noticias de una partida cubana al mando de Oscar Primelles.

Jun. 9 — Día 9, en marcha a "Las Pulgas" y el 10 a Ciego de Najasa; sesteo y por la tarde en marcha con rumbo a Santa Cruz. Hago noche en Sabanilla de los Juncos.

Jun. 10 — El 10, sigo marcha en rumbo siempre a Santa Cruz— me acerco a Santa Cecilia, paso del río estando éste crecido y además tomado el paso por el enemigo, fuerte de caballería.

Desisto del ataque y retrocedo a Sabanilla. Se me incorpora el Comandante Oscar Primelles con 18 hombres; primeras fuerzas del Camagüey.

Tengo también noticias de que el Marqués de Santa Lucía se ha sublevado con algunos hombres.

Miguel Betancourt, ha venido a verme y asegura el hecho.

Día 11. Noticias de que el enemigo de Santa Cruz emprende marcha para el Camagüey; determino salirle al encuentro. Emprendo marcha pasando por Jobabo, casa de Lastre—y me sitúo en el camino.   Jun. 11

Después, noticias de que el enemigo no sale, y vuelvo en retirada a Sabanilla. Aquí se me incorpora el Marqués con 25 hombres. Entre ellos, varios jóvenes de familias camagüeyanas.

Ya con este pequeño refuerzo emprendo marcha hacia el interior de la comarca. El General Martínez Campos se previene a hacerme frente, concentrando fuerzas.

Día 12, emprendo marcha por el Este del Camagüey entrando en Peralejo, inmediato al Ciejo de Najasa. Aquí columna enemiga miedosa, la mando a tirotear y sigo en marcha, pues no me conviene enfrentarme a enemigo numeroso con mi gente bisoña.   Jun. 12

Se hace noche en la Unión de las Mercedes.

El día 13, a Ingenio Grande y a la "Lisa". En la madrugada del 14 atacamos el Puesto Militar de Altagracia que resistiendo el enemigo se incendió reduciéndose a cenizas y perdiendo más de 200,000 tiros, que no pudimos salvar.   Jun. 13   Jun. 14

En este ataque, perdió la Patria a un buen servidor y yo, a un buen compañero y amigo; al General Francisco Borrero. No obedeciendo órdenes mías para que no entrara al poblado, no obstante se puso de blanco y fué muerto.

En la muerte de este hombre, tan benemérito, hay las dudas de que fué muerto por una bala mal dirigida de los nuestros. La muerte del General Borrero, en momentos en que me encuentro solo, levantando el espíritu decaído de esta Comarca—y sin tener con quién reemplazarlo—es además de sensible, perjudicial para nuestra moral revolucionaria. Dios y el espíritu de mi Madre, me ayudarán en la empresa.

1895

Después de este ataque, pasé la línea y acampamos en la "América".

El enemigo aturdido, no me persigue.

Jun. 19 — El 19, sesteo en Yucatán, y se hizo noche en Caonao después de la toma, por rendición, del campamento del Mulato. Un Teniente y 23 soldados, 25 armamentos y 6,000 tiros. Todos fueron perdonados.

Jun. 16 — El 16, al Cafetai, sesteo en la "Compañía", atacando y destrozando en la "Ceja", camino de San Jerónimo, a una guerrilla de 60 hombres; se hizo noche en "Casa de Teja".— Una legua del pueblo de San Jerónimo.

Jun. 22 — El 22, toma de este Pueblo. Enemigo rendido, sin condiciones. 60 hombres.

Todo el armamento, tres mil tiros y un rico botín, en nuestro poder.

El mismo día acampado y sesteo en el Palmarito; se hizo noche en Fernandina.

Jun. 23 — Día 23, sesteo en el Divorcio y se pernoctó en los Vicios.

Jun. 24 — El 24, a las Guásimas.

Jun. 26 — El 26, a Antón.

Jun. 28 — El 28, a Santa Isabel de Trocones.

Jun. 29 — El 29, acampado. Despacho tres guerrillas fuertes en operaciones, sobre la línea férrea de Nuevitas una; sobre el Camagüey, otra; y la última para Cascorro y Sibanicú.

Jul. — Mes de Julio, nos corrimos hacia la zona de Cascorro; organizando siempre y sin que el enemigo nos moleste. El día

Jul. 5-6 — 5 y 6, ataque a Cascorro sin resultado, pero sin bajas sensibles; más que un herido.

El enemigo se sostuvo en sus trincheras, sin embargo se le causaron 15 bajas, confesadas por ellos mismos, entre muertos y heridos. Este ataque nos proveyó de muchos artículos.

Después de eso, me retiré por la Haya, al Zoral, la Crimea, por Vista Hermosa a Juan Gómez con rumbo a Oriente y al camino real de Sibanicú.— A San Miguel de Nuevitas.—

Jul. 13 — Marcha que duró hasta el día 13.

Con noticias de la salida de un convoy desde San Miguel para Guáimaro— ocupo esta zona con el fin de atacarlo.

Día 14, 15 y 16, acampado.

El 17, aviso de que el convoy sale mañana de San Miguel; 1,500 hombres, carretas y acémilas. Marcho con 300 hombres de caballería. Tomamos posiciones en Yaguajal; hasta el 18 no salió en convoy.

Este fué hostilizado durante ocho días, constantemente asediado— hasta que, marchando siempre por caminos por donde no era posible atacarlo con firmeza, la caballería, única arma de que puedo disponer en el Camagüey, logró entrar en Guáimaro, destrozado.

Por nuestra parte, y debido al sistema de emboscada, solamente sufrimos diez bajas, entre muertos y heridos.

El 28, abandono esa zona después de descansar dos días.

El 30 al Oriente, en donde nos batimos.

1º al 2 de Agosto en esa zona con gruesa columna, que salió en auxilio del convoy.

Día 4, me retiro a la zona de Najasa. Debido a la fatiga me encuentro muy malo de una pierna. Me aconseja el médico —Doctor Eugenio Sánchez— que debo ponerme en reposo para evitar que la úlcera adquiera carácter rebelde. Hago alto en la zona indicada de Najasa.

El día 12. Concentración en el Ciego, de nuestras caballerías.

Organización del regimiento "Gómez", de Infantería. Principio de 40 maüsers y algunas armas largas más.

Aviso de gruesa columna enemiga, conduciendo convoy desde Puerto Príncipe a Guáimaro. Mando 100 hombres a hacerle todo el daño posible. No me atrevo a echarles todas las fuerzas encima, por no poder ir yo en persona a ponerme al frente de la gente, aún bisoña y poco aguerrida.

El 16, regresa la fuerza que hostilizaba al convoy, causándole algunas bajas. Por nuestra parte 5 hombres muertos y 4 heridos.

Hasta el 28, acampado y sin novedad; nos movimos hacia Jobabo.

El 31, columna enemiga en el Ciego— mando 50 hombres a hostilizarla— pues cuento con poca gente de combate en el campamento y en cambio una gran impedimenta.

Sept. 1o. Día 1º. Variación de campamento, a Sabanilla de los Juncos.

Sep. 2 Día 2, ocupo otra vez a Jobabo, a esperar al enemigo, que se presenta a las 2 horas.

Con apenas tres tiros por plaza, como nos encontramos; se le tirotea, el enemigo avanza en columna cerrada y nos tiramos por el camino del Jobito a Arroyo Blanco, en donde se hizo noche.

Aquí me reuní con el General Bartolomé Masó, de Oriente, que ha venido a conferenciar conmigo sobre asuntos del servicio.

Sep. 3 Día 3, en marcha hasta la Sacra— en donde permane-
Sep. 6 cimos hasta el día 6 que nos movimos acampando en San Cayetano.

Sep. 7 El día 7, noticias de que el enemigo del Jobo que se había retirado a Santa Cruz, ha vuelto sobre la Sacra.

Sep. 8 Día 8, en marcha por Santa Rufina, el Ciego y sesteo en Sabanazo. Se hizo noche en Matehuelo.

Sep. 9 El 9, en marcha hasta Consuegra.

A las 2 de la tarde del mismo día, se presentó el enemigo, pero torció rumbo, evadiendo nuestras avanzadas.

Hicimos noche en el Paraíso.

Sep. 10 Día 10, a Jimaguayú. El objeto de mi marcha hacia esta zona, obedece a esperar los representantes de las Villas, que ya deben estar próximos a llegar y deseo se forme en este lugar de la Zona, la Asamblea Constituyente, para el nombramiento o designación de los miembros del Gobierno.

El mismo día de acampado, nos ataca columna enemiga de más de 1,000 hombres. Se apodera de la casa en donde se atrinchera, no avanza, se le tirotea, y ya tarde, a la caída de la noche, nos retiramos a una legua.

Sep. 11 El 11, por caminos extraviados, el enemigo, emprende la retirada hacia la ciudad. El mismo día pernoctamos en el Caimito.

El 12, a Jimaguayú— sin novedad. *Sep. 12*

El 13, concentra el Regimiento de Caballería "Agramonte", cumpliendo órdenes que se le dieran de antemano. Llega también el Coronel Lope Recio, con los representantes de las Villas. *Sep. 13*

Día 14. Se reunió la Constituyente y ha dado principio a sus trabajos. *Sep. 14*

Hemos ocupado acampando, el Guayabo y Antón, fincas colindantes; hasta haber la Asamblea terminado sus trabajos. Esto ha sucedido el día 19. *Sep. 19*

El acto solemne de la proclamación del Gobierno me tocó hacerla yo reconociendo a su vez, el destino de General en Gefe, que hasta ahora he venido desempeñando por voluntad del Ejército.

Día 20 de Septiembre se separaron de mí, los Ayudantes de Estado Mayor, Alférez César Salas y Alfredo Sánchez, en la finca "El Caimito" vecina de Aguayabo y Antón, —Camagüey. *Sep. 20*

Van a desempeñar una misión importante a la República Dominicana. Van a efectuar su embarque por la zona de Cubita y el Coronel Javier Vega, Jefe de Estado Mayor, va a despacharlos.

Permanecimos acampados hasta el día 21, que nos movimos para el Caimito. Desde donde se despacharon comisiones para las Villas y otros puntos. También disuelvo la concentración de fuerzas. *Sep. 21*

El Gobierno me comunica sus propósitos de pasar a Oriente.

El 22, en marcha hasta la "Cabeza". *Sep. 22*

Día 23, en marcha, sesteo en Matehuelo y por la tarde se acampó en San Luis. *Sep. 23*

Día 25, muy temprano en marcha a "Santana". *Sep. 25*

El enemigo acumula fuerzas en "Vista Hermosa" y "Contramaestre".

El 26, a Arroyo Hondo— voy acompañando al Gobierno en su itinerario, para a la vez despachar varios asuntos. *Sep. 26*

1895

Sep. 27-28 — Día 27, a las "Pulgas" y el 28 a San Juan de Dios del Portillo.

Sep. 29 — El 29, me separo del Gobierno, que dejo provisto de todo lo necesario para su marcha. El mismo día acampo de regreso, en las Pulgas.

Sep. 30 — El día 30 en marcha— sesteo en "Arroyo Hondo" y en marcha a Ciego de Najasa.

Oct. 5 — Día 5 de Octubre y en el Ciego de Najasa. Se me incorpora el Coronel (Javier Vega) y me dá parte de que todo ha salido bien, habiéndose embarcado los viajeros el día 28 de Septiembre.

Permanezco acampado en este punto despachando varios asuntos del servicio, hasta el día 6 de Octubre, que con 200 hombres me muevo hacia la zona del camino real de Vista Hermosa a Sibanicú. El mismo día acampo en San Andrés.

Oct. 7 — Día 7, permanezco acampado en el mismo lugar, mandando reconocimientos a Vista Hermosa ocupada por los españoles.

Oct. 8 — Día 8, me muevo a San Andrés, de Don Andrés González.

Oct. 9 — Día 9, en marcha y sesteo en la Aurora.

Aquí se me incorpora el Brigadier José María Rodríguez; procedente de las Villas por donde desembarcó con el General Carlos Roloff.

A Rodríguez le he hecho venir para hacerle cargo del mando del Camagüey. A las 2 de la tarde en marcha a la Matilde.

Oct. 10 — El 10, acampado en esta finca y se le hizo entrega del mando del Tercer Cuerpo de Ejército al Mayor General, en comisión, Brigadier José María Rodríguez.

Oct. 11 — Mes de Octubre de 1895. Día 11. Ya en la "Matilde" hecho cargo del mando de este Cuerpo de Ejército, el Tercero, el General José María Rodríguez, marchamos para la "Yaya".

Nos proponemos salir al encuentro de un convoy que se

dice saldrá de la ciudad para Guáimaro. A las 11 del mismo día se acampó en dicho lugar.

Día 12, columna enemiga por el camino de Vista Hermosa a Sibanicú.—Se manda al Teniente Coronel Oscar Primelles con 30 hombres a tirotearla. La columna retrocede a Vista Hermosa.   Oct. 12

El 13, noticias de que el convoy se retardará demasiado; el mismo día determino moverme al Zoral.   Oct. 13

Voy haciendo entrega del mando de la Comarca al General José María Rodríguez, e informándolo de todo.

Día 14. Sesteo en la Sabanita— y se pernoctó.   Oct. 14

15, por El Chorrillo, sesteo y se hizo noche en Moja Casabe.   Oct. 15

Día 16, a Santa Rufina y el 17 a San José de Guaicanamar. Aquí hago alto y me ocupo de resolver mi marcha para las Villas.   Oct. 16-17

El General Antonio Maceo se demora con el Ejército de invasión y yo debo marchar aunque sea con una escolta de 100 hombres a ponerme al frente de la situación de aquella comarca, en donde los españoles pueden recargar sus fuerzas.

Día 22, de Ciego Najasa a Sabana Jimerú, Matehuelo y Los Ranchos.   Oct. 22

23. La Cabeza, El Escudo, Antón.   Oct. 23

24. Las Guásimas, Todos Santos y Divorcio a la Ciega.   Oct. 24

25. Jesús María a Ciego de Escobar.   Oct. 25

26. Piedrecita, Cieguito.   Oct. 26

27. Lázaro, San Diego.   Oct. 27

28. La Vera Cruz.   Oct. 28

29. Santa Lucía, San Joaquín.   Oct. 29

30. Paso de la línea entre Morón y Ciego de Avila, pasando por Manacas al Laurel (acampado).   Oct. 30

Noviembre 1º. A Santa Teresa, sin novedad en la marcha.   Nov. 1o.

Lugar de grandes recuerdos para mí.

De aquí expido correo para diferentes lugares, en solicitud de los Generales Roloff y Sánchez.

1895

Nov. 3 — El 3, se me reúnen dichos Gefes— y dispongo concentración de fuerzas en "La Campana".

Nov. 4-5 — El 4, nos movimos a Trilladera y el 5 a Trilladerita.

Nov. 6 — Día 6, a la Campana.

Nov. 7 — El 7, ya han empezado a concentrar fuerzas.

Nov. 8-9 — Días 8 y 9, acampado.

Nov. 11 — El 11, en marcha con rumbo a Sancti Spíritus; para llamar la atención del enemigo hacia aquella zona con objeto de obligarlo a sacar fuerzas de la trocha de Júcaro y de este modo proteger el paso al General, que ya debe venir marchando. Todos mis movimientos al Este de Sancti Spíritus, han de obedecer a este propósito.

Nov. 12 — El 12, después de haber acampado en Pozo Azul— me muevo pasando el río Zaza por el paso... y acampé en...

A las 2 de la tarde, gruesa columna enemiga por mi rastro, y se detiene a una legua. Le mando un piquete de caballería a hostilizarla; no avanza y allí mismo pernocta.

Nov. 13 — Día 13. El enemigo tuerce su rumbo sin perseguirme y yo sigo trazando un rodeo de 3 leguas y repaso el Zaza por el paso de Guevara, acampando en la Vega del Aguacate.

Aquí el Coronel Pedro Díaz que acaba de batirse con columna enemiga que tenemos al frente.

Pasa media hora y el enemigo se retira hostilizado por nuestros exploradores.

Nov. 14 — El 14, en marcha, incorporando la Brigada al mando del Coronel Pedro Díaz. Acampado en Ciego Potrero.

Nov. 15 — El 15, a la Demajagua.

Nov. 16 — El 16 acampado—y el 17 en marcha hacia el campamento enemigo de Pelayo; y el 17 mismo tomamos este campamento que a pocos fuegos se nos rindió; 50 soldados y un oficial, 50 armas, 13 mil tiros y un rico botín.

Nov. 18 — El 18, a Guanabo. La gente muy contenta celebra el día de mi santo.

Nov. 19 — El 19, en marcha para "La Reforma"; y emprendo ataque contra el fuerte enemigo atrincherado— de Río Grande— no con el firme propósito de tomarlo para no sacrificar mucha gente, sino con el fin de atraer a este Centro al enemigo de la trocha.

Día 20 y 21, atacando el fuerte. — Nov. 20-21

El 22, gruesa columna que abandonando e incendiando el fuerte se vuelve para Jicotea, de donde salió. La fuimos persiguiendo dos leguas. — Nov. 22

El 23, en marcha al Primer Hoyo; y el 24, pasa el General Maceo la trocha sin novedad. A las 4 de la tarde nos reunimos en el Laurel, y allí se hizo noche. — Nov. 23-24

El 25, nos pusimos en marcha para La Reforma. — Nov. 25

El 26 y 27, acampado. — Nov. 26-27

Aquí se nos incorpora un corresponsal de periódico americano, Mister Silvestre Scovel.

Día 28, nos ataca enemigo flojamente y no conviniéndonos batirnos seriamente, nos retiramos por el camino del Guayo a Trilladeritas— 2 leguas, donde se pasó la noche. — Nov. 28

El 29, queda dividido el Ejército en dos columnas. — Nov. 29

La primera de Caballería: 3,000 hombres; y la segunda 1,000 de Infantería—marcha ésta por el Sur, cordillera de Trinidad, la manda el Brigadier Quintín Bandera.

Con la primera, por el Norte y con movimientos hacia el Centro y el Sur, si es necesario, marcharemos yo y el General Maceo.

Dispuesto así el Plan de la Invasión y sin desatender sus detalles, se separaron ambas Columnas y nos movimos a las 8 de la mañana del día indicado.

A 3 horas de marcha y al atravesar el camino real de Iguará a Sancti Espíritus— media legua del primer punto— nos encontramos con columna enemiga que fué batida y obligada a refugiarse en Iguará, dejando sus muertos, y 14 acémilas vacías.

Acampamos en la Campana con algunas bajas; 33 heridos y ocho muertos, entre los primeros el Gefe de Estado Mayor, Coronel Fernando Espinosa, el de mi Despacho, Comandante A. Colete y un Ayudante, Alfredo Benítez.

Día 30, en marcha a Ciego Potrero. Aquí, organiza- — Nov. 30

1895

Dic. 3 — ción definitiva de las fuerzas y acampados sin novedad hasta el día 3 que nos movimos, separándonos del Gobierno que nos acompañaba.

El mismo día se hizo alto en el Remate de las Vueltas, jurisdicción de Remedios.

Dic. 5 — Día 5 de Diciembre. Se levantó el campo y en marcha por entre Jumento y Báez; enemigo a nuestro encuentro, que es detenido, se retira hacia Báez y no osa perseguirnos. Seguimos marcha sin novedad.

El enemigo no se atreve a seguirnos, sin duda por no sentirse fuerte, y espera reforzarse. Mientras tanto nosotros seguimos marcha y el día 9 acampamos en Boca de Toro— a una legua de Hoyo de Manicaragua.

Dic. 11 — El día 11, fuimos atacados (a las 3 p. m.) por una columna enemiga de más de 4,000 hombres. Se tomaron posiciones, respaldando nuestras fuerzas al pie de las montañas, que se levantan al Sur de esta Zona; se resistió toda la tarde sin que los españoles pudieran tomarnos las posiciones.

La noche suspendió el combate y nuestras avanzadas ocupaban las avenidas frente y a tiro de rifle de las avanzadas enemigas.

Previendo que el enemigo debía emprender el ataque al día siguiente, hice comprender al General Maceo que no nos convenía resistir; preparamos durante la noche nuestra retirada por un camino extraviado y en extremo escabroso, por donde teníamos que pasar con una impedimenta de más de 500 hombres desarmados, acémilas, gente inútil, que sin poderlo evitar se arrastraba detrás del Ejército, lo que hacía más penosa la marcha; más de 300 heridos, en su mayor parte graves, que era forzoso conducir en hamacas, por una senda que, imposible de doblar en fondo hacía la marcha más difícil, y por lo tanto lenta como se puede imaginar.

Durante esa noche se trató de molestar cuanto se pudo al enemigo, haciendo fuego por escogidos tiradores sobre sus fogatas, el que al cabo se vió obligado a apagar.

Al amanecer del día 12, el enemigo emprendió su movimiento de avance y nosotros nuestra retirada.

Dic. 12

Nos proponíamos obligar al enemigo a internarse, para desviarlo de nuestro itinerario; y nos favorecía la dirección del camino que íbamos a emprender, pues su primera dirección era Este, del que aparentábamos retroceder, después; variada al Sur y finalmente al Occidente, para bajar por la Siguanea.

Personalmente, el General Maceo, se encargó con gente escogida, de defender nuestra retaguardia.

A las 6 y media de la mañana se principió por el enemigo el ataque a nuestra retaguardia, que con admirable maestría supo el General resistir; ya con emboscadas, ya con grupos de tiradores escogidos y bien colocados en las alturas dominantes de la vía.

Con esta táctica tan fácil y sencilla, logramos, no solamente detener el empuje de su marcha al enemigo, sino que le causamos grandes pérdidas, al propio tiempo que por nuestra parte eran insignificantes; y para explicar tan notable diferencia, es necesario advertir, que consistía en que nuestros soldados, ocultos siempre en las malezas y quebraduras que ofrece el terreno, hacían fuego a ojos vistos, lo que no pudieron nunca hacer los españoles, porque en estos casos las ventajas resultan para el que espera y no para el que avanza.

Ocupaba yo el Centro de la Columna, y algunas veces iba dejando sobre nuestros flancos pequeños grupos para reforzar al General.

Pusimos a la vanguardia al Coronel Vicente Núñez, muy conocedor del terreno que íbamos cruzando. Para tener una idea exacta de la topografía del camino que íbamos haciendo y por lo tanto, de sus inconvenientes, basta saber que a las 6 de la tarde—que ya es bien de noche en las hondonadas que forman las montañas, acampamos, y sin sentirnos en todo el día, no pudimos andar más que dos leguas a lo sumo.

Los españoles también lo hicieron, dando vista sus avanzadas a las nuestras. "*Hemos conseguido ya nuestro principal objeto*, hablábamos esa noche yo y el General Maceo; *que* ese enemigo se nos ponga detrás, pues en vez de detenernos nos empuja".

Eran las 6 de la mañana del día 12, cuando se principió el fuego por el mismo punto; la retaguardia, y del mismo modo. El General le había preparado una buena emboscada y el enemigo la trató flanquear pero no pudo, fué rechazado y se le obligó a concretarse a hacernos daño, siempre presentándonos su frente.

La persecución duró hasta las 12 meridiano, a esa hora recibo aviso del General, diciéndome que él sospechaba que el enemigo nos abandonaría, pues había hecho alto en la encrucijada de un camino que baja de las montañas al llano, y que sin duda podía seguir hacia fuera tomando por su derecha.

El General se quedó en observación y continuando yo la marcha fuí a acampar a las 4 de la tarde en el hermoso valle de la Siguanea.

Una hora después lo hizo el General y me participa que los españoles habían tomado rumbo al Hoyo de Manicaragua, 2 leguas distantes del punto que ocupábamos. Allí pasamos la noche sin novedad y donde la gente se alimentó abundantemente y se descansó al campo libre. "No tenga usted mucho cuidado por esta noche, pues los españoles deben estar más rendidos que nosotros"; decía yo al Jefe de Día, al cubrir el campamento.

Día 13. Preciso nos era salirnos pronto a las llanuras, pues habiendo ya dejado detrás el grueso de las fuerzas enemigas, fácil nos sería vencer los obstáculos que las más débiles, de seguro, se atrevieran a oponer; y poniéndonos en marcha atravesamos, en la jornada de ese día, casi toda la jurisdicción de Cienfuegos, sin novedad.

Ya aquí principió el incendio de las cañas.

El movimiento rápido que teníamos que hacer para ocupar pronto territorios, y el cúmulo de atenciones, que según debe suponerse, nos asediaban, no me dejaban tiempo reposado para ir anotando con todos sus detalles —que todos, a cual más y cual menos, son interesantes— las peripecias de la Campaña de Invasión.

Muchas veces, de noche, me propuse escribir, pero lo confieso, tenía que desistir pues me sentía rendido; por eso me concretaré a consignar aquí que durante la segunda quincena de Diciembre estaban completamente invadidas las jurisdicciones todas, Occidente incluso la de la Habana; y sosteniéndose grandes combates, como el de "Mal Tiempo" (el día 15) el de Calimete —el día 29— el de Coliseo —el día 23— con fuerzas este último, mandadas personalmente por el General Martínez Campos.

Dic. 15
Dic. 23-29

En todos estos combates, si bien no quedamos dueños del campo, pues nunca tratamos de empeñarlos hasta ese extremo, pero sí dejamos maltrecho al enemigo e imposible de seguirnos, con una persecución tenaz.

La serie de combates y escaramuzas, de interrupciones de líneas férreas, y tomas de trenes, destrucciones de paraderos, de puentes y alcantarillas —de todo eso— se pueden llenar muchas páginas de un libro, si hubiese quien se propusiera escribirlo.

Pronto, con toda la gente ya alzada que nos esperaba —más la que se nos incorporaba procedente de Pueblos y Zonas habitadas— tuvimos suficientes, para cubrir nuestras bajas.

Los españoles no se atrevieron a oponer seria resistencia a nuestras fuerzas con las suyas débiles, y mientras acumulaban mayores —traídas hasta desde Oriente— nuestras fuerzas se han enseñoreado en todas las Provincias occidentales.

El pueblo sencillo, que debido a infame propaganda española respecto a nuestra conducta, se sintió sobrecogido en presencia del suceso, y más bien que por entusiasmo sincero, por terror, vitoreaba a gritos nuestra bandera. Pero bien pronto la verdad se abrió paso y palpando el pueblo la realidad, le dió la espalda a España y se quedó con la Revolución.

1895

Ninguna familia abandonó su hogar, y paralizada la zafra la tea se apagó en lo injustificable de tan dura medida; la Revolución naturalmente tomó otro carácter. Los bateyes de los ingenios eran nuestros campamentos, que se cuidaban con esmero.

Toma de Güira de Melena 4 de Enero. Eno. 4

El 7 de Enero (1896) en Hoyo Colorado, punto limítrofe entre las provincias de la Habana y Pinar del Río, nos separamos el General Maceo y yo, con columnas fuertes, cada uno, de más de dos mil hombres. Eno. 7

El general emprende su marcha de invasión a la Provincia de Pinar del Río, y yo contramarcho a sostenerlo y sostenerme en la de Habana.

El mismo día y antes de descansar, me veo obligado a recio combate en malas condiciones en la zona (un laberinto terrible de cercas de piedra, cuando yo no pude disponer sino de 200 hombres de infantería a lo sumo, toda la demás gente de caballería) de Ceiba del Agua, un pueblo. Sin embargo, el enemigo estaba tan miedoso que se batió flojo y pude retirarme sin ser perseguido, acampando a media legua, ya entrada la noche.

Al día siguiente 8, ya en mejores posiciones mandé exploradores y esperé; el enemigo se concentró en el vecino pueblo con muchas bajas. Eno. 8

Seguí a ocupar el centro de la provincia en donde los españoles acumularon las mayores fuerzas de sus tropas; facilitándole a la vez, al General Maceo, la invasión a Pinar del Río, a poco costo en sus primeros avances; coincidiendo con este importante avance la retirada para la península del General Martínez Campos y sucediéndole en el mando el general Sabás Marín.

Recibido de J. J. Sánchez,—$45.10,—último resto del dinero que le entregó Agustín Carmonet para compra de armas. 10 de Enero de 1896. Eno. 10

1896

Feb. Mzo.   Febrero y Marzo.—Como para más imponerse en el mando, o quien sabe con qué fines; Marín reune más de cuatro mil hombres y me ataca el día ... en el ingenio "La Luz",—cuyo ataque, después de una estudiada combinación para deshacerme,— no tuvo resultado ninguno para las armas españolas.

A media legua del campamento del general Marín, establecí en la noche de ese día, el mío.

Fuerzas superiores, diez o doce días después, cayeron sobre el General Maceo; que ha sostenido combates, como el de Candelaria, Paso Real y otros muchos más, en donde salieron Generales heridos, como Luque.

En esta situación se ha sostenido la guerra, acentuándose más el espíritu de crueldad y devastación por parte de España después de la llegada al país del general Weyler.

La tea volvió a encenderse al proponerse hacer la zafra por la fuerza de las armas y la isla ha quedado arrasada.

Abr.   Se ha cerrado la campaña de invierno y nos encontramos en el mes de Abril.

Abr. 25   Abril 25, preparándonos para la de verano.

Me encuentro en la jurisdicción de Sancti Spíritus a donde he venido a arreglar las comarcas de las Villas y a rehacerme de refuerzos.

Preparado todo me propongo marchar hacia Occidente.

El enemigo, para impedir mi marcha, tiene ocupados los principales pasos del Zaza. Presumo que no podré efectuar esta marcha sin serios tropiezos, pues los españoles, es natural que se empeñen a impedir mi entrada otra vez en Occidente.

Abr. 26   Pensando que puede ser de buen efecto me empeño en hacerlo. El día 26, me ocupo de despachar al General Serafín Sánchez, Inspector General del Ejército, para Oriente, en asuntos importantes del servicio; a castigar desertores y ver la manera de cómo puede traer un contingente de infantería.

Le acompañan varios jefes y el doctor Delegado del Gobierno, Santiago García Cañizares, Secretario del Interior; quien, con sus disposiciones desatinadas e inoportunas ha trastornado el orden regular establecido. Marcha Sánchez.

Día 27.—Intento pasar el Zaza y no me es posible, pues el enemigo ocupa los principales pasos por la parte Norte, y no queriéndome remontar hacia Remedios, quebrado y montañoso, me dirijo hacia el Sur. El mismo día, tiroteando al enemigo me dirijo a ese rumbo, traspaso el camino real de Taguasco y acampo en los Barrancones. Mis soldados, el que más tiros cuenta en su cartuchera, son cinco.

El 28, me muevo con avisos de mis exploradores de enemigo por mi rastro. Acampo a dos leguas y espero. El enemigo tuerce su rumbo. A las doce, meridiano, se me incorpora el Teniente Coronel Alejandro Rodríguez,—procedente del Camagüey y me trae 10,000 tiros de la expedición conducida por el Comandante Braulio Peña.

Se ha salvado la situación.

Según este Gefe, el Camagüey sufre desorganización por lo que todos opinan que mi presencia es necesaria en aquella comarca, por lo que, pienso marchar un poco hacia Occidente, enviando al General Maceo algunos refuerzos regresar, y pasando por Camagüey evitar mayores males.

El 29, continúo marcha retornando sobre el paso de las Damas, desocupado por el enemigo y vuelto a ocupar, esto ha sido casual, al aproximarme, por lo que tengo que acampar en "La Campana".

El 30 en Trilladerita y el 1º a Guanabo. Al moverme de aquí a pasar el Zaza por donde se pueda, una pareja me trae un pliego del General Carrillo, avisándome de que le aguarde, pues procedente de Oriente me trae pliegos importantes del Gobierno.—Sesenta mil tiros, y me da la noticia al mismo tiempo de la llegada por Baracoa del General Calixto García Iñiguez, con expedición valiosa.

La noticia es halagüeña y en seguida me muevo para "La Reforma" para donde doy cita a Carrillo y llego a la puesta del sol.

Como diez leguas he marchado, ahora pienso que los trastornos que he sufrido debo estimarlos como providenciales, pues he tenido tiempo de recibir todo este auxilio.

1896

May. 1o.　　　Mayo 1º—A las 10 de la mañana se me incorpora Carri-
May. 3　　　llo y me hace entrega de todo. Hasta el día 3 permanecimos reunidos, marchando él para Remedios, donde lo destino; lo hago yo con rumbo a Zaza—y hago noche en Guanabo.

Aquí primeros aguaceros con grande granizada.

May. 4　　　Día 4, a Pelayo.—Marcho despacio, pues conduzco y no con mucha gente, un convoy delicado de parque.

May. 6　　　El 6, a las orillas del Zaza y en marcha por la noche hasta Manaquita, para pasar el cruce principal de las columnas enemigas.

May. 7-8　　　Acampado todo el día 7 y el ocho (8), siguiendo marcha acampamos en los "Monos" sin novedad. Aquí hago venir al Brigadier J. B. Zayas para entregarle una buena cantidad
May. 9　　　de parque, lo que hago el día 9.

May. 10　　　El 10, 11 y 12, batiéndome con columnas enemigas en toda
May. 11　　　esta zona de Manajanabo.
May. 12

Los españoles, han acumulado fuerzas sobre mí, para impedir el cruce de nuestras fuerzas hacia Occidente.

Sin embargo, al mismo tiempo de estas operaciones activas, he logrado organizar una columna de más de 500 hombres bien armados y petrechados que al mando del Brigadier Zayas mar-
May. 13　　　cha el 13 a reforzar al General Antonio Maceo.

May. 14　　　El 14, sostenido combate en el cual no se pudo empeñar decisivo por el mal terreno para maniobrar la caballería, única arma de que he podido disponer.

Me retiro a una legua.

Terminada aquí mi marcha y fin, contramarcho con el propósito de continuar la marcha hasta el Camagüey, en donde se me avisa que se hace necesaria mi presencia por el mal estado de organización en que se encuentra aquella comarca, debido a la poca iniciativa e ineptitudes del General Manuel Suárez, cuyo Gefe, por mi orden, dirige la campaña de la misma.

May. 15　　　Día 15, en marcha por la zona de Jumento y se acampó en Manaquita.

May. 16　　　El 16, se levantó el campo pasando el Zaza por el paso de Valdivia y se acampó en Pozo Azul.

Día 17, a Trilladeras—ya todo esto es jurisdicción de Sancti Spíritus—y el 18 a "La Reforma".

En toda esta zona descanso algunos días reponiendo caballos y dejando organizada esta comarca. El día 26 traspaso la Trocha Enemiga de Júcaro a Morón y se hace noche en la Tridad o Cacagual, aquí encontré al General José María Rodríguez con una pequeña escolta que ahora, tarde y a destiempo se dirige a Occidente, después de dejar pasar más tres meses sin cumplimentar la orden de marcha con mayores fuerzas, y pone por excusas motivos fútiles que no le pueden justificar como a un General de sus condiciones y fama. En tal virtud me pareció prudente, ya que no podía tomarse ningún procedimiento serio, dejar a este Gefe que siga como mejor le parezca, puesto que no pudo o no quiso ocupar su puesto en las filas de los invasores, cuando se le ordenó.

El día 1º de Junio llegué a Ciego de Escobar, en donde descansé dos días. Siguióse marcha después y ya el día 8 me encontraba en la zona de Najasa.

Lo primero que he tenido que hacer, ha sido suspender del mando al General Suárez. Me he encontrado todo desorganizado, desarrollado el espíritu del tráfico o mercantilismo y completamente enervado el espíritu de las tropas.

Por tal situación creada a favor de la quietud en que los españoles han dejado esta comarca para poder resistir el empuje adoptar medidas fuertes, sobre todo con los defraudadores de la Hacienda Pública.

Unos han sido detenidos, y hasta por un Consejo de Guerra fué sentenciado a muerte y ejecutado, Joaquín González.

Mucho trabajo me está costando la concentración de las tropas del Camagüey, pues el Gobierno con su ingerencia en los asuntos de la guerra, de manera poco atinada y sin fortuna, ha contribuído, y en gran manera, a crear esta situación.

Con todo he logrado reunir 300 hombres que unidos a 100 que me han acompañado desde Occidente, hacen un total de 400 hombres.

1896

Jun. 10 — Día 10.—Tengo aviso de que columna enemiga de las tres armas y fuerte de 2,000 hombres ha llegado a Vista Hermosa —5 leguas de mi campamento—. Emprendo marcha para salirle al encuentro. En el potrero Saratoga, a las cuatro de la

Jun. 11 — tarde del 11, encuentro acampado al enemigo, que no obstante las magníficas posiciones que ocupa, le ataco con decisión. El enemigo se defiende y en la noche suspende el ataque general, sin dejarle tranquilo en toda la noche el fuego de mis guerrillas.

Jun. 12 — El día 12, al amanecer, reanudo el ataque que dura todo el día sin lograr que el enemigo abandone sus atrincheramientos. La fuerza mayor con que yo cuento es de caballería, apenas puedo disponer de 50 infantes. He sufrido ya 50 bajas entre muertos y heridos; y de caballos más de 100. La noche ha suspendido otra vez lo reñido del combate y siguen funcionando las guerrillas.

Jun. 13 — Día 13, al amanecer, los españoles reciben 1,000 hombres más de refuerzo, y con este auxilio la columna enemiga, destrozada y herida, emprende su retirada, bajo nuestros fuegos y con eso queda demostrado que quedamos triunfantes y dueños del campo en donde levantó sus tiendas la columna cubana. No nos atrevemos nosotros a decirlo, pues nos hubiera parecido exagerado, pero lo ha dicho el General español, Jimenez Castellanos, jefe de los contrarios; que el combate librado en Saratoga, corre pareja con la Batalla de las Guásimas, en el 68 (la guerra).

Los días subsiguientes a este rudo combate he permanecido ocupando la misma zona, reponiendo hombres y caballos. Me siento también estropeado y sentía la necesidad de un poco de reposo.

Jun. 19 — Ya el día 19, despachado todo y organizado de nuevo, emprendo marcha hacia la zona del pueblo y acampo en Paraguay. Es mi objeto no dejar que los españoles salgan de la población sin encontrarse pronto con quien los ataques para no dejarlos envalentonar.

Marcha lenta, dejando descansar las caballerías; hasta Redención, ingenio derruído próximo a las Minas, pueblo fortificado y en la misma línea. Aquí acampo.

Día 22, acampado y notándose la falta de un soldado presentado al enemigo, que ha denunciado todos mis movimientos. Tengo avisos de que los españoles han reforzado toda la línea y se han resguardado en sus atrincheramientos; presumo no saldrán a presentarme combate.

Jun. 22

El 24, tengo avisos de la expedición "Portuondo"; desembarcada por Baracoa, Oriente, y me muevo en seguida, pasando al propio tiempo órdenes al General Calixto García, que se encuentra en las Tunas, que marche también hacia aquella comarca a asegurar los elementos de guerra conducidos por Portuondo.

Jun. 24

El día 28, acampo en San Andrés, donde se me une el Gobierno, que hasta ahora no había podido ver.

Jun. 28

Después de tantos desaciertos como han cometido estos hombres; se ha querido rehuir a las responsabilidades consiguientes que les cabe, y yo por mi parte me propongo no ahondar demasiado en estas cuestiones, que de seguro han de inferir menos males a la Revolución que amo y sirvo, dejándolas así, que tratando de remediar males que ya no tienen remedio. Por otra parte, las ineptitudes de estos hombres en el Poder me garantizan en mi destino y me proporcionan menos embarazos para la Dirección de las Operaciones de la guerra, puesto que sus repetidos actos inconstitucionales les han despojado de la verdadera majestad del Poder.

Consecuente con este criterio propio, he tratado de evitar, y lo he evitado, muchas cosas; separándome de esa sombra o farsa de Gobierno, dejándolos a todos contentos.

El día 2 de Julio, salí para la Yaya, allí hice noche; y el 3 emprendí marcha seguida hacia Oriente.

Jul. 2-3

Voy, desde el día 7, recorriendo las riberas del Cauto.

Jul. 7

El día 9, alcanzo al General García en la Yaya. ¡Cuántos recuerdos! Aquí recibimos la triste noticia de la muerte del

Jul. 9

General José Maceo, acontecida el día 5, en Loma del Gato— de Songo.

Jul. 9   9 Julio de 1896, a las 9 de la noche encuentro con el General C. García en San Rafael, "Cauto".

Esta noticia nos ha entristecido a todos. Ha sido para todos los que nos encontramos aquí un día verdaderamente triste. ¡Qué desgracia para los hombres, que tengamos que morir, para saberse, y eso para los vivos, la cantidad de afecto que se nos profesa! Eso acabo yo de notar con él, el General Maceo, el muerto.

Jul. 10   Al siguiente día continuamos hasta la Vuelta Grande. Por la tarde visita a Boca de Dos Ríos ,al punto donde cayó José Martí. Allí mismo levantamos un mausoleo a piedra viva. El acto fué solemnísimo.

Marchamos después; yo con rumbo a los Cafetales a concluir allí con el abuso de los franceses dueños de los mismos, y el General García lo hace a la zona donde ha muerto el General Maceo; a reunir todas aquellas tropas y brevemente volver a unirse conmigo, por las riberas del Cauto.

Los días últimos de Julio, casi todo este mes, lo he consumido en esta Jurisdicción, destruyendo todo lo que podía ser útil al enemigo y matando el tráfico y el comercio que se nos había entronizado de una manera perjudicial.

Para efectuar esta ímproba tarea de organización, he tenido que mantenerme ocupando desde Remanganagua hasta Palma Soriano y Cafetal La Aurora.

Ha sido causa principalísima de tantos desórdenes, la explotación que nuestro Gobierno ha querido hacer, de frutos de comercio, dando lugar con estas medidas a que aquí se haya convertido todo el mundo en especuladores y trabajadores; lo que nos conduciría derecho a la pérdida de la Revolución, principiando por el enervamiento de las fuerzas vivas del Ejército; pues lo que ha pasado aquí está pasando por otras partes. Enmendar estos trastornos y enderezar todas estas torceduras, me está costando no pocas mortificaciones, pues sin embargo de que procedo de tan buena fé e inspirado en los verdaderos intereses de la Revolución, tropiezo con la sorda oposición del Gobierno, compuesto de hombres de limitados alcances y de amor propio exagerado y mal comprendido.

El día 10, ya me encuentro reunido con el General García en la Vuelta Grande; con más de (1,000) mil hombres de las tres armas; y el día 11, se emprende marcha hacia la línea férrea de Gibara. Agt. 10
Agt. 11

Día 20, ataque y destrucción del fuerte de Loma de Hierro. Agt. 20

El día 21, a Guanamarao. Tengo aviso aquí de expedición que ha desembarcado por Camagüey, al mando de Rafael Cabrera. Agt. 21

El General García marcha a recibirla.

Sigo a Mala Noche, para recoger 50,000 tiros, con propósito de marchar para el Camagüey.

Día 22, a Mala Noche, donde permanecimos hasta el día 27 que se me une el Brigadier Rogelio Castillo, con el convoy de 60,000 tiros de parque. Agt. 22

El día 28, emprendí marcha para el Camagüey por Río Abajo, Curana, La Deseada, Guáimaro, Las Olivas, San Blés, La Yaya; aquí me reuní con el Gobierno, el día 1° de Septiembre.. Aquí he celebrado varias conferencias con el Gobierno, que poco atinado y mal inspirado en sus extrictas atribuciones, barrenando la Constitución, se ha inmiscuido en asuntos puramente militares u operaciones de la guerra. Agt. 28
Sep. 1o.

Con prudencia y tacto, para evitar rozamientos que puedan perjudicar altos intereses de la Revolución, he logrado conciliarlo todo y ayudar a que, todos, sin alardes de personalismos, ocupemos nuestros respectivos puestos. Todo eso he hecho con la abnegación que Cuba me manda ejercer en provecho suyo, para su bien y ventura, sin cuidarme de las heridas que los hombres del Gobierno han inferido más de una vez a mi autoridad de General en Jefe del Ejército.

Día 3, despacho al General José María Rodríguez, con columna de 200 hombres y 60,000 tiros para Occidente. Sep. 3

1896

Sep. 5 — El día 5, me muevo con el Gobierno para La Gloria y
Sep. 15 — entre éste punto y el Plátano, nos pasamos hasta el día 15; organizando y disponiendo operaciones sobre el Pueblo—pues los españoles no salen de sus atrincheramientos.

Sep. 16 — El día 16, me muevo hacia Guáimaro, para preparar el cañón que nos ha traído Cabrera, y que se tiene guardado.

Tengo aviso del arribo de otra expedición desembarcada por el Masío, Sur de Cuba.

Debo esperar al General Calixto García, que en plazo no lejano ha de venir con más de (1,000) mil hombres, para emprender operaciones en esta Comarca—y por eso preparo fuerzas y cañones.

Sep. 18 — Día 18, ya acampado en San Blás, hago traer el cañón que pienso probar, valiéndome de artilleros improvisados Americanos.

Sep. 19 — Día 19 Septiembre. Prueba del cañón que dá resultados. No queriendo disparar más que un tiro por economizar parque y por no poner al enemigo sobre avisos. El mismo día
Sep. 20 — a La Yaya y el 20 a la Araucana.

Sep. 21 — Día 21, le pongo sitio a Cascorro, pero sitio estrecho; se ataca por todos lados.

Se le hacen más de 200 disparos de cañón. Las cápsulas no revientan y sólo hacen el efecto de balas de arrasar. Hacen daño a los edificios, por encima, pero insuficientes para destruir los atrincheramientos que son bastante sólidos. El enemigo, a pesar de su estrecha situación, como tiene abastecimientos dentro y ha comprendido lo inútil de nuestra artillería, resiste ante nuestra tenacidad. Dos veces, sin amenazas tontas, y sí ofreciéndole toda clase de garantías, le he intimado a la rendición, y ambas veces han contestado negativamente.

Estoy sufriendo la natural contrariedad en presencia de la imposibilidad de hacer rendir a este Pueblo por la fuerza, y la de tomarlo por asalto sin ninguna garantía de éxito; más bien con la seguridad de perder mucha gente.

Sin embargo, continúo estrechando el sitio, puesto que hasta ahora hemos sufrido muy pocas bajas. Esta situación ha durado 15 días, al cabo de los cuales ha salido una fuerte columna—(3,000) hombres—de las Minas, línea férrea.

Esta columna salió de Minas, bajo nuestros fuegos y del mismo modo entró a Cascorro—no logrando levantar el sitio, sino únicamente, obligándonos a alejar un poco nuestras líneas de circunvalación.

Refuerza el destacamento de Cascorro y repone, concentrando, sus obras de fortificaciones, y el día 7 emprende otra vez marcha, siempre hostilizada por nuestros fuegos, que la obligan a extraviar caminos, aprovechando todos aquellos más enmarañados donde no puede maniobrar nuestra caballería. Oct. 7

Día 8, al amanecer y ya en las cercanías de San Miguel de Nuevitas, en campo más abierto pude lograr salirle al paso —con (300) jinetes, trabándose rudo combate que duró dos horas. Oct. 8

El enemigo, a marcha forzada entró en San Miguel, a las 10 de la mañana del día 8. Destrozado y maltrecho.

Aquí he terminado esta ruda campaña de 17 días. Por fortuna mía y como para mitigar tantos sinsabores, me ha llegado la noticia del desembarco de mi hijo Pancho, por Pinar del Río, en la expedición conducida por el General Rius Rivera.

Marcho rumbo al Sur —Guáimaro— a salirle al encuentro al General García, que baja de Oriente con una columna pesadísima, cargada de pertrechos de guerra y necesita que se le auxilie.

Día 12, de Guáimaro despacho comisión a Pinar del Río: Teniente Quintín Jorge y cuatro sargentos de mi escolta, a buscar a mi hijo Pancho y a César. Oct. 12

El 13, me muevo al encuentro del General García y acampo en Arroyo Hondo el 14, en donde se me une García. Oct. 13
Oct. 14

El 15, nos movimos y se acampó otra vez en los Mangos de la Legua. Oct. 15

El 17, se principió el ataque de Guáimaro y así que lo de- Oct. 17

1896

Oct. 21 — jé todo dispuesto, me dirigí con 500 hombres de caballería hacia el Camagüey (el día 21), para vigilar los movimientos del enemigo.

Oct. 24 — El 24, me pongo a la vista y ocupo la zona. El enemigo no se mueve. Permanezco acampado.

Tengo avisos de que el General Jiménez Castellanos concentra sus fuerzas en Minas, para salir en auxilio de Guáimaro y Cascorro sitiados.

Oct. 28 — El 28, recibo aviso de la toma de Guáimaro. Doy órdenes de que se entre en las líneas del sitio de Cascorro.

Nov. 1o. — Noviembre 1º. Continúa la situación y yo acampo en la Gloria, para estar más expedito sobre la línea y rumbos que pueda traer el General Jiménez Castellanos.

Nov. 5 — El 5, se me une el General García y me dá cuenta de la toma de Guáimaro.

200 prisioneros, 200 armamentos, mucho parque, 10,000 pesos oro, muchas medicinas y efectos, de distintas clases.

Entre los prisioneros, 20 heridos que se pusieron en la finca el Plátano, a 6 leguas de Puerto Príncipe, allí envió el General Castellanos a recogerlos con sus sanitarios.

Nov. 6 — El día 6, se mueve el enemigo desde Minas; 4,000 hombres para Cascorro y se libran los grandes combates de Lugones, La Conchita y todo el trayecto que ha recorrido el enemigo en su operación de levantar el campamento de dicho poblado.

Nov. 7 — El 7, por la noche, entró Castellanos casi derrotado en San Miguel, cuyo pueblo también abandonó después, refugiándose en Nuevitas.

Tan larga como importante ha sido esta operación, por los resultados que nos ha dado, y sin embargo, en vez de recibir parabienes del Gobierno, lo que recibo son desafecciones; y la causa es, porque yo me opongo a que el Gobierno descienda, metiéndose en asuntos que, o no son de su incumbencia, o los despacha mal, o de modo informal, como acaba de acontecer expidiendo pases para entrar en poblados enemigos en desempeño de comisiones fútiles.

Día 18, terminando todo lo que he creído que tenía que hacer en el Departamento Oriental, preparo mi marcha para Occidente y acampo en la Cisnera. Espero armas y pertrechos que tiene órdenes de enviar el General García, quien con ese objeto se separó de mí el día 13.   Nov. 18

Aquí conviene abrir un paréntesis. Un desagradable incidente surgió entre el General García y yo. El General ofuscado, hasta enfadado, hizo su renuncia; pero convencido al fin de su error y ofuscación, se dió a la razón y todo se arregló.

Todo consistió en el envío de armas y pertrechos, que él debía enviar de Oriente para reforzar a Occidente; y que, como comunmente viene sucediendo siempre, la gente esconde y no quiere dar. El General se cree aludido a esta insinuación mía (que no debía creer así, por el poco favor que se hacía) y de ahí surgió el disgusto. Las comunicaciones que se cruzaron entre él y yo, con motivo de ese sensible desacuerdo, aparecerán en el Archivo y dan una idea clara de lo acontecido.

La familia de Domingo Cisneros: María Soçarrás, Celia, Blanca y Brianda; sus hijas niñas—y la casada, Soledad.— 22 Noviembre 1896.   Nov. 22

Finalizó Noviembre y ha entrado Diciembre; el último mes del año, con tristísimos auspicios para mí.   Dic.

Hace días que se suscitó entre el Consejo de Gobierno y yo, un desacuerdo, por el modo irregular de sostener las confidencias reservadas; firmando cualquiera de sus miembros pases al enemigo, muchas de las veces para diligencias fútiles, facilitando con esto el espionaje del enemigo en la zona alrededor de la ciudad de Camagüey, que entra en mi plan de campaña asediar lo más posible que se pueda como se está haciendo.

El día 2 Diciembre 1896 fué herido Panchito, combate Lomas de San Juan de Dios, Pinar del Río.   Dic, 2

Y queriendo regularizar ese servicio de la mejor manera, sin oponerme al acuerdo, el Consejo se opone y de ahí que se me hayan pasado comunicaciones insultantes; al extremo que hemos caído en una situación embarazosa, resultado: seria cuestión personal entre el Secretario de la Guerra—como él se titula y yo.

Todo esto, que podemos llamar sensible y trascendental trastorno, ha venido a presentarse en los momentos más peligrosos de la campaña y cuando me preparo precisamente, para marchar hacia Occidente.

Y pienso de esta manera; consecuente siempre con mi propósito desinteresado de ayudar a los cubanos en su guerra de independencia; que es lo que me hizo, desarmado y en frágil barquilla, arribar a las playas de esta Tierra; que ya he hecho bastante por ella, llenando lo mejor que he podido el deber que yo mismo me había impuesto, creo que ya los cubanos no me necesitan y, como extranjero, y como hombre sensato, cumple retirarme de esta lucha, en donde han surgido ya peligrosas rivalidades, que de ninguna manera (como pudiera suceder) debo alentar con el ejercicio de mi mando; pues eso, me hará perder simpatías en este Pueblo, patria de mi mujer y de mis hijos y tal vez una nota dudosa de insubordinado en mi vieja hoja de servicios que deseo mantener clara y limpia.

Esta es la inesperada situación en que me encuentro colocado.

Dic. 16   Día 16 Diciembre 1896. En San Faustino, Camagüey. El más triste para mí.

Me despierta la noticia de la muerte de mi hijo Pancho y del General Antonio Maceo, ocurrida en Punta Brava, Provincia de la Habana. El día 7 del actual.

Algunos de mis compañeros abrigan la esperanza de que puede ser falsa la noticia, pero yo siento la verdad de ella en la tristeza de mi corazón. Pobre mi esposa, pobre Madre, qué golpe para tu corazón!

Mi pena es tan grande como la causa que la motiva.— Otra gran desgracia, la más terrible que podía caer sobre mí Cuánta verdad expresó el que tuvo la ocurrencia de decir: "Nunca los males vienen solos".

1896

Dic. 16

En el 16 de Diciembre; a las 12 de la noche el oficial de guardia me llama para entregarme un pliego. Estamos acampados en San Faustino, Oeste del Camagüey.

Este pliego es enviado por otro oficial; Benítez y Mola, acompañándome una hoja impresa de procedencia española, por la cual se hace público la muerte de mi hijo Pancho y del General Antonio Maceo, en Punta Brava. A mi hijo Pancho desembarcado por Pinar del Río y que ansiaba abrazar! Esta nueva desgracia, que sin nada de fatalismos me hace conocer, que tal parece que cada hombre tiene en la vida sus períodos de dichas y desdichas! Y son más para mí los días borrascosos y tristes que he pasado en este mar de la vida, que los alegres y dichosos.

La tristeza que me habían causado los ultrajes inferidos por el Gobierno y que aún no se han podido disipar de mi espíritu, me hace suponer que eso no era más que el presagio de mayor desgracia.

En presencia de tantos males que ya no puedo evitar, por falta del poder que me ha cercenado el Gobierno y decayendo mi prestigio por la ley fatal de los mismos sucesos, debo yo como hombre sensato, insistir en mi renuncia de un destino que, en las condiciones en que me encuentro, tengo la seguridad de no poder servir como es debido. De no hacerlo así, me expongo a que se pueda creer que me siento apegado a él, y lo que es más no proceder con juicio e inspirado en verdadero patriotismo. Cuando un hombre no se tiene confianza en sí mismo para servir bien un destino, cualquiera que sea la causa, cuando no puede responder a la confianza pública, debe retirarse y ceder el puesto a otro.

Con esta profunda convicción voy marchando hacia las Villas

Dic. 22

Día 22, acampo en Lázaro—laguna—con más de 1,000 hombres, y como el Gobierno me acompaña pienso que durante la marcha todo podrá arreglarse y resolverse; sin que Cuba tenga que sufrir, pues la falta de un hombre muy bien se puede reponer.

1896

Dic. 23-24 — El 23, me moví acampando en la Vera Cruz; y el 24 al amanecer levanto el campo y marcho con intenciones de atravesar la Trocha del Júcaro a Morón, bien fortificada por los españoles.

A la 1 del día, después de haber caminado siete leguas, acampo a dos en la línea, para preparar el cruce.

Despacho con buenos prácticos, a las 4, un pequeño retén que se coloque más allá de la línea y que proteja mi paso; mientras tanto me muevo lentamente para esperar que la obscuridad de la noche proteja este paso peligrosísimo que es indispensable hacer por el intermedio contiguo a dos fortificaciones enemigas, situadas a 800 metros una de otra y en campo limpio.

La columna que yo llevo es conductora de un convoy de pertrechos de guerra compuesto de 200,000 tiros y 600 armas. Además, la pesada inpedimenta del gobierno.

Todo esto conducido por gente reclutada al acaso; apenas cuento con 150 hombres capaces de batirse bien.

En semejante situación hago algunos instantes de espera a tiro de rifle de la línea, para que se me incorpore el práctico que ha ido a colocar el retén; pero descargas cerradas del enemigo me anuncian que espera prevenido.

El retén pudo pasar pero el práctico es muerto. Desisto del cruce por esa parte y sin dejarme sentir contramarcho, y a las 11 de la noche, qué noche! Acampo otra vez en el Cacahual.

Dic. 25 — Porfirio Núñez, Comandante, murió en Pinar del Río por la zona de Río Hondo, el día 25 de Diciembre de 1896. Esposo de Belencita Venero.

Dic. 25 — Día 25, mientras mando a explorar el Norte de Morón; permanezco acampado a diez leguas.

Dic. 26 — El 26, muy temprano, ya con buenas noticias me muevo, y a las 8 de la noche hago el cruce por el intermedio de Morón y el Estero—no sin tener que arrollar una emboscada que allí tenía el enemigo, pero débil y que no pudo causarme daño. A las doce de la noche acampaba en el Barro.

Dic. 27-28

El 27, a los "Laureles" y el 28 a Santa Teresa.

Apenas llegado a este lugar recibo la confirmación oficial de la muerte de mi amado hijo y del General Antonio Maceo.

¡Triste muy triste, más que triste desgraciado ha sido para mí, el año 96!.

Me deja acongojado y maltrecho. La negra ingratitud de los hombres, aliada a las desgracias de la guerra, con furiosa osadía me ha hecho sentir su iracunda rabia; y hoy, en este día, en estos instantes, siento en mi alma la más honda pena y casi me siento abrumado por una pesadumbre que hago esfuerzo por soportar.

Y es que pienso que es en vano, que el hombre honrado todo lo sacrifique por el bien social; pues las sociedades siempre serán ingratas.

Acampado en Santa Teresa, y aquí se concluyó el 96.

Enero 1º de 1897. Acampado en Santa Teresa.   Eno. 1o.

El 2, enemigo de Ciego de Avila para Arroyo Blanco.   Eno. 2

Fuerte columna conduciendo un convoy. Dispuse más bien hostilizarla que batirla en firme; pues tampoco cuento aquí con fuerzas bastantes para lo segundo.

El mismo día por la tarde se me incorporan los Generales Francisco Carrillo y Pedro Díaz; el segundo, compañero del General Maceo y mi hijo Pancho, y el cual logró recoger sus cadáveres.

Ese valiente general me ha dado todos los detalles de la desgracia. He recogido tambien algunas prendas de mi hijo. Cada día recibo nuevos detalles de cómo aconteció aquella desgracia.

Se me había querido negar, para que mi pena no fuera tanta, pero yo la he descubierto, que mi hijo, parece que medio vivo aun cuando el enemigo llegó hasta donde estaba él con el General Maceo, abandonados por los nuestros, fué rematado por un machetazo. ¡Cuándo se puede olvidar ese machetazo!

Señora de R. Cabrera, Josefa María de Cabrera. Este murió el 7 de Enero de 1897, de calentura, en las Villas. Permanecemos acampados en este punto, sin novedad, casi toda la primera quincena de este mes, hasta que nos movimos hacia la zona de Arroyo Blanco, cuyo poblado dispongo sea atacado y de ahí, órdenes al General Carrillo para que concentre fuerzas.   Eno. 7

Según la relación que se lee en el periódico "La Correspondencia", de España, 12 de Enero de 1897, número 14,221, sobre el combate de Punta Brava. El práctico Santana debió   Eno. 12

1897

darle el machetazo a mi hijo Pancho para rematarlo, pues quizás lo vió moviéndose aun.

Eno. 27 — Día 27, se inicia el ataque a Arroyo Blanco.

El cañón de aire comprimido no nos dá el resultado que nos esperábamos; pero eso no me importa, pues mi propósito principal es ver la manera de obligar al General Weyler que mueva grandes fuerzas sobre estas jurisdicciones de las Villas; debilitando las que ha echado sobre Matanzas, la Habana y Pinar del Río.

El ataque se continúa sin resultados hasta el día 1º de Febrero.

Feb. 1o. — 1º de Febrero, que dos columnas, una procedente de la Trocha del Júcaro y otra de Sancti Spíritus, se presentan a levantar el sitio.

La primera la hemos batido desde "La Reforma", Juan Criollo hasta Arroyo Blanco. La segunda, desde Taguasco.

Feb. 5 — Día 5, se retiran ambas columnas para sus respectivos lugares, después de haber abandonado el fuerte de Taguasco y fortificar más, y reforzar a Arroyo Blanco.

Feb. 15 — Día 15. Osadamente se presenta a mi Cuartel, Luis Morote, Corresponsal de un periódico enemigo: "El Liberal de Madrid".

El atrevimiento de este hombre me ha indignado, pero como viene autorizado por una carta de Severo Pina, es preciso proceder en este asunto con calma para aclararlo bien; y en tal virtud, es sometido a un Consejo de Guerra, que nombro, compuesto de los hombres de más luces que están a mi lado y a ese Tribunal someto para que lo juzgue. El tal Morote, que para honra y gloria de la Revolución, bien merece que se fusilara arbitrariamente.

Morote es absuelto por el Consejo de Guerra, y puesto en libertad para volver a sus filas. Fallo que acato y respeto en seguida.

El Corresponsal español, uno de nuestros peores enemigos, es despachado con las mejores seguridades y garantías hasta la ciudad de Sancti Spíritus.

Así terminó este sainte cómico; donde ha representado el principal papel el señor Ministro de Hacienda, Severo Pina. Como en estos asuntos siempre huelgan los comentarios, dejemos intacta esta noticia para la Historia.

Como yo también soy actor en esta grande y hermosa tragedia que el pueblo cubano representa en medio de la América, para conquistar sus *derechos;* me abstengo de formar juicio sobre la conducta de los demás, cuando la mía debe ser como la de todos, juzgada por el severo Tribunal de la Opinión.

Día 23 Febrero 1897, despaché de Santa Teresa al Coronel Charles Gordon, americano, para la provincia de la Habana, con algunos hombres y armamentos para formar el "Regimiento de Infanteria" "Francisco Gómez". — Feb. 23

Día 25 Febrero 1897. En la Majagua me entregó el Mayor General Francisco Carrillo, diez centenes.—(Sancti Spíritus). — Feb. 25

¡. . . . . . un machetazo!

Día 27 de Febrero 1897. — Feb. 27

En "La Reforma", Sancti Spíritus, en el lugar mismo en donde nació mi hijo amado Francisco, escribo estas líneas.

¡Un machetazo! Sí, ese golpe tajante, sobre el cadáver de aquel niño valeroso, tendido sobre el campo de Punta Brava, no lo olvidaré yo nunca. Ese destrozo infame, esa mutilación del cadáver de aquel héroe, tendido en los brazos del otro héroe muerto también, no lo puedo yo olvidar nunca. Esa profanación sangrienta con aquellos restos que merecían respeto, no la puedo yo perdonar jamás. Ante el cuadro que representaban aquellos dos hombres muertos, más bien debieron sentirse inclinados a descubrirse generosos, como rasgo de valentía, que a saciar su saña y encono, contra el Cubano.

Contrasta aquí de manera tristísima para los españoles, la figura alta del Coronel Jiménez de Sandoval, en "Boca de Dos Ríos", en Santiago de Cuba, al descubrirse ante el cadáver de José Martí, y la talla de Cirujeda en Punta Brava, mutilando el cadáver de Francisco Gómez; abandonándolo en el campo, hazaña debida a un momento desgraciado de nuestras armas.

1897

"Estamos delante de un cadáver, ya esto no es un hombre, y es necesario ante estos restos inanimados descubrirnos con respeto". Esto dijo el Coronel Jiménez Sandoval, y en iguales términos se expresó también el General Lachambre. El Teniente Coronel Cirujeda, no pudo levantarse a semejante altura. No fué tan valiente como pudo serlo, o lo fué a lo Weyler. El Coronel Sandoval, por lo menos en aquel día, afortunado para él, fué valiente a lo Martínez Campos. No me pesa, no, haber sido en esta guerra siempre clemente con los españoles que han caído en nuestro poder, y así seguiré siéndolo pues yo no puedo imitar a los asesinos de nuestros hijos. Pero siento en mi pecho palpitar un sentimiento de venganza, no por la muerte de mi hijo, pues a la guerra se viene a morir, sino por la mutilación, por la profanación de su cadáver. Cortar la rosa no es tan malo, deshojarla con desprecio, es lo amargo.

Feb. 28   Día 28. Aquí finaliza este mes sin que nos haya ocurrido nada notable.

El General enemigo Weyler no ha podido desplegar hasta ahora sus fuerzas, como lo tiene anunciado, para batirnos, y todo se reduce a incendiar, arrasar, matando, a gente pacífica y animales.

Me encuentro en la "Reforma" y ayer tarde fuí a visitar el lugar en donde nació mi hijo Panchito.

Allí lo que se vé ya es un monte. La naturaleza ha borrado las señales de su cuna, cubriendo aquel lugar con árboles nuevos que van creciendo de un modo prodigioso.

Sólo hay allí, como señal evidente del rancho en donde nació Panchito, dos o tres matas de mango.

No quise tocar nada y todo quedó respetado y tranquilo en aquel lugar solitario, en cuyas cercanías el vecino más cercano es el fuerte español de Río Grande.

Dios me dé tiempo y medios para ir también a derramar una lágrima sobre su tumba...

La campaña en toda la primera quincena de este mes

(Los Hoyos, 16) ha sido sostenida y ruda en toda esta zona de "La Reforma", "Santa Teresa", "La Demajagua" y "Los Hoyos". Mzo. 16

Más de 4 o 5 mil españoles nos han atacado con las tres armas y con estudiadísimas combinaciones, que de todas ellas, teniendo anticipados avisos, he logrado burlarme, causándole siempre mucho daño al enemigo.

Uno de los combates más reñidos que hemos sostenido—y todo esto con 80 hombres, que constituyen mi verdadera Escolta—ha sido el día 9 en Santa Teresa. Mzo. 9

El combate principió el día 8 a las 4 de la tarde y los españoles no pudieron ocupar nuestras posiciones, obligándonos la noche, que se nos vino encima a suspenderla. Mzo. 8

Por la noche fueron hostilizados, y nosotros pasamos tranquilos, pues toda la seguridad de nuestro campamento la confíe a las escuchas, que situé en lugares convenientes.

El 9, a las 7 de la mañana próximamente, se reanudó el combate, que duró 2 horas, hasta que los españoles en número considerable—2 mil hombres por lo menos—ocuparon nuestras posiciones. Mzo. 9

Yo hice mi retirada hacia la Reforma, sin ser perseguido. De Santa Teresa a Arroyo Blanco, el camino es montuoso y quebrado, y previendo el caso de que los españoles pudiesen hacer después su retirada por allí, mandé que de las fuerzas del "Regimiento Martí", se emboscasen 100 hombres; así mismo sucedió, y los españoles fueron duramente castigados.

De las bajas más sensibles que sufrimos en el combate de este día 9, ha sido la muerte —cayó a mi lado— del Americano C. E. Crosby, comisionado de "La Liga Cubana Americana", y que hacía muy pocos días que se nos había incorporado, con objetos ventajosos y protectores para nuestra causa. Era este Señor conforme nos fué posible juzgarlo en el corto tiempo que estuvo entre nosotros; hombre ilustrado y cumplido caballero. Mzo. 9

Por su discreción, moderación y cordura, sin revelar apasionamientos de ningún linaje, se captó la simpatía de todos nosotros.

Tengo recogidas todas sus prendas, dinero y papeles, que con un inventario será remitido a su familia.

Para conseguir la vía segura por donde deba ir todo eso, y que no se pierda nada, he dirigido una carta al Cónsul General Mister Lee, para que envíe persona bien acreditada, a recibir tan sagrados objetos, que pertenecieron a un hombre tan bueno. Justo es que esas reliquias lleguen a su hogar triste y dolorido.

Los cubanos todos, deben llenar su deber acudiendo a consolar lo mejor que puedan a la apenada familia del Americano noble, C. E. Crosby.

Mzo. 16   Día 16, después del combate del 9 no han atacado los españoles hasta el 13.

Dos gruesas columnas, una por Santa Teresa otra vez, y otra por la Reforma, han invadido toda la zona, y como son fuerzas grandes me he concretado a hostilizarlas.

Mzo. 17   Día 17. Leemos muchos periódicos con noticias sobre Morote. Este, con su venida al campo, ha causado mucho ruido, y se comenta mi actitud al recibirlo; Morote me trata de "incivil y brutal", seguramente porque yo lo boté a latigazos de nuestro templo.

Para él, Severo Pina, Marcos García, Ruperto Pina, Rosendo García y muchos cubanos más, que si no se les hubiera permitido hablar con él, hubieran reventado; todos esos deben ser personas muy finas para Morote. Bien dijo un día Manuel Sanguily: "Y hay quién se deje matar por tantos que no quieren quitarse la librea de lacayos".

Morote fué arrojado de mi tienda, como un intruso; y la sola recomendación de Marcos García y de Severo Pina, esta última deshonra oficial nuestra, debieron dar a comprender a todos, cuáles eran las aviesas intenciones del poco hábil corresponsal.

Desde luego que éste tembló y se quedó espantado con

la actitud mía, que estaba muy distante de revelarle las más mínimas afinidades; con la conducta de Severo Pina, Marcos García, Rosendo García y Ruperto Pina; estos dos últimos, Jefes de nuestro Ejército, que le recibieron en su propio campamento y lo colmaron de atenciones.

Hombres de limitados alcances, que no podían comprender hasta donde se lastimaba su propio decoro y el decoro de la Revolución que ellos defienden, con un recibimiento amistoso y cortés hecho a un emisario de nuestra desgracia y deshonra.

De ahí que Morote se sientiese con valor y esperanza fundadas, de conseguir fruto a su infame labor.

Estoy en decir (sin jactancia conste) que si Morote se va derecho al Gobierno, en vez de hacerlo como lo hizo, a mi Cuartel General, quien sabe, a estas horas, cuantas fuerzas hubiese restado ya a la Revolución.

"Y hay quién se haga matar por tanto lacayo que no quiere quitarse la librea y vestir la toga"!...

Yo le censuré un día a Manuel Sanguily que vertiese esas frases; cuando se sintió herido como cubano, al ver agruparse a los hombres, en la ciudad de la Habana a los pies de la Infanta Eulalia. Y cuando pensé, que yo mismo tendría que aplicarlas, no en la Habana sino en estos campos empapados en sangre! ¡Qué horror! Nadie es capaz de apreciar el trabajo y la fatiga que cuesta enseñar a los hombres a ser libres.

Se ha concluído Marzo sin que hayan ocurrido sucesos notables. No he tenido noticias de mi afligida esposa ni de mis hijos.

Día 1º de Abril 1897 en "El Ojo de Agua", cerca de Pelayo. Ha ocurrido un lance desagradable para mí. Un titulado Comandante, llamado José M. Villa, de las fuerzs de Matanzas y que por haber venido a una comisión fútil de parte del célebre General Juan Rus, y por tener malos informes de su conducta, lo detuve aquí, y al nombrarle para el servicio de guardia de avanzada, como se ha venido haciendo con todos

Abr. 1o.

los Gefes y oficiales que se encuentran en situación de reemplazo, muchos de estos de indefinida graduación, por no poseer documento auténtico que lo compruebe, como lo es el diploma, encontrándose el tal Villa, precisamente en este caso, se negó rotundamente a prestar el servicio que se le exigió, infiriendo con este acto público de insubordinación, un ultraje directo a mi superior autoridad, que cumplía a mi deber castigar en el acto, severamente.

Cuando un ejército se encuentra en campaña, ningún acto de insubordinación puede considerarse insignificante, el que más lo parezca, siempre será de carácter grave y el General que no sepa y esquivando todo esto, o que no se sienta con carácter, para cumplirlo o hacerlo cumplir, bien puede abandonar el puesto y guardar sus galones para los días de gala.

Ningún subalterno, en ningún caso, puede rechazar las órdenes de su superior, por injustas que éstas le parezcan, pudiendo después con más acopio de razones, respeto y buen espíritu de disciplina, pueda aprovechando todos los derechos que le otorgan nuestras leyes, y las prácticas de derechos republicanos, elevar sus quejas a quien quiera. Al mismo General en Gefe o al Consejo de Gobierno.

Según he podido averiguar, parece que palpita a mi alrededor, eso se extenderá, cierto espíritu de descontento en contra mía, por el procedimiento contra Villa, que muchos consideran como abusivo, violento o injusto. Es decir, que entre Villa y yo que hay una distancia inmensa por la jerarquía; era yo el llamado a tolerar la insolencia de la insubordinación, cuando ésta no solamente lastimaba mi decoro personal, sino la disciplina del Ejército. Cada día me convenzo más, de que no es a mí a quién corresponde ya la organización de estos elementos, y que gastándome inútilmente, no puedo adelantar nada en ese sentido y me expongo a enagenarme las simpatías de los cubanos; puesto que aquí tenemos que perder el tiempo en fórmulas demasiado democráticas y familiares que en ninguna parte ni en ningún tiempo, de las guerras que la Historia de ellas mismas, nos relata, se han visto.

Como no he venido aquí a imponerme, y como tampoco me siento predispuesto contra un hombre, siquiera de los que militan en esta guerra, pues siempre he cuidado mucho de que no pique esa gangrena, a mi corazón, pues desde luego me siento tranquilo y correcto en mi puesto, con mi conciencia de hombre honrado y militar pundonoroso, que, entiende que, más en la formalidad y en la honradez que en el valor, debe asentarse el prestigio de los hombres públicos.

El que gobierna y manda debe tener mucho cuidado de no cometer ningún acto de debilidad, que menoscabe en sus manos la cantidad de poder que se le ha confiado; tampoco debe ejecutar actos arbitrarios, pero en último caso, y en determinadas circunstancias, como por ejemplo, por las que atraviesa hoy la guerra de Cuba, es preferible un Gefe arbitrario que débil o falto de carácter. Los males que pudieran producir los procedimientos del primero serían de consecuencias personales; le harían daño a su persona, es lo más; pero los trastornos que sobrevendrían de los procedimientos del segundo, ¡ah! esos serán siempre desastrosos; porque afectarían a todo el cuerpo social.

A la sombra de una autoridad débil, sólo medran los osados, los atrevidos, que en las Revoluciones, por desgracia no son los menos, y se ven desdeñados y desatendidos los virtuosos, los moderados, los de espíritu manso.

Toda fuerza constituye salud y conduce a la vida. Toda debilidad, es extenuación, es la anemia y conduce a la muerte.

Las debilidades bien notorias del Brigadier Lacret, han ocasionado la precaria situación de la Revolución en la Provincia de Matanzas; y en estos momentos todos estamos sufriendo las consecuencias de su funestísimo sistema de gobernar.

En cuanto a recursos y elementos de guerra, ningún Gefe ha llegado a tenerlos más en abundancia que él, pues la expedición íntegra del Coronel Trujillo y lo que se salvó de Collazo, todo fué a su poder.

En cuanto a mí, ni un momento lo he desamparado con mi prestigio de Gefe y hasta con mi cariño de compañero.

Y sin embargo, siempre he notado con pena las mayores incorrecciones, en todo lo que procede de Matanzas.

El ciudadano José Manuel Villa es producto de la situación que acabo de denunciar y con lo cual pongo punto a estas notas.

Leídas en el Consejo al llamárseme a declarar o informar sobre el asunto.

Continúa la campaña más recia en estas comarcas de las Villas. El General español Weyler, ha acumulado aquí el núcleo de sus mejores tropas, pues se propone pacificar todo el Departamento Occidental; este plan o propósito del enemigo, favorece el nuestro, pues no disponiendo yo de fuerzas para avanzar ni de elementos para reforzar a nuestros compañeros de Occidente, no es el menos auxilio que pueda ofrecer yo a estos; obligar a los españoles a que les aflojen las operaciones, de esta manera jamás nos pueden batir en conjunto.

Por eso me propongo entretener a Weyler, todo lo que resta de la campaña de invierno, procurando de ese modo dejarlo burlado en sus propósitos de pacificación; según declaraciones de él mismo, 20,000 hombres tenemos encima sin que hayan conseguido desbaratarnos.

Rudos combates hemos sostenido en todo este mes, en un radio de seis u ocho leguas a la redonda.

Nuestras bajas son insignificantes; puesto que no hemos perdido ningún Jefe de significación.

En Occidente; captura del General Rius Rivera, herido, y dos más; pero esta baja aunque sensible, no causará merma notable en el espíritu de nuestras tropas. Ya he hecho marchar al General Pedro Díaz a ocupar el puesto en Pinar del Río. Concluído Abril, en La Reforma, Sancti Spíritus.

Mayo. Siempre mi Cuartel General en la jurisdicción de Sancti Spíritus, como base segura de operaciones; me he mantenido en todo este mes en ella corriéndome de Norte a Sur y entrando algunas veces a la jurisdicción de Remedios, aunque no muy a propósito para cuerpos montados.

He logrado, amparado por los propósitos del mismo Weyler, la ejecución a medias de mi plan de campaña, y digo así, pues el fin principal consistía en obligar, si eso fuera posible, que los españoles cargasen al Oriente de las Villas el grueso de sus fuerzas, para que los Generales José María Rodríguez y Francisco Carrillo, como lo dispuse y ordené, se escurriesen a la retaguardia de Weyler.

Efectivamente, el Gefe enemigo se ha fijado en activar sus operaciones sobre mí en esta Comarca, resistiéndole de la manera que podía hacerlo, pues mis recursos no han sido muy abundantes, en tanto que los indicados Generales Rodríguez y Carrillo marchan, y en vez de marchar separados; el primero sobre Cienfuegos y Matanzas y el segundo sobre Sagua.

Se unen, establecen un campamento en Quemado Grande, sitio limítrofe entre Villa Clara y Sancti Spíritus, y perdiendo allí un tiempo precioso, son al fin atacados y se incapacitan de secundar mi plan.

La presencia de esos Generales en el Occidente de las Villas, en condiciones de resistencia, hubiera sin duda contrariado a Weyler y quizás también, habría tenido yo algunos enemigos menos que combatir. La deficiencia de estos dos Generales me ha dejado en descubierto, y el hecho de no haberse palpado nada importante en su movimiento de avance, antes por el contrario, retroceder sin motivos racionales que le justifiquen, sin duda ha debido restarles prestigios que era conveniente en estos momentos robustecer y aumentar.

Quintín Bandera, metido en las Sierras de Trinidad, llevando una vida inmoral, tampoco ha podido secundar en nada.

Día 10, Mayo de 1897. Santa Teresa. Tomás Cervantes. Nieves Cervantes, Señora, Natica Petrona de Jesús,

Lina de la Caridad, Catalino de Jesús, Silverio Manuel Francisco Rosario, Donatilo de Irenene, Altagracia de la Caridad, María Natividad.

El criado Depositón. Víspera del natalicio de mi hijo Francisco.

Conmigo en la mañana de este día, los oficiales Marcos Rosario, Luis Latorre, Calixto Sánchez, Miguelito, Francisco Cervantes y Nazario Arteaga.

He pasado pues, este mes, sufriendo no solamente el mayor empuje del enemigo, sino el desagrado de verme burlado en todas mis disposiciones.

No es posible General en Gefe verdadero, para Ejército con Generales que no saben obedecer o no pueden, por falta de capacidades, completar en la práctica el pensamiento del Gefe Superior; sin que se puedan justificar en su fracaso, después de acatar las órdenes y moverse en cumplimiento de éstas.

En tal virtud, el dilema es tan sencillo como obligado; o ineptitud manifiesta o procedimientos capciosos. Duro es el juicio, pero natural y lógico, y del que no me es dado prescindir sin dejar de ser consecuente con mi lealtad y dignidad oficial.

No he movido más que un pequeño Escuadrón del Cuarto Cuerpo, para reforzar mi Escolta. Toda esta brava campaña la he resistido con los hombres que forman ésta, pertenecientes al Tercer Cuerpo del Camagüey.

En estas condiciones se ha pasado este mes sin que hayan ocurrido sucesos notables, no obstante la actividad con que se mueve el enemigo. Se le ha hostilizado constantemente y he logrado, a pesar de la Trocha fortificada de Júcaro a Morón, mantener sin interrupción las comunicaciones con el Departamento oriental y francas con todo el Occidental y el Exterior.

Todo lo que tiene real importancia, comprendiendo el perjudicial propósito del General enemigo, despedazar la insurrección dividiéndole en pedazos, para, en el aislamiento batirla en detalles.

No ha podido romper la cohesión de nuestras fuerzas, y aniquilando las suyas con activos movimientos inútiles, puedo decir que hemos triunfado en la campaña de invierno.

Junio. Este mes se ha pasado sin que hayan ocurrido sucesos notables.

Jun.

Los españoles han seguido operando en grandes masas y yo no he podido oponerle seria resistencia, por las condiciones en que me encuentro; apenas con parque para una defensa floja, supliendo con la estrategia y el movimiento la carencia de fuerzas; así he podido evitar que el enemigo se nos eche encima. Sin embargo, no hemos dejado algunas veces de aprovechando ocasiones, darles varias sorpresas al arma blanca.

Con mucho trabajo he logrado hacer pasar del Camagüey, con el Comandante Tranquilino Cervantes, diez mil tiros, atravesando por la Isla de Turiguanó. Marcha fatigosa y en extremo peligrosa, y cuyo paso últimamente ha reforzado el enemigo, de manera que se hace imposible repetir la remesa.

Es curioso lo que me sucede, así son los percances de la guerra, y no puedo culpar de ello a nadie ni achacarlo tampoco en todo al enemigo. Es que el Ejército Libertador que yo comando, y en las Comarcas extremas, Oriente y Pinar del Río, está abundante de recursos; y en el Centro, que son las Villas, donde yo he fijado el Cuartel General, no se ha logrado alijar una buena expedición.

De Oriente, con la dificultad material de la Trocha, no es fácil, sin exponerse a grandes pérdidas, proponerse a pasar un convoy de pertrechos de guerra, cuya conducción no puede ser otra manera que a hombros; y de Pinar del Río resulta lo mismo o peor por la distancia y dificultades de otro carácter.

En esta situación, pienso mandar un comisionado especial al extranjero para que conduzca o indique una expedición por estas costas.

Me siento triste en esta campaña de verano o primavera, no por la situación que explico, pues yo sé que en la guerra todo cambia, y los sucesos, ellos mismos, vienen a salvarse unos a otros; mi tristeza consiste en el tormento que me dan algunos Gefes inmorales y desordenados, como Quintín Bandera, el mismo José María Rodríguez que se ha metido en las lomas junto con mujeres. Hasta Enrique Loynaz, dando con eso un mal ejemplo y no secundando mis esfuerzos. Todo eso, que los españoles saben, lo aprovechan de diferente modo y de aquí que el número de los esforzados seamos menos.

La moral de la guerra, como si dijéramos el alma, su secreto poder, se enferma y debilita, mal creciente que yo me esfuerzo en conjurar, pero que los hombres sin virtudes, la que se necesita poseer para una obra como ésta, no aciertan a comprender; y mañana se atreverán a decir: "yo fuí un obrero de la Independencia de Cuba", cuando no han podido ser constantes y correctos guerreros.

Si los que por su categoría militar en este Ejército improvisado y por sus antecedentes sociales en la sociedad cubana no secundan, en esta obra de verdadera redención de esta infortunada sociedad, con sus ejemplos y abnegaciones; no veo muy buenas las raíces de la República.

Los cimientos del edificio no aparecen sólidamente construídos y puede descomponerse por su base.

Cuando aquí en Las Villas, me separé del Gobierno, logrando que regresara al Camagüey, me creía aliviado de la pesadumbre de aquel grupito que significa la dictadura sin gloria, parásito necesario de la Revolución; y no contaba que por otro lado tendría que luchar con mayores desperfectos.

Lo del enemigo es nada; para ése la guerra y a eso he venido preparado.

Esperemos a ver en qué sucesos será más pródigo el mes de Julio. En "El Laurel".

Jul.   Julio. Tampoco en este mes han ocurrido grandes sucesos que me obliguen a cambiar el carácter de la campaña; por más que los españoles (el cruel Weyler) han extremado sus procedimientos de crueldad, devastación y ruina del país.

Se han sucedido, por temor a la tenaz persecución de las tropas enemigas, muchas presentaciones; pero muy pocos del

Ejército, toda gente pacificada y algunos del gremio Civil; entre estos el Teniente Gobernador Félix Campanioni. Esto en nada ha influído en el ánimo de los combatientes, que bien organizados para la resistencia, seguimos combatiendo con éxito en todo el Departamento. No sólo con escaramuzas diarias, sino también con algunas con carácter de combates, así hemos logrado contener bastante al enemigo.

El abandono en que se me ha tenido en las Villas, sin enviar recursos de ninguna clase y ser donde más ha empeñado Weyler la campaña, es un descuido que sorprende, cuando en Oriente se sobran; pues allí han desembarcado fuertes expediciones.

Sin embargo, yo creo que hemos dominado la situación, pues se empieza a sentir cansancio por parte de los españoles.

La falta de salud en sus soldados y de dinero en su caja me hacen ver, en no lejano plazo en el General Weyler, a un General fracasado.

Desesperado de esperar que de Oriente, bien por iniciativa del Gobierno, o del General Calixto García, me llegue parque, he tenido yo mismo (aquí el adagio "andar en la procesión y repicar las campanas"), que mandar a buscarlo venciendo los obstáculos de la trocha, y he logrado pasar 28,000, tiros; cosa poca ésa, para pertrechar una guerrilla. La primer remesa la condujo Tranquilino Cervantes y la segunda Simón Reyes.

Otra penosa tarea me ha ocupado en esta época de recia campaña, que han puesto difíciles y peligrosas las vías de comunicaciones; el nombramiento de los Representantes por este Departamento, que deben concurrir a la Asamblea Constituyente.

Y con esta fatiga se ha concluído Julio.

Agosto. Lo hemos principiado con buen pie.

Varias columnas me persiguen con tesón, pero sin resultado para ellos.

La estación arrecia, el calor apura y es sofocante; conduciendo cientos de soldados a los Hospitales con marchas tan desesperadas.

Regular combate en Los Laureles. El enemigo, después que se repuso de la sorpresa avanzó y nosotros nos retiramos. Se le hizo bastante daño.

Se me han reunido los elegidos. En este asunto me he abstenido de dar opinión y en nada he querido influir, pues he pensado que estos nombramientos son exclusivamente correspondientes a los nacidos en este suelo. Además, que mi propósito es renunciar el destino que desempeño, ante la Asamblea.

Pienso que, elementos nuevos deben entrar a funcionar y por mi parte, aprecio más la seguridad del cariño de los cubanos que otra cosa; y la manera fácil y sencilla de perderlo, es continuar en este puesto de General en Gefe.

Hoy, un desafecto o disgustado y mañana dos, al fin son muchos.

Me ocupo ahora de la difícil empresa de pasar a los Representantes para el Camagüey, con el obstáculo de la Trocha.

Agt. 20 — Estamos a 20 y nos llega la noticia de la muerte, el día 8, de Cánovas del Castillo, alevosamente. Este acontecimiento puede influir de algún modo en la guerra de Cuba.

Por lo pronto, Weyler ha perdido su protector decidido. Esperemos.

Agt. 28 — Día 28 Agosto 1897. En las "Delicias", recibo $212 oro que me manda el Brigadier José Miguel Gómez, cobro de 424 que ha hecho por orden mía el dueño del ingenio "Trinidad", que introdujo clandestinamente una boyada y ha convenido pagar 5,000 pesos.

Estos $424, es al decir del Brigadier, la primera remesa que hace. De este negocio temo que no se pague todo.

Agt 29 — Día 29 Agosto. Dados dos centenes a Valdés Domínguez. Al mismo día se separan de mí los representantes por este Departamento, con destino al Camagüey. Se está encargando de preparar el cruce de la Trocha el Brigadier José Miguel Gómez. Van a reunirse a este Gefe.

Inversión del dinero que he recibido del Brigadier José Miguel Gómez. $ 212 oro español.

A V. Domínguez.	2 centenes.
Teniente Coronel R. Armas, enfermo.	1 centén.
A J. Piñán, enfermo.	1 centén.
A Pujals para los prácticos trocha.	2 centenes.
Coronel Veloso para parque de maüser	4 centenes.
A Teniente Federico Núñez, herido, para sal y medicinas:	1 centén.
A Señora Lutgarda de Cervantes para medicinas	1 centén.
Practico Abreu	1 centén.
Teniente Coronel B. Alonso.	1 centén.
A la señora Lazarina	1 centén.
	15

Toda obra que los hombres de gobierno hacen en la soledad del gabinete, sin compenetrarse con las aspiraciones de la opinión pública es una obra muerta.

Marcos, Molina, Guerén y Pedro Delgado. Depositarios.

A Valentín	1
A Morón.	1
A Teniente Coronel Quijano.	1
Brigadier Pujals para confidencia.	2
Comandante Sánchez Agramonte.	2
Coronel Sánchez.	2
Brigadier Pujals, práctico	1
A dos señoras ancianas de los "Hoyos" que cuidan de nuestros heridos.	2
A niño de Aragón.	1
A Pujals para dos prácticos.	2 centenes.
Comandante Sánchez Agramonte más plata $10	

Septiembre 1897. Día 3, me separo en las Delicias, de los Representantes por el Departamento Occidental.

Convenido de antemano, y con las precauciones que el asunto reclama, con el Brigadier José Miguel Gómez; que se ocupe y disponga para estos hombres el cruce difícil de la trocha; propongo yo, mientras tanto llamar la atención de los españoles hacia otros rumbos opuestos.

Sep. 6
Sep. 7
El General Carrillo se me reúne el día 6 con alguna gente, y el día 7, con 250 hombres de caballería; marchamos hacia la línea de Cabaiguán a Placetas.

Sep. 8-9
El 8 y 9, se excursionó por todo aquello, se destruyó la línea telegráfica y se tiroteó el pueblo de Cabaiguán. Los españoles no se atreven a salir y nos retiramos, acampando a una legua.

Sep. 11
Acampando después en las Olivas, volvimos el 11 a las Delicias; sin novedad.

El tiempo no está a propósito para marchar, pues las aguas han arreciado, los caminos se presentan bastante malos y los arroyos y ríos, crecidos. Hemos sufrido algunas bajas de caballos cansados y gastados.

Me he ocupado de dar más organización a este Cuerpo de Ejército. He vuelto aquí impaciente por saber el resultado del asunto confiado al Brigadier Gómez, y me propongo aguardarlo por aquí; pues como mi presencia por aquellos lugares puede llamar la atención de los españoles, la prudencia aconseja esperar a distancia. Este es un asunto que me interesa.

Casi todo este mes ha sido necesario emplearse para la pasada de los Representantes para el Camagüey.

Sep. 23
Recibo cartas de algunos de ellos de fecha 23, ya salvos, del lado de allá de la Trocha.

El Brigadier José Miguel Gómez, a quién confío la parte práctica de este asunto, ha estado activo y afortunado.

La pasada al Camagüey de los Representantes por las Villas y Occidente, ha sido una empresa arriesgada. Dadas las condiciones en que se encuentra la Trocha de Ciego de

Avila, la realización de la tal empresa parecía casi imposible. Un poco más de vigilancia, un poco más de honor y cuidado en los Gefes españoles encargados de evitar el cruce, nos hubiera puesto a todos y particularmente a mí en grandes apuros.

Dispersados o muertos o prisioneros. Y por qué no ser eso muy posible! los Representantes; qué desgracia y cuánta fuerza nos hubiera restado el infausto suceso! Estas dudas, estos temores, hacía tiempo que venían quitándome el sueño.

Cómo abandonar la empresa de cualquier modo? Se trataba de hombres de constitución delicada, muchos de ellos enfermos, que se movían a la fuerza, como hombres dignísimos, para ir a cumplir con un deber; y no era posible encaminarlos por ciénagas, a pie, expuestos a quedar muertos al terminar la jornada. La situación estaba a cada momento más erizada de peligros y dificultades. Las secretas y constantes exploraciones que con antelación bastante había dispuesto, no me dejaban bien satisfecho, y las hacía repetir. El activo e inteligente Coronel José B. Alemán que se había compenetrado de la magnitud de la empresa, y al que nombré Gefe de las confidencias con la Trocha, me ayudó y trabajó con discreción y sin descanso. El enemigo refuerza su línea, la luz eléctrica despide rayos de dilatadas claridades por toda ella; las rondas nocturnas no se interrumpen, las escuchas son permanentes. En la Trocha de Júcaro siempre es de día por la claridad y porque allí la gente no duerme. Y en tal situación empiezo a considerar que la empresa representa: o dos triunfos o dos derrotas. Y el dilema es claro, nada de confusiones ni de fantasmagorias. Si se fracasa, una gran derrota. Y al no poderse constituir la Asamblea, como consecuencia precisa; otra derrota mayor.

Pero Weyler se descuidó y la Representación de Occidente pasó ilesa para el Camagüey, y he aquí el primer triunfo al constituirse la Asamblea; segundo, espléndido triunfo.

El mes de Septiembre verdaderamente no ha sido funesto para nosotros.

1897

Sep. 15 — El día 15, desembarcó la expedición por Cienfuegos y según los primeros partes que he recibido del Brigadier Alfredo Rego, todo se ha despachado.

He dispuesto que el General Carrillo marche en seguida hacia el lugar.

"Las Olivas", en estos días los españoles me han atacado por esta zona y las Delicias, pero flojamente.

Oct. 12 — Día 12, acampado, sin que haya ocurrido (que sepa yo) suceso de importancia.

Espero por esta zona el regreso del General Carrillo. He tratado de hacer una buena concentración de fuerzas, pero no es posible, pues estamos en cuadro por las fiebres. Tal parece que la Isla entera está infectada de paludismo.

Días que se han sucedido de Octubre los he pasado en esta zona, hasta Las Olivas; sosteniendo ligeras escaramuzas con el enemigo, sin resultado para ellos pues no hemos sufrido más que algunas bajas de caballos. Las comunicaciones todas sin interrupción.

Nov. 5 — Día 5, acampado en las Delicias y por un descuido de la avanzada principal los españoles atacan rudamente a nuestro campamento, y ya casi por nuestras tiendas los hemos detenido, dando lugar a salvarlo todo.

Ha sido un acto de verdadero arrojo al que no concurrieron sino los asistentes que se ocuparon de recoger nuestras tiendas y demás equipajes, pues hasta nuestras hamacas estaban tendidas; todos los hombres de mi Escolta y Ayudantes, me siguieron a la voz de ¡arriba la gente! y "el enemigo"; la caballería, detenida, dió tiempo hasta la aproximación de su infantería.

Después emprendimos la retirada defendiéndonos (el Coronel Boza como siempre el último en la extrema retaguardia) sin más novedad que tres hombres muertos.

Dos días hemos estado tiroteando en el radio de media legua a la redonda con grupos de caballería, a esta columna, fuerte de más de mil hombres de las tres armas.

El Coronel Juan Veloso, como siempre, se ha conducido valientemente.

Los españoles, a los tres días se han retirado bajo el fuego de nuestros exploradores. La zona queda tranquila de enemigos.

Se nombra el Teniente A. Aristy, Gefe de una guerrilla sobre Guadalupe.

No tengo noticias del General Carrillo; su silencio me atormenta pues aunque no se habla de persecución, ignoro si le ha acontecido algún percance con la expedición que según el parte dado por el Brigadier Rego, estaba salvada.

Con todas estas dudas tengo que moverme, no obstante, el daí 12, para la zona de la Demajagua y de allí despachar la correspondencia para Camagüey. Nov. 12

El día 15, acampado en la Demajagua. Las operaciones las ha activado el General Blanco, sustituto de Weyler desde el día último de Octubre. Nov. 15

Este General, implantador de la autonomía, nos dará más tormento que su antecesor con el sistema de matanza, pues como si dijéramos engañador, habrá que estar salvando a este pueblo sencillo para que no caiga en la trampa. Ya hace prisioneros a hombres pacíficos que pone en libertad después, y se cuenta, que le regalaron dos pesetas a uno de estos hombres que le habían dado un balazo.

Día 30, emprendo marcha con rumbo a las Delicias donde me aguarda el General Carrillo, ya, según aviso, llegado allí. Son las 8 de la mañana y por el lugar llamado el Ocujal, Río Grande a Jicotea, me encuentro de manos a boca con una columna enemiga y cargándola con brío la destrozamos, nada más que con 20 hombres de pelea que me acompañan, su vanguardia, dejándola retroceder para Río Grande. Nov. 30

Como no le dimos tiempo a desplegar en tiradores a su infantería no recibí bajas niguna, y continué mi marcha sin novedad, acampando a legua y media del lugar de la refriega. Al día siguiente continué mi marcha por el "Blanquizar", el Palmar, Guadalupe.

Dic. 3   Y el día 3 Diciembre a las "Delicias". Aquí el General Carrillo sostuvo reñido combate en donde también destrozó a la caballería española.

Las cuentas que me rinde el General, de la expedición desembarcada por Arimano, son tristes, pues la mayor parte de los pertrechos los apresaron los españoles, a pesar de las seguridades que daba el Brigadier Alfredo Rego, de que todo estaba salvado; y todo lo demás está desordenadamente regado en nuestra misma gente, sistema ése que no nos dá resultado.

El General en Gefe, en estas cuestiones, entra por poco, y como yo, en asuntos de intereses, no quiero nunca poner la mano solo, para que no pueda acusárseme. He aquí la noticia de lo que el General Carrillo ha puesto a mi disposición: de 50,000 mil píldoras de quinina, un 1,000; de 300 machetes, 14 nuevos y uno viejo y nada más. Tengo a muchos hombres de mi escolta sufriendo las fiebres palúdicas y ya ninguno tiene machete.

Carrillo me entregó también una hermosa tienda que me mandan de París (no sé quién) la que he tenido que cortar toda para vestir a muchos hombres buenos que tengo desnudos. En vista de tantas pequeñeces y miserias, más firme estoy en mis propósitos de no meterme jamás en manejos de intereses de ninguna clase. Y en esto me he visto favorecido por la casualidad de que, de tantas expediciones que han arribado, ninguna lo ha hecho próxima a donde yo estoy, siendo así que si bien no me ha tocado nada, tampoco me he visto envuelto en tantas miserias y egoismos.

Con respecto a esta expedición de Arimao, debo consignar aquí mis juicios. Dos cosas sucedieron en esta expedición que la echaron como a salir del paso de cualquier manera, en el punto más malo; y después, de eso, que le tocó recibirla al Brigadier Rego, uno de nuestros Gefes más bisoños y de menos aptitudes militares. De ahí las pérdidas y el desorden.

A los 20 días, es que han venido los españoles a apoderarse de nuestro parque.

Con las tristezas producidas por todos estos hechos, me retiro el día 6 de las Delicias con rumbo a la zona de la Demajagua. Maduro el plan de concentrar un núcleo de fuerzas, no obstante que el paludismo nos tiene en cuadro.   Dic. 6

Día 7, en la Zapatería.   Dic. 7

Este es un día tristísimo para mí. Cumple años la muerte de mi hijo Panchito en Punta Brava.

Día 12, a los Hoyos sin novedad. Por esta zona pienso ver cómo se reúne alguna fuerza y efectuamos un acto de presencia en alguna parte, que sirva de efecto moral en estos momentos.   Dic. 12

Día 22. Se presentan en mi campamento, que he cambiado a la Demajagua, el Señor Rafael Madrigal, Cónsul Americano en Cartagena, de Colombia y Mister Silvestre Scovel, con su señora Francisca, antiguo conocido mío y corresponsal del "World"; del que ya he tenido ocasión de hablar en estos apuntes. El primero, Señor Madrigal, viene Comisionado por el Cónsul Americano en la Habana: Mister Lee, para recoger las prendas y dinero del súbdito Americano Mister Crosby, corresponsal de un periódico y que fué muerto hace mucho tiempo a mi lado, en un combate que sostuvimos con los españoles en Santa Teresa.   Dic. 22

Sale mi Ayudante de Campo (bien escoltado) Luis la Torre, a traer esas prendas y dinero, todo lo que tengo guardado en un monte a 10 leguas de este lugar.

El señor Scovel, con su señora, viene en comisión de corresponsal. Le he dado cuantas noticias ha interesado saber de la guerra, mis opiniones respecto a la Autonomía y finalmente, tanto a él como a su señora les hemos obsequiado cuanto hemos podido.

Como él anda con una camarita de fotografiar, ha sacado retratos de todos.

1897

Dic. 23 — Regresa mi Ayudante el día 23, con las prendas y dinero; en seguida nombro una comisión (Molina, Sánchez y Miguelito) para que escrupulosamente procedan a hacer entrega de todo al Cónsul; como así se hizo, previo recibo.

Dic. 24 — El día 24, nos dejan estos Señores quiénes regresan muy satisfechos para Sancti Spíritus.

De seguro que si Mister Crosby hubiera andado con los españoles, sus hijos no hubiesen conseguido sus prendas.

Permanezco acampado en la Demajagua; momentos después de haber marchado los Americanos, llega el Brigadier Vicente Pujals, con un buen convoy de ropa y calzado extraído por las confidencias de Morón, de que hace tiempo tengo encargado este Gefe que merece toda mi confianza, para asunto tan delicado, que se presta a abusos e impurezas. Pujals siempre dá buenas cuentas.

Dic. 31 — Día 31 de Diciembre y se concluye 1897, sin que ningún suceso notable que yo sepa, distinga este último día.

Nos encontramos acampados en los "Hoyos".

Enero 1898. Día 1º. sin novedad.

Día 7, aún en los Hoyos y me atacan los españoles, les resistimos en cuanto nos ha sido posible y a razón de 10 tiros por plaza, a columna de 1,000 hombres de las 3 armas. Hemos sufrido la baja de un muerto y dos heridos, uno de estos mi Ayudante de Campo, Capitán Calixto Sánchez.

Enemigo se retira rumbo Arroyo Blanco.

Día 8, vuelvo a ocupar los Hoyos. Me encuentro sin pertrechos. Los de la expedición de Arimao se han perdido en dos formas distintas; una parte la capturaron los españoles y la otra, debido a la ineptitud de Alemán se dispersó mal distribuída entre los nuestros. Doce mil tiros que por el mar, Sur, nos enviaban del Camagüey; acaban de ser capturados con el bote en Cayo Obispo.

Del Coronel Simón Reyes que lo mandé por el Camagüey a traerme parque, no tengo noticias. Esta es mi situación hoy día 11, aún acampado en los Hoyos.

Los españoles se esfuerzan en implantar la Autonomía en Cuba, pero abrigo la firme esperanza de que este pueblo heroico, mirará con soberano desprecio semejantes tardías reformas, que no pueden de ningún modo satisfacer sus nobles aspiraciones de independencia, defendida a costa de tanta sangre y ruina.

Y estas esperanzas mías acaban de ser justificadas, por la muerte del Teniente Coronel Joaquín Ruiz, español, por el Coronel Néstor Aranguren, Gefe cubano de la División de la Habana, Quinto Cuerpo de Ejército.

Ruiz, al decir de muchos, era un hombre ilustrado y de recomendables prendas sociales en la sociedad habanera, donde por su puesto era muy conocido y apreciado. Pero ese mismo hombre acepta del General Blanco, la triste e infame misión de salir a nuestro campo a aconsejar la traición al Coronel Aranguren, y éste, cumpliendo con su deber como militar, y respondiendo a los llamamientos de su honor ofendido como cubano digno afiliado al Partido Separatista, levantado en armas en forma legal, con su Manifiesto Programa publicado al Mundo, en virtud a todo eso, entregó al fallo de la justicia de nuestra Causa al torpe Ruiz, y ha sido como debía ser, pasado por las armas.

Este hecho, seguramente puede ser apreciado de distinta manera por los hombres dotados de espíritu timorato, o ignorantes de los toques enérgicos de la política de la guerra, que toda ella no puede ser más que pura realidad; pues ante la elocuencia contundente de los cañones, no pueden tener cabida ni las miztificaciones, ni los sofismas.

Es muy posible que España, ofuscada en su ingénita soberbia, suponga al pueblo cubano ilustrado, corriendo pareja con los tagalos; y no advierta que ella misma, con su desgobierno y sus guerras mal dirigidas, con sus hombres políticos mal atinados y mal avenidos, con sus Generales ineptos y mal inspirados en el genio de la guerra, para la cual se necesita mucha cabeza y gran corazón; y es por eso que no se pueden fabricar generales como sucede en España, pues hay que nacer de esa madera; por todo eso nos ha enseñado a conocernos a nosotros mismos, y en esta larga lucha hemos aprendido que somos superiores a ellos para todas las luchas y nos creemos capaces de establecer casa aparte, llenando así, cumplidamente ante la América y el mundo todo, los altos fines a que están llamadas todas las agrupaciones nacionales esparcidas por la faz del planeta.

Así piensa ya la mayoría de este pueblo, que como sucede en todas las naciones organizadas, naturalmente piensa por las minorías y desde luego las dirige y encamina al reposo de la vida dentro del orden y la moral por medio del "*trabajo*", bien retribuído, que es la base principal del edificio social.

Día 15, Coronel Simón Reyes con el parque (15 mil ti- Eno. 15
ros y correspondencia) sin novedad, en los Hoyos.

Día 21, se me reúnen el mismo día el General Carrillo y Eno. 21
Brigadier José Miguel Gómez, que de antemano había citado
para asuntos de organización; como nombramientos del Brigadier para Gefe de la Primera División, Cuarto Cuerpo y Gefe,
Coronel J. J. Sánchez (Tello) para la Brigada Sancti Spíritus; y otros destinos que también se proveyeron.

Día 26, acampado Demajagua, sin novedad. Eno. 26

Parte del Coronel J. J. Sánchez (Tello), que copó un
convoy de Mayajigua. 15 muertos y 6 prisioneros enemigos;
1,000 pesos plata, 14 acémilas cargadas de provisiones, 20 armas, mucho parque y toda la correspondencia.

Estos golpes de mano, la muerte de los emisarios del General Blanco; Ruiz y otros, la situación ofensiva que con fortuna ha podido iniciar el General Calixto García en Oriente,
todo eso, no solamente es un solemne mentís a la pacificación
de ningún territorio, de que los españoles han querido hacer
aparecer, sino que significa la inquebrantable aspiración a la independencia.

Se concluye este mes sin que haya ocurrido suceso notable.

Los españoles operan en esta jurisdicción con poca actividad.

El Gefe español, General Blanco, ha querido reforzar la
campaña de Oriente, sacando tropas de aquí.

Febrero. Día 7. Se separa de mí el General Carrillo, Feb. 7
que va rumbo a Remedios. Lleva órdenes de reforzar a Sagua lo más que pueda.

Ya se sabía la presentación al enemigo de Juan Masó
Parra y Cepero, que conocidas las condiciones de esos hombres a nadie ha sorprendido.

Con la implantación del nuevo régimen, algunos se han
desertado del Partido Separatista, traicionando a su Patria y
a su bandera.

Pero esto no es una novedad, pues esos son los impuros y

1898

los cobardes; que no pueden resistir a las pruebas de la abnegación que requieren virtudes no muy comunes en todos los hombres.

Y otros también que son mercaderes que entran a todos los templos a recoger golosinas en cambio de reverencias. Todavía, seguramente, hemos de ver muchas cosas antes de que se forme la paz.

Feb. 15

Día 15, de La Majagua a la Gloria, a recoger parque procedente del Camagüey. Ya por esta zona recibo también una carta del Teniente General Luis María Pando, preguntándome si yo no he recibido la contestación a una carta que yo le dirigí desde Noviembre al General Blanco (que no he recibido), y en cuya carta le excito para que concluyamos esta desastrosa guerra, constituyendo en Cuba la República. No sé lo que habrá contestado Blanco, pero a juzgar por lo que me dice Pando en la suya, estos españoles se proponen, como vulgarmente se dice, *paliquear*, para desprestigiarme, ganar tiempo y hacer que la opinión se sancione de un modo favorable a su causa para que no condene y proteste contra la iniquidad de hacer morir aún a los soldados españoles infelices sacrificados en la defensa del régimen autonómico en Cuba, que ha hecho desde luego, perder para España la decantada integridad.

Feb. 19

Día 19. Contestación a Pando.

Las copias de todos estos documentos quedan en mi poder y las envío también al extranjero.

Noticias del copo de una guerrilla forrajeadora, por el Coronel Simón Reyes, en la línea.

Feb. 21

Día 21. Por los Hoyos. Noticias de la desgracia ocurrida en el Puerto de la Habana, al buque de guerra americano "Maine". Este vapor voló (no nos dicen cómo) pereciendo muchos de sus tripulantes.

Este desgraciado suceso nos ha impresionado tristemente a todos, por la pérdida de tantas vidas de los hijos de un Pueblo, que simpatiza con la justicia de nuestra causa que tanta sangre nos cuesta.

1898

Día 22. En los Hoyos, enemigo por Río Grande; no ataca y regresa a Jicotea. Me muevo para Hoyo Palma. Feb. 22

Febrero 24. En la Gloria. Feb. 24

Se cumplen hoy 3 años del alzamiento en Oriente capitaneado por los Generales Bartolomé Masó y Rabí. Tres años de sangrienta guerra y duras privaciones.

Mi desembarco a esta Tierra por la región oriental de Baracoa la verifiqué el 11 de Abril a las 11 de la noche. Y desde aquel momento no he tenido un minuto de reposo. He vivido 34 meses encima del caballo, mi sueño por la noche se reduce, de cuatro a cinco horas y las más de las veces a menos. Mi alimentación, a la misma cosa todos los días, carnes sin condimentos y viandas cuando se encuentran. Hace tres días, que acompaño la carne con miel de abejas.

Siento mi pobre cuerpo cansado de la fatiga y hace muchos días, que con el pretexto del frío, mi cama es el duro suelo, suavizado con pajas del potrero donde pastan los ganados. La Hamaca no me es ya cómoda, como lo era antes; y es que la Tierra quizás me llame a su seno. Por eso, sin duda, no siento en mi corazón el tormento, sino de una ambición, la de ayudar a concluir pronto esta obra de redención y retirarme a descansar, lejos si es posible, del bullicio de los hombres; para no ser más víctima de sus veleidades, pues aquí mismo, en el puesto que ocupo, cuento con gran número de desafectos entre esos que me dán la categoría y el puesto elevado. Blanco seguro para los tiradores.

Día 26. En Hoyo de la Palma. Se separa de nosotros el Coronel Armando Sánchez con 12 hombres, escogidos, que mando al Camagüey. Es el primero que cruza a caballo la trocha de Ciego de Avila. Feb. 26

Se han picado los alambres de púas, una verdadera red.

El Coronel Simón Reyes, astuto y valiente le ayudó en empresa de tanto riesgo. El cruce se hizo por la noche, sin novedad, a pesar de lo costoso (con todas las ventajas y precauciones de que pueden disponer los españoles para evitar el paso.)

1898

Obedece la marcha del Coronel Armando Sánchez, al Camagüey, a la necesidad de que se haga cargo del mando de la Brigada de la vanguardia de la trocha, que carece de un Gefe de condiciones. Yo he creído que el Coronel Armando Sánchez puede desempeñar bien el destino.

Feb. 27 — Día 27. He sufrido una triste y amarga decepción. Se han desertado 17 hombres (clases y soldados) del Regimiento Expedicionario. Lo lamento por el prestigio del Camagüey.

Los camagüeyanos siempre se han conducido como hombres, cubanos y patriotas.

Feb. 28 — Día 28, a Majagua. Después de la marcha del Coronel Armando Sánchez y de la deserción de los 17, me he quedado reducido a 30 hombres, en condiciones de batirse bien; por su valor probado y por su posición al lado mío, que son los oficiales Ayudantes de Campo, los de la Escolta y los restos del Regimiento Expedicionario.

Mzo. 1o. — Día 1o. de Marzo. Movimiento del enemigo, muy bien combinado, para atacarme en la Majagua. Grandes fuerzas.

Columna procedente de Sancti Spíritus, fuerte de las tres armas— y dos de Ciego de Avila—una por los Hoyos y la otra por Guayacancito. Con pequeñas secciones se hostilizaron las dos primeras en todo el día, retirándose el Cuartel General hacia Guayacancito; el único punto con agua para apagar la sed los hombres, pero no los caballos, pues se reduce en la estación de la sequía a un pequeño pozo cavado por los rancheros en el fondo del arroyo.

Hicimos alto aquí a la una, con un calor sofocante. Como el propósito fué, hacer alto nada más que un momento, la posición no se resguardó con sus guardias a larga distancia ni mucho menos, con exploraciones; y fué así que fuimos víctimas de la sorpresa más fuerte que he sufrido en esta guerra.

Cuando se vino a sentir el enemigo, fué en el campamento. Todos estábamos descuidados, pero más lo estábamos Valdés Domínguez, Manuel Coronado y yo. Se había suscitado entre los dos primeros una discusión sobre un punto interesantísimo, nada menos que sobre la deficiencia o impureza en la manera de administrar la justicia, y desde luego la mala fama que por descontado y necesariamente debía recaer sobre los abogados.

Coronado tenía la palabra y defendía con calor su causa, cuando la imprudente elocuencia del maüser español, ya lo creo, puso término a la discusión. Así y todo, sonó primero un tiro de nuestros soldados, y después fuego y un torbellino.

Describir eso no es fácil. Nuestra impedimenta que es tan abundante como gloriosa, emprendió su natural retirada; botando cacharros. La acémila de la Escolta cayó con su carga de más de 50 güiras y otras zarandajas, a menos de 50 pasos distantes de mí. Yo me dije, ya eso se perdió. Pues no, la mula se salvó. Cuando yo fuí a montar mi caballo, había perdido la serenidad y daba brincos tales que me era imposible pisar el estribo —ya yo no puedo caer saltando desde el suelo, sobre mi caballo— Por fin otro me lo contuvo y monté. Mientras tanto, el bravo Coronel Bernabé Boza y casi todos mis Ayudantes de Campo y gente de la Escolta, se fueron sobre el enemigo y lo contuvieron suficiente para que todo se salvara. Mientras tanto, yo organicé la retirada y evité en lo posible la dispersión (así y todo, algunos no me siguieron). Boza se bate a la desesperada, y la única ventaja con que cuenta es la de que, se interpone entre él y el enemigo el arroyo, lo que hace que éste, el enemigo, se agrupe; sobre el cual descargan Boza y los suyos sus armas en blanco seguro.

No hemos sufrido más bajas que cuatro hombres muertos, dos de estos no se pudieron recoger. Esto mismo y que no hubo heridos, comprueba lo rudo del combate. A la hora y media se hizo alto en Jiquí, donde se dió sepultura a los dos muertos, y seguimos ya organizados, a Palmero, donde se pasó la noche.

1o. de Marzo 1898. Marchando momentos después de la sorpresa de Guayacancito, donde me dió mucho trabajo pisar el estribo, pues mi caballo se espantó y daba muchos brincos.

Mzo. 1o.

1898

Mzo. 2   Día 2, a la Laguna Miguel y mandado a reconocer el campo, en donde se encontraron los dos cadáveres de nuestros hombres macheteados, hazaña muy común entre los españoles, por lo que no me causa más que la desagradable impresión de verse uno obligado a batirse con un enemigo que, mancha su bandera, con semejantes actos.

Según informes del oficial que hizo el reconocimiento— y que enterró los muertos: canario (dominicano) —ha encontrado señales de que el enemigo recibió bajas, por sepulturas y rastros de sangre y caballos muertos sobre el terreno; que él ocupó en el lugar del combate. Y de aquí una racional consideración; interrogando al presente. Con quién nos batimos? ¿Con España o con los Autonomistas? Mi juicio es el mismo que se emite por la misma prensa española, representante de la opinión. Nos batimos con un enemigo que tiene muy poco de común con aquel otro enemigo no menos sangriento de Weyler. Son estos infelices, los mismos soldados arranchadores. Hacen fuego con el mismo fusil. Los Batallones conservan sus nombres. Los Generales, para mengua, llevan los mismos apellidos y visten el mismo uniforme. Y sin embargo, en el fondo se ha efectuado un cambio desastroso, ha sucedido una modificación gravísima.

Combatimos a un enemigo que ha trocado su real divisa por otra. Y es lo único que yo noto; que los Batallones no ostentan la bandera de su rey. Los soldados no son soldados que defienden a su rey, defienden otra cosa muy distinta. Mueren por una causa ajena. Ese gran Ejército de valientes ha sufrido una gran desgracia que equivale a la más vergonzosa de las derrotas.

Nosotros, en nuestro puesto siempre; tremolando la misma bandera y defendiendo los mismos principios.

Días de la primera quincena de este mes; de la zona de la Gloria a los Hoyos, a la Majagua.

Ocurrencias de importancia durante este tiempo.
Contestación del General Blanco a mi carta. (El Gene-

ral Pando también me escribe) de manera, forma y tono más torpe.

Yo lo llamé a la Paz bajo las bases de Independencia y contesta con vulgaridades.

Mi carta no podía contestarla este hombre más que a balazos en todo caso. Su contestación no está justificada, pero sí lo está mi gestión; pues nada de particular tiene que yo pensara que quién ha venido desde España a Cuba, arrostrando los peligros del mar, del clima, de la guerra y de los voluntarios, para defender la Autonomía de los cubanos, que dista tan poco de la independencia; no se aviniese con los combatientes gloriosos de tan bello y acariciado ideal, cuya honra pudiera caberle en los términos docorosos de la verdad diplomática u oficial.

Por eso fué que yo le escribí.

Pedro Rodríguez, mensajero del Cónsul americano en Sagua, con noticias optimistas, que se fundan "en el rompimiento extremo de los Estados Unidos con España."

Día 13, enemigo poderoso nos ataca en Majagua, se le resiste causándole mucho daño; han dejado 6 hombres muertos y sepultados; los heridos, no se pueden saber.   Mzo. 13

El Comandante José D'Estrampes, con una pequeña fuerza de infantería, se ha batido muy bien.

Me retiro ese día por los Hoyos para el Hoyo de la Palma.

El día 16, vuelvo a ocupar la Majagua. Los españoles se han retirado para Jicotea. Por la noche a las 11, alarmado el campamento, pues se sintieron dos disparos fuera de las avanzadas. Se averiguó la causa, que fué exceso de celo de un explorador nocturno.   Mzo. 16

Manda el General Blanco, otra vez a un infeliz pacífico, hasta con golosinas (qué vilezas!) éstas las quemo y se amenaza con ahorcarlo al pacífico si vuelve. Así he cortado estos abusos.

1898

Mzo. 19   Día 19, en Majagua, me atacan gruesas columnas; se resiste cuanto es posible y nos retiramos a los Hoyos.

Mzo. 21   21, al Hoyo de la Palma.

Mzo. 23   23, a Laguna Miguel. Llega el General Mariano Torres y gente del Camagüey, con mucha correspondencia y algún parque.

Se ha presentado también un corresponsal del "Herald"; Mister Sommert.

Estos agentes de periódicos americanos me parece a mí que en nada influyen para variar a la verdad, la corriente de los sucesos; bien informen a favor o en contra nuestra.

La verdad siempre tendrá que aparecer tal como es. Los informes de un hombre o de varios, no pueden nunca hacer variar la faz de una revolución como la de Cuba.

Lo que sí hay de cierto en este asunto es que, estos hombres se ganan muy bien su sueldo viniendo a estos campos a sufrir junto con nosotros, marchas y contramarchas, a comer carne flaca de toro, sin viandas y escribir unas cuartillas de papel, sin poder señalar ningún portento militar en esta guerra de tiroteos diarios; puesto que corre de nuestra cuenta, y no de cuenta de los españoles, la manera de pelear que nos conviene.

Y en cuanto a la intervención americana en esta lucha, al tira y más tira de sus relaciones con España, a sus escuadras y cañones abocados, de eso se habla hace mucho tiempo, y todavía no se ha vertido más que gotas de sudor. Y me ocurre pensar como al pobre negro esclavo viejo, cuando se apercibió de que el amo peloteaba con la señora— "ello so branco; ello se entende pero yo me va pa la monte".

Mzo. 25   Día 25. Se forma consejo de guerra, para juzgar al Brigadier Alfredo Rego y Auditor Manuel Menocal, por haber permitido la presentación de Juan Masó Parra; pudiéndolo evitar; pues fueron a prenderlo y le dejaron ir, entregando el parque a los españoles.

Laguna Miguel.
Marzo 26 1898.   Mzo. 26

Parque llegado hasta esta fecha..   118,442
Quedan en Camagüey..   31,558

Abril. Vuelvo a la Majagua desde Laguna Miguel, en   Abr.
varias jornadas, pasando por los Hoyos.

Aquí primera quincena de este mes, sin sucesos notables.

Siguen llegándome noticias de posible guerra entre los Estados Unidos y España.

Es lo cierto, que los españoles han aflojado las operaciones sobre todo en esta parte.

Día 7, han levantado los destacamentos de Santa Teresa   Abr. 7
y "La Reforma". Es hostilizada rudamente la columna
que vino a recogerlo.

El Gefe de la primera División General José Miguel Gómez, se une a mí el día 8; se separa el 9.   Abr. 8-9

Narciso Menéndez, español, es ejecutado por ser portador de cartas para mí, de los Generales Blanco y Pando; proponiéndo arreglos sobre bases de Autonomía.

Estos Generales están cometiendo mayores torpezas que Weyler.

Cada uno, es verdad la comete a su manera. Y como parece que el Gobierno ha condenado a España, desde Colón, a arrojar víctimas a la tumba, cuando no lo hace directamente se le presenta la ocasión de perpetrar esos crímenes por medios distintos, y entrega a los suyos a la inexorable guadaña de la muerte, y después de algunas estériles y superficiales lamentaciones por la pérdida de sus hombres; se queda tan fresca como si nada hubiera pasado. Lo mismo que sucedió con el Ingeniero Joaquín Ruiz, ha sucedido con Narciso Menéndez y otros más. Lo mismo que aconteció con Méndez Núñez, frente a las bocas de fuego del Callao, cuyas aguas se tiñeron con la sangre de los españoles; retirándose con sus naves ensangrentadas sin sacar ningún provecho, así mismo ha sucedido en Cuba en donde ha enviado a morir más de 200 mil hombres.

Si interrogamos a la historia para saber qué guerra ha ganado España en América; encontramos que ninguna, y eso que no se puede poner en duda el valor de sus soldados.

Pero es que sobre España pesa la inmensa responsabilidad de dos crímenes horrendos; la extincion de una raza y la esclavitud de otra.

El explendor y la gran riqueza de España ha sido amasada con muchas lágrimas, mucha sangre y mucho dolor Americano. El Alma de América le debe todas sus congojas, y no contenta con esto y en su insaciable codicia cruzó los mares y se fué al Africa a comprar esclavos, cuyas espaldas desgarra con el látigo que derrama sangre que convierte en oro, para sostener sus orgías, sin cuidarse de que, las horas de reparación y de liquidaciones siempre han de llegar.

Y sin duda pueden estar próximas, porque el espíritu de los antiguos héroes, sus víctimas, y de los modernos; Hatuey, Caonabo, Guatimosín, Céspedes, Martí, Agramonte, los Maceo... se ciernen sobre la infeliz Cuba que lucha por su libertad, con fé profunda en la justicia de su causa y en el valor de sus hijos fía su triunfo.

Segunda quincena— Abril. He permanecido acampado en la zona, desde la Reforma hasta Trilladeras.

Abr. 23   El día 23, en este último punto, he recibido varios alcances de periódicos que nos dán noticias. La más interesante, anunciando que el Gobierno de los Estados Unidos, ha declarado ya la guerra a España y reconocido en los cubanos capacidad suficiente para ser independientes.

Los españoles han proclamado, mientras tanto un armisticio, suspensión de hostilidades en toda la Isla y concentran sus fuerzas. Yo he dado una orden general despreciando ese mañoso armisticio y ordenando que, ahora más que nunca debe continuar la guerra bravamente.

Esa debe ser nuestra actitud y no otra; esperando los sucesos que por fuerza se han de desarrollar. También he expedido órdenes para formar núcleos de fuerzas del Ejército, en donde por falta de recursos de boca, no sea posible hacer gruesas concentraciones.

Día 27, acampado en los Charcos. Continúan llegándome noticias de ruptura entre los Estados Unidos y España, pero yo aún lo dudo, pues no me lo indican los movimientos de los españoles. Abr. 27

Recibo orden del Gobierno de pasar a su residencia.— Antes de cumplir esa orden le he hecho la observación, de que, sólo para asunto muy importante estaría justificada mi presencia en Camagüey, que creo más oportuna y necesaria en la Habana mejor. Esperaré lo que resuelva el Gobierno e indiquen los sucesos.

A todos les aconsejo: nada de precipitaciones.

Día 27. Se me une el General Carrillo, acompañado de dos reporters de periódicos americanos y un fotógrafo, que han desembarcado por la costa norte. Nos traen las mismas noticias ya sabidas.

El 29, dispongo salgan para el exterior, y los aprovecho para despachar correspondencia importante. Abr. 29

Mayo. Día 2. Fuerte columna de Arroyo Blanco para Pelayo pasando por este campamento, la "Herradura". May. 2

Se han hostilizado rudamente. La infantería, cien hombres, bien situada en uno de los pasos del Jatibonico, le hizo vivo fuego.

Me retiré, describiendo un rodeo por Sala— a los Charcos.

Determino fijar mi residencia por el centro de la Reforma y Majagua, para estar en más fácil relación con el Gobierno y General Carrillo, que ocupa el norte de Remedios; por donde he principiado a comunicarme con el Gefe de la Escuadra Americana, General Sampson.

Este había enviado cerca de mí, como comisionado acreditado, a Mister Silvestre Scovel, pero éste no se atrevió a llegar hasta mí, y después de enviarme una copia muy incorrecta, de sus instrucciones; de las orillas del mar se retiró.

En vista de estas informalidades que sin duda, nos hará perder mucho tiempo— he tenido que enviar ahora, como comisionado especial mío y cerca del General Sampson, al Vicecónsul Americano en Sagua, que hará tres días se me ha reunido; Don Juan Joba. Este comisionado, sale hoy 5 de Mayo y lleva instrucciones para todo lo que yo suponga que pueda necesitar.

May. 5

Me muevo de Trilladeras para "La Reforma".

May. 6

Día 6, acampado en la Reforma, sin noticias. La más importante, que los Americanos bombardean (pero no firme) a Matanzas y Cienfuegos.

General W. T. Sampson. Gefe de la escuadra americana en aguas de Cuba.

May. 6

El día 6 Mayo mandé cerca de él en comisión al Vicecónsul americano D. Juan Joba.

"La política tiene muchas exigencias, y en estos momentos hay necesidad de pasar por las horcas caudinas para salvar los grandes intereses, no sólo políticos sino de otro orden más elevado, que tal vez dependen, en ciertos momentos, de la prudencia y de la humildad que adopten los hombres que durante muchos años han sido los principales directores de una política determinada que tienen el deber de salvar a costa de toda clase de sacrificios y de mortificaciones, por grandes que ellas sean."

Sin duda, todo eso está muy bien dicho, pero yo no me encuentro en esas condiciones. No he venido aquí a defender política y a hacer política, y solamente a hacer la guerra para defender principios; y una vez que estos los considero salvados, y en camino de firmarse la Paz por la intervención de fuerzas extrañas, mi misión está terminada y para quedar más alto, debo retirarme.

Para la Paz, mis servicios no son necesarios a Cuba, como no lo serán tampoco los de muchos Generales cubanos.

Otros elementos intelectuales son los llamados a administrar inmediatamente los intereses del País.

Esto es lo sensato que cabe pensar, y esperar que suceda...

¿..(.. .. .. ·· .. ..

Un gobernante sensato, que siente ir de caída su prestigio y su autoridad; no promueve luchas con elementos que todo lo arrastran. El que se siente débil debe mantenerse a la defensiva. Para tomar la ofensiva es necesario tener más fuerzas que el contrario: de otro modo la derrota es segura.

Día 12, llega el General Carrillo, y lo acompaña el comisionado que lo llevó hasta Cayo Hueso. Todo ha salido bien. El Gefe aliado ofrece todos los recursos que podamos necesitar; en su consecuencia vuelvo a despachar en seguida (día 13) a Joba, con pliegos, pidiendo, tres expediciones; dos para las Villas y una que ha de ir a Camagüey para recoger la División Torres; pues he mandado allí al General de División Mariano Torres a prepararla. Este Gefe pasó la trocha a caballo batiéndose el día 6, y ya debe estar en Camagüey gestionando este asunto. *May. 12* *May. 13*

Permanezco acampado esperando el desarrollo de todas estas determinaciones.

El mismo día 13, se me reúne el Brigadier Monteagudo, pero apenas podemos estar juntos algunas horas pues el servicio requiere que este Gefe marche en seguida con el General Carrillo, y así lo hace.

Día 15. Comandante Ricardo Adán con correspondencia del Gobierno, poco interesante, pues allí en Camagüey se está más incomunicado que por aquí. Por el contexto de los pliegos se comprende que los hombres del Gobierno se encuentran mortificados, y en eso tienen razón; pues apenas saben lo que pasa; el Delegado no les comunica nada. Yo los consuelo diciéndoles, que no habrá tenido medios de hacerlo o no tendrá qué decir. *May. 15*

Es portador, el Comandante Adán, de un pliego muy curioso. El Gobierno resuelve reunirse en Consejo y acordar ordenarme, que haga todo lo que precisamente le comunico yo, que estoy *haciendo ya*, y lo que me propongo hacer. Este extraño procedimiento me hace creer que aquellos hombres no piensan, pero que no quieren admitir que yo me les adelante— con el pensamiento ni con la acción. Este caso me avisa que yo estaba en el error de creerlos más humildes y menos pretenciosos.

May. 17   El 17, despacho otra vez con pliegos, al Comandante Adán.

Los españoles abandonan a Jicotea. No tengo noticias del estado de las cosas por el Occidente de la Isla. Me asaltan los temores de que estamos perdiendo un tiempo precioso, pues más acentuada la Primavera es difícil, entonces moverse sin grandes trabajos, y en la actualidad no puedo marchar, pues apenas cuento con municiones de guerra. Forzoso es esperar lo que me mande mi Gobierno y el Gefe del Ejército Aliado, según mis pedidos.

May. 21   Día 21: un comisionado del General Calixto García, me entrega una carta particular, manifestando motivos fútiles e injustificados, para no venir a cumplir la orden el General Menocal; escribiéndome también éste en el mismo sentido.

La conducta de estos Gefes, en asuntos tan delicados no me parece muy correcta, ya sea juzgada como militares, ya sea como patriotas. Cuando voluntariamente debían marchar para Occidente, rebuscan pretextos para no hacerlo, proceder es ése bien extraño, pues que acusa ignorancia de la situación de la campaña o temores de ir a hacer la guerra en comarcas que no conocen. Y siendo cierto lo uno o lo otro—está demás el General en Gefe, desde el momento en que le es imposible movilizar el Ejército a su mando— como es también inútil combinar y estudiar planes que sus subalternos en vez de ayudar a ejecutar, por el contrario los paralizan y trastornan.

En verdad, la situación es difícil y estos hombres son difíciles de gobernar. Como General en Gefe yo, es cuerdo esperar un poco, para que no recaiga sobre mí la responsabilidad de cualquier trastorno; pero debo dejar este destino que no puedo servir como es debido.

Si no pueden venir los contingentes de Oriente la campaña, por nuestra parte, se presenta de éxito dudoso. Si un General, como el General Menocal, invoca pretextos fútiles para no cumplimentar las órdenes superiores, que no se deben discutir, entonces no hay para que dudar que principia a tener fundamento lo de las predicciones del Ministro Español Moret en plenas Cortes— "y en cuanto a los insurrectos cubanos, ellos no son capaces de prestar base a los americanos".

Es tan claro como lato el sentido de estas frases, que ha de ruborizar a cualquier militar que se sienta hombre.

Así en medio de estas dudas, en una situación de espera bastante desagradable, se concluye el mes de Mayo.

Día 1o., a la caída de la tarde recibo aviso por un expreso del General Carrillo, de que el comisionado Juan Joba que despaché el 5 de Mayo en busca de la expedición ofrecida por el Almirante Sampson, ha llegado con ella a Punta Alegre. *Jun. 1o.*

En seguida doy órdenes para que concurran allí, el mayor número de fuerzas y yo me muevo también hacia el mismo rumbo.

El día 2, hago noche en Chambas. *Jun. 2*

El 3, en marcha, pero apenas he caminado una legua me encuentro con un correo de Carrillo, avisando que no hay expedición en tierra y que explicará causas en Jagüeycito, para donde se dirige. Tuerzo rumbo y a las 4 de la tarde del mismo día me uno al General. *Jun. 3*

Jun. 4

Explicación. Juan Joba deja carta avisando que el Gefe Americano que conduce la expedición, no quiere desembarcarla y vuelve con ella para Cayo Hueso; pero ofreciendo volver dentro de 10 días.

Siendo el plazo tan corto, resolvimos esperar por esta zona, aproximándonos siempre al lugar del desembarco a medida que éste se vaya acercando.

Como en la carta que me dirige Joba, es poco explícita no he podido formar juicios sobre la retirada de esa expedición y cuales hayan podido ser los inconvenientes con que tropezó el Gefe Americano, cuando al decir de todos los prácticos, la entrada estaba franca.

Día 4, me separo del General Carrillo y ocupo el Blanquizar. El mismo día, como estoy a cuarto de legua de camino de Morón, columna que conduce convoy para Marroquín, y se batió rudamente por el día y durante la noche, igual que a su regreso.

Jun. 8 — El día 8, me muevo a ocupar a Nauyú. Me encuentro a 6 leguas de "Punta Alegre", lugar indicado para el desembarco.

Jun. 13 — Hasta el día 13, ocupo a Nauyú. La expedición no asoma; nos estamos manteniendo con frutas que afortunadamente encontramos por estos contornos, tampoco tenemos pasto para los caballos. Para mayor trastorno, un muchacho del Camagüey llamado Próspero, robándome la hermosa mula en que cargaba mi equipaje, se ha presentado a Morón, denunciando mi presencia y su objeto por estos lugares.

Jun. 14 — Día 14, me muevo como medida de precaución a una legua las Veguetas.

Jun. 15 — El 15 al Blanquizar, y aquí se me unen los Generales Carrillo y José Miguel Gómez.

Hemos tenido que abandonar la zona. No se ha presentado la expedición esperada y sí una columna enemiga que ha sido rudamente hostilizada y ocupó a Punta Alegre. Por razón de este trastorno hemos convenido en preparar una comisión que pase al extranjero a gestionar sobre esto de las expediciones.

Jun. 16 — El día 16 nos separamos. No tenemos qué comer, nos estamos sosteniendo con mango, apenas maduros. Acampo en el Cedro.

Jun. 17
Jun. 18-19 — El 17 a Río Grande; 18 a Santa Teresa y el 19 a las Delicias. Aquí me aguardan el General Carrillo, con los marinos

prácticos para la comisión que la componen: el Coronel Bernabé Boza y Teniente Coronel Carlos Mendieta.

Boza y su Secretario se despiden de nosotros el 21. Esta comisión lleva instrucciones para todo, y para ponerse de acuerdo (a nombre mío) con el Gefe del Ejército Americano, sobre el plan general de la campaña, si es posible. Jun. 21

El 22 ya despachado todo eso me separo del General Carrillo y marcho a Santa Teresa. El 23, a la Demajagua. Jun. 22
Jun. 23

El mismo día despacho correo al Gobierno, dándole cuenta de todo. Las noticias que tengo de la organización de la División de Auxilio no son halagüeñas. Todo induce a creer que los orientales no quieren marchar a combatir a Occidente. El General Calixto García, con su acostumbrado localismo no coadyuva a esa operación y antes por el contrario, de maneras y modos solapados crea dificultades y gana tiempo. Ese es un sistema en esta guerra, viejo y refinado; y en la actualidad, como parece definida o resuelta la independencia de Cuba, por los cañones americanos; con mucha más razón nadie desea ya batirse, ni en su propia localidad.

Transformado, por esta circunstancia, el espíritu militar cubano y enervado el patrioitsmo, por no ser necesario el esfuerzo, ha caído también el influjo que pudo tener un día el prestigio y la autoridad militar superior. Esta influencia que se ha de ir extendiendo al calor de los sucesos, hasta el último soldado de este ejército improvisado, no es nada extraño que tienda a su disolución paulatina; quedando, de hecho y de cuajo al firmarse la Paz.

Seguramente este pueblo tira las armas. Y como yo no he venido aquí más que a ayudar a la guerra, creo cumplida mi misión cuando ésta ha terminado por parte de los cubanos; ahora se bastan los americanos para terminar esto y entregar a Cuba libre.

Junio 24. Demajagua Jun. 24

Acampado...

Mismo punto. Se ha terminado Junio sin que sepamos de

ningún suceso importante. Se acentúan solamente las noticias de que los americanos atacan recio, por mar, a Santiago de Cuba

Jul. 3   Día 3, Julio

A las nueve de la noche, se me presenta un Corresponsal del "Herald", Mr. ...... y me trae el aviso de que una gran expedición se encuentra en el embarcadero de Palo Alto, distante doce leguas del punto que ocupo. Al mismo tiempo se me anuncia que columna enemiga pasa cerca de mi campamento.

En seguida, con toda la gente que me acompaña, de mi Escolta, 100 hombres, me pongo en marcha.

Sin descansar más que algunos instantes para organizar la marcha en toda la noche, llegamos a las siete de la mañana al muelle quemado de Palo Alto. La expedición es valiosa y cosa singular, es también la primera que recibo—durante 25 años que les estoy ayudando a los cubanos en su guerra de independencia. Ninguna expedición, sólo cuando se lo he quitado a los españoles, he visto en mi poder tanto parque.

En la expedición han venido más de trescientos cubanos, la mayor parte hombres inútiles para la guerra. También una sección de jinetes, gente de color, americanos.

El General Rafael Rodríguez viene también, y Emilio Núñez, como director del desembarco. Como la misma noche giré órdenes por todas partes para la concurrencia de fuerzas, van llegando con ellas los Generales Carrillo y José Miguel Gómez.

Jul. 6   Julio 6, en la Gloria, 55 pesos plata de las confidencias de Ciego de Avila.

Hasta el día 11 hemos estado en el desembarco y acarreo de tantos efectos de guerra y de boca, que sin medios de trasporte ha costado gran trabajo.

Por fortuna, todo ha podido hacerse sin apuro, pues los españoles no nos han molestado.

Jul. 12   Día 12, regreso a la Demajagua ya terminados los trabajos. Se me ha unido el General Menocal, al fin, después de varios meses de dificultades para que pasara a Occidente a ocupar su puesto.

De los expedicionarios, solamente el General Rafael Rodríguez me ha traído como muestra de cariño, un pañuelo y un sombrero. Mi vieja tienda de campaña no ha podido ser repuesta. En cambio, para otros gefes, han habido valiosos presentes, hasta de caballos.

Esto no comprueba miserabilidad, pues los cubanos no son miserables, ni tampoco ruindad de sentimientos, y más bien lo atribuyo a fatalidad mía, y como cuando el hombre se conforma con su suerte, compra con eso la tranquilidad de su espíritu, en esta situación me encuentro yo en tales momentos. Para mayor satisfacción, he hecho el propósito como lo tengo, de salir cuanto antes del país; no me atormentan las esperanzas de recompensas, que eso sería desvirtuar la importancia de mis servicios prestados a la causa de Cuba.

Día 15, elevo al Gobierno mi propuesta: renuncia formal del destino de Gefe Superior del Ejército, que hasta ahora había desempeñado, con desagrado, por la incorrección de muchos de mis subordinados. Pienso esperar aquí la resolución del Consejo de Gobierno. *Jul. 15*

Día 19, toma del caserío enemigo del Jíbaro por el General de División José Miguel Gómez. Los cañones de dinamita, dos acabados de desembarcar, nos han dado buen resultado. Doy órdenes de seguir atacando a los pequeños poblados. *Jul. 19*

En la toma del Jíbaro ha cometido lamentable desacato el Gefe Thompson (o Jhonson) de la Sección de Americanos, desobedeciendo las órdenes del General José Miguel Gómez y ultrajando nuestra bandera, sin respeto a nada ni a nadie.

Debo, en vista de tan incorrecta conducta, tomar un procedimiento serio contra él o los infractores de nuestras leyes.

Día 23. Se procedió, por medio de una Junta de Guerra a conocer sobre el desacato cometido por los americanos, en la toma del Jíbaro. *Jul. 23*

Presidió la Junta el General Carrillo y fueron vocales: Brigadier Rafael Rodríguez, Coronel Valdés Domínguez, Brigadier Vicente Pujals, Teniente Coronel (Auditor) Ferrara

Orestes, Teniente Coronel Malegat y Comandante C. Céspedes.

La Junta resolvió despachar a los dos presuntos reos al Gobierno de los Estados Unidos o al General en Gefe del Ejército Americano.

Ha sido, según el expediente instruído, un acto tan incivil el que han cometido estos oficiales americanos, que casi ha rayado en salvajismo. Sin duda su ignorancia es tan crasa que no les ha permitido conocer a la luz de nuestra propia historia las consideraciones y respeto que merecemos, no solamente de los que se honran con ser amigos de nuestra causa, sino hasta de nuestros propios enemigos. Profanar la enseña noble de este pueblo heróico, faltar al respeto de uno de nuestros Generales y despreciar nuestras leyes, eso, después de los españoles, sólo se le ocurre a un americano borracho y brutal.

Todo eso es preciso tener en cuenta como un detalle importante para la historia de esta guerra. En el expediente está todo suscintamente explicado.

Permanezco acampado en Demajagua. El General Carrillo está conmigo. El General José Miguel Gómez, aproxima las fuerzas y los cañones, para atacar a Arroyo Blanco.

Jul. 25 — Día 25, nos movemos para Trilladeras, y aquí espero el resultado del ataque a Arroyo Blanco. No quiero con mi presencia quitarle gloria al General que ataca. El General Carrillo sigue a colocarse en las inmediaciones.

Jul 27 — Día 27, atacado y tomado el poblado. 300 españoles rendidos, con algunos pertrechos de guerra.

Todos han sido perdonados y devueltos a sus filas. La capitulación me dejó que desear. El General José Miguel Gómez, se bajó demasiado para recoger el laurel. Hay que recogerlo siempre desde la altura de nuestro caballo de batalla. Me ha costado algún disgustillo las observaciones que hice respecto a este asunto.

Jul 28 — El día 28, fuí a Arroyo Blanco, y ví todo aquel cuadro de miseria y lástima.

El 30, no pude resistir más el desaseo y calor de este poblado y me retiré a Santa Teresa.   Jul. 30

Más tarde se me reunió el General Carrillo.

Aquí hemos permanecido recibiendo noticias de todas partes, de los síntomas de la paz, hasta el día 10 de Agosto que nos movemos rumbo a los Charcos para cuyo punto se han citado varias fuerzas con objeto de ejecutarse la sentencia de muerte contra el Brigadier Bermúdez. En este día llegamos a Trilladeras.   Agt. 10

Día 11 a los Charcos y se reunen las fuerzas citadas. Yo, hace seis u ocho días que no me siento bien de salud. Sufro un malestar palúdico.   Agt. 11

(11 de Agosto a las siete de la noche un presentimiento tristísimo en los Charcos).   Agt. 11

Día 12.—En el mismo lugar, se ejecutó la sentencia de muerte contra el Brigadier Roberto Bermúdez. Este fué un hombre valiente. Cuando la invasión de Occidente se distinguió y durante la campaña que sostuvo el General Maceo en la provincia de Pinar del Río adquirió hasta fama y celebridad, pero era un hombre manchado de crímenes, era un asesino y un ladrón. Todo eso se fué acumulando poco a poco, a pesar del torbellino de la revolución, hasta que llegó la hora y fué acusado de una manera formal ante la justicia y ella le impuso el castigo que merecía.   Agt. 12

El mismo día acampamos en Trilladeritas.

El 13 en Santa Teresa hasta el 16, que me moví para los Hoyos y en la noche de ese día recibo aviso del arribo del Brigadier Bernabé Boza, con expedición por Punta Alegre, costa norte. El 17 al amanecer nos ponemos en marcha.   Agt. 13-16   Agt. 17

El camino desde Chambas hasta Punta Alegre, puede decirse que es intransitable.

El 18 llegamos y abrazamos a Boza, el que ha salido airoso en su comisión. Nos ha traido una buena expedición de recursos de boca. En este mismo punto, el 19, recibimos la grata noticia de la confirmación de la paz entre España y los Estados Unidos; y el reconocimiento de la independencia de Cuba.   Agt. 18   Agt. 19

1898

Feliz suceso después de tantos años de rudo batallar; por fin este heroico pueblo ha conseguido su libertad.

Pero a qué precio! La sangre derramada a torrentes, su riqueza toda en ruina y en medio de esta libertad que se respira, del alborozo de propios y extraños al saludar a un Pueblo Nuevo que nace a la vida de la civilización y el honor! ¡Ay! se sienten en Cuba muchas almas tristes. Pocos hogares habrá que dejen de llorar la pérdida de un ser querido; en la guerra, el cadalso o el destierro. En mi hogar me esperan brazos abiertos para estrecharme con amor puro y santo y ojos cuajados de lágrimas y corazones angustiados por honda pena... La muerte del héroe infantil de Punta Brava, el amado recuerdo de aquel muerto glorioso no ha de dejar ningún lugar, al pisar yo los umbrales de mi casa santa, para la alegría del recién llegado—para el que sale ileso por milagro, de los campos de batalla, y se encamina, para caer en los brazos de los suyos; para llorar.

Se ha firmado la paz, es cierto, pero también lo es que fué una lástima, que los hombres del Norte, largo tiempo indiferentes contemplaran el asesinato de un pueblo; noble, heroico y rico. Por fin Cuba es libre y toca a la Historia juzgarnos a todos.

Agt. 20	Día 20, nos retiramos de Punta Alegre.
Agt. 21	El 21, a Santa Teresa.
Agt. 22	El 22, sale Boza para el Camagüey.
Agt. 24	El 24, aviso de otra expedición por las costas de Remedios
Agt. 25-29	y el 25, me pongo en marcha llegando el 29 a Yaguajay.

La expedición desembarcó por las costas de Caibarién y fué tan poca cosa, que no vale la pena de ocuparse de eso. Permanezco en esta zona en medio de un pueblo que se muere de hambre. Los españoles ocupan las poblaciones y los cubanos permanecemos aún por los campos sin pan, ni más asilo que el que nos brindan los bosques. Es la situación más humilde, casi humillante a que se ha condenado este pueblo, noble y heroico.

Respetando las formalidades del armisticio, nosotros nos vemos obligados a pedir una limosna a los hacendados más pudientes, que nunca alcanza aunque nos la dán, para atender a nuestras necesidades y las de este pueblo hambriento que se nos ha echado encima.

De esta manera permanezco acampado en el Central "Narcisa", no sin dejar de gestionar por todos los medios que están a mi alcance, para ver el modo de hacer variar la situación. Con tal motivo he enviado comisionado con pliego importante para la Habana, al Alcalde de Yaguajay, R. Seiglie.

Y en esta situación nos ha dejado Agosto.

Septiembre 1º.—He sido objeto de cariñosísimas manifestaciones de gratitud de muchas personas de Yaguajay y Caibarién, que han venido a verme. Sep. 1o.

Todo el mes de Septiembre en el mismo punto. El día 23, me muevo para Rojas, más cerca de Caibarién, a hacerle una visita al General Francisco Carrillo, en cuyo punto ha establecido su campamento. Sep. 23

Le he encontrado todo bien dispuesto.

De aquí dispongo (24) pase a la Habana el General Rafael Rodríguez, a gestionar con la Comisión Americana la manera de cómo se remedia la situación de verdadera miseria, a que nos ha reducido la espera de la evacuación de la Isla por los españoles; así como ver la manera de cómo se arbitran recursos para el Cuartel General, cuando carecemos de todo. Sep. 24

Permanezco en Rojas seis días, durante los cuales hemos sido objeto de las más delicadas atenciones por parte de muchas distinguidas personas de Caibarién y Remedios. Como nunca ha de faltar una nota discordante, en las armonías de la vida, yo he pasado por la pena de ver separarse de mi lado a varios de mis Ayudantes disgustados porque yo no acepté excesos de baile en mi propia tienda. Esto causó una impresión desagradable en todos, y constituyéndose cabeza de sedición Valdés Domínguez, arrastró en su locura hasta a Miguel Varona, el joven oficial más mimado del Estado Mayor. Mientras nos encon-

1898

trábamos al frente dé los españoles yo fuí para todos cariñoso y bueno, y hoy ya en la Paz, todo va cambiando. Cada día me convenzo más de que hasta el amor cantado por la madre, meciendo a su hijo en la cuna, con ese amor santo, puede tener mucho de interés y de egoismo.

En cuanto a mí, fácil es de comprender que, no siendo ya hombre necesario, para qué más contemplaciones y miramientos? Después de pasar 6 días con Carrillo, el tema...... regreso al Central Narcisa.

Aquí se me ha reunido todo un Pueblo hambriento y desnudo. La situación es, por demás aflictiva. Según lo pactado entre España y los Estados Unidos—la evacuación por parte de los españoles, de la Isla, se hará despacio y cómodamente, para después ocuparla los americanos. Mientras tanto, a los cubanos nos ha tocado el despoblado y por premio de nuestros servicios de nuestro cruento sacrificio; el hambre y la desnudez, que hubieran sido más soportables en plena guerra que en esta paz, donde no nos es permitido ostentar nuestros laureles tan bien conquistados.

Pero no son instantes de comentarios y lo sensato es saber esperar.

Sep. 30 — Día 30, regreso para mi campamento de Boffil.

Oct. 7 — Día 7, Octubre, regresa de la Habana el General Rodríguez. Ha conseguido algunas provisiones y mil pesos en dinero, que no alcanza para nada eso.

Oct. 29 — Determino mandar un pliego al Presidente Mac. Kinley, exponiéndole la situación. Sale el oficial Conill el día 29, con el pliego, para que sea entregado por conducto de Tomás Estrada o Gonzalo de Quesada.

Nov. 23 — Día 23 de Noviembre; los españoles abandonan a Yaguajay y mando a ocuparlo por un piquete de caballería que manda el Coronel Tristá.

Nov. 29 — El día 29, regresa Conill, el comisionado que fué a New York. El pliego que llevó según dispuse fué entregado al Presidente y tal parece que causó buena impresión; ofrece enviar comestibles para el Pueblo Cubano. Aún habrá que esperar y mientras tanto no sabemos de dónde sacaremos los recursos. Es pues, la situación más apurada en que nos han colocado los Americanos.

Dic. 3

El 3, entro en Yaguajay, y no queriendo darle a ese acto mucha significación oficial, pues eso correspondería a los Americanos; invité a varias señoritas para que me acompañaran; así fué que sucedió como un paso que la gente supo aprovechar para pasar un día alegre y contento.

Dic. 7

El día 7, vuelvo a Yaguajay, en celebración luctuosa del aniversario de la muerte del General Maceo y mi hijo Panchito; cuyo acto logré revestir de toda la seria solemnidad que me fué posible.

Dic. 24

Noche Buena, la he pasado tristísima pues me ha llegado la noticia de la muerte de mi querido primo Francisco Gregorio Billini. Hemos perdido, los dominicanos, un hombre bueno; de alma grande y de espíritu ilustrado.

Enero 1º de 1899. Hasta mañana pienso estar aquí, pues es tiempo de acercarme a Remedios.

Eno. 1o.

Día 2, salimos, embarcándonos para Remedios en un vaporcito. La despedida del "Central" ha sido tristísima, pues tanto tiempo aquí, se habían creado relaciones, y más de una mujer, un niño y un anciano, los he visto llorar.

Eno. 2

El viaje ha sido molesto pues había mar gruesa.

Por la tarde llegamos al muelle derruído de Jinaguayabo—y fuí alojado en la casa de este Ingenio ya deshecho por la mano de la guerra; en donde me esperaba el General Francisco Carrillo.

El día 5, hice mi entrada en Remedios, en donde se me prodigó por los habitantes de este Pueblo una verdadera ovación.

Eno. 5

El día 8, lo hice en Caibarién que al igual de Remedios me recibió afectuoso y alegre. Hubo verdadera fusión entre todos los elementos de estos pueblos; política que me prometo acentuar, para salvar a este País, lo más pronto, de la tutela que se nos ha impuesto.

Eno. 8

Los americanos están cobrando demasiado caro con la ocupación militar del País, su expontánea intervención, en la guerra que con España hemos sostenido por la Libertad y la Independencia.

Nadie se explica la ocupación. Así como todo espíritu levantado, generoso y humano—se explicaba, y aún deseaba la intervención.

Siempre es laudable y grato el oficio de factor de Paz y concordia, de armonizador, pero indudablemente, queda desvirtuada la obra cuando en ella se ostenta sin reparo; el espíritu y las tendencias de especulación. La actitud del Gobierno Americano con el heroico Pueblo Cubano, en estos momentos históricos, no revela a mi juicio más que un gran negocio, aparte de los peligros que para el País envuelve la situación que mortifica el espíritu público y hace más difícil la organización en todos sus ramos; que debe dar, desde un principio, consistencia al establecimiento de la futura República; cuando todo fuera obra completamente suya, de todos los habitantes de la Isla, sin distinción de nacionalidades.

Nada más racional y justo, que el dueño de una casa, sea él mismo que la va a vivir con su familia, el que la amueble y adorne a su satisfacción y gusto; y no que se vea obligado a seguir, contra su voluntad y gusto, las imposiciones del vecino.

De todas estas consideraciones se me antoja creer que, no puede haber en Cuba verdadera paz moral, que es la que necesitan los Pueblos para su dicha y ventura; mientras dure el Gobierno transitorio, impuesto por la fuerza dimanante de un Poder extranjero y por tanto ilegítimo, e incompatible con los principios que el País entero ha venido sustentando tanto tiempo y en defensa de los cuales se ha sacrificado la mitad de sus hijos y desaparecido todas sus riquezas.

Tan natural y grande es el disgusto y el apenamiento que se siente en toda la Isla, que apenas y como no es realmente el Pueblo; ha podido expansionarse celebrando el triunfo de la cesación del Poder de sus antiguos dominadores.

Tristes se han ido ellos y tristes hemos quedado nosotros; porque un poder extranjero los ha sustituído. Yo soñaba con con la Paz con España, yo esperaba despedir con respeto a los valientes soldados españoles, con los cuales nos encontramos siempre frente a frente en los campos de batalla; pero la palabra, Paz y Libertad, no debía inspirar más que amor y fraternidad, en la mañana de la concordia entre los encarnizados combatientes de la víspera. Pero los Americanos han amargado con su tutela impuesta por la fuerza, la alegría de los cubanos vencedores; y no supieron endulzar la pena de los vencidos.

La situación pues, que se le ha creado a este Pueblo; de miseria material y de apenamiento, por estar cohibido en todos sus actos de soberanía, es cada día más aflictiva, y el día que termine tan extraña situación, es posible que no dejen los americanos aquí ni un adarme de simpatía.

Post-Mortem

El 17 de Junio de 1905 murió en La Habana Máximo Gómez, después de una breve enfermedad. Había partido hacia la parte oriental de la Isla, donde vivía uno de sus hijos, para allí descansar por algún tiempo. A diferencia de su quehacer militar en tiempos de guerra, el viejo general intentaba disfrutar un poco de su vida privada, algo difícil dado sus numerosos compromisos.

La Guerra del 95 le había arrancado a uno de sus hijos amados, Panchito Gómez Toro; otros cuatro murieron a causa de la precariedad y miseria que la familia debió enfrentar fuera de Cuba. No pudo ver a sus hijos e hijas crecer y espigarse haciéndose hombres y mujeres. Por eso, una vez terminada la contienda bélica, resultaba de alta prioridad para él compartir el mayor tiempo posible con su esposa Manana y sus hijos.

A lo largo de su viaje el General fue rodeado constantemente por sus amigos y seguidores. La despedida en la estación de Villanueva, la terminal de trenes de La Habana, ubicada en el lugar que actualmente ocupa el Capitolio Nacional, fue un acontecimiento reportado en Cuba, en Washington y en España como apoteósico. En cada estación de trenes a lo largo de Cuba, cuando llegaba Gómez, el pueblo lo vitoreaba, aglomerado por cuadras a la redonda, anhelando ver la legendaria figura del hombre victorioso de cientos de combates y de una audacia desmedida; los viejos compañeros de armas iban a recibirlo y lo escoltaban respetuosamente hasta la hora de su partida a otro rincón de su patria adoptiva.

Pero el espíritu eufórico pronto se trocó en desasosiego. Máximo Gómez tenía una leve lesión en una mano, dicen que por tanto estrecharla a sus seguidores, por donde penetró una infección séptica que rápidamente se extendió por todo su cuerpo, agotado como estaba por el deterioro y los infortunios sufridos en la Guerra del 95. Eso provocó de inmediato su traslado a La Habana, donde llegó el 8 de Junio. En el trayecto hacia la capital le fueron practicadas dos cirugías.

La noticia se esparció como pólvora por todo el país; los Cubanos, preocupados por la salud del Generalísimo, acudían en masa a las editoriales de los periódicos indagando sobre su salud. Con el paso de los días el estado físico de Gómez se agravaba y ya en la segunda decena de Junio era previsible un cercano e inevitable desenlace. Sus fuerzas menguaban y el viejo General cayó precipitadamente en coma. En las calles de La Habana cientos de ciudadanos, hombres, mujeres y niños lloraron al conocerse su muerte. El país entero se llenó de luto y duelo al ver desaparecer a un viejo guerrero que ya era la encarnación del valor y las virtudes cívicas que Cuba necesitaba. Como a nadie, Cuba lamentó su muerte, la luz de su alma, la fuerza de su brazo y la claridad de su pensamiento de libertador.

Su cadáver medía cinco pies 4 pulgadas y quizás no llegaba a las 140 libras. Tenía 69 años mal cumplidos. Las vicisitudes de la guerra, el frío y el mal comer en los campos irredentos de Cuba le habían perfilado un cuerpo siempre esquelético y nervioso. La vida le sonrió pocas veces. Su primera novia había sido asesinada a machetazos por un soldado Español durante la Guerra del 68. Sus hijos y su esposa, que cariñosamente llamaba Manana, habían pasado mucha hambre; en una ocasión, sin vacilar, tuvo que empeñar su reloj, su revólver y sus lentes para dar de comer a sus hijos y poder seguir peleando por Cuba.

Para sus exequias hicieron falta veinte carrozas y una larga fila de personas para cargar las ofrendas fúnebres que acompañaron su cortejo. Nadie pudo imaginar que con su muerte, Máximo Gómez iniciaba una última y cruenta batalla: **la del olvido a que lo ha sometido el régimen que en 1959 asaltó su segunda patria.**

La casa donde murió en el barrio habanero del Vedado, en la calle D esquina a la calle 5, ofrece hoy día un vergonzoso espectáculo. Es patético el abandono y el aire de miseria que ronda el lugar: las paredes están desconchadas, el césped seco, despoblado y repleto de escombros, los pisos están llenos de fango, descoloridos y desnivelados, los mosaicos Cubanos que tantas veces sintieron los pasos del quijotesco y paladín anciano, hoy están rajados, sucios y faltos de color, el busto que recuerda su digna estampa yace indecorosamente abandonado sobre una indecente columnata de cemento crudo. No se merece tal maltrato el hombre que sin haber nacido en Cuba dio su juventud por hacerla libre y soberana.

Ruinas de la **casa de Máximo Gómez** en La Habana, donde vivió desde terminar la Guerra del 98 hasta su muerte en 1905.

Raúl Eduardo Chao recibió su doctorado de la *Universidad Johns Hopkins* y después de un breve paso por la industria estuvo 18 años en el mundo académico, como Profesor Titular y Director de los Departamentos de Ingeniería Química en las *Universidades de Puerto Rico y Detroit*. En 1986 fundó una empresa de consultoría enfocada a ayudar a empresas y agencias gubernamentales para desarrollar un ambiente de trabajo positivo e implementar técnicas de mejora de procesos para asegurar mejoras simultáneas en productividad y calidad.

El *Grupo Systema* tuvo como clientes empresas de las catalogadas como Fortune 100 y diversdas organizaciones federales y estatales, tanto en los EE.UU. como en el extranjero. Como Presidente de *Systema*, Chao ha escrito media docena de libros sobre administración y numerosos artículos en periódicos y revistas de negocios. Él y su esposa Olga viven en Lakeland, Florida y pasan largos períodos de tiempo en París.

Este libro ha sido impreso en los Estados Unidos.
La fuente utilizada en todo el texto ha sido *Palatino Linotype*, uno de los estilos tipográficos clásicos inspirados en diseños del calígrafo Giambattista Palatino, italiano del siglo 16.
Esa fuente fue reeditado en 1948 por Hermann Zapf para la *Linotype Foundy*, la empresa creada por Ottmar Mergenthaler, un inmigrante alemán de los EEUU que inventó la revolucionaria máquina de composición de líneas que se utilizó por primera vez en 1890 el periódico New York Tribune.

La fuente utilizada en las portadas, páginas de título, títulos y adornos es P22 Franklin Caslon, una interpretación fiel del tipo utilizado por Benjamin Franklin en la década de 1750 en su taller de impresión y sobre todo en su *Almanaque del Pobre Richard*.
Esta fuente fue desarrollada en 2006 por la Cámara Internacional de Fuentes para el Museo de Arte de Filadelfia para conmemorar el 300 cumpleaños de nuestro Padre Fundador más notable.

El tipo de letra que acompaña a las fotografías e ilustraciones está Verdana; un tipo de letra humanista sans-serif diseñada por Matthew Carter por Microsoft Corporation, con variaciones hechas por Tom Rickner, entonces en Monotype.
La demanda de un tipo de letra tan clara y fácil de leer fue reconocida por Virginia Howlett del grupo tipográfico de Microsoft.
El nombre "*Verdana*" se basa en una mezcla de verde (algo verde, como el campo en el área de Seattle y Ana (el nombre de la hija mayor de Howlett).

www.ingramcontent.com/pod-product-compliance
Lightning Source LLC
Chambersburg PA
CBHW070042080526
44586CB00013B/883